HEITKÄMPER:

# FRIEDENSERZIEHUNG ALS LERNPROZESS

# FRIEDENSERZIEHUNG ALS LERNPROZESS

Zur Theorie einer politischen Erziehungspraxis

von

Peter Heitkämper

1976

VERLAG JULIUS KLINKHARDT · BAD HEILBRUNN/OBB.

Ob wir davonkommen ohne gefoltert zu werden,
ob wir eines natürlichen Todes sterben,
ob wir nicht wieder hungern,
        die Abfalleimer nach Kartoffelschalen durchsuchen,
ob wir getrieben werden in Rudeln, wir haben's gesehen.
Ob wir nicht noch die Zellenklopfsprache lernen,
        den Nächsten belauern,
        vom Nächsten belauert werden,
        und bei dem Wort Freiheit weinen müssen.
Ob wir uns fortstehlen rechtzeitig auf ein weißes Bett
ob wir es fertigbringen mit einer Hoffnung zu sterben,
steht noch dahin,
steht alles noch dahin.

*Marie Luise Kaschnitz*


Gesamtherstellung: Graphischer Großbetrieb Friedrich Pustet, Regensburg
Printed in Germany 1976
ISBN 3-7815-0298-8

# Vorwort

Die Problematik der Friedenserziehung ist bis heute noch nicht zufriedenstellend angegangen worden. Zwar gibt es zur Erziehung einige Vorstellungen von Politologen, Psychologen und Soziologen, aber Erziehungswissenschaftler und Pädagogen scheinen nur sehr zaghaft ihr Gefühl der Ohnmacht angesichts dieses großen und schwierigen Komplexes überwinden zu können. Ansätze zur Friedenserziehung konzentrieren sich zumeist auf die Schule. Weder in der Wissenschaftssystematik der Erziehungswissenschaft geschweige im allgemeinen Bewußtsein der Erzieher, ist das Friedensproblem hinreichend angesprochen.

In diesem Buch wird der Versuch unternommen, die pädagogische Diskussion um Friedensbemühungen auf eine breitere Basis zu stellen, die bisherigen Erörterungen zusammenzufassen und zu erweitern sowie daraus Gesichtspunkte praktischer Verwirklichung von Friedenserziehung zu erarbeiten. Zu diesem Zeitpunkt der Weltgeschichte kann dabei nicht die Illusion verfochten werden, mittels Erziehung den dritten Weltkrieg aufzuhalten, wenn er aufgrund einer systematischen Entwicklung kommen sollte; aber dennoch scheinen reale Chancen in dieser eventuellen »Vorkriegszeit« gerade innerhalb der sensibel-kommunikativen Demokratie zu bestehen, durch längerfristige Erziehung in Verbindung mit dem objektiven Weltprozeß ein Friedensbewußtsein herzustellen, zumindest aber vielfache Bedingungen des Unfriedens wegzuarbeiten.

Herzlich danke ich Herrn Prof. Dr. Walter Rest für seine hilfreichen Anregungen.

Münster, September 1975 Peter Heitkämper

# Inhalt

# Politische Pädagogik – ein dialektischer Begriff

Die kritische Weltfriedensutopie ist heute die einzige Möglichkeit zu einer umfassenden Sinngebung politisch-gesellschaftlich-pädagogischen Handelns. Der Friede ist die politische Kategorie schlechthin.[1]

Die Bedrohung durch das nukleare Patt der bisher größten Super(militär)mächte USA und UdSSR, die zunehmend labilen Faktoren des fragwürdigen Gleichgewichts der Kräfte durch ihre nicht mehr im voraus berechenbare Pluralität, die Unentrinnbarkeit der auf Produktion und Konsum abgestellten Wirtschaftssysteme und deren Verflechtung mit der Rüstungsindustrie beschwören die Gefahr einer pathologischen Entfremdung der Existenz des Menschen und seiner Lebensbedingungen herauf und fordern eine »Weltfriedensutopie« als realistische alternative Dialektik.

Die Pädagogik steht dieser Situation mit einem großen (freilich noch nicht überall verbreiteten) Schuldgefühl gegenüber, weil die so sich darstellende Welt von ihr mehr oder minder entscheidend mitgestaltet wurde: teils aus sorglosem Subjektivismus, teils aus unpolitischem Anpassungsverhalten und fruchtloser Akribie im Detail, teils aber auch aus grundsätzlicher Unfähigkeit. Die doch langfristig arbeitende Pädagogik[2] produziert nun unter Zeitdruck in Gestalt der Friedenspädagogik Modelle und Vorschläge für eine effektive Konfliktregelung und hat im Hintergrund zusätzlich zu der unmöglich von ihr schnell zu meisternden potentiell riesenhaften Gefahr ständig das Wagnis und Scheitern jeglichen erzieherischen Handelns zu gewärtigen.

Das ganze Gewicht des geschichtlichen Ausgangs der globalen Gegensätzlichkeit stellt in jenem komplexen Relationsgefüge der Politik und auch der Pädagogik die Entscheidungsfrage nach ihrer Sinnberechtigung: Vermag die Erziehung jemals, und gerade in diesem Zeitpunkt existentieller Aktualität, die Welt zu verändern und zu verbessern, obwohl die gesamte bisherige Geschichte diese Utopie widerlegen kann? Ist es der Politik möglich, den Menschen gegen die Entfremdung der Ökonomie neu in den Blick zu bekommen?

Diese Fragen sind so fundamental, daß man sie heute – auch in der Friedensforschung – gern als schon philosophisch und ideologisch durchdiskutiert bzw. unlösbar und zu allgemein vom Tisch wischen und dagegen einen Stand der theoretischen Diskussion[3] setzen möchte, der durch eine zu große Abstraktionsstufe die Wissenschaft dem

---

[1] Vgl. Klaus *Schleicher*, Die pädagogische Funktion der Utopie und die utopische Dimension in der Pädagogik, in: Bildung und Erziehung, 23. Jg., Heft 2 (1970), S. 86–103, bes. 102; Dolf *Sternberger*, Der Begriff des Politischen, Frankfurt 1961, S. 18.

[2] Herman *Kahn*-Anthony *Wiener*, Ihr werdet es erleben. Voraussagen der Wissenschaft bis zum Jahr 2000, Gütersloh o. J., hier S. 22.

[3] Dieter Senghaas (Hrsg.), Kritische Friedensforschung, Frankfurt 1971, S. 7. Dazu schon Arno *Klönne*, Friede und politische Bildung, in: H. O. F. Rest (Hg.), Waffenlos zwischen den Fronten, Graz 1971, S. 269.

menschlichen Handeln wiederum entfremdet[4]. Das allgemeine Bewußtsein von der Notwendigkeit einer Friedenspädagogik ist in der augenblicklichen politischen Phase des Abklingens von harter, offener Konfrontation noch nicht weit gediehen. Die pädagogische Komponente des Friedens wird häufig bagatellisiert und sogar durch unkritisches Kolportieren von Erziehungsmoden (z. B. falscher antiautoritärer Erziehung), Ideologisierung, Technokratie und Praktizismus verschüttet.

Da die Pädagogik Erzieher mit kritischer Friedensgesinnung in der erforderlichen Quantität nicht beibringen kann, muß nach einem qualitativen Hilfsmittel gesucht werden, das die Quantität »aufzuheben« imstande ist. Eine solche Operationalität von Friedenserziehung scheint in einer Politischen Pädagogik am besten gewährleistet zu sein. Einerseits sollte jedes politische Handeln auf den Frieden gerichtet sein, andererseits auch jede Friedenserziehung mitsamt aller wissenschaftlichen Fundierung in einem allgemeinen Sinne politisch verstanden werden.

Es ist die bisher nur unbefriedigend konzipierte Aufgabe einer Politischen Pädagogik, diese Zielprojektion und das zugrundeliegende wissenschaftlich-praktische Bedingungsgefüge erst einmal kritisch zu analysieren. Aus diesem Grunde stellt das vorliegende Buch den Versuch dar, das Ungenügen Politischer Pädagogik möglichst umfassend zu beschreiben und einen Begründungszusammenhang durchgehend deutlich zu machen, verbunden mit der ausdrücklichen Intention, auf diese Weise einen wirksameren Ansatz für die lebensnotwendige Friedenserziehungstheorie zu leisten. Die Frage nach den Ursachen für die Verhinderung von Frieden muß hierzu wegen des schwierigen Friedensbegriffes zuerst in einer Negativ-Analyse dargestellt werden, ehe eine positive Theorie überhaupt angestrebt werden kann.

Die methodische Grundüberlegung geht von der pädagogischen Relevanz des Politischen aus: Der Zustand unserer Gesellschaft ist auch als politisch-ökonomischer Zustand pädagogisch interessant; Kategorien wie Herrschaft und Gewalt haben unmittelbare und mittelbare pädagogische Auswirkungen. Dementsprechend ist auch der Zustand der pädagogischen Theorie und Praxis als politisch-gesellschaftlicher Zustand zu charakterisieren und auf die Verantwortung am Unfrieden hin zu untersuchen.

Die bisherigen Ansätze zu einer politischen Pädagogik, die hier durchaus beachtet werden sollen[5], leiden immer noch am Mangel gerade erziehungswissenschaftlicher Fundierung und an der einseitigen Argumentation von politischen Standpunkten her. Es geht also um eine Neuaufarbeitung, die erziehungswissenschaftliche und politische Momente als Aspekte *einer* Sache darstellt, denen freilich unterschiedliche Funktio-

---

[4] Vgl. dazu die bedeutende Gegensatzlehre von Romano *Guardini*, Der Gegensatz. Versuche zu einer Philosophie des Lebendig-Konkreten, Mainz 1955.

[5] Vgl. dazu das Literaturverzeichnis bei Hermann *Giesecke*, Didaktik der politischen Bildung, München 1971, 6. Aufl., S. 183–197; vgl. neuerdings zur Dialektik von Politik und Pädagogik das Buch von Wolfdietrich *Schmied-Kowarzik*, Dialektische Pädagogik, München 1974, S. 52ff.

nen zukommen. Das (bis jetzt bedauerlicherweise kaum gesehene) einigende Ziel ist das Friedensengagement, zu dem auch das Wissenschaftspotential der Friedens- und Konflikt- wie der Zukunftsforschung zur Verfügung stehen muß, aus dem sowohl die Erziehungswissenschaft bzw. Pädagogik als auch die politische Praxis schöpfen sollten. Verschiedene Wissenschaftsbereiche müßten sich also in projektwissenschaftlicher Arbeitsweise zusammentun[6]; auch eine Beschränkung auf das politikwissenschaftliche Teilgebiet ohne Einbezug von Philosophie, Psychologie, Soziologie würde den Blick unzulässig verkürzen, weil diese (und noch andere) Wissenschaften wesentliche Aspekte des Problems herausgearbeitet haben.

Das konkrete Projekt einer Analyse der politischen Friedenserziehung stellt die methodische Dialektik von Einheit und Vielheit der wissenschaftlichen Ergebnisse her und begründet sie im dialektischen Sachverhalt selber: in der Zuordnung der wissenschaftlichen Schwerpunkte und im Verhältnis von Theorie und Praxis. Das bedeutet eine aus rationaler Beschreibung mit inbegriffener Wertung, Oberfläche und Hintergrund, Phänomen und Ursache gewonnene, in ihrer Vielfältigkeit doch klare Perspektive über das, was schon vorwissenschaftlich richtig als der Zweck von Politik und Pädagogik und als der Inhalt des Friedensbegriffs erkannt wird, und was im Fortschreiten der Analyse zunehmende Konkretion gewinnt.

Der Begriff der Politischen Pädagogik ist selbst ein dialektischer Begriff. In einer Polarisierung sind Politik und Pädagogik zwei eigenständige Bereiche, die heute schwieriger als in der Auffassung Schleiermachers (und Platos)[7] ineins gebracht werden können:

Politik faßt in einem allgemeinen Verständnis die Kategorien von Macht, Gewalt und Kampf in sich, also das »Naturprinzip«, bei dem auch zu positiven Zwecken mit Strategie und Taktik um die Vorteile der eigenen Interessen und realistische Kompromißlösungen gerungen wird. Das Interesse der Allgemeinheit steht notwendig immer vor dem des »normalen« Individuums, der Makro-Bereich vor dem der Mikro-Ebene. Ständige Rücksichtnahme auf die komplexen Relationsgefüge verhindern die präzise Durchsetzung von mehr Gerechtigkeit (trotz guten Willens), ein riesiger Verwal-

---

[6] Schon hier sei mit aller Einschränkung darauf hingewiesen, daß hier unmöglich die gesamte Komplexität der Einzelprobleme in den Griff kommen kann. Einen Versuch aber nicht zu wagen, hieße jede Übersicht dem Detaillismus zu überlassen und dadurch eine Theoriebildung der Friedenserziehung weiterhin zu vernachlässigen.

[7] Zu dieser Dialektik siehe Friedrich Ernst Daniel *Schleiermacher*, Die Vorlesungen aus dem Jahre 1826, Pädagogische Schriften, hg. v. Theodor Schulze und Erich Weniger, Düsseldorf 1966, 2. Aufl., S. 12; Norbert *Vorsmann*, Die Bedeutung des Platonismus für den Aufbau der Erziehungstheorie bei Schleiermacher und Herbart, Ratingen 1968, S. 86ff.; vgl. auch Heinrich *Bußhoff*, Politikwissenschaft und Pädagogik. Studien über den Zusammenhang von Politik und Pädagogik, Berlin 1968. Zur Unsicherheit der Politikwissenschaft und des Begriffs der Politik vgl. Wilhelm *Hennis*, Politik als praktische Wissenschaft. Aufsätze zur politischen Theorie und Regierungslehre, München 1968, 2. Aufl. S. 11ff.; ebenso Gisela Kress-Dieter Senghaas (Hg.), Politikwissenschaft. Eine Einführung in ihre Probleme, Frankfurt 1969.

tungsapparat retardiert und destilliert Entscheidungen und setzt u. U. seine Interessen durch. Diese moralischen Kompromisse, die Herrschaft über Menschen, die Durchführung eines oft abstrakten Rechtsstandpunktes, die Ausnützung latenter und offener Konflikte und die mit allen diesen Kennzeichnungen dialektisch verknüpfbaren positiven Erscheinungen bestimmen die Politik als einen von der Pädagogik geschiedenen Bereich.

Pädagogik lehnt Macht, Gewalt und Kampf in dieser Form zuerst einmal ab, ihre Situation ist vom »Humanprinzip« gekennzeichnet, von der Ebene des Individuums, insofern dieses in die Allgemeinheit eingebunden ist. Ihre Selbstbeschränkung begründet sich schon daher, daß sie immer einen Lernprozeß einleiten will, ohne utopisch-verbessernde Grundhaltung undenkbar ist, nur »uneigennützige« Interessen verfolgt, ja sich stets zurückzunehmen als ihre Hauptaufgabe ansieht, um der Freiheit, Mündigkeit, Emanzipation, Selbstbestimmung Platz zu lassen. Sie setzt im beschränkt wirkenden, kleinen Rahmen an. Von den Möglichkeiten in ihrem engen Bereich her wäre sie vordergründig in der Lage, ein kritisches, positives Bewußtsein herzustellen, leider aber nicht sofort mit ausgedehnter allgemeiner Effektivität durchzusetzen.

Es fällt den Kritikern dieses noch auszuweitenden idealtypischen Kataloges nicht schwer, durch Aufzählen verbindender Elemente von Politik und Pädagogik die Verschiedenheiten zu relativieren und Gemeinsamkeiten herauszustellen wie die Verantwortung vor Menschen, das Ziel der Verbesserung gesellschaftlicher Verhältnisse, die Ordnungsfunktion, die Ideologieanfälligkeit in der Dynamik des Lebensprozesses usw. Aber die Identifizierungen, die eine weitverbreitete idealistische Staats- und Gesellschaftsauffassung in der Humanisierung, in der Sorge für Individual- und Gemeinwohl, in Gesetz (bzw. Gerechtigkeit) und Mündigkeit sehen wollte, halten einer kritischen dialektischen Theorie von Politik und Pädagogik kaum stand, ja diese Idealhypertrophie droht in *beiden* Bereichen angesichts der Realität als Perversion der kritischen Vernunft zu gelten. Es muß auch in den Schnittpunkten dieser zwei korrelativen Felder streng auf die bleibende, distanzierende und verbindende Dialektik geachtet werden, und erst in diesem Sinne kann vom Pädagogischen der Politik und vom Politischen der Pädagogik gesprochen werden. Das pädagogische Handeln ist nicht nur Gegenstand des Politischen und das Politische Gegenstand des Pädagogischen, sondern die Erziehung setzt politische Fakten, spiegelt selbst politisches Verhalten wider. Pädagogik geschieht selbst im Sinne des »Naturrechts«, des Kampfes, des Konfliktes, der Macht, der Gewalt, des Rechts, der Unmoral. Sie ist gewissermaßen gespalten: der idealistische Zug erkennt diese Eigenschaft der Pädagogik ab, der realistische Zug setzt sie als politisches Faktum; Erziehung geschieht für den Menschen und am Menschen, sie geschieht (wie Politik) aber auch für »die Gesellschaft«; Pädagogik will sich von den gesellschaftlichen Zwängen emanzipieren, sie kann dies aber augenscheinlich kaum anders als mit eben den Mitteln, die diese Zwänge auslösten.

Auf diese Weise ist Pädagogik eng in den politischen Bereich verstrickt, für ein kritisches Bewußtsein mit einer Art Haßliebe, weil gerade sie eine eigenständige, Selbstbestimmung und Mündigkeit hervorbringende Instanz sein könnte. Und Politik, die sich auf erzogene Menschen stützt, kann diese »Haßliebe« zur Pädagogik nur erwidern (falls sie überhaupt die eindeutig schwächere selbständige Position der Pädagogik für gleichwertig ansieht). Denn was ihr die Erziehung an gebildeten und ausgebildeten Menschen in die Hand gibt, macht allgemein wahrlich einen Friedensauftrag schwer – wenn Politik auch das Humanprinzip ernst nimmt. Ist dies nicht der Fall, bietet die Pädagogik für sie ideale Möglichkeiten der Machtentfaltung und Interessendurchsetzung.

Der Begriff des Politischen ist also in sich durchaus nicht einheitlich. Drei Intensitätsgrade sind hier zu unterscheiden:

a) Der Gebrauch des Wortes »Politisch« in dem Sinne, daß jedes menschliche Faktum politische Relevanz hat,

b) im Sinne aktiver Politik, worunter bewußt-politisches Handeln zu verstehen ist, und

c) im Sinne kritischer politischer Aktivität, die auf eine Veränderung unzulässiger menschlicher und speziell politischer Fakten drängt.

Der Schwerpunkt einer Politischen Pädagogik liegt vornehmlich im ersten und dritten Bereich, er ist freilich von der aktuellen Politik immer abhängig. Der Begriff der »Politischen Bildung« und ähnliche Entwürfe fassen also in ihrer didaktischen Konzeption viel zu oberflächlich[8]. Ein Erziehungswissenschaftler und noch mehr ein Pädagoge, der das Erzieherische der Politik und das Politische der Erziehung verantwortlich reflektiert[9], muß in der Analyse methodisch tiefer ansetzen, um die bisherige Unfähigkeit der Erziehung auf das mangelhafte Erkennen ihrer politischen Funktion zurückzuführen und mit Kategorien eines kritischen Bewußtseins gegen schwerwiegende neue Fehler wenigstens tendenziell gefeit zu sein.

Längst nicht mehr ist Unfriede als Summe individueller Aggression, aus Vorurteilen und Freund-Feindbildern allein oder aus irgendeiner sozialen und internationalen Organisation herzuleiten, sondern stets aus einem komplexen Bedingungsgefüge offener und versteckter, individuell und kollektiv induzierter Gewalt. Diese gesellschaftspolitische und heute weltweit beeinflußte Situation als subtile, aber wirksame und organisierte Erziehungssituation bedarf gerade wegen ihrer Übermacht der umfassenden Rationalisierung durch die Erziehungswissenschaft, denn nur die geklärte Größe des Phänomens macht es angreifbar und entzieht es den tragischen Windmühlenkämpfen individualpädagogischer politischer Didaktik. Nur die dialektische Relation von Makro- und Mikrobereich gewährleistet neben einer umfassenden Einsicht in Zusammenhänge auch mit der Begründung von Ursachen der Mißverhältnisse eine einigermaßen solide Theorie und Praxeologie, aus der eine wirksame Handlungsstrategie zur Friedenserziehung begründet werden kann.

[8] *Giesecke*, Politische Bildung, a.a.O., S. 29ff.

[9] Vgl. dazu Walter *Rest*, Prolegomena und Sentenzen zu einer jeden künftigen Pädagogik, Ratingen 1971, u. a. S. 123ff.: Über den Unterschied von Erziehungswissenschaft und Pädagogik; Josef D. *Derbolav*, Pädagogik und Politik, Stuttgart 1975.

## Teil I

# Die pädagogische Dimension des Politischen

Wer in der weitverbreiteten »Einführung in die theoretische Pädagogik« von M. J. Langeveld[1] liest, die Politiker seien »Verkünder vom Lebensbild des Menschen« und als solche auch Erzieher, den überkommt Angst. Einmal aus dem Grunde, weil er die bei Langeveld dahinter verborgene, harmonistische Auffassung von »Gemeinschaft«, vom »Menschenbild«, von den »Werten« kennt, zum anderen aber, weil er die politische Realität mit diesem Idealismus nicht in Verbindung bringen kann. Wenn man dann außerdem noch die (gute, heile) westliche Gesellschaft herausgestrichen sieht[2], nachdem von menschenwürdiger Gesellschaft gesprochen wurde, so wird man – trotz einer großen Portion Zustimmung vielleicht – als aufmerksamer Beobachter der letzten Jahre einen Konflikt nicht unterdrücken können, der jäh alle Illusionen der Ethik des Politischen und damit auch der Nützlichkeit für die Pädagogik zunichte macht.

Gleichwohl steht die Feststellung Langevelds außer Zweifel, daß das Politische eine eminent wichtige pädagogische Dimension aufweist, vom weltpolitischen bis in den individuellen Bereich hinein. Die einschlägigen Veröffentlichungen über diese Zusammenhänge gehen zwar meist von Forderungen der Pädagogik an die Politik aus, sie scheuen sich aber oft, anhand konkreter politischer Situationen ganz praktisch den erzieherischen Einfluß des Politischen zu konstatieren. Die Schwierigkeit, eine deutende, mittelbare Analyse auf unmittelbare Intentionen kausal zurückzuführen – jene dauernde Krankheit der marxistischen Ideologie – bzw. die offensichtlichen Phänomene »des Systems« objektiv zu interpretieren – jene Unfähigkeit der »bürgerlichen« Geschichtsauffassung –, läßt weder die ideologische noch die liberalistisch-systemlose Annahme für die Erkenntnis des Erzieherischen in der Pädagogik befriedigend verwertbar erscheinen. Das Dilemma manchmal relativ ungesicherter Kritik und der Zwang zur Stellungnahme verführen deswegen viele Autoren, zumal Pädagogen, dieses entscheidend wichtige Gebiet gar nicht zu betreten – auch ein erzieherischer Einfluß des Politischen, der aber angesichts der Einbindung von Erziehung in die gesamte Prägung unseres Systems unverantwortlich ist. Fragen wir also: wie sieht »das Lebensbild des Menschen« heute aus, von dem uns die Politik kündet (Langeveld)?

---

[1] Stuttgart 1966, 6. Auflage, S. 22.

[2] ebd. Um nicht einseitig zu argumentieren, sei die Bedeutung der Pädagogik Langevelds ausdrücklich gewürdigt. Vgl. Manfred *Hohmann*, Die Pädagogik M. J. Langevelds. Untersuchungen zu seinem Wissenschaftsverständnis. Ergänzungshefte zur Vierteljahresschr. f. wiss. Päd. H. 14, Bochum 1971.

## *1. Zur Entwicklung eines politischen Bewußtseins vom Frieden (Grundlage der Friedenserziehung)*

Auf der politischen Bühne jagt ein Ereignis das andere. Stets wird die politische Situation verändert. Jede einzelne weitreichende Entscheidung ist auf ihre Folgewirkungen kaum berechenbar, sie deckt Möglichkeiten auf und andere wieder zu, durchschaut einen Großteil von Handlungsweisen überhaupt nicht, ist von einem ideologischen Überbau irgendwelcher Art geprägt und ist immer von Interpretationen abhängig[3]. Schon die schnelle Abfolge politischer Aktionen, Reaktionen und Veränderungen, hervorgerufen durch die Schnellebigkeit unserer Zeit, das Ausmaß der technischen Hilfsmittel sowie die vielfältige Aggressivität des Machtstrebens und andere Faktoren machen es praktisch unmöglich, das politische Handeln als noch im Werden begriffenes Handeln mit allen Alternativen, Konflikten und Irrationalitäten wissenschaftlich voll zu bewältigen[4].

Von daher ist die Aussage über eine politische Situation immer nur innerhalb eines gewissen Zeitraums gültig. Umso schwieriger gestaltet sich das wissenschaftlich-methodische Verfahren. Gleichwohl ist auch aus der Unüberschaubarkeit politischen Handelns eine systematische, praktische Logik ableitbar: eine Vielzahl unterstützender Systeme in Form von Verwaltungen, bestehenden wirtschaftlichen, politisch-gesellschaftlich-individuellen rationalen Ordnungen, verschiedenen Informationsquellen, aber auch in Form von wissenschaftlich vorbereiteten Alternativlösungen, Geheimabsprachen, diplomatischen Kanälen etc. verdichtet das Feld der Politik fast schon in dem Maße, daß kaum eine Entscheidungsfreiheit übrig zu bleiben scheint.

Das Problemfeld der Verbindung von Politik und Pädagogik ist die Verbindung von kurzfristiger Aussagemöglichkeit und langfristigem Wirkungsprozeß, die über einen mittelfristigen geschichtlichen status quo Kategorien und begründete Perspektiven ermittelt.

### 1.1. Die makrostrukturelle politisch-pädagogische Situation

»Der menschliche Block hat sich in Bewegung gesetzt. Der Start ist fast beendet und die Geschwindigkeit beschleunigt sich vor unseren Augen, – sie macht unsererseits jedes Bemühen völlig sinnlos, der Bewegung physisch oder geistig Widerstand zu leisten, die uns von nun an mitreißt. Solange die menschliche Welt dauern wird, kann sie nur noch weiterbestehen, indem sie sich immer enger in sich selbst organisiert. Wir

---

[3] Vgl. dazu auch Wolf-Dieter *Narr*, Logik der Politikwissenschaft – eine propädeutische Skizze, in: Kress-Senghaas (Hg.), Politikwissenschaft, a.a.O.

[4] S. auch *Giesecke*, Politische Bildung, a.a.O., S. 21, 22 mit Hinweis auf den Begriff der Irrationalität bei Mannheim und die »Restproblematik« bei Habermas.

bilden uns vielleicht ein, wir stünden nur ein Gewitter durch. In Wirklichkeit sind wir dabei, das Klima zu wechseln«[5]. Viele Generationen nahmen diese Entwicklung für sich in Anspruch, aber kaum konnte man sie so offenen Auges wie heute bemerken. Es ist unsere politische Situation, die die Totalität einer Weltfriedensutopie erheischt.

Aber diese Totalität ist noch pubertär, schizophren, selbstzerstörerisch. Mondlandung, Krieg, Protestdemonstrationen, Folterungen in Gefängnissen, Polizeiknüppel, individuelles Glück, Verhungern von mehreren Millionen Menschen pro Jahr, Verschwendung des Kapitals, Vergeudung der Naturprodukte und Entfremdung der Ökonomie, all dieses will noch nicht recht vernünftig zueinander passen. Es sei denn, man lege das Naturprinzip zugrunde: die Interessen und die Macht sind verteilt, wer sie in Frage stellen will, mag seinen Rang in der Hackordnung mit allen Risiken verbessern; zynischer noch: wer gefoltert wird, ist selbst schuld, warum begehrt er als Schwacher auf? Demgegenüber mangelt dem Humanitätsprinzip die inhaltliche Eindeutigkeit. Begriffe wie Friede, Werte, Gerechtigkeit etc. erhalten durch die Komplexität politischer Hintergründe einen weiten Ermessensspielraum, sie werden meist sogar zu ihrem Gegenteil beschworen. Die allgemeine Unsicherheit dieser Ideen wirkt sich auch im pädagogischen Sinne verhängnisvoll aus.

Diese aus Existenzangst (»angoisse«) geborene Utopie gegen das pathologische (oder »pattologische«), maßgeblich auf egoistischen Interessen Weniger beruhende Syndrom technisch-politischer und damit auch gesellschaftlicher und individueller Bedrückung schreibt der Politik und ihrer pädagogischen Dimension Steuerungsmöglichkeiten zu, die im einzelnen zu reflektieren sind. »Die »organisierte Friedlosigkeit« (Senghaas) spannt ihr System in alle Bereiche des Lebens, ihre etablierte Macht kann nur durch Praxis in Frage gestellt werden, wenn das Relationsgefüge von Wirtschaft, Macht, Ideologie und Krieg durchschaut und eine organisierte Friedfertigkeit erdacht worden ist.

Die globale und dynamische Vision und Vermutung Teilhards lehrt uns – wenigstens methodisch –, dem allgemeinen politischen Geschehen geradezu biologische, sogar »geologische« Dimensionen zu verleihen und damit von dem engen Begriff politischen Alltags frei zu werden: die politischen Zusammenhänge sind als weltweite Politik heute auch erd-entscheidend. Die durchgehende Politisierung stellen wir in diesem Sinne dem Prozeß der Planetisierung parallel[6], das Politische erreicht »tangential« und »radial« eine neue Qualität durch den wachsenden Druck materieller und geistiger Energien[7], die in die richtige Bahn zu lenken sind. Teilhard vertieft diese Sicht des

---

[5] Pierre *Teilhard de Chardin*, Die Zukunft des Menschen, Freiburg 1963, Bd. 5, S. 327. Diese Ausführungen sind nicht als Wirklichkeitsanalyse, sondern als begründet erscheinendes Denkmodell aufzufassen.

[6] *Teilhard de Chardin*, Der Mensch im Kosmos, München 1959, 1965, 2. Aufl., hier S. 259ff. Trotz aller inhaltlichen Kritik ist die großartige Perspektive Teilhards nützlich.

[7] Ebd. S. 261–264.

richtigen Funktionierens der gesamtmenschlichen Energie selbst mit pädagogischen Begriffen: er spricht von der Notwendigkeit der Personalisierung. Planetisierung – Politisierung – Personalisierung sind die Integrationsmomente des beginnenden Zeitalters, das mit den Ausdrücken »technisch-wissenschaftlich«, »industriell«, »automatisch« etc. nur in Teilen umschrieben ist.
Selbstzerstörerische Konflikte verstellen dieser neuen Qualität den Weg, ihre Wurzeln werden bis hin zu den kleinsten emotionell-psychischen Regungen der Systemglieder nachgewiesen. Aggressionen, Angstabwehrreaktionen, Vorurteile, eingefahrene Vorstellungen und Verhaltensweisen, Strukturen, Institutionalisierung von Gewalt – alles dies sind Begriffe »des Systems«, das Menschenmillionen und -milliarden beherrscht und das sich nur wenige fernhalten können. Jene global verbreiteten Irrationalitäten der beginnenden Menschheit scheinen im rationalen Zeitalter kaum behoben, sie werden durch die bürokratische, gesetzliche, normative und erzieherische Fremdbestimmung des Menschen ersetzt[8]. Die Befreiung des Menschen scheint bis jetzt nur eine Idee der kritischen Vernunft zu bleiben. Die Tatsache der Technik, die Ordnung durch Institutionen, überhaupt die Technokratie an sich ist daran nicht primär schuld, sondern mangelnder menschlicher Einsatz, der als Lernvorgang zur Normalität wird bzw. dessen Normalität Lernvorgänge grundsätzlich verhindert. Umgekehrt haben Ideologien die Befreiung des Menschen nicht vermocht, vielmehr zu seiner Knechtung beigetragen; Christianismus und Sozialismus haben in ihrer geschichtlichen Entwicklung ihre Grundideen verraten[9], eine ihnen eindimensional verschriebene Jugend wird enttäuscht[10]. Es gibt eine gemeinsame Vorstellung von Menschlichkeit und Menschenwürde, und selbst der Friedensbegriff sozialistischer und kapitalistischer Staaten ist auf einen gemeinsamen Kern zurückzuführen.
Im planetarischen Maßstab wächst das gemeinsame Schicksal des technisch-wissenschaftlichen Zeitalters zusammen, weltweite Perversionen und die Leidensfähigkeit des Menschen weit übersteigende Obszönitäten kriegerischer Handlungsweisen (Marcuse), unmenschlicher Gewaltanwendung und Zerstörung der natürlichen Lebensgrundlagen wiegen bis heute für den Großteil der Erdbevölkerung den Fortschritt nicht auf. Befreiung erwies sich für sie als Knechtschaft, versprochener Wohlstand als Ausbeutung. Allmählich werden die »pädagogischen« Folgerungen dieser Politik und Wirtschaft erkennbar: Die Mächtigen, obwohl sie ihre Macht noch stei-

---

[8] Vgl. dazu die interessante Studie und Materialiensammlung von Arthur *Fischer*, Die Entfremdung des Menschen in einer heilen Gesellschaft. Materialien zur Adaption und Denunziation eines Begriffs, München 1970; es sei aber darauf hingewiesen, daß der Begriff der sozialen Entfremdung und seine Nähe zur Anomie viel zu kurz gedacht ist. S. dazu auch unten.

[9] Dom *Hélder Câmara*, Christentum, Sozialismus und Marxismus in Begegnung und als gegenseitige Anfrage. Rede am 21. Juni 1972 in der Universität Münster. S. auch Carl *Améry*, Das Ende der Vorsehung. Die gnadenlosen Folgen des Christentums, Reinbek 1972.

[10] Ossip *Flechtheim*, Der Weg zum Sozialismus, oder: Ethik und Politik. Ein aktueller Aufsatz aus dem Jahre 1937, in: Werkhefte 4/72, S. 157ff.

gern, verlieren zunehmend an Macht, die abendländische Kultur und Zivilisation, obgleich sie sich ständig ausweiten, an Substanz und Glaubwürdigkeit. Pädagogisch relevant sind diese Folgerungen, weil das Weltbewußtsein einen Lernprozeß aufweist, aus der Geschichte der Unterdrückung endlich die überfälligen Konsequenzen zu ziehen[11].

Schon lange ist die planetarische Humanisierung Programm, trotz einiger Ansätze wird aber nichts Entscheidendes unternommen (bis die Verhältnisse dazu zwingen werden): die Entwicklungsländer werden immer relativ ärmer, Revolutionen führen weiterhin zu Repressionen, der Generalneid herrscht überall brutal und heimtükkisch; man spricht von der erschreckenden Zivilisation, vom Selbstmordprogramm, der Vergeudungsgesellschaft u. a., die pädagogisch kaum gegengesteuert werden[12].

Die Politisierung ist die treibende Kraft eines allgemeinen Bewußtseins- und Emanzipationsprozesses. Das politische Feld ist das Organisationsmodell aller, auch der Unpolitischen, der schweigenden Mehrheit, welche von den Herrschenden entmündigt worden ist[13]. Es gibt gewiß andere qualifizierte Betätigungsfelder, die dem politischen gleichrangig sind, und die Hervorhebung einzelner Politiker und ihrer Interessen aus der Gesamtheit aller Berufsgruppen, aller Qualifizierten, erweckt manchmal den Anschein, als ob das Politische Selbstzweck sei: es sollte dennoch als notwendige Bedingung der Ermöglichung von allgemeiner Humanisierung der Erde instrumentalen Charakter besitzen und allen Menschen verfügbar sein[14]. Aber die durch ihre Komplexität immer reicher werdenden Kommunikationssysteme entwickeln neben gewaltigen politischen Möglichkeiten ebenso große Irrationalitäten zur Fremdbestimmung des Menschen, welche man mit Johan Galtung strukturelle Gewalt oder auch Unfrieden nennen kann[15]. Die Politisierung solcher Systemzustände ist ständig der

---

[11] Wer die Geschichte des Kolonialismus kennt, erwartet keine andere langfristige Reaktion. Vgl. Gert v. *Paczensky*, Die Weißen kommen. Die wahre Geschichte des Kolonialismus, Hamburg 1970.

[12] Helmut *Schoeck*, Der Neid. Eine Theorie der Gesellschaft, Freiburg 1966, 2. Aufl. 1968; Oskar Schatz (Hrsg.), Die erschreckende Zivilisation. Salzburger Humanismusgespräche, Wien 1970; Alvin *Toffler*, Der Zukunftsschock, Bern 1970, 2. Aufl. S. 45ff.; Rainer *Rilling*, Kriegsforschung und Vernichtungswissenschaft in der BRD, Köln 1970; Dennis *Meadows*, Die Grenzen des Wachstums, Stuttgart 1972.

[13] Peter *Maiwald*, Die Schweigende Mehrheit entmündigt, Neue Notizen, in: Werkhefte 26. Jg. 4/72, S. 176a.

[14] Es berührt eigentümlich, wenn Politiker immer häufiger vor einer Politisierung warnen (»Politisierung der Massen«, »Politisierung der Betriebe«, »Politisierung der Entwicklungshilfe«).

[15] Johan *Galtung*, Violence, Peace, and Peace Research, in: Journal of Peace Research 6 (1969), p. 167–191. Zu der Kritik an diesem Konzept s. Jukka *Gronow* – Jorma *Hilppo*, Violence, Ethics and Politics, ibid. 7 (1970), p. 311–320, wo festgestellt wird, Galtung habe das ethische Problem neutralisiert und die hinter der strukturellen Gewalt stehende soziale Struktur vernachlässigt. Deswegen wird hier nun zum Begriff der strukturellen Gewalt der des Unfriedens hinzugefügt.

Gefahr ausgesetzt, gleichfalls in das zu bekämpfende System zu verfallen – den Mächtigen kann man nur mit Macht austreiben –; eine Rationalisierung der oben genannten Irrationalitäten bietet aber auch immer wieder die Chance des Systemaufbruchs zugunsten einer erweiterten Selbstbestimmung des Menschen. Die Politisierung hebt den »friedlichen« Unfrieden auf und will den »unfriedlichen« Frieden, d. h. die ständige Dialektik, wohlverstanden nicht die ständige Dialektik von Gewaltsamkeiten, sondern die Dialektik der Legitimation von Macht. In Deutschland ist die Zeit des Nationalsozialismus mit ihrer doch nur scheinbaren Politisierung der Massen[16] das krasse Gegenbeispiel gerade dieser Dialektik. Es lehrt uns die Gefährlichkeit psychisch gleichgeschalteter Disponierung und gerade des Mangels an politisch-praktischem Widerstandsverhalten großen Stils.

Eine Theorie der Personalisierung im Sinne einer humanistisch-rationalen Auffassung von Politik gegen die bestehenden Trägheitsmomente von »Aufklärung« muß notwendig zwischen »natürlichen« Energieverlusten, Zementierung entstandener Interaktionskanäle und bewußter Verhinderung von Politisierung der »Massen« in jedem Fall unterscheiden. Es genügt nicht die Feststellung, daß in allen Staaten ohne Ausnahme Politik hierarchisch ist und daher repressive Momente enthält, daß die sogenannte Öffentlichkeit in Wirklichkeit eine Un-Öffentlichkeit darstellt, daß überall die Massen politisch unqualifiziert erscheinen[17]; sondern um diesen Realismus in einer Analyse der Politisierung unserer kulturellen Situation erst voll zur Geltung bringen zu können, sind die wichtigen Unterschiede festzuhalten: daß der Toleranz-Spielraum für das Handeln des Volkes in einzelnen Staaten erheblich verschieden ist, daß die Masse aus einzelnen hochqualifizierten Leuten bestehen kann und warum diese sich nicht emanzipieren können, in welcher konkreten Dialektik sich die Personalisierung darstellt usw. Das Moment der Personalisierung, der planetarischen, politischen Personalisierung, rückt die unverzichtbare politisch-philosophische Perspektive zurecht. Personalität als intersubjektive und intrasubjektive Sozietät[18] ist zugleich bestimmender Bestandteil objektiver Sozietät. Ihre Entpolitisierung durch den Individualismus läßt sich in unserer Wirtschaftsordnung nicht mehr begründen[19], im Gegenteil muß in einer abgrenzenden Dialektik von Sachlichem und Persönlichem die Priorität des Menschen stets durchgesetzt werden. Eine Analyse der gegenwärtigen Situation stößt auf die Macht, vielmehr aber die Ohnmacht des Personalen.

---

[16] Vgl. dazu Wanda von *Baeyer-Katte*, Das Zerstörende in der Politik. Eine Psychologie der politischen Grundeinstellung, Heidelberg 1958, 1. Kap.: Psychologische Aspekte des unpolitischen Menschen, bes. S. 25 ff.

[17] José *Ortega y Gasset*, Der Aufstand der Massen, Stuttgart 1949.

[18] Walter *Rest*, Prolegomena, a.a.O., S. 53 ff. Es sollte aus den Ausführungen deutlich sein, daß hier nicht der Irrtum gepflegt wird, im planetarischen Ausmaß könne Politik auf Personalisierung abgestellt werden. Vielmehr geht es darum, den dialektischen Raum personaler Freiheit so weit wie möglich zur Geltung zu bringen.

[19] Herbert *Marcuse*, Ideen zu einer kritischen Theorie der Gesellschaft, Frankfurt 1969, 3. Aufl., S. 168 ff.

Planetisierung, Politisierung und Personalisierung bergen heute die dreifache Sorge und Gefahr in sich: die Bedrohung der Existenz des Menschen durch militärische Mittel, die einseitige Verteilung der Existenzgrundlage aus ökonomischem Interesse und die Erzeugung eines falschen Bewußtseins durch ideologische Verführung. Diese psychophysische Macht, Gewalt, Bedrohung und Vernichtung ist unterschwellig tief dem heutigen Existenzbewußtsein eingeprägt und bringt in den meisten Fällen pathogene Symptome hervor statt den Versuch, die Ursachen zu beheben. In der nachfolgenden Analyse wird sich zeigen, daß selbst die Beschreibung der angesprochenen Problemfelder wegen ihrer hochgradigen Komplexität äußerst schwierig monokausal argumentieren kann und daß besonders die pädagogischen Folgewirkungen trotz ihrer Massivität eine sehr subtile Wahrnehmung voraussetzen.

### *1.1.1. Die Pädagogik der Abschreckung*

Der Militarismus beherrscht nach wie vor die Welt, Abschreckung ist das zentrale Thema. Die militärische Macht, der Druck der Systeme, weitgehende Unsicherheit der Zuordnung von Politik und Gewalt (Senghaas) und die Verleugnung bzw. Kaschierung unheilvoller Strategien haben den Zustand weitgehender Verdrängung von Angst heraufbeschworen, der alle politischen Bereiche erfaßt. Die Supermächte beziehen mit ihren »Freundschaftsorganisationen« die ihnen wichtigen Länder in dieses Abschreckungssystem mit ein und gliedern andere Zuschauerländer sympathetisch an[20].

Die Instabilität der Abschreckung[21], die zwischen den beiden Supermächten noch nicht erreicht ist, nach Weizsäcker und seinen Mitarbeitern[22] wegen der allgemeinen Weiterentwicklung der Weltkonstellation und der dann nicht mehr eindeutig berechenbaren Faktorenkomplexionen aber kommen wird, ist auf dem Gebiet des konventionellen Potentials und des Potentials *zwischen* großem Krieg und konventionellem Krieg an vielen Stellen der Erde gegeben[23]. Die SALT-Verhandlungen wollen

---

[20] Vgl. auch Paul M. *Doty*, Die Rolle der kleineren Staaten, in: Donald G. Brennan (Ed.), Arms Control, Disarmament, and National Security, deutsche erweiterte Ausgabe des »Daedalus« von Uwe Nerlich, Strategie der Abrüstung. 28 Problemanalysen, Gütersloh 1962, S. 332–343.

[21] Carl Friedrich von Weizsäcker (Hg.), Kriegsfolgen und Kriegsverhütung, München, 3. Aufl. 1971, S. 56. Vgl. auch Horst *Afheldt*/Christian *Potyka*/Utz-Peter *Reich*/ Philipp *Sonntag*/Carl Friedrich *von Weizsäcker*, Durch Kriegsverhütung zum Krieg? Die politischen Aussagen der Weizsäcker-Studie »Kriegsfolgen und Kriegsverhütung«, München 1972, dort 4. These.

[22] a.a.O., besonders 6. These: »Das Wettrüsten führt zur Erhöhung des Kriegsrisikos«; vgl. aber auch *von Weizsäcker*, in: Karl Kaiser (Hg.) Bedrohungsvorstellungen als Faktor der internationalen Politik. Jahrbuch für Friedens- und Konfliktforschung, Düsseldorf 1971, Bd. 1, S. 15–29, bes. S. 22.

[23] *Afheldt/Potyka/Reich/Sonntag/Weizsäcker*, Kriegsverhütung, a.a.O., S. 51ff., besonders S. 52; für Europa vgl. *Afheldt*, in: Weizsäcker (Hg.), Kriegsfolgen, a.a.O., S. 56ff. Eine umfas-

durch Aufrüstung die Hoffnung auf sichere Abrüstung erreichen. Andererseits sorgen die qualitativen Waffenverbesserungen für eine stete Weiterproduktion von Ungleichheiten[24]. Der (nicht unproblematische) Vorteil solcher Abmachungen besteht im schrittweisen Abbau der vielfachen Überlegenheit, welche zu unerwünschten militärischen und politischen Nebenwirkungen führt.
Die Studie von *Afheldt* u. a. bezweifelte 1972 noch entschieden eine größere Stabilität durch solche Abkommen[25]. Die USA und UdSSR rufen schon nach neuen Waffensystemen, außerdem seien der sogenannte konventionelle Krieg und die damit verbundenen Strategien widersprüchlich: Die BRD ist nicht mit konventionellen Waffen zu verteidigen, auch der konventionelle Krieg in der BRD führt zur unbegrenzten Eskalation und damit zur Vernichtung der BRD[26]. Der Bevölkerung ist dies wenig bewußt[27].

---

sende Diskussion um Strategie und Abrüstung ist hier unmöglich. Vielmehr kommt es auf die politisch-gesellschaftlichen Auswirkungen an, die pädagogisch von höchstem Interesse sind.

[24] *Afheldt/Potyka* u. a., Kriegsverhütung, a.a.O., S. 43 ff. SIPRI-Yearbook of World Armaments and Disarmaments 1969/70. Stockholm International Peace Research Institute, Stockholm/London/New-York/New Delhi 1970, Chapter 2: The main arms race: SALT and European security, p. 36–91.

[25] Für die Situation der BRD lese man die öfter erwähnte Studie von *Afheldt/Potyka*, a.a.O., aber auch Heinz *Trettner*, Die militärische Sicherheit der Bundesrepublik, in: Hochland (1970), S. 126–140: »Was bedeutet, was ist die Bundesrepublik in unseren und unserer Verbündeten Augen? Von *Amerika* aus gesehen, stellt sich ganz Westeuropa als eine Art Brückenkopf der freien Welt auf dem eurasischen Kontinent dar, dessen Besitz über die Führung in der Welt entscheidet. »Auf keinen Fall darf dieser Brückenkopf unzerstört in Feindeshand fallen«. S. 127 (Freundl. Hinweis von Herrn Prof. Rest, Münster). Vgl. auch das Weißbuch der Bundeswehr 1975/76.

[26] a.a.O., S. 59, aber auch S. 31: »Von Abrüstung ist im Ernst keine Rede.« Vgl. auch die ziemlich oberflächlich geschriebene Rezension zu dem o. g. Buch von Ludwig *Schulte*, Krieg wider Willen? »Entspannung und Abschreckung« behalten Gültigkeit, in: Die Zeit, 28. 7. 1972, S. 10. Man vergegenwärtige sich außerdem, daß schon Eisenhower und Dulles »Atomwaffen innerhalb unserer Streitkräfte im Grunde schon wie konventionelle Waffen« betrachten.« *Noel-Baker*, a.a.O., S. 160 ff. Dazu die parallele Äußerung von Marschall Schukow: »Atomwaffen werden als eine anerkannte Waffe in großem Umfang bei den Streitkräften eingeführt.« (»anerkannt« entspricht zweifellos Mr. Dulles' »konventionell«), ebd. S. 161. In diesem Sinne ist von taktischen Atomwaffen stets die Rede.

[27] Hier muß ein Wort über die pädagogisch wichtige »Fehlinformation« der Bevölkerung eingefügt werden. Die Daedalus-Übersetzung (a.a.O.) klärt noch heute falsch verstandene Begriffe wie »Rüstungskontrolle« (arms control), was in amerikanischer Denkweise Rüstungspolitik und nicht die internationale Kontrolle bedeutet (S. 463 ff.); »Rüstungsbeschränkung«, was noch lange nicht Abrüstung bedeutet, etc. Wenn diese Termini in den Informationen des Bürgers gebracht werden, versteht dieser sie nach der wörtlichen Übersetzung, nach dem Völkerrechtsverständnis (ebd., S. 464 oben) sowie nach der subjektiven Denkweise. Begriffe wie »Forschung und Entwicklung«, »Wissenschaft«, auch »Operation Research« u. a. lassen ihren unmittelbaren Zusammenhang zu Rüstung und Krieg nicht erkennen. Denkt man da vielleicht an den hochgestapelten »allgemeinen« Nutzen dieser Forschungen? Dazu Fritz *Vilmar*, Rüstung und Abrü-

Es gibt wesentliche Punkte, in denen die einander abschreckenden Blöcke gleichartig argumentieren, so z. B. in der Vorgabe der Verteidigung, des Friedens, der Menschlichkeit, der Schutzfunktion (trotz Imperialismus und Neokolonialismus durch Ideologie und Finanzen) und im Vorwurf des Gegenteils für den Gegner (wie bemerkenswert verschieden auch die Praxis beider Teile aussieht). Direkt einig sind sie sich im Bestreben, andere Staaten nicht als gleichwertig anzuerkennen, unter sich geheim vielfältig zu kommunizieren[28], bestimmte Teile der Welt für die jeweilige Vorherrschaft zu beanspruchen, konservative Politik zu betreiben und die vielfältigen Möglichkeiten menschlicher Kooperation nach dem propagandistischen Maß ihrer Ziele stark einzuschränken u. a. m. Trotz vieler Gemeinsamkeiten der Systeme – schon durch Technik und Wissenschaft hervorgerufen – wäre aber eine Konvergenztheorie illusorisch[29].

Abschreckung wird zur Sicherung des politischen Verkehrs zwischen den Blöcken (und deren gesamtgesellschaftlichen Tendenzen), um prophylaktisch nach außen und nach innen die Schwelle der Gewalt und Machtansprüche relativ kontrollierbar und nach Maßgabe regulierbar werden zu lassen. Eingeschlossen sind dabei technisch-ökonomische Grundlagen wie wissenschaftliche Potentiale und gesellschaftliche Dispositionen. Hauptsächlich die Zuordnung von Angst und »Schrecken« zu einer möglichen, zumindest im Hintergrund drohenden Aggressionsentladung macht die Abschreckung zu einem relativ wirksamen Machtinstrument. Ihr gewichtiger pädagogischer Faktor hilft die politische Wirksamkeit zu garantieren, und zwar auch in Ländern, in denen die Sicherung durch Abschreckung gar nicht widerspruchsfrei gegeben ist (wie in der BRD).

Wie die Sachlage über Abschreckungspotentiale (bzw. Rüstung als »Zweckmärchen«) in Wirklichkeit heute liegen mag und so wichtig die Kenntnis darüber für jegliche Beurteilung auch ist: wegen der Unzuverlässigkeit und gefährlichen Aporie selbst der Spezialliteratur muß hier die Analyse einer politischen *Pädagogik* (vordergründig) von der Funktion und Wirksamkeit der Abschreckung im politisch-gesellschaftlichen Raum ausgehen. Dieser methodische Schritt kann dadurch einigermaßen kompensiert werden, daß auch die Tatsache der allgemeinen Informationsunsicherheit als zum

---

stung im Spätkapitalismus. Eine sozio-ökonomische Analyse des Militarismus in unserer Gesellschaft, Frankfurt 1965, 5. Aufl. 1970, S. 93 ff.; die These wird im »Weißbuch 1970. Zur Sicherheit der Bundesrepublik Deutschland und zur Lage der Bundeswehr« S. 150 auch vertreten, obwohl Vilmar den notwendigen Aufwand im zivilen Feld für solche Forschungen auf 1/4 geschätzt hatte. Zum zivilen »Nutzen« s. aber noch Rainer *Rilling*, Kriegsforschung und Vernichtungswissenschaft in der BRD, a.a.O. passim.

28 *Senghaas*, Abschreckung, a.a.O., S. 178 ff. Zu den Geheimdiensten s. das klassische Werk von Sherman *Kent*, Strategic Intelligence for American World Policy, Princeton 1951; für die BRD s. Thomas *Walde*, ND-Report. Die Rolle der Geheimen Nachrichtendienste im Regierungssystem der Bundesrepublik Deutschland, München 1971. S. auch unten.

29 Friedrich-Wilhelm *Dörge*, Annäherung der Wirtschaftsordnungen? Kritische Analyse der Konvergenztheorie, Opladen o. J.

Abschreckungssystem zugehörig einbezogen wird. Denn zugleich mit einer naiven Unkenntnis der Realität verstärken Unwissenheit und Unsicherheit die Abschreckung.

Zur pädagogischen Wirkung und Funktion der Abschreckung sind etwa folgende Thesen zu nennen:

1. Abschreckung erzeugt *Angst.* Dies ist, was den Feind betrifft, ihre eigentliche Funktion. Sie gründet sich auf Macht und Vernichtungsmöglichkeit (besonders second strike – die Fähigkeit des zweiten Schlags).

2. Diese Existenzangst führt zur abschreckenden Reaktion, zur Wappnung gegen Angriffe, zu Rüstungsanstrengungen und neuen Waffenerfindungen. Dadurch wird Abschreckung ständig in Frage gestellt.

3. Diese Wappnung muß dem Gegner entsprechen und ständig angepaßt werden, sie führt ausgleichend zur beiderseitigen Existenzangst. Dementsprechend müßte die Verständigungsbereitschaft wachsen und dauernd Kommunikation gesucht werden.

4. Erstes Resultat: Die Orientierung am Feind führt zu einer Außenleitung hypnotischer Art.

5. Diese Hypnose kann schnell zur Verkennung der Realität (Autismus nach Senghaas) führen. Die Projektionen[30], Vorurteile und Ideologien schaffen ein feindliches Klima, das pädagogische Pendant zum platten Abschreckungsmechanismus.

6. Nicht »Wirklichkeit«, sondern nur noch Abschreckungswirklichkeit bleibt übrig, d. h. das psychologische Faktum der Abschreckung und seine Kompensation in oberflächlicher Sorglosigkeit bestimmen entscheidend die Wirklichkeit.

7. Zweites Resultat: Zum rationalen Argument der Sicherheit ist das irrationale Moment affektiver und ideologischer Interpretation gekommen. Die Dialektik von Rationalität und Irrationalität nimmt jetzt in einer Weise ihren Anfang, daß beide nicht mehr auseinander zu halten sind.

8. Hier setzen die verschiedensten Wahrheiten, Unwahrheiten, Interessen und Ideologien an: Dieser Zustand ist geeignet, auf leichte Weise mit dieser Schreckwirklichkeit auch andere Interessen durchzusetzen. Die Glaubwürdigkeit beider Positionen wird dadurch stark beeinträchtigt.

9. Die Widersprüche der Abschreckung wirken »pädagogisch« zurück. Der Glaube wird unsicher, »Stabilität« instabil. Mit der ungeheuren Größe des Aufwandes sind so viele negative Folgeerscheinungen verbunden, daß die Irrationalität rational im Geschichtsprozeß eingeholt werden könnte. Der allzu große Unterschied zwischen der gräßlichen Vernichtungsmöglichkeit und der äußerlich »ruhigen« Sachlage wird ein höchst gefährliches Erziehungsmittel zur Blindheit gegenüber Alternativen, Lähmung des politischen Bewußtseins und Flucht in Mechanismen der Lethargie.

---

[30] Volker *Gold*/Roland *Koch*/Christel *Küpper*/Matthias R. *Lobner,* Pädagogische und didaktische Überlegungen zur Überwindung von Bedrohungsvorstellungen in Erziehungsprozessen, in: Kaiser (Hg.), Bedrohungsvorstellungen , a.a.O., S. 257–282.

10. Drittes Resultat: Abschreckung findet eine qualitative, geschichtliche sowie eine quantitative Begrenzung durch das Bewußtsein. Je stärker einseitig eine Sicherheitsideologie propagiert wird, umso unsicherer wird sie.

Aus diesem kurzen Versuch einer Dialektik der Abschreckung erhellt sich skizzenhaft die politisch-pädagogische Funktion und Auswirkung: daß nämlich das unflexible Abschreckungsbewußtsein allmählich zu einer Lähmung aller Kräfte führen würde. Sicherheitspolitik ließe sich ohne Entspannungspolitik kaum länger geschichtlich durchführen.

Angst ist das primäre Phänomen mit vielfältiger politischer Relevanz. Angst und Furcht bewegen Menschen dazu, »auch Angst und Furcht zu Machtmitteln zu machen: um sich durch Erzeugung von Angst bei anderen vor der Angst vor diesen anderen zu schützen oder um Ziele und Absichten durchzusetzen. Angst wird nicht nur nach Aggressionsverdrängung und Auto-Aggressionsverdrängung in einem projektiven Mechanismus in die Welt hinausgedeutet – dieser Angstmechanismus wird von der Welt auch umgekehrt verwendet, um mit seiner Hilfe Macht oder Gegenmacht auszuüben. Angst entsteht nicht nur spontan – sie kann eben auch künstlich gemacht und ausgenutzt werden«[31]. Das beschriebene Drohsystem könnte als ein solches Angst-Instrumentarium gewertet werden. Die Stabilität der Abschreckung hat aber zugleich noch einen weiteren, ebenso wichtigen Aspekt, indem sie zugleich diese Angst reduziert. »Stabilität ist ein Angstreduktionsfaktor«[32]. Das Drohsystem wurde dadurch zum Tauschsystem (Wenn du mir nicht schadest, schade ich dir auch nicht)[33]. Die Dialektik von Drohsystem und Tauschsystem fördert die Unbestimmtheit des Angstphänomens, insofern nämlich nicht nur die aktuelle Drohung unwirklicher wird – wenn sie auch durch verschiedenste Informationen nicht aus der Welt zu schaffen ist –, sondern auch der normale Lebensvollzug mit seiner Tendenz zur Verdrängung (auch wieder nicht Verarbeitung) von Angst einsetzt, also ein Mechanismus zur Reduktion politischer und auch sozialer Komplexität beginnt, der zur Kaschierung des Problems Angst geeignet ist. Dadurch bleiben latente Angstpotentiale ständig neu mobilisierbar, ja das Leben ist selbst von dieser immerwährenden Angstmöglichkeit gekennzeichnet (wozu allerdings noch andersartige soziale Verhältnisse hinzutreten und verstärkend wirken können)[34].

---

[31] Walter von *Baeyer*-Wanda von *Baeyer-Katte*, Angst, Frankfurt 1971, S. 101; vgl. auch S. 102.

[32] Ebd. S. 124.

[33] Vgl. Kenneth *Boulding*, Beitrag zu einer Friedenstheorie, in: Ekkehart Krippendorff (Hrsg.), Friedensforschung, Berlin/Köln 1968, S. 77. Vgl. dazu auch *Baeyer*, Angst, a.a.O., S. 197ff., S. 124.

[34] Vgl. Niklas *Luhmann*, Vertrauen. Ein Mechanismus der Reduktion sozialer Komplexität, Stuttgart 1968; T. M. *Newcomb*, Autistic Hostility and Social Reality, in: Journal of Human Relations, Bd. 1, 1967, p. 69–86; *Senghaas*, Abschreckung, a.a.O., S. 168ff.; Dieter *Claessens*, Angst und gesellschaftlicher Druck und andere Aufsätze, Dortmund 1968; Franz *Neumann*, Angst und Politik, in: Demokratischer und autoritärer Staat, Frankfurt 1967, S. 261–291.

Aus dieser Beschreibung resultieren weitere politisch-pädagogische Phänomene. Abschreckung und Angst bewirken Abhängigkeit, also das Gegenteil von Selbstbestimmung. Die objektive Abhängigkeit im Staatenbündnis wird zudem zur subjektiven Abhängigkeit, die durch Informationslenkung bis zur Unmündigkeit gesteigert werden kann. Verstärkend kommt hinzu, daß der Abschreckungsgegner eine Realitätsprüfung nicht zuläßt[35], also keine Seite ihre Friedensbereitschaft beweisen kann. Gerade das Gefühl starker Ungewißheit in Furchtkollektiven löst (zur Erfüllung des »Lustprinzips«) eine rege Identifizierung mit Mächtigen, mit Vatergestalten, und den Ruf nach Beherrschtwerden aus[36].

Ein nicht präzise abschätzbarer Teil von Disziplinierung, von Einschränkung anderer denkbarer Möglichkeiten zur Verwirklichung des Menschen und gesellschaftlicher Systeme, d. h. von Einschränkung des Denkens durch Lernpathologien, von Vorurteilen und Zwangsvorstellungen bis hin zur Internalisierung einschüchternder Verhaltensweisen dürfte weitergehend durch Abschreckung eine enorm verstärkte pädagogische Wirkung erfahren haben. Diese Phänomene der Reduzierung des politischen Denkens und Handelns, die an anderer Stelle genauer nachzuweisen sein werden, machen den direkten pädagogischen Einfluß unserer gesamten Unfriedenssituation deutlich.

Nun ist freilich das (unzulässig vereinfachende) System der Abschreckung, wie es Senghaas (1969) mit Hilfe amerikanischer Denkweisen aufgeschlüsselt hat, sowohl objektiv (wenn auch nur zweifelhaft durch die neuesten amerikanisch-russischen Vereinbarungen) als auch besonders subjektiv in eine neue Phase der scheinbaren Reduzierung getreten.

Interessant ist die Auffassung, gerade durch die rationalere Klärung von Abschreckung, durch stärkere gegenseitige Information (Inspektionsmaßnahmen) und durch die damit erreichte Verringerung des Risikos einer plötzlichen, unvermuteten Aggression würde der Abschreckungskern und -effekt aufgehoben und damit die Gefahr militärischer, auch eskalierter Auseinandersetzungen wachsen, weil sie berechenbarer würden.

Dabei darf auch keinesfalls die psychologische und pädagogische Auswirkung übersehen werden: Es kommt beim politischen Abbau der Abschreckung des Kalten Krieges nicht ohne weiteres nur zur Abschwächung von Angst, Vorurteil und Disziplinierung. Die Aufhebung reduzierten Denkens durch reiche Informationen als ein Befreiungsprozeß entsteht – psychologisch ausgedrückt – aus der Bilanz von Lust- und Unlustgefühlen, die mit der Lösung von Vorbildidentifizierungen verbunden waren; sie kann, wie jetzt vielfältig zu beobachten ist, mit viel Enthusiasmus der Selbstbestimmungswilligen, aber auch mit viel Aggression der Unbeweglichen verbunden sein. Aus diesem Grunde vollzieht sich die psychologische Entspannung sehr

---

35 *Senghaas*, Abschreckung, a.a.O., S. 68 ff.

36 Alexander *Mitscherlich*, Auf dem Weg zur vaterlosen Gesellschaft, Darmstadt 1967, S. 308 ff. Man beachte die Losung »Keine Experimente«.

langsam und pädagogisch muß ein mittel- bis langfristiger ausgleichender Prozeß vorbereitet und für Abschreckungsmentalität ersatzweise angeboten werden.
Immerhin bleibt die Institutionalisierung des Militärs als solche in der nach dem Zweiten Weltkrieg so hochgeschraubten Massierung ein außenpolitisch kaum leicht zurückzunehmendes Faktum.
Nicht zu leugnen ist, daß dieses Machtmittel auch innenpolitisch eingesetzt wird. Hans-Jochen Gamm weist mit Recht daraufhin, daß schon die verschiedenen ausländischen Militärs auf bundesrepublikanischem Boden z. B. bei einem inszenierten Umsturz in Aktion treten würden[37], ein Vorgang, der aus anderen Ländern vertraut ist. Politik und Militär stehen bei alledem in einem komplexen Verhältnis zueinander[38].
Bisher sind Politik und Militär demokratisch verläßlich in gegenseitigem Dienst der »Sicherheit«. Die Verzahnung führt zu der oben angedeuteten gegenseitigen Disziplinierung. In Friedenszeiten ist der Primat der Politik verhältnismäßig leicht zu halten. Mit Recht sorgt man sich stets in einer wegen ihrer Freiheitlichkeit schwierigen, komplexen Demokratie um die positive Bilanz der Dialektik von Gewaltlosigkeit, struktureller Gewalt und offener Gewalt, zumal die Demokratisierung der Armee selbst viele Widersprüche enthält.
Die Irrationalität dieses gesamten Bereichs ist schon so gigantisch, daß Rationalität oft pathologisch erscheint und daß Herman Kahn »eindeutig moralische Positionen für das Individuum, für eine Nation oder Kultur« bestreitet[39], daß diese Moralität nicht nur belächelt, bedauert und verachtet wird, sondern auch Befürworter des Rüstungsgeschäfts von einer »moralinsauren Politik« sprechen[40]. Die Dialektik der Irrationalität führt dazu, auf einer hohen Stufe Irrationalität zur Rationalität werden zu lassen. Prinzipiell moralisch zu denken wird dann nicht nur unrealistisch, sondern gar unmoralisch.
Vielleicht enthält dieser Aspekt der heutigen politischen Situation den wichtigsten pädagogischen Kern. Die Widersprüche der Abschreckung (durch Aufrüstung zur Kriegsverhütung, durch Gewalt zum Frieden, durch Abwehrdrohung zur Bewahrung der Freiheit) wirken erzieherisch-lernpathologisch zurück. Planetarisches Bewußtsein, politische Verantwortung für alle, Befreiung des Menschen werden durch Abschreckung nicht geleistet.

---

[37] Kritische Schule. Eine Streitschrift für die Emanzipation von Lehrern und Schülern, München 1970, 4. Aufl. 1970, S. 52; *Vilmar*, Rüstung, a.a.O., S. 1972.
[38] *Senghaas*, Abschreckung, a.a.O., 1. Kap., S. 19ff. Zur Bundeswehr siehe noch unten, bes. II. Teil, 3. Kap.
[39] Herman *Kahn*, Das Wettrüsten und einige seiner Gefahren, in: Brennan (Hg.) Strategie der Abrüstung, a.a.O., S. 119; zur Gegenposition zu Kahn s. Philip *Noel-Baker*, ebd. S. 453ff.; ebenso *ders.*, Wettlauf der Waffen, a.a.O.
[40] Vgl. etwa Zimmermann, in: Wehr und Wirtschaft 1 (1969), S. 23, zitiert nach: Helga *Haftendorn*, Militärhilfe und Rüstungsexporte der BRD, Düsseldorf 1971, S. 81; vgl. auch Carl J. *Friedrich*, Pathologie der Politik, Frankfurt 1973.

### *1.1.2. Die politisch-ökonomische Situation*

Die Lage der Entwicklungsländer (»Vierte Welt«/»Dritte Welt«) zu den reichen Industrienationen ist das deutlichste Beispiel für Macht und Herrschaft der Ökonomie allgemein und ihre Auswirkungen bis in alle Denkweisen hinein, sie ist richtungweisend in der Erkenntnis, wie schwer institutionalisierte, auf Ökonomie beruhende Herrschaft und Gewalt durch Vorstellungen und Proklamationen von Menschlichkeit, Gerechtigkeit und Eigentum abzubauen sind und wie ein ausgeklügeltes System indirekter Maßnahmen Zwang und Angst ausüben kann. Die Erkenntnis braucht nicht der »Neuen Linken« zugeschrieben zu werden: auch unverdächtige Politiker sehen – abgesehen von der Formulierung – in der Entwicklungshilfe ein »wirksames Instrument der gegenwärtigen . . . Politik der westlichen Industrienationen und ihrer wirtschaftlichen Großorganisationen«[41]. Wenn hier also anhand des drückenden Beispiels »Nord-Süd« vehementer Unfriede und strukturelle Gewalt aufgedeckt werden, dann gibt es darin viele Züge ökonomischer Konflikte überhaupt: Namhafte Autoren gehen dazu über, Parallelen von nationalem und internationalem Schichtungssystem zu betonen[42].

Richard F. Behrendt, Hans Dieter Boris, Roger Garaudy, Helmut Gollwitzer, Gunnar Myrdal, Gert von Paczensky, Peter K. Schneider[43] und noch viele andere weisen von verschiedenen Standpunkten her mit reichem Zahlenmaterial, überzeugender wirtschaftlicher Logik und warnendem Ernst auf die systematische Benachteiligung der Entwicklungsländer hin[44]:

Auffallend sind mannigfache Querverbindungen und Parallelen zur Abschreckungssituation, besonders zu deren Hilfestellung im wirtschaftlichen Bereich[45]. Scheinbar

---

[41] Vgl. *Bohnet,* a.a.O., S. 15. Einen kurzen Abriß der Kritik gibt Helga *Engelbrecht,* in: Deutsche Stiftung für Entwicklungsländer (Hrsg.), Materialien zur Entwicklungshilfekritik. Aktuelle Beiträge zur Diskussion um die deutsche Entwicklungspolitik, Bonn 1969, S. 7ff.

[42] Gustavo Lagos *Matus,* Der Status der Nationen und das internationale Schichtungssystem, in: Peter Heintz (Hrsg.), Soziologie der Entwicklungsländer. Eine systematische Anthologie, Köln 1962, S. 45–69.

[43] Richard F. *Behrendt,* Soziale Strategie für Entwicklungsländer. Entwurf einer Entwicklungssoziologie, Frankfurt 1965; Hans Dieter *Boris,* Politische Ökonomie, a.a.O.; Roger *Garaudy,* Sind Marxisten die besseren Christen? 1969; Helmut *Gollwitzer,* Die reichen Christen und der arme Lazarus. Die Konsequenzen von Uppsala, München 1968; Gunnar *Myrdal,* Asian Drama. An Inquiry in the Poverty of Nations, 3 vol., New York 1968; *ders.,* Politisches Manifest über die Armut in der Welt, Frankfurt 1970; Gert von *Paczensky,* Die Weißen kommen, a.a.O.; Peter K. *Schneider,* Wirtschaftliche Entwicklung und sozialer Wandel. Die dritte Welt im sozioökonomischen Modell, München 1971.

[44] *Boris,* Politische Ökonomie, a.a.O., S. 336ff.; s. Dietrich Kebschull/Otto G. Mayer (Hg.), Multinationale Unternehmungen, Frankfurt 1974; zur Kritik: Beschlußfassung des Russell-Tribunals v. 18. 1. 1975; ebenso Publik-Forum 2/74.

[45] Die Kennzeichnung »kapitalistisch« wäre dabei sehr ungenau, weil sie Verhältnisse in einigen Wirtschaftszweigen für die ganze Situation des Landes nimmt.

keine Parallelität, aber bei genauerem Zusehen doch ähnliche Handlungsmuster weisen folgende Zusammenhänge auf:
1. Abschreckung geschieht zwischen zwei relativ gleich Starken, das Nord-Süd-Problem[46] hat aber das unverhältnismäßige ökonomische Ungleichgewicht zum Gegenstand. Bei näherem Zusehen handelt es sich bei letzterem Problem zwar nicht um Abschreckung im Sinne von Vergeltung auf Aggression, aber dennoch um ein wirtschaftliches Drohsystem in einseitiger Richtung auf die Entwicklungsländer. Abschreckung mit allen psychologisch-pädagogischen Nebenwirkungen ist wegen totaler Angewiesenheit also einlinig vorhanden.
2. Als Unterschied könnte gelten, daß augenscheinlich die Situation der reichen gegenüber den Enwicklungsländern noch nicht oder niemals bei einer »overkill-capacity« ankommt, da die gegensätzlichen Interessen der westlichen und östlichen Blöcke dies nicht zuließen bzw. die Entwicklungsländer schon von selbst jetzt die Kraft besitzen könnten, einer völligen Existenzvernichtung zu entgehen. Es würde also, wenn dieser ökonomische Unterschied bestehen bliebe, weder zur Möglichkeit revolutionären Drucks auf die Reichen kommen (weil diese streng jede Regression vermeiden würden) noch aus demselben Grunde das Existenzminimum den Armen ganz entzogen sein. Nicht die Vernichtung, sondern nur das Aufrechterhalten des Unterschieds sei Ziel der Entwicklungspolitik.
Nun ist aber Tatsache, daß die Geberländer von Entwicklungshilfe gerade jene »Overkill-Kapazität« haben, daß die mangelnde Binnenstruktur eine selbständige Erzeugung von Industrieprodukten mit technologischer Vollkommenheit in den armen Ländern verhindert, daß die Abhängigkeit durch Verträge, Rückzahlungen und politische Interessen, das Überspringen geschichtlicher Epochen und traditioneller Schranken, vielerorts die wachsenden bevölkerungspolitischen, religiösen Probleme u. a. m. die Entwicklungsländer immer relativ ärmer, abhängiger, chaotischer macht. Gewalt und Abschreckung sind also durchaus im Intervall von Vernichtungsdrohung und positiver Gleichberechtigung aufzuspüren; sie bedeuten in dieser Ambivalenz ein psychologisch nicht ungefährliches Spiel.
3. Abschreckung zu den Entwicklungsländern ist nie in unserer Zeit offen erklärt worden. Dies war auch nicht nötig gegenüber einem Schwächeren. Abschreckung kann genauso gut praktisch aufgeboten und erzieherisch beigebracht werden.[47]

---

[46] Diese geographische Kennzeichnung ist sehr allgemein, weil Australien, Neuseeland u. a. zu den reichen Ländern zählen. Gunnar *Myrdal*, Ökonomische Theorie und unterentwickelte Regionen, Stuttgart 1959.

[47] Gunnar *Myrdal* weist den entwickelten Ländern, ihren Statistiken und politischen Äußerungen nicht nur große Naivität, sondern Falschheit und Heuchelei nach, in: Politisches Manifest, a.a.O., S. 300–324 und passim. Demnach sind fast alle Zahlen unglaubwürdig, weil nach »Kapitalströmen« gerechnet wird, die undifferenziert auch Nichthilfe und Profit als Hilfe bezeichnen usw. Die entwickelten Länder bringen eben keine Opfer auf, sie heucheln nur Anteilnahme. – Vgl. aber auch die Kritik am Pearson-Bericht (»Partners (!) in Development, Chairman: Lester

Ebenso wie die Abschreckungssituation ist auch das Problem der Entwicklungsländer nicht eindeutig durch die Sprache der Imperialismus-Theorie, (»Kapitalismus«, »Kolonialismus«, »Sozialismus«) zu kennzeichnen, da die geographische, kulturelle und ökonomische Lage zur differenzierten Unterscheidung Anlaß geben muß und die gebrauchten Begriffsbestimmungen auf Industriestaaten zugeschnitten sind[48]. Man beachte aber, daß global gesehen schon die Tatsache des industriellen Entwicklungszwanges – wie ihn die reichen Länder haben und dem die armen Länder ausgesetzt sind[49] – an sich Herrschaftsimplikate mit sich bringt, die Herrschaft der Technik aber gerade in untechnisierten Gebieten extrem gewaltsame Züge trägt. Gleichfalls wie bei der Abschreckung kommt die nach allen Seiten abwägende Beschreibung an eine aporetische Grenze, wo sich die Idealisten-Utopisten, die Realisten und die »Interessenten« scheiden. Hier liegt die politische Brisanz aller Entscheidungen.
Die Beschreibungen von Unternehmern, Journalisten, kritischen Wissenschaftlern und Politikern sind so unterschiedlich wie die Ideologie, die sie vertreten, Statistiken stimmen nicht, Reports richten sich nach Opportunität: dies im einzelnen nachzuprüfen ist sehr wichtig, um den Unfrieden und die Gewaltsamkeiten herauszufinden. Wenn diese Prüfung auch hier nicht erfolgen kann[50], so muß doch deutlich sein, daß schon allein auf das eklatante Nord-Süd-Gefälle die schon oben zitierte Galtungsche Definition von struktureller Gewalt zutrifft. Offensichtlicher kann der Unterschied von Möglichkeit und Wirklichkeit, von (gewecktem) Anspruch und Erfüllung, von Humanität und Interesse, von echter und herablassender Großzügigkeit, von Hilfe und Ausbeutung, von Freimachen und Dummhalten, von Selbstbestimmung und Ideologisierung kaum praktisch werden. Solange dieser Unterschied besteht und gepflegt wird, solange ist der Nord-Süd-Konflikt ein ständiges Moment des Unfriedens.
Politisch-pädagogisch bedeutungsvoll sind vor allem die daraus folgenden Bewußtseinshaltungen[51], die ebenfalls in einigen Punkten mit der Abschreckungshaltung

---

B. *Pearson*, New York/Washington/London 1969) von Klaus *Billerbeck*, Kritische Bemerkungen zum Pearson-Bericht, in: Bundesministerium für wirtschaftliche Zusammenarbeit, Referat Öffentlichkeitsarbeit, Materialien Nr. 10 mit weiterer Lit.; Michel *Monroe*, A Lost Opportunity, A Comment on the Pearson Commission Report, in: International Affairs, London, Jg. 46, Nr. 1, Januar 1970, S. 30ff.

48 Rolf Italiaander (Hrsg.), Diktaturen im Nacken, München 1971, Kap. »Dritte Welt und die Amerikas«, bes. z. B. der Beitrag von Hans G. *Mukarovsky*, Diktaturen im nachkolonialen Afrika, S. 189–200.

49 Die entwickelten Länder tun sich die erzieherische Funktion des rauhen Windes der marktwirtschaftlichen Bedingungen zugute, da ja freier Handel herrsche, *Boris*, Politische Ökonomie, a.a.O.

50 Die Sachlage ist so komplex, daß ohne (unzulässige) Vereinfachung selbst Fachleuten nur eine unzureichende Objektivierung gelingt. S. K. *Billerbeck*, a.a.O. (Anm. 47) S. 15, aber auch passim.

51 Leider findet man in den allgemeinen Schriften über Entwicklungsländer und speziell pädagogische Probleme allzu selten diese grundlegenden Voraussetzungen dargestellt: man begnügt

verglichen werden können. Die reichen Länder entwickeln in ihrer Demonstration der Stärke ein Bewußtsein der Überlegenheit, nämlich das, was Paulo *Freire* Unterdrückung nennt[52], und die armen entsprechend Unterdrücktenmentalität, einen Komplex von Schwäche, der in Überkompensation sich selbst als Umkehrung der Unterdrückermentalität erweist und somit kaum einen eigenständigen Ansatz zur Selbstbefreiung enthält. Weil die Abhängigkeit der Entwicklungsländer von den Industriestaaten in Technologie, Bürokratie, Handel usw. die Abhängigkeit des Bewußtseins vom Naturrechtsdenken nicht disqualifizierte sondern nur verstärkte, entstanden aus der früheren kolonialen Unterdrückung und Furcht weitere entmündigende gesellschaftliche Dispositionen[53]. Technische Errungenschaften, Schulwesen, soziale Lerninhalte, Leistungsstreben im Gegensatz zu Kooperation, Konkurrenzverhalten und dem Entwicklungsland nicht angemessene Wertvorstellungen wurden von Industrienationen vergeben, brachten also auch deren Vorstellungen und Interessen, so daß die in den Geberländern vorhandenen schweren Mängel selbst epidemisch übertragen wurden und noch größeren Schaden anrichteten[54]. Ganz besonders gilt dies für die große Militärhilfe[55], die nicht nur irrsinnige Abschreckungsvorstellungen und Prestigestreben förderte, sondern auch reformunwillige Machthaber gegen die Bedürfnisse des Volkes schützte. Die Machthaber wurden durch diesen Prozeß selbst entmündigt und zu Vasallen, ihre politisch-ökonomisch-gesellschaftliche Handlungsbreite erfuhr eine eminente Reduktion ihrer Möglichkeiten.

Macht, Gewalt und Terror der Reichen (auch der Reichen unter den Armen) werden durch das Ausmaß an Militärhilfe und durch eigenen Militärehrgeiz, der diesen armen Ländern auch noch die letzten Ressourcen entzieht, zu einem Erziehungsfaktor für die Völker in unterentwickelten Gegenden[56]. Dieses dem Volk als ganzem systema-

---

sich weitgehend mit positivistischen Erörterungen ohne kritische Fundamentalanalyse. Vgl. auf dem Wege dahin das äußerst informationsreiche Buch von Hermann *Röhrs*, Afrika-Bildungsprobleme eines Kontinents, Stuttgart 1971; die Bildungsplanung und -ökonomie drückt sich ansonsten fast überall nur in Bedarfsziffern aus.

[52] Paulo *Freire*, Pädagogik der Unterdrückten, Stuttgart-Berlin 1971, Kap. 1.

[53] Vgl. dazu auch Julius K. *Nyerere*, Erziehung zu »Self-Reliance«, in: Bohnet, a.a.O., S. 206–210, bes. S. 206ff.; Paul A. *Baran*, Über die politische Ökonomie der Rückständigkeit, ebd. S. 65–75. Eine bloße Alphabetisierung genügt bei weitem nicht. Vgl. Problèmes de planification de l'éducation, in: Tiers Monde (Études), 1964, p. 26ff.

[54] Dazu auch Ivan *Illich*, Almosen und Folter. Verfehlter Fortschritt in Lateinamerika, München 1970, S. 129–144.

[55] Zur Proportion Wirtschaftshilfe-Militärhilfe der USA vgl. *Boris*, Politische Ökonomie, a.a.O., S. 328, woraus der Riesenanteil von Militärhilfe ersichtlich wird. Die Kritik des Senators Fulbright an der derartigen Verewigung des Regimes der Militäroligarchien ebd. S. 329. Vgl. auch *Schneider*, op. cit. S. 84ff.

[56] Vgl. die RAND Corporation-Studie hrsg. v. John J. Johnson, The Role of the Military in Underdeveloped Countries, Princeton (New Jersey) 1962. Danach hat das Militär dort je nach

tisch anerzogene falsche Bewußtsein (gestützt durch Disziplinierung, Angst, Repressalien, blinden Gehorsam) wird oft mit Nationalismen und Haß gegen die früheren Herrscher und erfundenen Feindattrappen[57] gestärkt und fördert so wirklichkeitsfremde Usurpation, Sado-Masochismus, Ohnmachtswut, besondere Empfindlichkeit und Gereiztheit und irrationale Eigenwilligkeit[58]. Die »Hilfe« der Geberländer kehrt sich in ihr Gegenteil um und reißt alle guten Ansätze mit in den Abgrund, eine Tatsache, die von der Bevölkerung der Geberländer nicht verstanden wird, weil sie über die große Menge nur verkappter »Hilfe« nicht aufgeklärt ist. In den armen Ländern wirkt sich in dieser Konfliktsituation von Entwicklungsangebot und Unfähigkeit der Entwicklungsannahme und -durchsetzung die frühere Kolonialsituation ungünstig verstärkend aus, je größer die Spannung, der frühere Kolonialstatus und der Mangel an Emanzipation ist[59]. Innere ideologische Krisen, die z. T. von außen herangetragen wurden und die Lage labil halten, werden oft durch Ersatzwerte wie Anti-Affekte kompensiert, von messianischen Führergestalten ungenügend übertüncht[60] bzw. durch die Integrationskader Militär, Gewerkschaften u. a. erziehungsdiktatorisch gemeistert. Geheimdienste und -polizei sorgen dafür, daß auch bei im Ausland Studierenden keine liberale Auffassung sich durchsetzt[61]. Einigkeit versucht man »pädagogisch« durch Gewalt und Drohsysteme zu erreichen: die Entwicklungsländer verbergen noch schlecht offene Gewalt in struktureller Gewalt[62].

---

Situation drei verschiedene Funktionen: entweder es revolutioniert oder stabilisiert oder modernisiert. Auf jeden Fall spielt es eine beträchtliche politisch-pädagogische Rolle, es liefert die Unterstützung, die mangelnde Institutionen nicht geben können, und rückt immer mehr in das zivile Leben ein (S. 8) – »the military elite has no conception of a proper role of constitutional opposition« (S. 56), es führt wichtige Polizeifunktionen aus (S. 57) »believing in obedience, the military oligarchy demands consensus« (S. 58), usw. zitiert aus Edward *Shils*, The Military in the Political Development of the New States, ebd. S. 7–68.

57 Karl Heinz *Pfeffer*, Welt im Umbruch. Gesellschaftliche und geistige Probleme in den Entwicklungsländern, Gütersloh 1966, S. 181.

58 Jochen *Schmauch*, Herrschen oder Helfen? Kritische Überlegungen zur Entwicklungshilfe, Freiburg 1967, S. 52.

59 *Pfeffer*, Welt im Umbruch, a.a.O., S. 172: »Die Rabiatheit der Bürgerkriege und Partisanenkämpfe im Kongo, in Kolumbien, in Vietnam, im Irak sucht ihresgleichen«. Von vielen anderen mit Hunderttausenden von Toten erfährt man bei uns gelegentlich nachträglich in der Presse. Vgl. ebd. auch S. 215–218. Zu dem Beispiel: Folterungen in Brasilien s. Pax Christi Information, (Probleme des Friedens), Freiburg 5. Jg. H. 5–8/1970; ebenso Italiaander (Hrsg.), op. cit. Die koloniale Situation vergegenwärtigt peinlich-drastisch *Paczensky*, op. cit.
Das soziale Klima der Aggressivität in den Umbruchsituationen erklärt z. T. vielleicht auch die verhältnismäßig hohen Zahlen von Erkrankungen der Nerven, des Gehirns und des Gemüts. Ebd. Zu der eigenartigen euphemisch-diktatorischen Sensibilität gegen Abweichler ebd. S. 180.

60 *Renesse u. a.*, Unvollendete Demokratien, a.a.O., S. 25 ff.

61 *Pfeffer*, Welt im Umbruch, a.a.O., S. 181.

62 Cleopas *Kumalo*, (Social Structure and Economic Development, in: German Foundation for

Schon allein die Massenkommunikationsmittel stellen den armen Völkern tagtäglich den Unterschied zwischen ihrem niedrigen und dem zu erreichenden hohen Niveau deutlich vor Augen. Diese Pädagogik höherer Ansprüche, der »Revolution der Erwartungen« und »höheren Menschseins« führt zu schweren sozialen Konflikten[63] zwischen den Generationen, den sozialen Schichtungen, bei den Arbeitsbedingungen, in Gesellschaft und Staat sowie zwischen den einzelnen Staaten und den »Geber«-Ländern, wodurch immer wieder Anlaß zu Revolutionen entsteht.

Die Neid-Situation, wie sie Helmut Schoeck auch für die Entwicklungsländer beschrieben hat[64], wird durch punktuelle Verbesserungen, die sich langfristig besonders nachteilig auswirken[65], noch gefördert. Sie ist gerade beim mythischen, magischen Denken ein großes Hindernis sozialen Fortschritts. Die Furcht vor dem institutionalisierten Neid der anderen, der Mangel an Großherzigkeit, Altruismus und Barmherzigkeit sowie aggressive Magie[66] wirken außerordentlich stark nivellierend, lassen Erfolge kaum aufkommen, schüren im Gegenteil mitleidlose Aggressivität in den weite Teile der Entwicklungsländer kennzeichnenden kleinen Gemeinden. Die »besseren Leute«, meistens die erfolgreicheren, begabteren, tüchtigeren, werden aus Neidhaß terrorisiert. Schoeck spricht vom Neid als Dezimierungsfaktor in den Entwicklungsländern. Wenn also Politiker dort »eine Rhetorik und eigene Überzeugungen hochspielen, die in der plumpsten Weise den Neid ihrer Bevölkerungen auf die reichen Industrieländer zu intensivieren suchen, ja diese als Ursache der eigenen Armut brandmarken, tritt eine Verstärkung des ohnehin bei diesen Menschen dank ihrer Kultur viel zu starken Neidgefühls auf, das kaum ausräumbare Entwicklungshemmungen mit sich bringt.« Der zitierte Autor zählt darunter auch die viel zu starken Neid erregenden extremen sozialistischen Programme in manchen jüngeren Entwicklungsländern.

Institutionalisierter Neid ist strukturelle Gewalt. Neid und Urangst vor (leiblicher) Vernichtung gehören zusammen, so daß auch diese Art von Institution die traditionelle Stabilität sichert. Ein solches, negatives Sicherungsinstrument zur Disziplinierung wirkt allseitig abschreckend[67], und bei Abbau des Neidpotentials (und konstruktivem Aufbau für humaniora) stark verunsichernd.

---

the Developing Countries, a.a.O., p. 42–52, bes. p. 50ff.) beklagt die mangelnde öffentliche, positive Philosophie z. B. in Afrika, die die ehemaligen Kolonialländer unter den Einheimischen versäumt haben, wodurch heute diese großen Schwierigkeiten z. T. aufgefangen werden könnten. Vgl. Möglichkeiten dazu auch bei Mohammed Ahsen *Chaudri,* Peace Research in the Developing Countries, in: Journal of Peace Research (Oslo), Vol. 5 (1968), p. 365–375, bes. p. 369ff.

[63] *Pfeffer,* Welt im Umbruch, a.a.O., S. 171ff.: Die soziale Aggressivität, S. 177ff.: Die Krise der Autorität.

[64] Helmut *Schoeck,* Der Neid, a.a.O., bes. 5. Kap.

[65] *Schneider,* op. cit. S. 85.

[66] Ebd. S. 63, 68, zum weiteren S. 372ff., 226, 356.

[67] Vgl. auch Parallelen mit dem obigen Abschnitt: Angst, Institutionalisierung struktureller Gewalt etc.

Konkrete pädagogische Maßnahmen[68], so wird aus dieser gedrängten Darstellung ersichtlich, wären für den Abbau struktureller und aktiver Gewalt unerläßlich, können sich aber nur in Abhängigkeit von diesen Unfriedensstrukturen entwickeln, welche selbst sozialisierend wirken. Dem Import politisch-pädagogischer, demokratischer Vorstellungen und Verhaltensweisen sind aus historischen und innerstrukturellen Gründen enge Grenzen gesetzt. Befreiung ist durch Ökonomie möglich, aber auch das Gegenteil. Andererseits ist die Gefahr groß, daß Entwicklungshilfe den Statusquo-Unfrieden stabilisiert, wenn sie die Gewaltsamkeit der Armut nicht lindert[69]. Die moralische Frage stellt sich folglich auch hier – analog dem vorigen Abschnitt: Moralische Hilfe (wenn sie subjektiv so gemeint ist) kann objektiv unmoralisch sein, nämlich unter unmoralischen, nicht veränderten Systembedingungen: sie muß nicht nur subjektiv, sondern auch objektiv moralisch sein.
Das Beispiel der Entwicklungshilfe zeigt eindeutig, daß der Einsatz der Ökonomie eine grundlegend »pädagogische« Frage ist, nämlich die politisch-pädagogische Frage nach der Weiterentwicklung, Förderung und Befreiung der Menschen innerhalb eines sozialisierenden Bedingungsgefüges. Die strukturierenden Faktoren der Ökonomie auslassen hieße eine Friedenserziehungstheorie verkürzen; die makro-strukturelle Situation des Unfriedens durch Ökonomie macht zudem auch die mikro-strukturelle Wirkungsweise deutlich: ihre Gewaltsamkeit hat unmittelbaren Einfluß auf unser Denken, unsere Weltanschauung, Vorurteile, Lebensweise und praktische Politik, so daß eine befriedete Welt maßgeblich nur unter pädagogischer Bewältigung des Unfriedens in den Entwicklungsländern denkbar ist.
Wer aber die ökonomische Situation des Nord-Süd-Problems mit Optimismus oder Opportunismus in ihren Auswirkungen auf uns bagatellisiert, wird eine andere ökonomische Situation als existentiell-pädagogische Situation anerkennen müssen: das weltweite Umweltproblem. Auch hier liegt neben der Abschreckungs- und der Armutsproduktion die Dialektik von Schaden und Nutzen vor, wobei allmählich die industrielle Produktionsweise und das Prinzip der Profitmaximierung mit ihrer rigorosen »pädagogischen« Vergewaltigung für alle lebensgefährdend werden können. Hier werden keine Ideologien benötigt: unsere Meere, Seen, Flüsse, Luft, Bodenverhältnisse legen den Irrsinn, die Unmenschlichkeit mancher Zweige der Profitindustrie allen vor Augen: hier wird auch endlich das ökonomische Prinzip vom politischen und existentiell pädagogischen in die Zange genommen bzw. genommen werden müssen. Die Bereicherung aufgrund des Schadens aller anderen, das Produzieren um des Produzierens willen trotz Kenntnis der Schädigung und Vergiftung von Mensch und Natur bringt die geologischen und biologischen Existenzgrundlagen dermaßen zwingend an eine Grenze, daß nur noch ein fundamentaler Lernprozeß, also eine ökonomisch-politisch orientierte Fundamentalpädagogik, heraushelfen kann. Man

[68] Vgl. dazu James S. Colemann (ed.), Education and Political Development, Princeton 1965.
[69] Karl *Jettmar*, Unterstützt Entwicklungshilfe eine »Statusquo«-Politik?, in: Materialien zur Entwicklungshilfekritik, a.a.O., S. 24–29.

dürfte aufgrund der dazu erschienenen Schriften hier geradezu von einem archimedischen Punkt sprechen, von dem aus die Welt aus den Angeln gehoben werden kann, der unser Bewußtsein, die Ökonomie, politische Strukturen, Technik und Wissenschaften radikal infrage stellt und verändert. Der Gewaltsamkeit menschlichen Handelns steht die Naturgewalt gegenüber, die Entziehung der Lebensgrundlage setzt »pädagogisch« ungeahnte Einsichten zur Selbsterhaltung durch, die die Kantsche Dialektik von Natur und Freiheit berühren[70].

### *1.1.3. Die ideologische Sozialisation*

Alle Drohpolitik ist mit Ideologien begleitet; die Praxis zeigt, daß diese Ideologien als Überbau Instrumente der Beherrschung sind. Längst erscheinen die Grundlagen des kommunistischen Humanismus unglaubhaft, längst sind auch die Ideen von Freiheit der Persönlichkeit zugunsten von Profitmaximierung hintangesetzt; nur noch einige Idealisten glauben an neue humanisierende Ideologien der Entwicklungsländer. Die Praxis pervertiert die anfänglich positiven Ideologieansätze zu ihrer Absolutsetzung, zu Kampf, Machtübernahme, zu Unwahrheit[71]. Eine Beurteilung der Ideologie als politisches Mittel heute ist also sehr differenziert vorzunehmen[72].
Die Realität der ideologischen Funktion, so oft sie aus politischen Kreisen des Gegners zitiert wird, wird in der gegenwärtigen Literatur über Ideologie – anders als in der Politik – kaum kritisch durchleuchtet. Es ist aber kurzsichtig, über das auf Ideologien gern zurückgeführte Abschreckungsverhältnis heute nicht zu diskutieren, denn man entzieht sich selbst dadurch die Basis. Die heute wichtigste Frage nach der Ideologie ist doch: Wieweit ist die Ideologie aktueller Anlaß zur Zerstörung der ganzen Menschheit mit Bomben; welche Ideologie muß auf jeden Fall abgewertet werden, weil sie die Knechtung des Menschen bedeutet, abgewehrt auch mit Bomben; welche Möglichkeit einer vielproklamierten friedlichen Koexistenz bzw. eines Pluralismus[73] der Ideologien gibt es, die den mit dem Abschreckungsverhältnis verbundenen Irrationalitäten ein Ende setzen würden. Man vermißt bei aller Ideologiekritik die realpolitische Beantwortung dieser Frage nach der Ideologie als einer der hauptsächlichen Faktoren struktureller Gewalt und des Unfriedens.
Nimmt man die jahrzehntelangen offiziellen Verlautbarungen in sog. kapitalistischen und sog. sozialistischen Ländern ernst, so muß das Abschreckungsverhältnis trotz al-

---

[70] Immanuel *Kant*, Kritik der Urteilskraft, Einleitung.
[71] *Heitkämper*, Ideologie, a.a.O.
[72] Kurt Lenk (Hrsg.), Ideologie. Ideologiekritik und Wissenssoziologie, Neuwied 1961, 3. Aufl. 1967.
[73] Vgl. die skeptische Widerlegung des Pluralismus der Ideologien in der »westlichen« Demokratie: Eugen *Lemberg*, Ideologie und Gesellschaft. Eine Theorie der ideologischen Systeme, ihre Struktur und Funktion, Stuttgart 1971, S. 141ff.

ler Einwände auf die Formeln gebracht werden: lieber tot als liberalistisch-kapitalistisch, lieber tot als diktatorisch kommunistisch. Nicht handfeste Machtinteressen, sondern das Wohl des Individuums bzw. des Kollektivs, Freiheit und Wahrheit bzw. die Wahrheit des Geschichtsprozesses, gelte es zu schützen und voranzubringen. Die Reduzierung von Abschreckung und Repression auf die Ideale der Ideologie, die selbst auch bei nomineller Gleichheit grundverschieden sind und sich gerade deswegen bis »aufs Blut« bekämpfen, erfährt aber schrittweise ihre Korrektur.

1. Die Ideologie verficht Ideale, die sie nicht erfüllen kann. Die erste Einschränkung der sich positiv beurteilenden Ideologien ist die bleibende Divergenz von Idee und Wirklichkeit, auch wenn die Integrierung der Idee in die Wirklichkeit »wissenschaftlich« aufgezeigt und die Realität als Unwirklichkeit dargestellt wird. Für den Beobachter sind der uns vorgelebte Sozialismus und Militarismus der östlichen Länder dermaßen deprimierend und für den umfassend orientierten Betrachter der Kapitalismus und seine riesigen, verdrängten sozialen Ungerechtigkeiten und Abfallprodukte[74] so unmenschlich – trotz positiver Aspekte in beiden Fällen –, daß die idealen Werte dieser Gesellschaften kaum ausreichende Rechtfertigungen für eine Verteidigung mit Vernichtung bieten können.

2. Die Verteidigung und Durchsetzung der Ideologie mit Bomben grausamer Art gilt dem Grad der Toleranz jener Dialektik von Freiheit und Zwang[75], der in den beiden angesprochenen Ideologien unterschiedlich beurteilt wird.

Die Zurückführung der Abschreckung auf die Erhaltung dieser ideologisch fundierten Freiheit würde zunächst einmal voraussetzen, daß die Ideologie jene Bewahrung der Freiheit durch die andere Ideologie, durch Mischformen und Subversion, bedroht sieht. Diese These ist insofern nicht widerspruchsfrei und nicht glaubhaft, als es Aufgabe der Ideologien ist, wirksam die Völker von ihrer Vermenschlichung überzeugen zu können. Der Aufbau präventiv starker Armeen zur Verhinderung von Knechtung (also in der Kriegszeit ungeheure Leiden und nach der Kriegszeit weitere Ungewißheit zur Befreiung) bestätigt nicht die Wirksamkeit der Ideologie, sondern eher ihren Mangel an Überzeugungskraft. Falls es also, wie in dieser zweiten These vorausgesetzt, um den Wettstreit zweier Ideologien in ihrem humanen Wert geht, ist Abschreckung nicht das richtige Mittel: Abschreckung kann sich in dieser These nicht hinreichend begründet auf die ideologische Fundierung der Freiheit stützen.

---

74 Die »Armutsinseln« mit ihren großen, profitlosen infrastrukturellen Versäumnissen, die eine verhängnisvolle Wertskala dokumentieren, sind vielen vom Hörensagen bekannt; Systemangepaßte reflektieren aber kaum über die Praxis von Heimen für Waisen, Geisteskranke, Straffällige, Alte; in Krankenhäusern, Schulen etc. verwischt man durch Überarbeitung bzw. halbe Erfolgsaussichten die Misere; über Einsamkeit, Entfremdung, gesellschaftlichen subtilen Terror und lügenhafte Propaganda wundern sich diese normalen Bürger: das Fehlen innerer Reformen und solche Verhaltensweisen können von ihnen mit Kapitalismus nicht in Zusammenhang gebracht werden.

75 Walter *Rest*, Toleranz. Eine Bildungsaufgabe und eine Gewissensfrage, Warendorf 1948, S. 20, bes. S. 26ff.

3. Angst, Abschreckung, Neid und Gewalt erscheinen nicht einmal aus der Ideologie heraus, sondern aus der Sicht des ideologisch anders Orientierten notwendig. Der Gegner entscheidet aufgrund seiner anderen Ideologie, daß die Ideologie des andern aggressiv ist. Dies in der Ideologie des Widersachers nachzuweisen, fällt ihm nicht schwer, weil es dafür genügend Anhaltspunke auf beiden Seiten gibt. Wenn man zudem noch selektiv vorgeht, die Mobilität und die Geschichte der Ideologien negiert, subtile Denkweisen auf Faustformeln bringt und ständig einseitig informiert, verändern dunkles Mißtrauen, Machtgebaren, Propaganda und Einmischung die Ideologie zu einem höchst aktiven Gefahrenmoment, das durch Abschreckung zu neutralisieren ist. Gerade diese gefährliche Vordergründigkeit, die zweifellos durch die allgemeine Verwendbarkeit von Ideologie im emotionellen Haushalt der Gesellschaften erheblich gefördert wird[76], weckt ein lebhaftes subjektives Sicherheitsbedürfnis.
4. Alle bisher aufgezählten Begründungen für Abschreckung – im Ernstfall mit vernichtenden Bomben – bleiben im Vorfeld gegenüber der ausdrücklich aggressiven Ideologie selbst[77]. Wenn eine Ideologie die andere zerstören will und damit nicht nur die geistig-ideelle, sondern auch die materielle Basis meint (natürlich, um eine andere materielle und geistige Basis wiederaufzubauen), wenn zudem objektive Gewalttätigkeiten aufgrund dieser Ideologien vorliegen, erscheint es nur rational, Armeen dagegen aufzubauen.
Unter der Voraussetzung, daß die mit dieser aggressiven Ideologie konfrontierte Seite bezüglich ihres eigenen gesellschaftspolitischen Zustandes (Menschlichkeit) nichts zu fürchten hätte, wäre dann nicht die Ideologie des Gegners bedrohlich, sondern eben nur seine starke Armee. Eine aggressive Ideologie als solche bietet folglich noch keinen ausreichenden Grund für Abschreckung.
5. Das schwierigste und grundlegende Problem entsteht also zweifelsohne durch die Verbindung von Ideologie mit Macht und Gewalt und die nicht nur psychisch sondern auch physisch angestrebte Eroberung. Eine Ideologie ist möglicherweise objektiv und in der Intention viel menschlicher als die andere, sie kann aber durch Machthaber in der Praxis zur Unmenschlichkeit pervertiert werden, wobei kaum nachprüfbar ist, ob diese sich menschlich gebärdende Ideologie überhaupt zur Vermenschlichung geeignet wäre. Das Beharrungsvermögen des Systems, das lebhafte Interesse der Funktionäre an seiner Beibehaltung, Gewaltsamkeit und Verführung durch Falschinformation, die aggressive Bemächtigung anderer Länder – alles Dinge außerhalb der Ideologie als solcher – würden dann den Grund zum Aufbau einer Abschreckung mit Bomben liefern, und nicht der ideologisch verkündete Wille der Bevölkerung, menschlicher zu leben.

---

[76] Vgl. Lemberg, Ideologie und Gesellschaft, a.a.O., II. Kap.

[77] Wolfgang *Leonhard*, Sowjetideologie heute, Frankfurt 1962, 7. Aufl. 1965. Zum leninschen Prinzip der friedlichen Koexistenz: Zitate Lenins S. 227, Zitate Chruschtschows S. 235ff., Karel *Kára*, On the Marxist Theory of War and Peace. A Study, in: Journal of Peace Research 5 (1968), p. 1–27, bes. 20ff.; István *Kende*, Peaceful Coexistence: its Interpretation and Misinterpretation, in: ibid. p. 352–364.

Ideologischer Kampf um mehr Menschlichkeit verfremdet sich zum Selbstzweck. Diktatur soll befreien! Diese Schaukeldialektik mit ihrer Heimtücke schützt eine Ideologie vor, obwohl sie sie längst verlassen hat. Ideologie wird dann zum bloßen funktionalen Instrumentarium, sie verliert ihren eigentlichen Sinn. Aus diesem Grunde kann hier wiederum Abschreckung sich nicht auf die gegnerische Ideologie stützen: nicht Ideologie ist im Spiele, sondern nacktes Machtstreben, Terror, Gewalt.

Auch in diesen fünf Thesen gelangt – wie schon bei der militärischen und ökonomischen Situation – die Praxis der Ideologien wegen der mangelnden Verifizierbarkeit bzw. Falsifizierbarkeit (eben nicht nur auf theoretische, sondern praktische Möglichkeiten hin) an eine Art aporetische Grenze: die Ideologie erlaubt als Interpretation des Geschichtsprozesses keine direkte, einlinige idealistische Gegenüberstellung zur »Wahrheit«[78], sie hat augenscheinlich, fundiert durch eine realistische Anthropologie, in der Spannung von Irrationalität und Rationalität eine wesentlich zwielichtige Funktion[79]. Die Veränderung der Ideologie zum Vorwand für bewaffnete und vernichtende Aggressionen depraviert die Ideologie, so daß die Eroberungsabsicht oder die Ideologie als politisches »pädagogisches« Hilfsmittel der Innen- bzw. Außenpolitik nicht klar voneinander zu trennen sind. Ideologien sind also nicht immer politisch entscheidend, aber stets politisch auswertbar, sie haben eine »Schutzfunktion«, um im Notfalle politisches Handeln in jeder Richtung motivieren zu können. Der starke Gegensatz der herrschenden Ideologien befriedigt folglich im psychischen Haushalt allgemeine Bedürfnisse des Menschen und der Massen, er ist durch seine große Interpretationsfähigkeit und seine relative Undurchsichtigkeit ein Regulator der Interessen. Es ist bemerkenswert, daß die materialistische Ideologie besonders stark auf diese Überbau-Funktion angewiesen ist.

Für die Milderung ideologischer Gegensätze sprächen nicht nur die Gefährlichkeit und die Wahrheitsfrage, sondern auch die sich vereinheitlichende materielle Basis: die Systeme der Technik und Wissenschaft haben gemeinsame Grundlagen, Kapitalismus und Sozialismus zeigen trotz aller Unterschiede gewisse übereinstimmende Tendenzen hinsichtlich Planung, Hierarchien, Entfremdung des Menschen, Niveau und Struktur der Gesellschaft und Kultur, Verhalten zur Gegenideologie, Nationalismen[80] usw. Aber gerade das ideologische Bewußtsein ruft die Dialektik hervor, daß das gleiche nicht dasselbe ist, daß also ein Sachverhalt nicht eine univoke Bedeutung besitzt.

---

[78] Vgl. *Lemberg,* Ideologie, a.a.O., S. 160ff.

[79] Lemberg u. a. rufen dazu auf, dieses wichtige Hilfsmittel nicht mehr durch überspannte Ideologiekritik zu verunglimpfen, sondern endlich im politischen Bereich positiv zu werten und als die dialektische Möglichkeit anzusehen, die dort immer komplex auftretenden Sachverhalte zu strukturieren (ebd., aber auch S. 149ff.: die wichtigsten Funktionen der Ideologie).

[80] Vgl. dazu Ossip K. *Flechtheim,* Weltkommunismus im Wandel, Köln 1965, das Kap. Weltkommunismus im Wandel, bes. S. 206ff. Siehe auch schon oben.

Entscheidend für den Zusammenhang hier ist der Anteil der Ideologien am Unfrieden und die Frage, in welchem Maße diese Misere beseitigt werden kann. Ein erstes Kennzeichen scheint die Negierung jeder Mitschuld am Unfrieden seitens der Ideologien selbst. Das Vorschieben eines an sich unfriedlichen Friedensbegriffs hat sich seit der pax romana nicht verändert. Jede Ideologie will zum Frieden beitragen. Auf dieser Argumentationsebene erfolgt das Patt der Standpunkte, zugleich damit aber auch die Festschreibung unüberschreitbarer Gegensätze.
Die Abwehr aller Korrekturen ist einerseits für die Erhaltung der Ideologie notwendig, führt aber andererseits zur Verhärtung der Fronten, zu Kompromißlosigkeit und sogar zu Terror[81]. Ein Ausweg zugunsten von Friedfertigkeit ist nicht sichtbar[82], solange die geschichtliche Lage nicht zu radikalem Umdenken zwingt.
Wegen der schwer faßbaren Irrationalität der Rationalität sind Ideologien besonders für den Frieden problematisch. Sie haben zugleich aber eine bedeutende politisch-pädagogische Funktion.
1. Ideologien dienen der Totalisierung: sie fangen den Menschen ganz ein, bilden ein saturiertes Denksystem aus, verabsolutieren eine bestimmte Perspektive der Wirklichkeit.
2. Ideologien dienen der Militarisierung: sie befördern Gegensätze und rufen sie hervor, sie schaffen ein Aggressionsbedürfnis und begünstigen ein Klima kämpferischer Frontbildung.
3. Ideologien dienen der Uniformierung: sie machen durch zwingende Vereinheitlichung der Denkweisen Herrschaft erst möglich, marschieren massiv und dumpf-einheitlich über kritische Widerstände hinweg, fördern durch lustvoll-gleiche Denk- und Handlungsabläufe das Verlangen, beherrscht zu werden.
4. Ideologien dienen der Utopisierung: sie entwickeln ein Sendungsbewußtsein, vermitteln Heilswillen über rationale Erfordernisse hinaus, ja sogar gegen sie, und versteigen sich leicht in Sektierertum.
5. Ideologien dienen der Mythisierung: sie verwenden das Bedürfnis des Menschen nach Mythos zur Kaschierung der realen Verhältnisse, zur Verführung in ein falsches Bewußtsein, das zum richtigen Bewußtsein erklärt wird, zur Verschleierung der zugrundeliegenden (sachlichen und persönlichen) Interessen.
6. Ideologien dienen der Entpolitisierung: sie monopolisieren Denk- und Handlungsweisen, zwingen freie politische Aktionen nieder, entmutigen von ihnen unkontrollierte Initiativen und erreichen durch ihre Politisierung oft die Entpolitisierung.

---

[81] Maurice *Merleau-Ponty*, Humanismus und Terror, Frankfurt 1966 (2 Bände), 2. Aufl. 1968.

[82] *Heitkämper*, Ideologie, a.a.O. Schlußfolgerungen. Hier kann die Problematik von Gewalt und Frieden, überhaupt die positive Definition des Friedens und die Liaison von Ideologie und Gewalt nicht ausführlich diskutiert, sondern vom negativen Begriff »Unfrieden« nur versucht werden, die Widersprüchlichkeit gewaltsamer Ideologie bezüglich Vermenschlichung offenzulegen.

7. Ideologien dienen der Disziplinierung: sie legen die Normen und Werte einer Gesellschaft streng fest und bewirken eine ebenso strikte Sozialisation, ihre Institution und Machtbereiche wachen »gerecht« über die genaue Ausführung.
Der pädagogische Effekt der Ideologien als gesellschaftspolitisches Instrumentarium birgt also die ständige Gefahr zum Unfrieden, die, wie oben schon angemerkt, zudem noch nicht einmal beendet werden kann[83]. Politisch-pädagogisch gesehen lastet auf der Menschheit das Bewußtsein von ständiger Lüge und Verführung, Halbwahrheiten, unmöglicher Befreiung durch Ideologien, das in der Korrespondenz zur Sehnsucht nach Wahrheit, Freiheit und Glück ein Klima apolitischer Resignation begünstigt. Utopische Entwürfe von Ideologien haben die zweifachen Wirkungen des evolutionären Sendungsbewußtseins und der bitteren Enttäuschung; sie schleppen den Bazillus eines zugleich nützlichen und schädlichen Pragmatismus ein, der in seiner politischen Form tiefgreifende Auswirkungen haben kann: Abschreckung von Ideen, gezielte Einengung der Wahrheit, Bekämpfung Andersdenkender mit Militarismus, Terror, Geheimpolizei u. a. m. disqualifizieren die heute durchgesetzten Ideologien als Friedens- und Freiheitsbringer, weil sie Gewalt an die Stelle der selbstbestimmten Zukunftsperspektive setzen. Gerade eine pragmatische Friedenserziehung ist ohnmächtig ohne die Kenntnis des beschriebenen subtilen Einsatzes ideologischen Bewußtseins.

## 1.2. Die innenpolitisch-gesellschaftliche Situation

Der innenpolitische Zustand, oder »die Gesellschaft«[84], spiegeln alle bisher aufgezeigten Faktoren und Folgerungen wider; denn dieser innergesellschaftliche soziologisch-psychologisch-pädagogische Befund ist ein wesentliches Mittel zu deren ständiger Regeneration und damit zu ihrer Wirksamkeit. »Die Gesellschaft« ist auch die entfremdete Gesellschaft, die Abschreckungsgesellschaft, die Gesellschaft ökonomischer Unterschiede, die ideologische Gesellschaft, welche einen dichten Systemkomplex »pädagogischer« Verhältnisse von grundlegender politischer Relevanz bilden.

---

83 Leszek *Kolakowski,* Der Mensch ohne Alternative. Von der Möglichkeit und Unmöglichkeit, Marxist zu sein, München 1960, 2. Aufl. 1967, S. 37ff.

84 Die notwendig immer detaillierter werdende Analyse der Unfriedensstrukturen zwingt die Beschreibung hier zur Eingrenzung auf die im Umfeld der BRD mit maßgeblich amerikanischem Einfluß vorfindbaren Verhältnisse. Die in der Literatur oft leichtfertige Zitation amerikanischer Autoren (die große wissenschaftstheoretische Probleme mißachtet) läßt es fraglich erscheinen, ob die gesellschaftlichen psychologischen Verhältnisse bei uns exakt wiedergegeben werden: alle diese Analysen stehen unter Ideologieverdacht, »die« Gesellschaft der »westlichen« Welt gibt es nicht, auch ihre Strukturen der Gewalt sind bei aller möglichen Übereinstimmung durchaus gebietsweise verschieden.

### *1.2.1. Entfremdete Gesellschaft*

Die ausgedehnte Diskussion um die Entfremdung des Menschen in der Gesellschaft[85] bezieht den Friedensaspekt noch nicht mit ein. Selbst Arthur Fischers[86] Versuch eines Neuansatzes, Entfremdung als Folge von Frustration zu erklären, ihre aggressive Komponente als abhängigen Faktor von der gesellschaftlichen Qualität und der individuellen Frustrationstoleranz herauszustellen sowie die ökonomische und ideologische Differenz für die Dauerfrustration verantwortlich zu machen[87], verharrt unausgefaltet für die weitere politische Perspektive in Worten wie Systemveränderung und »Leiden der Menschen unter einer inhumanen Gesellschaftsstruktur«[88]. Die amerikanische Literatur entfremdet wiederum den Begriff der Entfremdung durch das funktionalistische Modell, indem sie Entfremdung mit Devianz, sozialer Isolation[89] und Anomie gleichzusetzen sucht, also banal das Wesentliche herauskatapultiert, damit das Modell stimmt und empirisch auswertbar bleibt. Demgegenüber will der von Karl Marx geprägte Entfremdungsbegriff, auf einer anderen Anthropologie und Soziologie aufbauend, viel ursprünglicher die »Entwirklichung«, die Existenzberaubung, die »Entwertung der Menschenwelt«, die »Vergegenständlichung«, die Herrschaft des Produktes statt des Menschen, die durch menschliche Arbeit riesenhaft anwachsende »fremde, gegenständliche Welt«, die Entäußerung der Subjektivität der »inneren

---

[85] Vgl. die Einführung und die zahlreichen Belegtexte von Arthur *Fischer*, Die Entfremdung des Menschen in einer heilen Gesellschaft, op. cit; zusätzlich aber auch Joseph *Gabel*, La fausse conscience – Essai sur la réification, deutsch: Ideologie und Schizophrenie. Formen der Entfremdung. Mit einem Vorwort von Igor A. Caruso, Frankfurt 1967.

[86] Entfremdung, a.a.O. Einführung S. 82ff., bes. S. 84–89.

[87] »Der zentrale Begriff zur Erklärung der Entfremdung sollte der der Frustration des Individuums in der heutigen Gesellschaft sein. Die Gründe für diese Dauerfrustration lassen sich aus den Ergebnissen der empirischen Studien ableiten: Die ungerechte Güterverteilung, die sich in einer *ökonomischen* Deprivation großer Bevölkerungsschichten niederschlägt, und die unterschiedlichen Möglichkeiten des Zugangs zu *Macht*positionen sind wohl die Hauptkomponenten. Verstärkt wird diese Frustration durch die relativ geringe Frustrationstoleranz des Individuums in der heutigen Zeit, auf die Fromm schon hinweist. Wesentlicher erscheint noch die offensichtliche Differenz zwischen Ideologie und Realität in der Gesellschaft.« S. 84. (Hervorhebung nicht im Original).

[88] S. 89.

[89] Dwight G. *Dean* nennt unter Bezeichnung der Literatur die Diskussion über den Entfremdungsbegriff als »Apathie, Autoritarismus, Konformität, Zynismus, Unstetigkeit, politische Apathie, Hyperaktivität, oder Personalisierung der Politik, Vorurteil, Privatisierung, Psychosen, Regression und Selbstmord« (Entfremdung, ihre Bedeutung und Messung, in: A. Fischer (Hg.), a.a.O., S. 208); Émile *Durkheim* nennt: un perpétuel état de mécontentement, tourments, déceptions répetées, inutilité, désorientée, inquiétude douloureuse, malaise, stérilité intolérable, désenchantement douloureux. (ebd. S. 209).

Welt« bezeichnen[90]. Eine entfremdete Gesellschaft[91] ist folglich eine Zusammenfassung von Menschen, die sich selbst und den Mitmenschen gegenständlich machen, veräußern, materialisieren, entwerten, verfremden, systematisieren, verarbeiten und beherrschen, und zwar in einer Weise, daß das Objekt mehr als das Subjekt zählt, daß das System das Individuum überspielt und daß einzelne und Gruppen ihnen fremden gesellschaftlichen Mächten unterworfen werden. Mit dieser Kennzeichnung ist genau das umschrieben, was oben schon strukturelle Gewalt hieß: nur daß sich in einer engeren innergesellschaftlichen Analyse, wenn sie nicht nur von einem Funktions- oder Systemmodell ausgeht, der Begriff des Strukturellen (von Gewaltsamkeit) als das Ergebnis vielfältiger psychosozialer Prozesse präziser fassen läßt. Das Phänomen der Entfremdung gibt es in jeder Gesellschaft, es fragt sich nur, wie weit die Vergegenständlichung der Menschen fortgeschritten ist, so daß man von einer (weite Teile betreffenden) entfremdeten Gesellschaft und von entfremdenden Sozialisationsbedingungen sprechen muß.
Die Komplexität der Gesellschaft wächst ständig. Diese Tatsache an sich bringt viele Belastungen, aber nicht unbedingt eine Entwirklichung im Sinne einer kranken Gesellschaft (man denke an die Möglichkeit immer besserer Information), oder gar eine unfriedliche Gesellschaft. Die System- und Organisationstheorie, wie sie Max Weber, Renate Mayntz, Amitai Etzioni sowie die Kybernetiker Norbert Wiener, Felix v. Cube u. a. vorlegten, bieten aber Anhaltspunkte für Irrationalitäten in sozialen Systemen, die zur Entfremdung führen: Verlust der Leistungsfähigkeit bei übermäßigem Außendruck (gegenüber schwachem Innendruck), Krisen bei Innovationen, Energieabfall bei Überschreiten der Sättigungsgrenze, gutes Funktionieren nur innerhalb einer mittleren Skala von Zufriedenheit, Angstreduktion usw. In einer systematischen Entwicklung der psychosozialen Verhältnisse aus kleinen bis hin zu den großen Systemen der sog. Massengesellschaft ließe sich die Qualität der Entfremdung herleiten. Dabei würde nicht nur die unterstützende Funktion der Büro-kratie mit unpersönlicher Rationalität[92] umschrieben werden, sondern neben der darin gleichzeitig begründeten ungerechten Herrschaft über einzelne (die zur Masse werden) auch die

---

[90] Karl *Marx*, Die entfremdete Arbeit, in: *ders.*, Ökonomisch-Philosophische Manuskripte. Ausgabe: Texte zu Methode und Praxis II, Hamburg 1966, S. 51ff.

[91] Es sei hier sogleich auf den bedeutsamen Unterschied zum marxschen Entfremdungsbegriff aufmerksam gemacht: die Dialektik von Negativem und Positivem, welche letzteres durch den »aufhebenden« Charakter der Vorsilbe »Ent« in »Entfremdung« ausgedrückt wird, soll hier wegen der sehr weittragenden Folgen eines daraus begründeten Materialismus (einer ganz anderen Gesellschaftskonzeption und philosophischen Grundlegung als sie hier vorgelegt wird) auf den negativen Entfremdungsbegriff eingeengt bleiben. Vielleicht wäre es klarer, von Verfremdung zu sprechen; der Entfremdungsbegriff hat sich aber eingebürgert. Zum marxschen Begriff der Entfremdung (und dem hegelschen Ursprung) s. auch Hans Peter *Dreitzel.* Die gesellschaftlichen Leiden und das Leiden an der Gesellschaft. Stuttgart 1968, S. 5ff., übrigens das gesamte Einleitungskapitel »Über die Möglichkeit einer Pathologie des Sozialen«.

[92] Max *Weber*, Wirtschaft, a.a.O., S. 128ff.

Entfremdung als Vergegenständlichung, die Entmündigung als Schematisierung, die Stabilisierung des instabilen Geschichtsprozesses (historical lag), insgesamt also die in kleine rationale Portionen aufgeteilte Gewalttätigkeit herausgearbeitet werden müssen[93].

Die beschriebenen Systeme bilden entfremdende Verhaltensdispositionen aus. Es sollte aber klar sein, daß die Systemtheorie der Gesellschaft nur der instrumentelle Ausdruck von Macht, Gewalt und Interesse ökonomischer, politischer, sozialer und ideologischer Kräfte ist. Systeme erzeugen aus sich selbst heraus Machtverhältnisse, sie wirken also zweifach, wenn hinter ihnen selbst noch mächtige Interessen verborgen sind. Dadurch, daß diese Verborgenheit durch indirekte Methoden gepflegt wird, ist eine Rationalisierung von Entfremdung umso schwerer. Politische Entfremdung, d. h. die Vergegenständlichung des Menschen als politisches Machtmittel, hat nachgewiesenermaßen nicht nur Machtlosigkeit, Normlosigkeit und soziale Isolierung im Gefolge[94]: sie ist als direkte Auswirkung mangelnder Öffentlichkeit, lässiger Opposition, unscharfer Dialektik, Eindimensionalität gleichgerichteter politischer Interessen oder diktatorischer Panikmache geradezu der frustrierte Ausweg. Entpolitisierung ist Entmachtung und Bemächtigung. Daraus entsteht die schweigende Mehrheit, satte Zufriedenheit, Absonderung und unsichtbare Verpackung der Krankheiten des Systems, die Brutalisierung der modernen Welt als alltägliche, natürliche, triviale Bagatelle[95] und »Produkt künstlicher Vernatürlichung«, die Unfähigkeit zu trauern[96] und die Unfähigkeit zu lieben[97].

Erst in Dialektik zu diesen sozialen Prozessen läßt sich die personale Entfremdung beschreiben. Dazu können nicht nur der gesamte Bereich der Psychopathologie[98], sondern auch persönliche Entfremdung bis hin zur personalen Tiefe untersucht werden, inwieweit sie durch politische Umstände bedingt, gepflegt oder verstärkt werden und Ausdruck unfriedlicher Verhältnisse sind. Die Ideologie des Marxismus-Leninismus kennt die Schizophrenisierung z. B. im ständigen Umdenken und Verleugnen geschichtlicher Tatbestände. Die bekannte »Gehirnwäsche« zur radikalen Persönlichkeitsveränderung, oft gestützt durch Folterungen[99], kehrt in anderer Form bei den Pressionen tagtäglicher Seelenmassage, die zu Neurosen, wenn nicht gar zu Psycho-

---

[93] S. dazu ausführlicher unten in den folgenden Kapiteln.

[94] Vgl. Dwight G. *Dean*, Entfremdung und politische Apathie, in: Fischer (Hrsg.), Entfremdung, a.a.O., S. 275 ff.

[95] *Hacker*, Aggression, a.a.O., S. 19, 20.

[96] Alexander u. Margarete *Mitscherlich*, Die Unfähigkeit zu trauern, München 1968.

[97] Die deutsche Art zu lieben s. ebd. 1. Kap.

[98] Vgl. *Gabel*, Ideologie, op. cit. IV. Kap. »Der Begriff der *entfremdenden Identifizierung* ist in der Psychopathologie allgemein bekannt« ebd. S. 179.

[99] Pax Christi, Folterungen in Brasilien, a.a.O.; *Baeyer*, Angst, a.a.O., Kap. »Terror«, in grauenerregender Weise geschildert bei *Paczensky*, Weiße, op. cit. Dies gehört zu unserer aktuellen Wirklichkeit.

sen (Ichentfremdung, Bewußtseinsspaltung usw.) führen können, wieder. Diese »Entpersönlichungsphänomene« als direkte Krankheiten dürften zwar nur in extremen Belastungssituationen eindeutig nachweisbar auf politische Verhältnisse zurückführbar sein[100] – die Abschreckung könnte als eine solche Situation gewertet werden, wenn sie nicht schon so gewöhnlich wäre.

Jene scheinbare Normalität unserer politischen Verhältnisse agiert aber in einer vielfach kranken Gesellschaft: 10–12% aller Bürger der BRD sind psychisch gestört oder sogar krank und etwa 50% aller Patienten in der Allgemeinpraxis müßten nicht körperlich sondern psychisch behandelt werden;[101] diese Gesellschaft leidet an Wertemangel, Bewußtseinsschwäche, Autismus, Überfülle, im erzieherischen Bereich an Schizophrenie, Macchiavellismus, Dummheit u. a. m., was Gegenstand der nachfolgenden Unfriedensanalyse ist.

### *1.2.2. Abschreckungsgesellschaft*

Die Abschreckungssituation hat eine bedeutende Funktion für den Zusammenhalt der Gesellschaft. In ihrer politischen, ökonomischen, ideologischen Komponente beherrscht sie nicht nur zwangsläufig alles gesellschaftliche Handeln mit, sie wird auch – wie besonders für die USA Leonard Lewin in seinem »Bericht vom Eisenberg«[102] satirisch nachweist – funktional innenpolitisch eingesetzt.

Zunächst ist einmal die theoretische Konzeption interessant. Der »Zwang zum Feind« (Senghaas)[103] und das enge Denken in unausweichlichen Alternativen erzeugen das bedrückende Gefühl einer dauernden Gefahr, die gerade wegen ihrer Ungewißheit ständige Anstrengungen und ausgedehnte Vorkehrungen erfordert. Diese Vorstellungen müssen auf jede Weise und immer wieder neu vor Augen gehalten werden, so daß sie schließlich das gesamte Denken durchdringen bzw. verdrängt werden und latent vorhanden sind.

Die Perpetuierung der ruhig verlaufenden Krise ist die Grundvoraussetzung für die Ausrichtung der gesellschaftlichen Verhältnisse auf die Erhaltung von Abschreckung hin, trotz ihres Realitätsverlustes[104]. Der Zwang zum Feind hält eine Gesellschaft zu-

---

[100] Vgl. zur Angst durch psychophysische Extrembelastung: *Baeyer*, a.a.O., S. 169ff.

[101] Schätzungen der Kölner Psychiatrie-Enquête-Kommission des Bundes (Prof. Dr. Caspar Kuhlenkampff) und des Sozialpsychiatrischen Dienstes der Medizinischen Hochschule Hannover (Dr. Mark Richartz) für 1973, dpa. 2. 3. 1973.

[102] Verdammter Frieden, München 1968, behandelt bei *Senghaas*, Abschreckung, a.a.O., S. 248ff.

[103] Vgl. auch S. J.-M. *Domenach*, La propagande politique, Paris 1950; loi de simplification et d'ennemi unique; Joseph *Gabel*, Ideologie und Schizophrenie, a.a.O., S. 11ff.

[104] Vgl. Dieter *Senghaas*, Bedrohungsvorstellungen und Drohstrategien in den internationalen Beziehungen. (Wiss. Kolloquium der Arbeitsgemeinschaft f. Friedens- und Konfliktforschung e. V. »Bedrohungsvorstellungen als Faktor der internationalen Politik«) München 1970, S. 13ff.

sammen. Diese schon in der Tierverhaltensforschung aufgewiesene und gruppensoziologisch, gruppendynamisch sowie sozialpsychologisch im jeweiligen Anwendungsbereich untermauerte Erkenntnis wird von vielen Politikern beachtet[105]: die Macht ist scheinbar am leichtesten zu handhaben, wenn Einheitlichkeit und Geschlossenheit innerhalb einer begrenzten Toleranzquote eine Entropie und Einschmelzung der Meinungen durch die (fiktive) Bedrohung eines Feindes hervorrufen. Diese Art psychologischer Bedürfnisstruktur ist einerseits geeignet, den »Herdentrieb« oder »Hordentrieb«[106] zu bestärken, die Massen nach einem bestimmenden Führer rufen zu lassen, ihre Opferbereitschaft und damit in Zusammenhang ihre (konstruktive und destruktive) Aggression anzustacheln, und andererseits die Realitätskontrolle aufzuheben im Sinne einer Regression auf frühere Entwicklungsstufen[107]. Die Ideologie einer bestimmten Gesellschaft begrüßt also die distanzierte Aggressivität, die sie in ihrer Integrität nicht selbst antastet, die aber Anlaß genug zu ihrer Stabilisierung und Auffrischung ist[108].

Von dort her bekommt auch die Abschreckungsproblematik für jede Gesellschaft trotz der einsehbar möglichen vernichtenden Folgen ihren eigentümlichen Reiz. Wie Aggression systemerhaltend wirken kann, wie sie im Sinne des Todestriebs (Freud) die Tendenz zur Grenzsituation hat, ähnlich scheinen die Massen oder »die Gesellschaft« psychologisch auf die Fixierung eines Feindes angewiesen zu sein, und zwar immer mit der Gefahr eines wirklichen Zusammenstoßes: denn der Feind muß real und zugleich bis zu einer maximalen Grenze irreal sein. Ein gradueller Realitätsverlust wird durch mancherlei Hilfsmittel mit Überzeugungskraft und Glaubwürdigkeit überspielt.

Die Abschreckungsgesellschaft will ihre Schizophrenie durch ein schizophrenes Bild vom Gegner internalisieren: 1. Der Gegner ist aggressiv und an Stärke überlegen (durch Intelligenz, Raffinesse, Durchtriebenheit und Diktatur), 2. wir aber haben den »zivilisatorischen Auftrag«[109], die Werte der Gesellschaft und des Menschen zu erhalten und zu verteidigen. Dieses »theologische Argument« hebt die eigene relative Schwäche gegenüber der unmeßbaren Größe des Gegenübers und die Notwendigkeit einer ständigen Opferbereitschaft hervor: Titanen bekämpfen einander, so daß die Einwände des Individuums nicht nur fehl am Platze sind, sondern das Individuum sogar augenscheinlich schuldig werden lassen.

Nach diesem Theoriemodell wird das Abschreckungsprinzip bewußt zum Zirkel; dem einzelnen und dem Gegner wird systematisch jede Lücke verbaut, die eigenen

---

[105] Daniel *Katz*, Dorwin Cartwright, Samuel Eldersveld, Alfred McClung Lee (eds.), Public Opinion and Propaganda, New York 1954, p. 511 ff.

[106] Sigmund *Freud*, Massenpsychologie und Ich-Analyse, Frankfurt 1967, S. 56 ff.

[107] *Freud*, ebd.

[108] Vgl. auch viele Nachweise bei *Lemberg*, Ideologie, a.a.O.: den horror vacui ohne Ideologie (S. 15 ff.), den pädagogischen Aspekt (S. 71 ff.), Ideologie als Integrationskraft (S. 177 ff.).

[109] *Senghaas*, Abschreckung, a.a.O., S. 73 = Anm. 21.

autistischen Verhaltenserwartungen zu falsifizieren[110]. Der Abschreckungszirkel vollendet in diesem Sinne eine sich selbst erfüllende Prophetie, weil der Gegner immer unerreichbar und unmeßbar ist; aber andererseits erfüllt sich dieser militante Kulturpessimismus eben nicht: dennoch erscheint die Schwebe der Katastrophe als Verhinderung der Katastrophe. Der fortlaufend antizipierte Krieg – bedingt durch stetige technologische Innovationen – vermittelt ein Bild von den Schrecken des Krieges und macht einen Krieg unmöglich, solange alle diese Schrecken eingesetzt werden.

Für unsere auch pädagogische Fragestellung ist hier die Analyse von Dieter Senghaas bedeutsam, das Prinzip der Abschreckung benötige für seine Selbsterhaltung ein nicht unwichtiges falsches Bewußtsein[111]. Die natürliche Komplexität der vorliegenden Zusammenhänge, der Mangel an wirklichkeitsgetreuer Information, auch infolge des normalen Wahrheitsverlustes durch die Übermittlung, und die interessenbestimmten Interpretationen und Einseitigkeiten, gefördert bei in feindlichem Verhältnis zueinander stehenden Gruppen, bewirken nicht nur das Dahintreiben im Fluß der verschiedensten Meinungen und Wahrscheinlichkeiten, die Abhängigkeit von Propagandisten und Ideologen, sondern erzeugen auch jenen allgemeinen Bewußtseinsrückstand und subjektiv oder objektiv-gesellschaftlich überlebte Denkformen, die die gesamte geschichtliche Lage verfälschen (historical lag)[112].

Es wird hier nicht behauptet, unsere Gesellschaft sei in der beschriebenen Ausprägung eine Abschreckungsgesellschaft; es ließe sich aber nachweisen, daß nicht nur Faktoren von Wissenschaft und Militär, und in diesem Zusammenhang die internationale Außen- und auch die Innenpolitik von in einem nicht geringen Maße gezüchteten falschen Bewußtsein abhängen, sondern im Gefolge davon auch der ideologische Überbau und die Wissenschaft, also insgesamt das, was als lernpathologische Abschreckungsgesellschaft gekennzeichnet werden kann. Warum ist das Abschreckungsbewußtsein ein falsches Bewußtsein? Abschreckung ist eine permanente, negative Grenzsituation, ein in die Länge gezogener, aber lebenswichtiger Ausnahmezustand. Abschreckung ist somit die Perversion der politischen Normalität und des gesellschaftlichen Bewußtseinszustandes, denn ein korrektes Bewußtsein der Menschen im Abschreckungssystem müßte zulassen bzw. fordern, daß unter veränderten internationalen Bedingungen ohne tiefgreifenden Wandel die Gesellschaften den Rüstungskomplex ablegen könnten.

Die Abschreckung ist ein Syndrom, d. h. sie ist pathologisch. Sowohl als politisches wie auch als psychologisches Krankheitsbild weist sie deutlich die Abhängigkeit vom ökonomischen Bedingungsgefüge auf: die fatale Situation der organisierten Koopera-

---

110 Ebd. S. 182.

111 Zum Begriff des falschen Bewußtseins siehe auch Kurt Lenk (Hrsg.), Ideologie, a.a.O., S. 457 im Register. Joseph *Gabel*, op. cit.

112 Das »falsche Bewußtsein« kann subjektiv durchaus als richtiges Bewußtsein empfunden werden. Vgl. Georg *Lukács*, Geschichte und Klassenbewußtsein. Studien über marxistische Dialektik, Berlin 1923, S. 60ff.; *Merleau-Ponty*, Humanismus, op. cit.

tion von Politik, Militär, Wissenschaft und Wirtschaft ist nicht nur ein Rüstungskomplex, sondern hat auch gesellschaftlich pathologische Auswirkungen.
Die Pathologie dieses Komplexes ist in der neueren Abrüstungsliteratur deutlich zum Ausdruck gekommen[113], zumeist anhand der Verhältnisse in den USA und UdSSR. Die BRD, die von Abschreckung stark betroffen, aber in jenem Ausmaß noch kein Rüstungsstaat ist[114], muß in dieser ambivalenten Zwischensituation die Chance zur Aufhebung des falschen Bewußtseins nützen, ehe auch solche Möglichkeiten vom festen Zugriff monopolistischer Lobby-Interessen gänzlich verwehrt sind.

### *1.2.3. Die Gesellschaft der ökonomischen Unterschiede*

Die allmählich zu relativierende Abschreckungsgesellschaft und ihre besonders von Senghaas hervorgehobene innergesellschaftliche Problematik ist ein eindrucksvolles Zeugnis der gesamten Entfremdung der Ökonomie. Zunehmend bewirken aber auch das erwachte Umweltbewußtsein, die gegensätzlichen ökonomischen Verhältnisse, die Folgerungen der Unterschiede zwischen reichen und entwicklungsfähigen Ländern u. a. m. eine breiter aufkommende Erkenntnis von den Grenzen ökonomischer Profitsucht. Dieses gestärkte Bewußtsein, daß nicht der Mensch für die Ökonomie, sondern die Ökonomie für den Menschen gebraucht wird, weist in den Ländern ökonomischer Sättigung und des Produzierens um des Produzierens willen deutlich die Schäden dieses Systems auf; und für die Entwicklungsländer war diese ökonomische Situation nie annehmbar. Die Ungerechtigkeit und Unmenschlichkeit ökonomisch-reicher gegenüber ökonomisch-armen Ländern entlarvt sich in einem nun erreichten zweiten Schritt bei den Industrienationen selbst als Unmenschlichkeit des ökonomischen Systems an sich, soweit es Menschlichkeit zugunsten von Profit hintansetzt[159]: die oben am Beispiel der Entwicklungsländer aufgezeigte Härte und Gewaltsamkeit der Ökonomie sowie ihres unmittelbaren gewaltsamen Sozialisationsdrucks lassen sich Schritt für Schritt mitsamt den »pädagogischen« Zwangsmitteln mutatis mutandis auch andernorts innergesellschaftlich verfolgen; und gerade hier im ökonomischen Sektor zeigt sich, daß eine nur mikrostrukturell angelegte Friedenser-

---

113 Vgl. *Senghaas*, Abschreckung, op. cit.; *Vilmar*, Rüstung, op. cit.; Eike *Hennig*, Die Rüstungsgesellschaft und ihre Kosten. Anmerkungen zur Politik der Verschwendung und Zukunftsgefährdung, in: Krippendorff (Hg.), Friedensforschung, a.a.O., S. 275ff., bes. 285. Die Verbände der Industrie weisen besorgt auf den Verlust wertvoller Erkenntnisse (!) hin, wenn etwa die Wehrforschung, sprich: die Bereitstellung von militärisch-technologischen Innovationen, eingeschränkt würde; politische, wirtschaftliche und militärische Machteliten im Dienste der Rüstungsindustrie leisteten Widerstand, Politiker hätten Angst vor den Wählern, die mit falschem Bewußtsein in Unsicherheit verblieben; etc.

114 Claus *Grossner*, Ein militärisch-industrieller Komplex in der Bundesrepublik? Zur Theorie von Richard J. Barnet, in: *Barnet*, Rüstungswahn, a.a.O., S. 144.

ziehungstheorie bei Vernachlässigung der übermächtigen Makrostruktur zur Unwirksamkeit verurteilt ist.

In neuerer Zeit gehört die Betonung der ökonomischen Kritik zu den Selbstverständlichkeiten einer gesellschaftlichen Analyse. Nur selten findet sich aber die darin verborgene Perspektive zur Unfriedensstruktur[115]. Die innergesellschaftlichen ökonomischen Unterschiede, nicht nur die Vermögensverteilung, sondern auch die bei aktivem Industriekapital damit verbundene Machtstellung, unterliegen zumindest seit Marx den heftigsten Kontroversen, obwohl sie statistisch-differenziert offenkundig sind[116]. (Ausschlaggebend ist dabei letzten Endes wirtschaftlich und politisch einsetzbares Kapital). Ebenso wie man diese Unterschiede nicht leugnen kann, ist es beim heutigen Stand der Sozialwissenschaften unnötig, die offensichtlichen soziologischen Fakten mit pädagogischen Auswirkungen, d. h. die Reproduktion der »Schicht«, des Bildungsstandes, des Bewußtseins bzw. die Schwierigkeiten des sozialen Aufstiegs in eine andere »Schicht« mit allen verbundenen Sozialisationsbedingungen, noch ausführlich darzulegen. Diesen Zustand als krankhaft zu charakterisieren erlaubt sich bisher in großem Umfang nur die »kritische« Literatur, die Unternehmerseite versucht mit ihrer Disparitätsthese von Lebensbereichen die Klassentheorie zu verwischen[117], also strukturelle Gewalt zu pazifizieren. Die entfremdeten Bedingungen am Industriearbeitsplatz sprechen eine eigene Sprache, das Gemisch von internalisierter Disziplin und Angst vor Entlassung ist eine subtile Art moderner Abhängigkeit, die das Aggressionspotential unterhalb der Schwelle zum offenen Unfrieden balanciert[118].

Eine pädagogische Folgewirkung dieser Erkenntnis ist nicht zu unterschätzen und keineswegs eindimensional zu bestimmen. Die Gesellschaftstheorien urteilen hier verschiedenartig, eine dialektische Theorie wird Vertrauen und Mißtrauen, also das ambivalente Verhältnis der Bevölkerung zur Wirtschaft mehr in den Vordergrund rücken. Trotz aller Konsumhaltung lassen sich Korrekturen z. B. an der Argumenta-

---

115 Es fehlen nach *Haas* derartige zusammenfassende Untersuchungen sowie empirische Belege fast vollständig, und zwar zu den Problemgebieten: Wirtschaftssystem – Krieg, Sozialer Konflikt – Neigung zu äußeren Konflikten. Nicht so sehr der Wirtschaftstyp als vielmehr wirtschaftlicher Druck scheint Unfrieden zu begünstigen, aber nicht zwingend hervorzubringen. Michael *Haas*, Krieg und gesamtgesellschaftliche Bedingungen, in: Krippendorff (Hrsg.), Friedensforschung, a.a.O., S. 53ff., 55ff., 58ff.

116 Carl-Heinz *Evers*, H. N. *Burkert*, H. G. *Rolff*, D. *Kreft*, Versäumen unsere Schulen die Zukunft? Düsseldorf 1971, kritisieren die Mangelhaftigkeit der Vermögensstatistik in der BRD, woraus die Macht des Kapitals zu wenig ersichtlich sei. Ebd. S. 167ff.

117 *Baethge*, Ausbildung, a.a.O., S. 9ff.; Zur Disparitätsthese, nur in Frageform angegriffen, *Dahrendorf*, Herrschaft, Klassenverhältnis und Schichtung, a.a.O., S. 96.

118 Peter *Schneider*, Die Frauen bei Bosch, in: Kursbuch 21. Kapitalismus in der Bundesrepublik, Berlin 1970, S. 83ff.; Marianne *Herzog*, Akkordarbeiterinnen bei AEG/Telefunken, ebd. S. 110f.; H. Günter *Wallraff*, Industriereportagen. Als Arbeiter in deutschen Großbetrieben, Reinbek 1970.

tion der Unternehmerschaft, sie sei das Glück der Bevölkerung, oder bei der Mitbestimmung der Arbeiter feststellen. Der politische Pädagoge muß vor jeder Vereinfachung warnen, weil konfliktfeindliche Beschwichtigungsversuche – auch beim Bürger der BRD – immer mehr durchschaubar werden. So ist es aus diesem Bewußtseinsstand heraus durchaus denkbar, daß durch die allmählich untragbaren Umwelt-Verhältnisse und die ständig sich mehrende Kritik die These vom »Spätkapitalismus« zwingend herbeigeführt wird. Es geht aufgrund dieser Umstände also ein pädagogischer Prozeß vor sich, der im einzelnen empirisch nachzuweisen ist.
Die Wissenschaft hat daran Anteil. Nach Calvin Hoover, einem Verteidiger des (amerikanischen) Kapitalismus[119] hat sich die persönliche Freiheit immer mehr vergrößert, nur die unrealistischen, kritischen, unfruchtbar querulierenden, herrschaftsabgeneigten Intellektuellen[120] verbreiten über ihre Kommunikationsmittel ein ganz anderes Bild und sind »für den modernen Kapitalismus immer eine ernste Gefahr«[121]. Schließlich sei doch der weit größere Teil der Gesellschaft zufrieden. Diese Intellektuellen säen durch das Hervorheben ökonomischer und damit verbundener machtpolitischer Unterschiede Zwietracht in diese funktionierende Gesellschaft, sie bestreiten sogar die staatserhaltende Rolle der Großindustrie, sie würden die Hochleistungsmotivation der Arbeiter lähmen (wenn diese ihre Schriften lesen würden und könnten)!
Das mächtige Management ist stolz darauf, die Menschenökonomie entdeckt zu haben, aber – so muß hinzugefügt werden – nur zu dem Zweck, den Gewinn zu steigern[122]. Hier liegt zwar eine Chance zur Aufhebung der Entfremdung des Menschen,

---

[119] Wirtschaft, Freiheit und der Staat, Göttingen o. J. (am. Ausgabe 1961), die Kapitel: Wirtschaftssysteme und die menschliche Freiheit, und: Die Aussichten für den Fortbestand der Freiheit; über die Intellektuellen s. bes. den Passus von S. 324–338.

[120] Zum Antiintellektualismus, besonders als amerikanisches Phänomen, s. T. B. *Bottomore,* Radikales Denken. Zur Kritik an der Gesellschaft, München 1969, S. 112ff.; auf die daraus entwachsende Gefahr für Demokratie und Frieden weist H. *Drion* hin: Intellektuelle und Demokratie, Bad Honnef 1968. Neben diese niederländische Stimme seien die Ausführungen R. *Dahrendorfs* über deutsche Intellektuelle, Politik und Status gesetzt, in: Gesellschaft und Demokratie in Deutschland, a.a.O., S. 308–324, aus denen die Funktion zu Unfriede oder Demokratie deutlich wird. Zu diesem immer wieder aktuellen Streit sagte Bundespräsident Gustav *Heinemann:* »Es ist eine billige Art, den sogenannten Intellektuellen, die sich mit diesen Themen kritisch oder warnend befassen, den Vorwurf zu machen, daß sie es seien, die unsere Ordnungen zersetzen. Wir sollten ihnen vielmehr danken, daß sie mit wachen Sinnen mitten in unserer Gegenwart stehen und aus den Zeichen der Zeit deutlich zu machen versuchen, wie es um uns steht. Kritik und Warnung sind selten beliebt.« in: Deutsche Gesellschaft für Friedens- und Konfliktforschung, Informationen 2–3/72, S. 1. Eine differenzierte Stellungnahme zu den Intellektuellen bietet das berühmte Buch von Raymond *Aron,* Opium für Intellektuelle oder Die Sucht nach Weltanschauung, Köln-Berlin 1957. Daraus spricht wahrlich wenig Unabhängigkeit und distanzierte Kritik der Intellektuellen.

[121] *Hoover,* Wirtschaft, S. 337ff.

[122] Peter F. *Drucker,* Praxis des Management. Ein Leitfaden für die Führungs-Aufgaben in der modernen Wirtschaft, Düsseldorf 7. Aufl. 1970, bes. Teil: Die Führung der Belegschaft: Den

die Vergegenständlichung des Menschen, angezeigt durch Ausdrücke wie »menschliche Reserven«[123] u. a. kann aber nie durch die Überordnung des Materials aufgehoben werden. Folgt man Joachim *Hirsch*[124] in seinen Ausführungen zum Verhältnis von Managerkapitalismus und Demokratie, so würden die neo-feudalen Strukturen mit latent totalitärem Anspruch zur bewußten Identifikation einer um ein Vielfaches vergrößerten Zahl von Abhängigen nicht nur ökonomische Zwänge verschleiern, sondern auch durch massive Einflußnahme auf das Erziehungs- und Ausbildungssystem und andere Mittel zur Loyalität (Statussymbole) das Bewußtsein von Abhängigkeit in die Freude des reibungslosen Funktionierens umwandeln – gewiß trotz relevanter Tendenz eine eingeengte Beschreibung des pädagogischen Prozesses.
Das Anliegen der Aufzählung dieser Verhältnisse geht hier weit über sonstige soziologische und ökonomische Beschreibungen hinaus: jene Fakten müssen als erzieherische Faktoren in der Gesellschaft gewertet werden. Jede Verschleierung täuscht über die Tiefenwirkung pädagogischer Formung hinweg, die dann langfristig solche Erziehungsvorgänge als Beiträge zum Unfrieden enthüllen können.

### *1.2.4. Ideologische Gesellschaft*

Die Selbstdarstellung unserer Demokratie in der Bundesrepublik Deutschland kann als Beispiel zur Entfremdung einer ideologischen Gesellschaft nur *dort* gelten, wo das beanspruchte Vertrauen nicht gerechtfertigt ist. Das Gerieren der Parteien um Machtpositionen, die großen leeren Versprechungen vor Wahlen, die Aussagekraft von Wahlen selbst, die Absicherung von Abgeordneten, die vom Volk nicht gewählt werden, und vieles andere mehr schaffen – trotz positiver Leistungen und Repräsentationen – einen politisch-pädagogischen Faktor des Konfliktes, z. T. des Gefühls der Manipulierung, der fadenscheinigen Begründungen in den Augen der Regierten. Verschiedene Hilfsmittel sorgen zudem dafür, dieses berechtigte und gesunde Mißtrauen öffentlich in Aktionen nicht so wirksam werden zu lassen, daß die zu verurteilenden Zustände geändert werden: Frustrationen stauen sich an, ja latente, manchmal offene Aggressivität. Auf diese Weise entfremdet sich unsere Demokratie von sich

---

ganzen Menschen beschäftigen, Der Arbeiter als Produktionsfaktor, Die Organisation der menschlichen Arbeit um Höchstleistungen zu erzielen usw. Der Unternehmer wird aus seiner Perspektive mit Recht auf die wirtschaftliche Notwendigkeit zum Wohle des Arbeiters hinweisen.

123 Ebd. S. 228.

124 Joachim *Hirsch,* Zur politischen Ökonomie des politischen Systems, in: Kress-Senghaas (Hrsg.), Politikwissenschaft, a.a.O., bes. III. Herrschaft der Manager?, S. 198–202. S. auch Reinhard *Bendix,* Herrschaft und Industriearbeit, Frankfurt 1960; *ders.,* Industrialization, Ideologies, and Social Structure, in: American Sociological Review 24 (1959), p. 613–632; vgl. Neil J. *Smelser,* Soziologie der Wirtschaft, a.a.O., S. 81.

selbst, wenn nicht von Zeit zu Zeit tiefgreifende Analysen und Bewegungen zur Änderung zwingen[125].
Die Ideologie zeichnet dabei ein heiles, oder im Gegenteil ein verzerrt dramatisches Bild der Zustände, ohne reale Dialektik (Grisebach), ohne Radikalität im Sinne Freires[126]. An oberster Stelle steht das Wort »Demokratie«, dessen Interpretation manchmal als Mißverständnis bezeichnet wird[127]. Deswegen ist eine ständige Legitimierung der Politiker unerläßlich. In gleichem Ideologieverdacht stehen alle allgemeinen und abgeschliffenen Wörter wie »Gesellschaft«, und Zusätze wie »Leistungsgesellschaft«, »Konsumgesellschaft«, »Gemeinschaft«, »Herrschaft«, »Bürger«, »Öffentlichkeit«, »Kapitalismus«, »Werte« usw. Dies wird insbesondere deutlich, wenn man einmal ihrer Semantik nachgeht[128]. Durch die genauere Bestimmung ihres »Ursinns« wird dann auch oft der Unsinn und die Verschleierung durch die Funktionsübernahme in einer völlig geänderten Welt deutlich.
Nach allem bisher Gesagten kann man in vielfältiger Form von einer ideologischen bzw. ideologisierten Gesellschaft und von einer Entfremdung des Menschen durch Ideologie sprechen[129]. Allgemein wird daraus immer mehr die Konsequenz gezogen, »der Mensch« benötige eine Ideologie, Ideologie sei lebenswichtig; weniger bedeutsam sei, daß diese Ideologie falsch, halbwahr, verschleiert, einseitig, diktatorisch auftrete, denn (tautologisch!) so sei nun einmal die Realität des Lebens. Diese Argumentation, so dialektisch sie auch vorgetragen sein mag, verwechselt die Ebene der Feststellung (richtig – falsch) mit der Ebene der Normierung (wahr – unwahr bzw. zulässig – unzulässig) oder kantisch ausgedrückt: die Quantität und Modalität überdecken Qualität und Relation, so daß die Dialektik aller vier Verstandesbegriffe nicht mehr in den gesellschaftlichen Prozeß eingebracht wird.

---

[125] Kennzeichnend ist die augenblickliche gesellschaftliche Phase nach den Studentenunruhen und nach der »anti-autoritären Bewegung«, die von Resignation erfüllt ist, weil trotz einiger Fortschritte wesentliche Änderungen nicht stattfanden. Die ideologische Verarbeitung hat ihre Richtung noch nicht präzise bestimmen können. Vgl. auch Heinrich *Böll*, Berichte zur Gesinnungslage der Nation, Köln 1975.

[126] Eberhard *Grisebach*, Die Grenzen des Erziehers und seine Verantwortung, Halle 1924 u. Tübingen 1965; *Freire*, Pädagogik der Unterdrückten, a.a.O.

[127] Eine Klärung dieses unklaren Begriffs ist an jeder Stelle notwendig, denn »es gibt zwei Begriffe von Demokratie, und diese stehen im Widerspruch. In einem lockeren und nicht ganz befriedigendem Sinn könnte man sie mit der Gleichheit einerseits und der Freiheit andererseits identifizieren.« Ralf *Dahrendorf*, Gesellschaft und Freiheit. Zur soziologischen Analyse der Gegenwart, München (1961) 1965, S. 326. Dahrendorf führt im folgenden aus, daß in der Dialektik von notwendig ungleicher Gleichheit und unfreier Freiheit Demokratie und Totalitarismus im »Westen« und »Osten« immer miteinander streiten. Wenn man diese Argumentation logisch weiterdenkt, muß es folglich eine Vorstellung von Demokratie doch geben.

[128] Michael *Freund*, Die Politik der Freiheit, Bremen 1970.

[129] Über spezielle Formen der Entfremdung Joseph *Gabel*, op. cit., so vor allen Dingen über Entdialektisierung (S. 58, 89ff.), Massenpsychologie (S. 90ff.), Zeitverräumlichung (S. 145ff., 177ff., 288ff.), u. a.

Begünstigt ist heute ein Ideologisierungsprozeß dieser Art durch die makro- und mikrostrukturellen politischen Sozialisationsbedingungen, die ja sehr stark aufeinander einwirken und auf keinen Fall getrennt werden dürfen. Sie materialisieren den Menschen schon aus quantitativen Gründen (»Masse«) und vermitteln ihm andererseits aus dieser Praxis heraus die Ideologie der Quantität. Die Mehrheit bestimmt über Qualität: »Normen« und »Werte« werden als allgemein in »einer Gesellschaft« anerkannt beschrieben; der Schritt, dieses Gesamte als sozio-kulturelle Bedingungen und Notwendigkeiten hinzustellen, ist nicht weit; just ist man bei der »Anpassung« – »die Gesellschaft« funktioniert. Im Grunde fällt zugleich der Begriff einer propagierten »pluralistischen Ideologie« fort, man spricht in einer gewissen Bandbreite (»Mitte«) sehr unpräzise und oft demagogisch von »links« und »rechts«, ist sich einig in der Abwehr von »radikalen« Infragestellungen (natürlich dann ganz zu recht, wenn die Dialektik mit Bomben ausgetragen wird) und will andererseits nicht einsehen, daß diese Normalität ideologischen Charakter hat.

Auf diese Weise hat die Ideologie als »falsches Bewußtsein« durch die Normalität gesellschaftliche Macht an den Stellen erringen können, wo eine Unterdrückung und Entfremdung des Menschen stattfindet, aber »objektiv« nicht stattfinden müßte: Die Normalität als Ideologie richtigen Handelns verbietet grundsätzliches Denken, also von Herrschaft befreites Denken; nicht daß theoretisch das Denken nicht erlaubt ist – dies ist nur in wenigen Ausnahmen der Fall –, sondern durch die Praxis gleichmäßigen Dahinlebens ist grundsätzliche Kritik nicht erwünscht. Dies ist eine fundamentale Erziehungsbasis[130]. Der unideologisch erscheinende Zustand der BRD ist ideologisch; der ideologische Zustand der DDR ist da offensichtlicher, angreifbarer, aber auch wegen dieser allgemein geforderten Ideologie ausschließender, diffamierender, diktatorischer. Die BRD hat einen theoretisch und ideologisch ungewissen und unsicheren Zustand. Dies macht einen Teil ihrer »Freiheit« aus.

Diese zwiespältige Unsicherheit ist ein wichtiger pädagogischer Faktor innerhalb des ganzen politischen Systems der BRD. Die gesellschaftliche Praxis beweist den Mangel an werten Identifikationsmöglichkeiten und das Fehlen eines Zukunftskonzepts zur Humanisierung. Weil philosophische Fragen äußerst drängend allen Lebensproblemen zugrunde liegen, für eine breite Öffentlichkeit aber nicht thematisiert werden – das hieße ja grundsätzlich sein –, ist die Ideologie der Pädagogik an vordergründigen (möglichen fehlerhaften) gesellschaftlichen Realitäten orientiert[131]. Das Versagen der

---

[130] Hermann *Giesecke*, Einführung in die Pädagogik, München 1969, 4. Aufl. 1972, S. 58 spricht von Lernverboten; Klaus *Mollenhauer*, Erziehung und Emanzipation, a.a.O., darin bes. S. 97–118 von den Grundwidersprüchen in der Gesellschaft. Man kann täglich derartige Beobachtungen machen: In manchen Fachbuchläden werden gewisse grundlegende Bücher nicht angeboten; viele Leute kommen über ihren Jargon, ihr Fachidiotentum nicht hinaus; »Höflichkeiten« verhindern Wahrheit usw. Für Amerika und auf das Erziehungsproblem der Jugend in den USA bezogen s. Paul *Goodman*, Growing Up Absurd. Problems of Youth in the Organized System, New York 1956, 5. Aufl. 1960.

[131] S. dazu weitere Ausführungen in folgenden Teilen dieses Buches.

Schule ist eines der eindrucksvollsten Beispiele dieser Beschränkung und der ideologischen Sozialisationsziele[132].

Noch ein weiterer wichtiger gesellschaftlicher Faktor gebärdet sich beispielhaft ideologisch: die Wissenschaft. Moden, Reizparolen, gezielte Unverständlichkeiten, elitärer Habitus, Verknüpfung mit Status, Geld, Expertengemeinschaften sind nur vordergründige Zeichen gegenüber Indoktrination durch wissenschaftstheoretisch ungeprüfte Voraussetzungen, durch Gläubigkeit (z. B. an Empirie, an Pragmatismus, an ausländische Wissenschaftler um jeden Preis) und durch die eindimensionale Vorstellung von der richtigen Erfassung »der Gesellschaft« (als Ganzheit genommen, die ja nach Adorno bekanntlich das Unwahre ist)[133]. Diese wissenschaftstheoretischen Probleme sind dadurch von besonderer politischer Relevanz, daß Wissenschaft in unserer Gesellschaft selbst eine Ideologie darstellt und ihr deswegen auch eine politisch-pädagogisch bemerkenswerte Rolle zukommt: Habermas entwickelt in Weiterführung von Marcuse (und in Kritik zur »Rationalität« bei Max Weber) die Verbindung und Stabilisierung von Herrschaft durch eben die Rationalität von Wissenschaft, so »daß sich die bestehenden Produktionsverhältnissse als die technisch notwendige Organisationsform einer rationalisierten Gesellschaft präsentieren«[134]; mit den Worten von Marcuse: »Heute verewigt und erweitert sich die Herrschaft nicht nur vermittels der Technologie, sondern *als* Technologie, und diese liefert der expansiven politischen Macht, die alle Kulturbereiche in sich aufnimmt, die große Legitimation. In diesem Universum liefert die Technologie auch die große Rationalisierung der Unfreiheit des Menschen und beweist die »technische« Unmöglichkeit, autonom zu sein, sein Leben selbst zu bestimmen. Denn diese Unfreiheit erscheint weder als irrational noch als politisch, sondern vielmehr als Unterwerfung unter den technischen Apparat, der die Bequemlichkeiten des Lebens erweitert und die Arbeitsproduktivität erhöht. Technologische Rationalität schützt auf diese Weise eher die Rechtmäßigkeit von Herrschaft, als daß sie sie abschafft, und der instrumentalistische Horizont der Vernunft eröffnet sich zu einer auf rationale Art totalitären Gesellschaft[135].«

Der einzelne Wissenschaftler stellt sich in den Dienst dieser Ideologie, die durch den instrumentalen Charakter der Wissenschaft der ganzen Gesellschaft statt Ideologiefreiheit oft Legitimationen für bestehende Einseitigkeiten liefern und statt Innovationen durchzusetzen sie über die Unfähigkeit zur Veränderung belehren kann – ganz abgesehen von der Möglichkeit, Wissenschaft in vielfältiger Weise in den Dienst un-

---

132 Vgl. darüber Ivan *Illich,* Entschulung der Gesellschaft, München 1972, dort in der Einleitung von Hartmut von *Hentig,* S. 7ff. u. passim; Hildegard Lüning (Hrsg.), Schadet die Schule unseren Kindern?, Düsseldorf 1972, die Aufsätze von *Illich* und *Nenning.*

133 Vgl. *Dahrendorf,* Gesellschaft und Demokratie, a.a.O., S. 348, zu Adorno S. 186.

134 Jürgen *Habermas,* Technik und Wissenschaft als »Ideologie«, Frankfurt 1968, 4. Aufl. 1970, S. 51.

135 Ebd. S. 52ff.; Herbert *Marcuse,* Der eindimensionale Mensch, Neuwied 1967, S. 172ff.

lauterer Geschäfte und des Unfriedens zu stellen. Der »Hippokratische Eid der Wissenschaft« müßte also über die Ideologie der Rationalität weit hinausgehen, kritisch die Widersprüche von Theorie und Praxis der politischen Situation hinterfragen und vor allen Dingen in Dialektik mit wiedergewonnener umgangssprachlicher Kommunikation und Individuierung (Habermas) die gesellschaftlichen Verhältnisse von unfriedlichen psychischen, sozialen, ökonomischen, politischen Herrschaftsstrukturen zu befreien unternehmen.

## 2. *Entwurf einer Friedenserziehungstheorie*

### 2.1. Kategorien politischer Pädagogik

Das Erscheinungsfeld unserer politischen Situation macht deutlich, daß es verfehlt ist, monokausal Unfriedensstrukturen erklären zu wollen. Jeder der behandelten Gesichtspunkte weist eine Ambivalenz und Dialektik auf, die Beurteilungskriterien noch komplexer macht, zumal alles sich im geschichtlichen Prozeß vollzieht. Dennoch kann und muß mit aller erforderlichen Schärfe, wenn auch nicht eindimensional, auf die Ursachen von struktureller Gewalt, von Unfrieden, von Verletzung der Menschenwürde hingewiesen werden; das Erscheinungsbild des politischen Bereichs versteckt allzu gerne die Hauptschuldigen hinter Komplexität, Dialektik, Ambivalenz, Pluralismus und Positivismus.

Um diesem Dickicht zu entgehen, müssen rationale, d. h. einsehbare Zusammenhänge und Kategorien politischer Pädagogik aufgestellt werden. Dies ist schon öfter versucht worden. Man könnte sich etwa an die Kategorien H. Gieseckes[1] halten, die in einer Art Koordinatensystem des Nachdenkens die Begegnung mit dem Politischen ermöglichen sollen: sie eignen sich z. T. aber in diesem Zusammenhang nicht zur Übernahme, weil sie in ihrer pluralistischen, bewußt unsystematischen Anordnung dennoch tiefgreifende Perspektiven unberücksichtigt lassen, die eine an den Realitäten von Abschreckung und Frieden geschulte politische Pädagogik nicht auf eine Didaktik reduziert wissen möchte. Es bedeutet dabei noch lange keine »Ontologisierung«, wenn grundsätzliche Kategorien eines Koordinatensystems gesucht werden, denn die Benennung eines charakteristischen Merkmals kann sich durchaus nach dem augenblicklichen Stand der Erkenntnisse richten; Werte und Inhalte gehen zwar darin ein, das System ist aber ständig korrigierbar und korrekturbedürftig.

Das folgende Relationssystem politischer Pädagogik versucht die als umfassend angesehenen Bereiche der Politik, Wirtschaft, Gesellschaft und des Individuums einander unter dem Gesichtspunkt des Politischen und des Pädagogischen zuzuordnen. Die

---

[1] Didaktik der politischen Bildung, a.a.O., S. 99ff.

Kategorien politischer Pädagogik

| Politisch<br>*Pädagogisch* | politisch | wirtschaftlich | gesellschaftlich | individuell |
|---|---|---|---|---|
| *politisch* | Herrschaft<br>instrumentelle Gewalt<br>*Friede*<br>*Abschreckung* | Materielle Macht<br>Materielle Gewalt<br>*Mitbestimmung*<br>*Einschüchterung* | Recht/Gesetz/Ordnung<br>Unterdrückung<br>*Demokratisierung*<br>*Manipulation* | Solidarität<br>Rücksichtslosigkeit<br>*emanzipierte Beteiligung*<br>*Abhängigkeit* |
| *wirtschaftlich* | Interessenorganisation<br>Lobbyismus<br>*Gezielte Planung*<br>*Bestechung* | Profit<br>Verschwendung<br>*Leistung*<br>*Ausbeutung* | Produktion<br>Überproduktion<br>*Konsum*<br>*Konsumzwang* | Bedürfnisbefriedigung<br>Neid<br>*individuelle Förderung*<br>*Übervorteilung* |
| *gesellschaftlich* | »Gemeinwohl«<br>Anomie<br>*Autorität*<br>*Ideologisierung* | Interesse<br>Zwangsdurchsetzung<br>*Nützlichkeit*<br>*Konditionierung* | Kommunikation<br>Strukturelle Gewalt<br>*Anpassung*<br>*Systemzwang* | persönlicher Einsatz<br>personale Gewalt<br>*Bewußtseinswerdung*<br>*Vorurteile* |
| *individuell* | Verantwortung<br>Gleichgültigkeit<br>*Mündigkeit*<br>*Angst* | Arbeit<br>Faulheit<br>*Kreativität*<br>*Egoismus* | Veränderungswille<br>Anarchismus<br>*Emanzipation*<br>*Aggressivität* | Freiheit/Glück<br>Unfreiheit<br>*Selbstbestimmung*<br>*Fremdbestimmung* |

leitende Fragestellung ist, unter welchem generalisierenden Stichwort der Relationszusammenhang der entsprechenden Bereiche subsumiert werden kann. Damit ist nicht der Anspruch verbunden, die gesamte Pädagogik und Politik zu charakterisieren, sondern es ist nur der Versuch, deren Korrespondenz und Dialektik durch die Nennung »generativer Wörter« (Freire) zu bezeichnen. Diese ganz formale Vorgehensweise der Zuordnung verschiedener (voneinander abhängiger) politischer Ebenen soll die Verbindung zu den Aussagen dieses ganzen Buches herausstellen, das die Analyse für die Bedingungen einer Friedenserziehung mehrdimensional ansetzt.
Zur Interpretation:

Das Koordinatensystem setzt das Politische und das Pädagogische unter den oben genannten Gesichtspunkten zueinander in Beziehung: das Ergebnis sind die Schlüsselwörter Herrschaft, Nutzungs-Interesse, Kommunikation und Freiheit auf der politischen, und Friede, Leistung, »Anpassung« und Selbstbestimmung auf der pädagogischen Seite. Diese Kategorien werden in den verschiedenen Bereichen ausdifferenziert. Hinzugefügt sind die negativen Kategorien, die zugleich die Hauptursachen des Unfriedens benennen. (Über Prioritäten der Unfriedensstiftung gibt die Tabelle keine Auskunft.)
Horizontal und vertikal gelesen lassen sich vielerlei innere Abhängigkeiten des Relationsgefüges feststellen, welche ganz deutlich den jeweiligen Hauptbegriff des Politischen, Wirtschaftlichen, Gesellschaftlichen und Individuellen näher bestimmen. Da diese Bereiche selbst zueinander dialektisch stehen, ist das Koordinatensystem in sich auch dialektisch aufgebaut, gewissermaßen in der Spannweite zwischen Allgemeinem (Politischen) und Konkretem (Individuellen). Zu betonen ist aber, daß diese Kategorien sich inhaltlich-problematisch noch erst ausweisen und kritisch hinterfragen lassen müssen: Was »Nutzen«, »Gemeinwohl«, »Autorität«, »Gerechtigkeit« etc. sind, ist nicht auf ein einseitiges (etwa »gutbürgerliches«) Vorverständnis eo ipso festgelegt. In einer Friedenserziehungstheorie muß darüber die Entscheidung fallen.
Das Schema beinhaltet einige Vorentscheidungen zur politischen Pädagogik:
1. Über die vertretene »ideologische« bzw. weltanschauliche Konzeption ist nichts direkt ausgesagt, sie kommt aber in der Wahl der Kategorien zum Ausdruck.
2. Die Reduktion auf Kategorien ist in sich nicht unproblematisch; sie setzt die Möglichkeit voraus, die vorliegenden komplexen Sachverhalte (»Wirtschaft« oder »Gesellschaft« usw.) auf einen Begriff zu bringen. Diese Schwierigkeit wird einigermaßen durch die genannten Ergänzungsbegriffe in den verschiedenen Bereichen behoben.
3. Die Kategorien spiegeln deutlich die Tatsache wider, daß eine geschichtlich begrenzte Sicht – der heutige Stand der wissenschaftlichen Diskussion – vorgetragen wird. Das Relationsgefüge ist also ständig ergänzungsbedürftig.
4. Die Kategorien machen keine direkten Aussagen über die Mittel politischer Pädagogik, obwohl diese oft über Friede oder Unfriede entscheiden. Die Mittel sind nur indirekt angesprochen.

Um die dialektische Breite der gegensätzlichen Begriffe noch genauer beschreiben zu können, erweist sich die grundlegende Schrift Romano Guardinis über den Gegensatz als sehr nützlich[2]. Auf die vier gegensätzlichen bzw. korrelativen Begriffe in jedem

[2] *Guardini*, Der Gegensatz, a.a.O. Es muß freilich betont werden, daß hier von den Überlegungen zum Lebendig-Konkreten bei Guardini abstrahiert wird und nur seine allgemeinen Er-

Bezugsfeld angewandt wäre jeder Begriff ein extremer Begriff (z. B. Friede, Systemzwang usw.), der ohne seinen (wiederum extremen) Gegenbegriff nicht auskommen kann und durch ihn korrigiert wird. So entstehen »Todeszonen«: die extreme Begrifflichkeit und die »goldene Mitte« haben keinen Wahrheits- bzw. Realitätsgehalt. Politische Wirklichkeit oszilliert immer zwischen Herrschaft und Gewalt, Friede und Abschreckung.

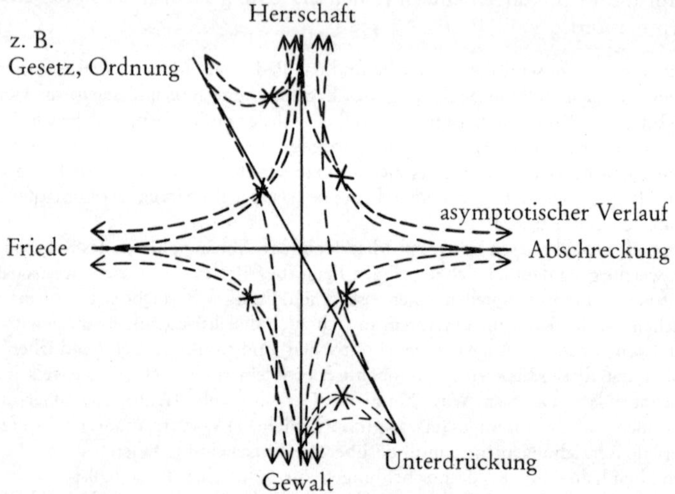


Die das zentrale politische, wirtschaftliche, gesellschaftliche und individuelle Bezugssystem näher bestimmenden Begriffe vervollständigen die Dialektik der Zentralbegriffe, z. B. Gesetz und Ordnung contra Unterdrückung. Der asymptotische Beziehungsverlauf der jeweiligen Gegensatzpaare kennzeichnet zudem das optimal lebendige Gegensatzverhältnis[3]. Es ergibt sich aus dieser Beschreibung ein höchst komplexes Gebilde politischer Pädagogik, das aber durch die Hauptkategorien übersichtlich geordnet wird.

kenntnisse zur Struktur des Gegensatzes innerhalb eines Kategoriengefüges formalisiert übernommen werden. Zweitens ist vielleicht zu präzisieren, daß Guardinis Ausführungen vom Gegensatz handeln, nicht von Widersprüchen. Dennoch ist Guardinis Ausdruck der »Extreme«, der »Todeslinien« usw. zur Einbeziehung von Widersprüchen ohne weiteres legitim.

[3] S. das Schema bei *Guardini*, Gegensatz, a.a.O. Figur 3 am Schluß des Buches.

### 2.1.1. *Herrschaft und instrumentelle Gewalt*

Der politische Bereich läßt sich mit der Kategorie »Herrschaft« einigermaßen umfassend formal umschreiben. Dieser oft gebrauchte Begriff ist zunächst einmal scheinbar »wertfrei« die Bezeichnung für eine Über- und Unterordnung[4], aber schon die Erinnerung an die verschiedenen liberalen, sozialstaatlichen, faschistischen, kommunistischen Herrschaftsmodelle[5], und an ihre jeweiligen höchsten Werte und pädagogischen Dimensionen verdeutlicht die ideologische Abhängigkeit des Herrschaftsbegriffs.

Herrschaft ist als dialektischer Gegenbegriff der Gewalt zu formulieren und dadurch näher zu bestimmen. Sie ist damit die realistische Anerkennung ständig hergestellter hierarchischer Strukturen, aber auch die Forderung nach deren Legitimität durch Legalität, Freiwilligkeit usw., was Gewaltsamkeit zunächst einmal ausschließt. Dieser allgemein-politische Zustand bzw. seine Beschreibung ist keineswegs »wertfrei«, sondern – in einem zu korrigierenden Sinne – positiv: Von den zwei Arten von Herrschaft, der gewaltsamen und der relativ gewaltfreien oder befreienden, wird hier die zweite angesprochen; die erste ist eben Gewalt.

Herrschaft bedient sich der Macht, des Rechts, der »Ordnung« und Solidarität; gestützt auf Militär, Polizei, Ideologie, Ethik, gesellschaftliche Gruppen, Massenmedien. Voraussetzung dafür sind wirtschaftliche und gesellschaftlich-instrumentelle Hilfsmittel.

Die Dialektik Guardinis korrigiert sofort jede einseitig erscheinende Ordnungsvorstellung: Herrschaft ist ständig mit Gewalt vermischt. Gewalt bedeutet in erster Linie materielle Gewalt, gesellschaftliche Unterdrückung und Rücksichtslosigkeit. Politische Gewaltsamkeit bedient sich der wirtschaftlichen und der genannten instrumentellen Resourcen, ohne die Kriege nicht durchzuhalten wären. Selbst Recht und Gesetz werden Hilfsmittel zur Gewalt, wenn sie extrem ausgelegt werden (summum ius summa iniuria). Jede Initiative zur »Demokratisierung« kann ohne die kleinliche Beachtung von Rechtsvorschriften in riesenhafte Schwierigkeiten kommen.

Subtiler gestaltet sich die politische Gewalt in ihren kaschierten Formen des Lobbyismus, aber auch in der gesellschaftlichen Entfremdung und Gleichgültigkeit. Als latente, nicht-brutale Erscheinungen des Politischen werden sie allgemein nicht mit dem Gewaltbegriff in Verbindung gebracht, sie muten eher gewaltlos an. Aber schon aus der obigen Beschreibung der Anomie erhellt ihre gewaltsame und zersetzende,

---

[4] Vgl. die verschiedenen Definitionen von Max Weber, die deutlich ihre Wurzeln im 18. und 19. Jahrhundert haben, auf ihre Gültigkeit heutzutage aber zu reflektieren sind. Zu Dahrendorf, Schelsky u. a. Auffassungen siehe Ernst Wolfgang *Buchholz*, Ideologie und latenter sozialer Konflikt, Stuttgart 1968, S. 67ff.; wichtig sind die Erörterungen von *Habermas*, in: Technik und Wissenschaft als Ideologie, a.a.O.

[5] S. u. a. Wolfgang Abendroth/Kurt Lenk (Hrsg.), Einführung in die politische Wissenschaft, Bern 1968, Kap. III.

politisch-pädagogische Wirkung. Gleichgültigkeit ist negative politische Gewalt des Individuums, weil sie die Frustration aus Machtlosigkeit und Machtmißbrauch ist, die negativistisches Mißtrauen aufrecht erhält und erschreckend schnell Aggressivität erzeugt[6].

Alle diese Arten von Gewalt sind Extremsituationen und lassen sich nicht durchhalten: sie werden entweder relativiert oder sie führen zum Tode des Systems. Die vielfach ambivalente Einstellung zur Gewalt – man hofft durch (Gegen-)Gewalt Gewaltlosigkeit erzeugen zu können – ist ohne die Rückbeziehung auf korrigierende und ordnende Herrschaftsmöglichkeiten, auf die Dialektik von Frieden und Abschreckung gesellschaftlich sinnlos[7]. Ohne die Tatsache der größtmöglichen Verschiedenheit und Bewertung von Gewaltanwendung zu leugnen – es gibt keine für alle Zeiten, Länder und Situationen gültige Formel[8] – muß eine gewaltsame Situation möglichst schnell durch gesetzlich-rechtliche politische Ordnungen und Kontrollen, Planung und Beteiligung vieler abgelöst werden.

Das Ziel der Politik sollte der Friede sein. Als ausgesprochenes Handlungsziel rückt der Friede insofern in den politisch-erzieherischen Bereich, als er das Ergebnis eines »disziplinierten« Prozesses ist, in dem Planung, Demokratisierung und emanzipierte Beteiligung – und noch im pädagogisch engeren Sinne richtig verstandene Autorität und Mündigkeit in Korrelation zur Herrschaft und im Gegensatz zur Abschreckung konstruktiv gefordert und geleistet werden müssen. Friede ist so politisches Lernen, Fähigkeit zur Mitbestimmung, Aufbau der Meinungsbildung auf möglichst breiter Ebene unter Ausschaltung einseitiger politischer Information und Gewalttätigkeit. Abschreckung als organisierte Friedlosigkeit ist dagegen ein negatives Disziplinierungsmittel[9], das mit politischer Abhängigkeit arbeitet und »erzieherisch« Ideologisierung und Angst zur Pervertierung des Bewußtseins und grundlegenden Bemächtigung einsetzt. Durch Abschreckung kann zwar ein Zustand des Nicht-Krieges, aber nicht des Friedens erreicht werden, wobei wiederum die beiderseitige Dialektik ins Spiel kommt.

Alle diese Gegensatzpaare finden sich in der Wirklichkeit nie in ihrem möglichen Ex-

---

[6] *Fischer*, Entfremdung, a.a.O., S. 85; s. auch schon oben zu Entfremdung; man denke an die allgemeine Haltung relativ machtloser Schichten.

[7] Vgl. dazu die Zwischenmodelle gewaltsamer und gewaltfreier Aktion. Theodor *Ebert*, Gewaltfreier Aufstand, a.a.O., S. 28ff. Zu den Definitionen von Gewaltsamkeit und Macht ebd. S. 26 und 27. Interessant sind die 25 Thesen Friedrich *Hackers* zur Gewalt, in: Aggression, a.a.O., S. 15–17, die sich aber einer Systematisierung entziehen, im Gegensatz zu den 10 Thesen zur Aggressivität und Gewalt dess. Autors in: H. O. F. Rest (Hg.), Waffenlos, a.a.O., S. 254–256.

[8] Hans-Christian *Kirsch*, Gewalt oder Gewaltlosigkeit? Von Robespierre bis Martin Luther King und Mao Tse-tung. Biographien und Programme bedeutender Revolutionäre, Würzburg 1972, S. 364.

[9] Vgl. die Ausführungen des 1. Kap., in denen die erzieherische Wirkung der Abschreckung auch herausgearbeitet wird.

trem – dort wären sie wie gesagt wirkungslos –, und gerade dieser Unschärfegrad verhindert die eindeutige Festlegung auf Wahrheit oder Unwahrheit, Friede oder Unfriede. In diesen Zusammenhängen kommt es darauf an, aus der komplexen Dialektik Ansatzpunkte der Unfriedenskritik, Grundlagen für eine Friedensvorstellung und eine politische Pragmatik der Friedenserziehung vorzubereiten. Unfriedenskritik muß folglich bei jedem Zustand geübt werden, der die lebendige Auseinandersetzung der gegensätzlichen Komponenten auf ein Extrem bzw. auf »Harmonie« festschreibt. »Harmonischer Friede« ist illusorisch, irreführend und daher Unfriede.

Schwierig gestaltet sich die Problematik von Gewalt und Abschreckung[10]. So ungeheuerlich es klingen mag: Es ist illusorisch und wirklichkeitsfremd, Herrschaft völlig frei von Gewaltsamkeit, und Friede ohne Abschreckung zu denken[11], d. h. gerade weil diese negativen politischen Bestimmungen sofort als Extreme gedacht werden, müssen Friede und Herrschaft ebenfalls als Extreme entlarvt werden, um dadurch die Wirklichkeitsdialektik ins Zwischenfeld zwischen die Extreme zu bekommen. Die Wirklichkeit ist, daß Unterdrückung nur durch Recht und Gesetz ausbalanciert, Angst nur durch aufgeklärte Mündigkeit behoben, Gewalt nur durch Herrschaft ausgeglichen werden können. Unfriedenskritik wird abgemildert, solange die gegensätzliche Dialektik lebendig bleibt[12], sie verstummt aber erst dann, wenn Positives und Negatives sich in ständig neuer Balance einpendeln bzw. (als Utopie) das Positive überwiegt.

Damit wäre gleichzeitig die Grundlage für eine Friedensvorstellung gelegt: Friede ist nach dem angewandten Koordinatensystem die ständige Dialektik – mathematisch ausgedrückt – der Interferenzen asymptotisch zueinander in Beziehung stehender Gegensatzpaare auf der politischen Ebene. Diese Definition eines Ist-Zustandes schließt den utopischen Soll-Zustand insofern ein, als ständig höchste Energie zur Erreichung des dialektischen Zustandes und seiner positiven Bilanz erforderlich ist; eine solche Definition ist auch *pragmatisch*, weil sie Konfliktgegensätze und die Vermi-

---

[10] Man wird geneigt sein, Guardinis dialektischem Entwurf und seiner positiven Lebensauffassung die Negativismen wie Gewalt, Brutalität, Unterdrückung, Manipulation, Ideologisierung nicht zuzutrauen. Zweifellos spricht der Tenor des ganzen Gegensatz-Buches vordergründig für diese Auffassung. Es ist zu bedenken, daß das Buch unpolitisch ist, hier aber die Gegensatz-Konzeption auf im politischen Bereich schärfer artikulierte Konflikte angewandt wird. Wenn Guardini mit seiner »Philosophie des Lebendig-Konkreten« die Wirklichkeit trifft – die Argumentation versucht dies hier nachzuweisen –, so müßte es auch politische Gegensätze erklären können. Wichtig ist die grundsätzliche Feststellung, daß es jetzt nicht um die Gegensätzlichkeit an sich positiv einzuschätzender Begriffe (etwa Macht, Gesetz usw.) geht, sondern um die Dialektik Friede–Unfriede, Positiv–Negativ, d. h. um die fundamentale Frage, wie weit z. B. Unterdrükkung und Manipulation überhaupt ertragen werden können und sie die Lebensfähigkeit in einer Gesellschaft noch aufrecht erhalten.

[11] Dies ist kein Plädoyer für die oben beschriebene Abschreckungssituation, denn sie steht mit ihrer overkill-production ja gerade an der gefährlichen Grenze zum Tode.

[12] Dies sagt auch *Grisebach*, Grenzen des Erziehers, a.a.O. in seiner Widerspruchs-Dialektik.

schung von positiven und negativen Elementen konstatiert, sie ist *utopisch*, weil sie im Gegensatz zu mancher politischen Praxis das Wagnis der Offenlegung von Herrschaft und Gewalt fordert. Realistisch engt sie Friede nicht auf den Gegensatz zum Krieg und auch nicht auf eine Neutralität zur Abschreckung ein, sondern sieht im lebendigen Ausgleich aller Arten von Gewalt mit verantwortlicher Herrschaft einen Ausgangspunkt umfassender Dialektik[13].

In einer politischen Pragmatik der Friedenserziehung werden durch diese Aussagen alle Illusionen über Friede abgeschnitten, andererseits auch sehr viel ausdauernde Kraft verlangt. (Wenn Sisyphos-Arbeit einen positiven Aspekt hätte, könnte man Friedensarbeit damit bezeichnen.) Friedenserziehung ist Erziehung in ständiger Dialektik. Den glänzenden Erörterungen von Eberhard Grisebach ist in dieser Hinsicht kaum etwas hinzuzufügen[14], nur daß der Begriff »Friede« in seiner Erziehungskonzeption nicht zentral ausgesprochen wird.

Andererseits stellt man sich gerade in der politischen Praxis eine ständige Dialektik als unvorteilhaft und schädlich vor, weil sie Orientierungsziele und Normen hinterfragt. Eine pragmatische Dialektik steht immer in dem Dilemma von Aufklärung und Kaschierung, Öffentlichkeit und Unöffentlichkeit (»Unvorstellbar, wenn man der Bevölkerung alles mitteilen würde« – »Dazu ist das Volk noch nicht reif« usw.). Trotz aller Opportunitätsüberlegungen muß eine langfristig angelegte Strategie des Friedens-Lernprozesses auf dieses wesentliche Moment der dargestellten Dialektik zwischen Herrschaft und Gewalt, Friede und Abschreckung unter dem Gesichtspunkt der Demokratisierung, emanzipierten Beteiligung und Mündigkeit unbedingt dringen.

Ständige vielfache Dialektik ist ein erstes formales Prinzip der Friedenserziehung. Dadurch ist noch kein Dialog hergestellt, wohl aber eine Mobilität der Meinungen, die für eine freie Entscheidung notwendig ist.

### *2.1.2. Interessenkonflikt und pragmatische Dialektik*

Einen zentralen Stellenwert in der politischen Diskussion besitzt der Begriff des Interesses[15], weil er den wirtschaftlichen, politisch-pragmatischen, gesellschaftlichen und individuellen Bereich abdeckt. Dennoch ist es schwierig, den wesentlichen Inhalt dieses wichtigen Begriffs präzise durch alle Bereiche hindurch für die Wissenschaft nutzbar zu machen. Der Vorschlag geht dahin, den politisch relevanten Begriff des Interesses in den verschiedenen Bereichen auf den pragmatischen und nützlichen Gesichtspunkt hin zu präzisieren.

---

[13] Damit werden auch die Vereinfachungen des Friedensbegriffs überwunden. *Röling*, Wissenschaft von Krieg und Frieden, a.a.O., S. 86ff.

[14] op. cit.

[15] S. dazu *Senghaas*, Einleitung zu ders. (Hg.), Kritische Friedensforschung, a.a.O., S. 12ff.; vgl. auch Ekkehard Martens (Hg.), Texte der Philosophie des Pragmatismus, Stuttgart 1975.

Eine Beschreibung der »objektiven« Interessenkonflikte hat naturgemäß in dem Bereich des Ökonomischen ihren klarsten Ansatzpunkt. Das Hauptinteresse des privat- und staatskapitalistischen Wirtschaftssystems ist der Profit, der Überschuß zur Reproduktion und Erweiterung seiner selbst. Es gibt Beispiele für eine akzeptable Verwendung des Profits zum Wohle aller und auch für die Ausbeutung zum Wohle einiger. Das wirtschaftliche Ergebnis aus gesellschaftlicher Produktion und Leistung vieler Individuen führt in vielfacher Dialektik zu Konflikten auf materieller und ideeller Ebene[16].

Profit-Interesse ist mit Leistungsanstrengung verbunden. Die Wirtschaftsgesellschaft als Leistungsgesellschaft muß an dem Maß positiver Interessenbefriedigung im Gegensatz zu Ausbeutung, Übervorteilung, Neid, Verschwendung, Konditionierung und Egoismus gemessen werden. Wenn diese Bilanz sich die Waage hält bzw. positiv bleibt, ist die Berechtigung der Leistungsgesellschaft kaum anzuzweifeln. Das hießt nicht, daß Mißstände nicht beseitigt werden müßten, sondern es ist nur eine Feststellung, daß eine solchermaßen ausgeglichene Wirtschaftsgesellschaft (so allgemein gesprochen) lebensfähig ist.

Das den Gegensätzen hier zugrunde gelegte Dialektik-Schema vermag zudem eine Aussage über die Intensität der Konflikte zu machen: Selbst bei äußerst gespannten Verhältnissen ist der Konflikt tragbar, solange nur die Spannung gehalten wird. Wenn keine Spannung oder Konfliktsituation vorhanden ist, bedeutet das den Tod dieser Wirtschaftsgesellschaft. Verlagert sich der Schwerpunkt der Spannung auf die negative Seite, so ist der Unfriede gegeben. Meistens aber wird der Zustand nicht erreicht werden, daß die ökonomischen Verhältnisse bis zu einem optimalen Maße geregelt sind und dagegen pessimale Ausbeutung geschieht, sondern die Situation bewegt sich in der Regel auf einer mittelmäßigen »Normalität«, die trotzdem eine grobe negative Bilanz aufweisen kann. Das Beispiel materieller Gewalt gegenüber den Entwicklungsländern zeigt dies recht deutlich. Friede entsteht erst dort, wo diese Dialektik die gegenseitige Kontrolle von Macht (welcher Art auch immer) ermöglicht.

Die Ökonomie ist ein wichtiger – wenn nicht der wichtigste – Faktor des Friedens oder Unfriedens. Ihre Hilfestellung entscheidet maßgeblich über die Möglichkeiten der Politik und andererseits ermöglicht die Politik das Wirtschaftliche. Materielle und instrumentelle Macht gehen Hand in Hand. Diese gegenseitige Einwirkung färbt auf beide Positionen ab: die politische bekommt einen pragmatischen Zug, die Ökonomie unterliegt dem Zwang der Dialektik des politischen Nutzens und seiner Einschrän-

[16] Demgegenüber schreibt Helmut *Schoeck* (Kleines soziologisches Wörterbuch, Freiburg 1969) über Wirtschaft so schön: »Wie der Wirt mit den gegebenen Mitteln seine Gäste zufriedenzustellen sucht, ist der Sinn des Wirtschaftens die bestmögliche (optimale) Nutzung von Mitteln jeder Art unter dem Gesichtspunkt der Sparsamkeit, der Schonung und Bereitstellung von Reserven, der Kostensenkung, wo immer sich diese ohne Qualitätsverlust erreichen läßt« (S. 364). Es wäre wünschenswert, wenn Schoeck seine These angesichts der aufkommenden »Umwelt-Diskussion« einmal erhärten würde.

kung. Wenn diese Spannung nicht mehr vorhanden, sondern in Verbrüderung von Wirtschaft und Politik übergegangen ist, besteht leicht die Gefahr, daß die mangelnde gegenseitige Kontrolle einen Unfriedenszustand herbeiführt.
Politik und Wirtschaft stehen zueinander also in *pragmatischer* Dialektik. Durch die Feststellung dieses Grundzuges wird auch die Vorstellung vom Frieden bereichert. Gerade die Tatsache, daß der Friede in so hohem Maße vom Ökonomischen abhängt, verlangt die Einsicht, nur einen pragmatischen Friedensbegriff zuzulassen, d. h. einen operationalen Begriff, dessen Erkenntnisinteresse in der planenden Durchführung einer Strategie zum Nutzen des Menschen liegt. In diesem Zusammenhang hat ja auch die pragmatische Pädagogik als Handlungswissenschaft auf Frieden hin ihre grundlegende Berechtigung. Nur eine pragmatische dialektische Pädagogik dient dem Frieden.
Der Pädagogik fällt es andererseits nach wie vor schwer, in der Erziehung der Arbeitswelt ihre Interessen und ihren Nutzen verwirklicht zu sehen. Das liegt nicht so sehr am humanistischen Grundzug der Pädagogik (ohne den sie sinnlos wäre)[17] als vielmehr an der Unvereinbarkeit mit den Interessen des Profits um des Profits willen und deren zwanghaften Nachfolgeerscheinungen am Arbeitsplatz. Eine »Wirtschaftspädagogik«, will sie der emanzipativen Erziehung gerecht werden, kommt um diesen Konflikt nicht herum, solange das Wirtschaftsleben in der oben beschriebenen Weise global und individuell unmenschliche Züge zeigt. Während die Pädagogik zu unpragmatisch ist, depraviert der undialektische Pragmatismus des Ökonomischen seinerseits die Friedenserziehung.
Unsere Wirtschaftsgesellschaft durchzieht ein tiefer pädagogischer Konflikt, eine grundsätzliche Frage des Verhaltens: Die pädagogische Komponente von Interessenkonflikten und ihrer Austragung liegt in der prinzipiellen Suche nach dem Vorteil und in der nützlichen Auswahl innerhalb einer Vielzahl von Angeboten: wer in der Wirtschaft nicht dieses »Naturprinzip« versteht – gegebenenfalls mit hintergründigen oder vorteilhaften Kompromissen – bekommt die negative Lektion auf dem Fuße; im politischen Handeln bzw. Aushandeln sind diese Gesetze kaum weniger hart – vielleicht nur noch kaschierter; die gesellschaftlichen Interessen raten möglichst zur Anpassung und Befolgung – sonst droht auch dort der Untergang; und selbst im individuellen Bereich verzeichnet das egoistische, konsequente Verfolgen der Interessen die größten Nützlichkeitsgewinne.
Einem solchen nützlichen Verhalten steht nur die Tatsache entgegen, daß es manchmal vorteilhafter ist, nachgiebiger, interesseloser und humanistischer zu sein, weil ansonsten die Neidkomplexe und die gesellschaftliche Verurteilung der Habsucht zu

[17] Unsere Gesellschaft wäre einen Schritt vorangekommen, wenn das Gerede von Humanismus in der Pädagogik nicht so leer wäre. Nach wie vor ist die Humanisierung eine zentrale Zielvorstellung der Erziehung, die freilich nicht durch das Lesen von Homer, Cäsar, Sallust, Xenophon und Tacitus verwirklicht wird.

groß würden[18]. Die Konsequenz pädagogischer Art im Sinne einer realpolitischen Maxime ist also die Erziehung zur Übervorteilung dergestalt, daß die zu erziehenden Kinder, Jugendlichen, aber auch die Erwachsenen ein Gespür für die Toleranzgrenze bekommen, bis zu der der Macchiavellismus getrieben werden kann[19]. Konflikterziehung heißt dann, die Regeln der Kunst zum (faulen) Kompromiß zu lernen. Die Durchsetzung der Eigeninteressen sollte immer als sachlich und zum Wohle der Allgemeinheit notwendig hingestellt werden[20].

Daß die Pädagogik nicht von dieser Maxime ausgeht, sondern einer humanistischen Moral folgt, bedeutet vielleicht einen Verlust an Realismus. Es ist nur zu hoffen, daß selbst Anpassungsideologen hier Idealismus konzedieren.

Eine realistische Betrachtungsweise in einer differenzierten Pädagogik kann noch einen dialektischen Schritt weiter gehen und den Nutzen des Wirtschaftlichen für den Menschen hervorheben: die (auch pädagogische) Bedeutung der Arbeit[21], die Lebensnotwendigkeiten von Leistung und Produktivität, die Befreiung von Kreativität aus der natura bruta.

Unfriedenskritik ist an den ökonomischen Verhältnissen in Fülle geübt worden. Man sollte im Sinne einer Dialektik aber die Fragestellung auch einmal anders sehen: Obwohl objektive Interessen subjektiv vermittelt werden, obwohl Konkurrenzverhalten sehr viel Gewaltsamkeit, Profitgier viel Niedertracht enthält, ist wirtschaftliche Praxis auch die Logik einer Eigendynamik, die nicht ganz einfach, auch nicht durch Revolutionen, anzuhalten ist oder überhaupt undifferenziert allgemein mit dem Anspruch einer Gegenmacht etwa korrigiert werden kann. Die bisherige Friedenserziehungstheorie hat zwar immer mehr dem ökonomischen Faktor Beachtung geschenkt, aber viel weniger von der innergesetzlichen Eigendynamik des Wirtschaftlichen gelernt.

---

18 Vgl. im 1. Kap. die Ausführungen über Neid.

19 »Aber da es meine Absicht ist, etwas Nützliches für den zu schreiben, der es versteht, scheint mir angemessener, der wirklichen Wahrheit der Tatsachen nachzugehen als den Wahngebilden jener Leute. Viele haben sich Republiken und Herrschaften erdichtet, die sie in Wahrheit niemals gesehen und kennen gelernt haben. Denn es ist ein so großer Unterschied zwischen dem, wie man lebt und wie man leben sollte, daß derjenige, der das Wirkliche nicht beachtet, gegenüber dem, was geschehen sollte, viel eher seinen Untergang als seine Erhaltung bereitet; denn ein Mensch, der in jeder Beziehung für das Gute einstehen möchte, müßte inmitten sovieler schlechter Menschen zugrunde gehen. Daher muß ein Fürst, wenn er sich halten will, lernen schlecht zu sein und davon je nach Bedarf Gebrauch machen.« Niccolo *Macchiavelli*, Il Principe, Der Fürst, hrsg. von Friedrich Blaschke (Felix Meiner) Leipzig 1924, 15. Kap. S. 59. Das Zitat könnte bekanntlich durch die ganze vielseitige, differenzierte Strategie Macchiavellis untermauert werden. Es ist eigentümlich, daß sich die Pädagogik mit diesem Realismus so wenig beschäftigt, der doch tagtäglich den erzieherischen Bereich berührt. K. *Brose*, Geschichtsphilosophische Strukturen, 1973, S. 83ff.

20 Vgl. literarisch Alexander *Solschenizijn*, Zum Nutzen der Sache, in: Zwischenfall auf dem Bahnhof Kretschekowka, München 1971, S. 142ff.

21 Karl *Marx*, Bildung und Erziehung. Studientexte zur Marxschen Bildungskonzeption, hrsg. v. Horst E. Wittig, Paderborn 1968, im Register S. 372.

Zumindest die grandiose Entwicklung dieses menschlichen Bereiches und die spezielle Ausformung und pädagogische Durchsetzung im europäisch-amerikanischen (und jetzt weltweit verbreiteten) Raum lassen darauf schließen, daß der dort betriebene Pragmatismus eine politisch anzuerkennende Grundlage besitzt, die andere wirtschaftliche, religiöse, ideologische Auffassungen nicht gezeitigt haben. Friedenserziehung kann nicht gegen Beelzebub den Teufel austreiben, sondern in Dialektik mit ihm: Erziehung ohne Interesse ist überirdisch, Friede ohne materielle Unterstützung bodenlos. Wir müssen auf der Grundlage der heutigen Konditionierung eine pragmatische Dialektik entwickeln. Nutzen, Profitinteresse, Leistung auszuschalten, wäre ein Fehler der Illusion.
Daraus erklärt sich auch die Einseitigkeit und Utopie, eine Erziehung zum Widerstand gegen Konditionierung und Konsumdenken als den wesentlichen Punkt einer Friedenserziehung hinzustellen. Diese These soll hier zwar auch unterstützt werden, muß aber nach dem interpretierten dialektischen Denkschema politischer Pädagogik die politisch wirkende materielle Macht und Übermacht im Sinne einer Praxeologie berücksichtigen[22]. Die geschichtliche Dialektik der Gesellschaft und des Individuums ist erst einmal realistisch unter diesem Gesichtspunkt zu analysieren, ehe eine Strategie ansetzen kann. Denn die »Bewußtseinswerdung« (Freire) gegen Konditionierung muß sich ihren legitimen Ansatz erst suchen. Weil »Konditionierung« willenloses Hinnehmen durch vorausgegangene Dressur bedeutet, sollte auf dem Wege zur demokratischen Kommunikation erst Spannung aufgebaut werden.
Pragmatische Dialektik sagt also neben Realismus und Differenzierung auch Erzeugung von lebendiger (nicht tötender!) Spannung dort, wo Leblosigkeit herrscht. Spannung heißt gegebenenfalls Druck und Kampf. Man wäre versucht anzuraten, eine Friedenserziehungstheorie sollte gerade hier die verschiedenen Strategien vom Wirtschaftsbereich abschauen.
Dazu müßte die materielle und die damit verbundene Informationsbasis (das Management von Angebot für Nachfrage) ebenso attraktiv und vielleicht qualitativ so überlegen sein, daß der wirtschaftliche Gesichtspunkt seine Annahme erfordert. Diese Pragmatik, auf dem ökonomischen Sektor mit ökonomischen Gesetzmäßigkeiten durch bessere Qualität Lernprozesse anzuregen, scheint zwar zuerst eine erhebliche Überschätzung der pädagogischen Erwartungen und Zuständigkeiten zu sein. Aber genauso wie Menschen erst »kriegslustig« erzogen, sozialisiert, gedrillt und gepredigt werden, ohne daß von Hypertrophie der Pädagogik gesprochen wird, genauso muß der geschichtliche Druck der Rationalität gegen die gesamtökonomische Irratio-

---

22 Fritz *Vilmar*, Systematischer Entwurf zur Kritischen Friedensforschung; in: Dieter Senghaas (Hrsg.), Kritische Friedensforschung, a.a.O., S. 370 und 389ff. Trotz der Differenzierungen sieht Vilmar aber den politisch-gesellschaftlichen-pädagogischen Prozeß viel zu undialektisch, wenn er von nicht-antagonistischen demokratisierten Sozialstrukturen und der Auflösung struktureller Gewalt zur Herstellung einer klassenlosen Gesellschaft spricht. Denn dies sind Illusionen, die zugunsten einer Pragmatik fallengelassen werden müssen.

nalität durch die humanisierte Erziehung der Menschen, durch informierende »unideologische« Pädagogik in Spannung gebracht werden. Anzeichen für dieses ökonomische Bewußtsein und eine politökonomische Ethik sind zahlreich vorhanden, sie werden an anderer Stelle genauer entwickelt. Pragmatische Friedenserziehungstheorie muß also eine ökonomische Pädagogik entwerfen, die inhaltlich und technisch-strategisch die wirtschaftliche Unfriedensgrundlage abbauen hilft.

### *2.1.3. Systemzwang, Anpassung und Gemeinwohl*

Im gesellschaftlichen Bereich entspricht die übergeordnete Kategorie der »Kommunikation« einer allgemeinen Form des Zusammenlebens mit den positiven Bestimmungen »Freiheit«, »Gleichheit«, »Würde« als Ermöglichungen demokratischer Interaktion. Dies schließt Recht, Gesetz und Ordnung, Kritik und die Forderung des »Gemeinwohls«, das Prinzip des Nutzens und der Nützlichkeit aller ein, also auch die gemeinsame Arbeit, Produktion und Konsumption und die kommunikative Verteilung aller Lebensgüter[23].

Vom pädagogisch-politischen Gesichtspunkt her muß dazu eine »Anpassungsleistung«, das »adjustment« an die zivilisatorische Dynamik verlangt werden. Was dies freilich ist, erscheint durchaus nicht eindeutig, denn beim heutigen Stand unserer Kultur werden kritische Veränderung, Emanzipation und Bewußtseinswerdung (im Sinne Freires) allzu oft für ideologische Zwecke verwendbar und trotz ihrer kritischen Gebärde unkritisch gebraucht.

Der Widerspruch zu einer kritischen Gesellschaftskonzeption ist die strukturelle Gewalt, der Systemzwang und die Unterdrückung mitsamt Ideologisierung, Manipulation und Konditionierung, die in den meisten Fällen als solche gar nicht erkannt und damit auch nicht kritisiert werden können.

Aus der Sachlogik menschlichen Zusammenlebens entspringt eine (arbeitsteilige) Ordnung, daraus ein System, und daraus sehr leicht indirekte, aber massive Gewaltsamkeit, welche im Lebensvollzug den meisten Menschen »ins Blut übergeht«, institutionell-bürokratisch normiert, ethisch praktiziert, psychologisch suggeriert und politisch als »natürlich« empfunden wird. An der Auffassung, inwieweit diese »Sachlogik« im Stadium unserer gesellschaftlichen Verhältnisse gelenkt und intendiert ist, scheiden sich nicht nur die ideologischen Lager; dort wird auch die schwerwiegende

---

[23] Der große Fehler der Wissenschaft ist die mangelnde Dialektik und die Belastung dieser Kategorien mit Ideologie. Der Begriff des »Gemeinwohls« weckt unzweifelhaft peinliche Erinnerungen, er ist dennoch notwendig. Zu seiner kritischen Anwendung fordert Ernst *Fraenkel* auf (Die Wissenschaft von der Politik und die Gesellschaft, in: Heinrich Schneider (Hrsg.), Aufgabe und Selbstverständnis der politischen Wissenschaft, Darmstadt 1967, S. 230ff.). Auch der Begriff der Ordnung ist nur denkbar und realitätsangemessen, wenn er eine qualitative Unordnung zuläßt.

Frage nach der Überwindung von Repressionen und nach deren Toleranzgrenze verschiedenartig gestellt.
Frieden gibt es nur, wenn sich die Gegensätze unter dem Prinzip der Kommunikation und des bonum commune einander annähern und dort entschärft werden. Die Frage ist, ob sich Widersprüche des Systems in einen Kompromiß bringen lassen. Von einer Systemtheorie aus ist das Ende des Systemzwangs bzw. seine Auflockerung in der Irrationalität der Rationalität, in der Unschärfe aller menschlichen Handlungen (und Kontrollen), und in den lebensnotwendigen freien gegenüber gebundenen und bindenden Hilfsmitteln des Systems zu suchen. Emanzipation oder Bewußtseinswerdung erweisen sich auf dieser primären notwendigen Stufe nicht als idealistische, gar kritische Forderungen, sondern als pädagogisch durchzusetzende Hilfsmittel zur Erhaltung des dialektischen politischen Systems selbst. Jedes lebendige System erhält sich durch seine Veränderung. Das ist seine Hoffnungsstruktur. Bedürfnisbefriedigung des Individuums, kommunikatives Verhalten in der Gesellschaft sind also gerade in den auf Wissen und Teilnahme aufgebauten demokratischen Gesellschaften zur Selbsterhaltung des Systems notwendig. Sie erweisen sich darüber hinaus als die Ermöglichung fortschreitender Freiheit in Dialektik zur legitimen Notwendigkeit[24].
Ein System ist solange aufrecht zu erhalten, als es sich für die Kommunikation und das »bonum commune« als nützlich erweist und kein besseres funktioniert. Wer die Überwindung zwar vielleicht legaler, aber illegitimer Systeme verhindert, stiftet Unfrieden. Denn jedes System, so sehr es die Funktionalität des Lebens erleichtert, ist im voraus schon immer der Geschichte und dem Leben inadäquat; es schafft Abhängigkeit, Gleichschaltung und Systemzwang.
Dieser Systemzwang ist immer in einem gewissen Grade notwendig. Das heißt aber auch, daß das gesellschaftliche und individuelle Leben stets einen Energieverlust erleidet. Kleine und große Systeme haben, gerade auch wenn sie als Entlastungen von ständiger Neuordnung fungieren, neben der Konstanz, Bewahrung und Aufrechterhaltung[25] eine Mechanisierung und Verhinderung der physischen und geistigen Anstrengung zur Folge. Systemzwang als Notwendigkeit wird aber dort suspekt, wo die Dialektik zur »Anpassung« an den Kultur-»Fortschritt« und zur Freiheit des Individuums verletzt wird. Umgekehrt ist »Anpassung« an die dynamische Kultur illegitim, wo sie die Dialektik zum Systemzwang mißachtet, d. h. den Systemzwang über- oder unterbewertet. Es wird deutlich, daß der Begriff der »Anpassung« (»adjustment«) pragmatisches Denken gerade auch als geschichtliches Denken ausweist, welches

---

[24] Der technokratisch klingende Begriff des Systems einer Gesellschaft ist dabei selbst in bestimmter Weise irreführend, weil er durch den Eindruck eines nach Naturgesetzen ablaufenden Mechanismus die geschichtliche Dialektik kaschiert. Im Fortschritt bzw. Rückschritt der Erkenntnisse, Verhaltensweisen und Fähigkeiten verändern sich Institutionen, Verwaltungen, Legitimitäten, Wirtschaftssysteme.
[25] Arnold *Gehlen*, Anthropologische Forschung, Reinbek 1961, S. 69ff., bes. auch S. 76ff.

seine Legitimation allein am Zwang der Weiterentwicklung, nicht aber nur zu Zwekken des Systems herleitet.
Diese Sachlage trifft genau die Problematik der Autorität[26] als gesellschaftlich-politischen Faktor, in dem das pädagogische Moment am stärksten angesprochen wird. Erst die geschichtliche Legitimation der Autoritäten schafft die Befreiung von Ideologisierung als fragwürdigem pädagogischen Druckmittel und führt zur Weiterentwicklung der gesellschaftlichen Kommunikation.
Für die politische Friedenserziehung ist der Gesichtspunkt der Kommunikation und Interaktion von besonderer Wichtigkeit. Er präzisiert die Dialektik und Pragmatik[27].
1. Kommunikation ist Dialektik durch die prozessuale Kooperation sozialer »Partner«. Auf eine Initiative erfolgt eine Antwort, und darauf baut sich ein Austauschverhältnis auf. Jede Weise von Kommunikation ist schöpferisch, hat kreative Qualität und ist aus diesem Grunde nicht nur für eine politische Friedensvorstellung, sondern auch für den Prozeß der Hervorbringung des Friedens unerläßlich: nämlich als politisch-pädagogischer Vorgang. Friede wird nur durch Kommunikation gebildet; durch diese Kreativität werden die Gesprächspartner, Interessenten, Gegner »gebildet«, d. h. Kommunikation ist auch ein pädagogischer Prozeß, der die Formung der Kontrahenten und nachhaltigen Einfluß auf ihr Verhalten bewirkt. Die Tatsache der kommunikativen Spannung bedeutet eine ständige gegenseitige Einflußnahme und Veränderung, nämlich dadurch, daß sich die Dialektik (Negation der Negation) nicht auf ein absolutes Totum hin aufhebt, sondern kommunikativ ausgehalten und durchgestanden wird[28].
2. Kommunikation präsentiert den pragmatischen Zug einer Friedenserziehungstheorie. Sie ist Praxis. Interaktion, Handeln, gesellschaftlicher Interessenaustausch drängen auf unmittelbare Pragmatik. Die kommunikative Pragmatik einer Friedenserziehungstheorie darf sich aber nicht mit einem vordergründig positivistischen Verständnis von Interaktion, Relationsgefüge und Interesse zufriedengeben, denn Interaktion verbürgt noch nicht, daß die Aktion nicht-gewaltsam, friedlich, vernünftig, zum gemeinsamen Wohle geschieht. Friedenserziehungstheorie muß also eine spezifische Theorie der Kommunikation aufbauen.
Weil Kommunikation Praxis ist und weil Kommunikation Praxis ständig verändert, liegt auch hier die Chance einer sogenannten emanzipatorischen Veränderung in der

---

[26] S. dazu Walter *Hammel*, Autorität!? Autorität und ihr Widerspruch, Bad Heilbrunn 1973. Auf die pädagogisch-politische Funktion der Autorität wird näher einzugehen sein.
[27] *Habermas*, Technik und Wissenschaft als »Ideologie«, a.a.O., S. 62 ff., bes. Schema S. 64. Der kommunikative Aspekt der kritischen Erziehungswissenschaft kommt aktuell stärker ins Blickfeld. Karl-Hermann *Schäfer*/Klaus *Schaller*, Kritische Erziehungswissenschaft und kommunikative Didaktik, Heidelberg 1973.
[28] Karl-Hermann *Schäfer*, Dialektik zwischen Autorität und Emanzipation; in: *ders./Schaller*, Kritische Erziehungswissenschaft, a.a.O., S. 103.

Praxis selbst. Veränderung ohne Kommunikation ist ebenso illusionär wie die Veränderung ohne Beachtung der verschiedenen Interessen; kommunikative Veränderung bedeutet dabei, alle *gemeinschaftlichen* Interessen ins Spiel bzw. in Spannung zu bringen.

### *2.1.4. Kritische Freiheit und Glück*

Mit dem Rekurs auf die individuell-politische Ebene muß immer stärker die materielle, instrumentelle und institutionell-strukturelle Macht durch die akzidentelle Macht des Bewußtseins ersetzt werden. Diese Macht kann sich durchaus als letzten Endes am wirksamsten erweisen, nämlich wenn sie als gesellschaftliches Bewußtsein das politische und dadurch das »wirtschaftliche Bewußtsein« zu beeinflussen und zu orientieren in der Lage ist; weil dazu aber die aus dem veranschaulichten Kategoriensystem ersichtlichen Bedingungen im individuellen Bereich normalerweise nicht erfüllt sind, bleibt nur die Hoffnung auf Durchsetzung und reale Friedenschancen dieser Bewußtseins-Macht.

Zu dieser erst langfristig wirksamen politischen Kategorie hat die Pädagogik aus naheliegenden Gründen stets Zuflucht genommen. Sie hat dadurch auch wesentliche Ansatzpunkte auf Frieden hin versäumt. Die Orientierung an der Rolle des politischen Intellektuellen und seiner elitären kritischen Freiheit entsprach immer dessen Außenseiterrolle und sterilen Macht[29]; jener Freiheitsbegriff hatte keine politische Allgemeingültigkeit. Mit diesem geplanten und vereinfachten Menschenbild hatte man den Blick für »das je vor Augen Liegende« verloren[30], anstatt sich zu bemühen, ein verbreitetes und ständiges (niemals zu überwindendes) Krisenbewußtsein erzieherisch zu schaffen.

Ebenso wie die Kategorie der Freiheit sind Selbstbestimmung, Kreativität, Mündigkeit, aber auch Bewußtseinswerdung, Bedürfnisbefriedigung, und die anderen im Schema aufgezeigten individuellen Kategorien politische Forderungen, die geschichtlich-emanzipative Wirksamkeit versprechen. Herbert Marcuse nennt in seinem »Versuch über die Befreiung« neue, diesen Vorstellungen entsprechende politische Fähigkeiten und Verhaltensweisen, wie eine neue Sensibilität der Lebenstriebe gegen Aggressivität, Gewalt und Ausbeutung, eine neue Sprache, Ästhetik, Kunst – also politische Praxis, der man akzidentelle Bedeutung zuzuschreiben geneigt ist, die aber zur gesellschaftlichen Produktivkraft werden kann. Diese Elemente müssen eine neue kritische Freiheit schaffen, weil eine funktionierende Gesellschaft der Bedürfnisbe-

---

[29] Vgl. das Kap. VII: »Die Intellektuellen und ihr Vaterland« in der skeptisch-zynischen Analyse von Raymond *Aron*, Opium für Intellektuelle, a.a.O., S. 249–286, bes. S. 259ff., 285.

[30] Vgl. Albert *Stüttgen*, Menschenbild als Ideologie, in: Pädagogische Rundschau 22 (1968), S. 110.

friedigung die frühere (aus anderer Not begründete) kritische Freiheit zum Verschwinden brachte[31].
Eine neue Solidarität und Kooperation aufgrund eines neuen moralischen Rückgrats setzt die existentielle Qualität des Individuums in eine wichtige politische und pädagogische Position. Freiheit und Glück gehören zu den Grundlagen einer Friedensvorstellung[32]. Den Gedanken einer pädagogischen und auch politischen Bedeutung des Glücks hat man allzu lange vernachlässigt[33].
Mit der Kategorie der Bedürfnisbefriedigung ist nur dann schon das Fundament friedfertigen Handelns gelegt, wenn man den Begriff der Befriedigung mit Walter Rest zum Begriff der Befriedung geradlinig weiterentwickelt[34]. Glück ist politisch-pädagogisch auf dem Wege der Bedürfnisbefriedigung durch Befriedung zu erreichen, wenn es als neue Qualität von Freiheit gesamtgesellschaftliches kritisches Prinzip wird. Unsere Überflußgesellschaft ist weder befriedigt noch befriedet noch glücklich. Die Kategorie des Glücks hat also eine eminent politische, weil kritische Sprengwirkung.

---

[31] Herbert *Marcuse*, Versuch über die Befreiung, Frankfurt 1969, 2. Aufl., bes. S. 43ff.: Die neue Sensibilität, S. 117ff.: Solidarität. Vgl. die lesenswerten Ausführungen von H. *Marcuse*, Über das Ideologieproblem in der hochentwickelten Industriegesellschaft, Fifth World Congress of Sociology, Washington 1962, abgedruckt in: Lenk (Hg.), Ideologie, a.a.O., S. 392–393.

[32] Vgl. auch R. *Taylor*, Das Experiment Glück, Frankfurt 1972; R. *Lassahn*, Über Freude in der Erziehung, in: Päd. Rundschau, 1975, S. 553–575; L. *Koch*, Über das Glück in der Pädagogik, in: ebd. S. 661–671. S. *Neumann*, Hunger und Liebe (Manuskript).

[33] Glück ist in Deutschland kein pädagogischer Begriff. Hans W. *Nicklas*, Leistung und Glück. Überlegungen zur Schulreform, in: Politik, Wissenschaft, Erziehung, Frankfurt 1969, S. 151; dazu auch Hans-Jochen *Gamm*, Kritische Schule, a.a.O., S. 119. Die Behauptung stimmt natürlich nie, ein solcher Gedanke sei bisher noch nicht gefaßt worden. Die sogenannte antiautoritäre Erziehungsbewegung mit ihrem Rückbezug auf Wilhelm Reich u. a. sowie auf Alexander Sutherland Neill als auch die Motive der Landerziehungsheimbewegung z. B. stehen dagegen. Ein findiger Pädagoge würde sofort in der Geschichte der Pädagogik eine Unmenge von Ansätzen für den Beleg des Glücksbegriffs aufspüren. Das würde aber höchstens darüber hinweg zu täuschen versuchen, daß »Glück« selten im Vordergrund der Interessen, des Herrschens, der gesellschaftlichen Kommunikation und individuellen Unabhängigkeit gestanden hat.

[34] Walter *Rest*, Friedenserziehung, in: H. O. F. Rest (Hrsg.), Waffenlos, a.a.O., S. 248. »Was nun die Didaktik der »Friedensbildung« im engeren, mehr schulischen Sinn betrifft, so sind vor allem die Sach- und Fachbereiche der Anthropologie und Humanbiologie, der Religionslehre, der Sprachen und Kulturen, der Geschichte, Geographie und Politikwissenschaft, der Rechtskunde und Soziologie, der Geistesgeschichte (Philosophie, Theologie, Dichtung, bildende Kunst und Musik), der Weltwirtschaft und aller Disziplinen der Naturwissenschaft, der Technik, der Information und Kommunikation (Publizistik), des Verkehrs (Tourismus) und des Sports, der Hygiene und Medizin, der Ernährung, Versorgung und Entwicklung und nicht zuletzt des Welt-Bildungswesens ... der Beachtung des ›Befriedungs-Prinzips‹ zu unterstellen.« Ebd. S. 248ff.

Die große politische Chance und zugleich die kritische Essenz des individuellen Bereichs ist seine relative Unplanbarkeit. Man versucht zwar teilweise recht erfolgreich, durch Konditionierung und Seelenmassage das Individuum zu mechanisieren, aber selbst bei militärischen Organisationen klagt man über Formen der Eigenwilligkeit und Disziplinlosigkeit. In der Rede vom Menschen als asozialem Wesen wird die Dialektik zur Sozialität aufgebrochen und die tiefergehende Problematik von Individuum und Gesellschaft korrigiert. Die Kunst als politisch zu wertendes Ausdrucksmittel hält schon lange ein Plädoyer für eine relative Anomalie zum Zwecke der Befreiung und Selbstbestimmung und zum Abbau von kommunikativen Unterdrückungen.
Das Unbeherrschbare, das »Unteilbare« des »Individuellen« ist nicht nur in der Geschichte der Genies, der Martyrer, Philosophen und Schriftsteller hervorgetreten: der politische Alltag ist in einem demokratischen Staat (und sogar in totalitären Regimen) voll individueller Aktivitäten. Diese Tatsache ist den Herrschenden oft unbequem. Man versucht, eigenständige Handlungen als außergewöhnliche Fälle hinzustellen. Angst vor den Möglichkeiten des Individuums spricht auch aus der vielfachen gesellschaftlichen Formalisierung dieser Freiheit.

So beeilt sich Helmut Schoeck in seinem soziologischen Lexikon, unter dem Stichwort »Freiheit« zu erklären: »Stehen sich verschiedene Herrschaftssysteme (liberale, demokratische, autoritäre, totalitäre) in der Welt konkurrierend gegenüber, kann allerdings die Gewährung größerer Freiheit ans Individuum im Binnenbereich der Nation (z. B. Pressefreiheit, wirtschaftliche Freiheit) zum Verlust bzw. zur Einschränkung der nationalen Freiheit führen (Besetzung der CSSR im August 1968 durch die UdSSR, als eine Grenze der individuellen Freiheit in der CSSR überschritten worden war, die als Leitbild den Herrschern der Sowjetunion gefährlich erschien.)«[35]
Obwohl die Argumentation hier nicht stimmig durchgeführt ist, bleibt doch die Dialektik von Freiheit und Abhängigkeit deutlich: Politische individuelle Freiheit ist nur als abhängige Freiheit denkbar, und als solche bleibt sie akzidentell.

Den gleichen Stellenwert nimmt die Problematik der Aggressivität des Individuums als Unfriedensfaktor ein. Man mag daraus ermessen, wieviel Gewicht der insbesondere pädagogischen Friedensforschung beizumessen ist, die mit Hilfe der Bewältigung des individuellen Aggressionsproblems zur friedlichen Veränderung der Welt beitragen will. Diese Forschung wird nur dort wirklich substantiell, wo das aggressiv oder friedfertig erzogene Individuum in die Lage kommt, selbst eine hohe politische Entscheidung verfügen zu können. Die Erörterung der Aggressivität muß also pragmatischer und politisch breiter angelegt werden. Kriege entstehen z. B. nicht vordergründig aus »Arterhaltung«, »Selektion« oder »Frustration« und »Aggression«, sondern individuelles und gesellschaftliches Handeln stehen immer in dialektischer Beziehung; personale Gewalt ist ohne strukturelle und manifeste und intendierte gesellschaftliche Gewalt politisch weniger allgemein wirksam (wenn auch ethisch unzweifelhaft ebenso verwerflich), die Selbstbestimmung geschieht in Verbindung mit

[35] a.a.O., S. 119.

der kollektiven Bestimmung. In dem Maße, in dem trotz Technokratie und Management immer wieder jedes Handeln von Individuen abhängt, erfüllt sich auch die Auswirkung von Gewalt, Aggressivität, Selbstbestimmung, Identität und Wärme (chaleur) des Einzelnen.

Die Friedenstheorien und auch die Anfänge der Friedenserziehungsvorschläge haben diesen individuellen Gesichtspunkt sehr stark betont. Harmonische Ideale standen im Vordergrund. Ihr Fehler war genau die Tatsache, die heutigen gegenteiligen Theorien vorzuwerfen ist: die mangelnde Dialektik. Denn heute hat man oft den Eindruck eines technischen oder ideologischen, aber unglücklichen Freiheitsziels. Dies ist aber genauso unfriedlich wie die Erziehung zu einer harmonischen Friedfertigkeit. Die Kritik der Harmonie kann genauso schädlich sein wie die Harmonie der Kritik.

Die individuelle Ebene und ihre Bedeutung in der kommunikativen Dialektik hat die Funktion, den Irrtum aufzuheben, als müsse eine politische Pragmatik oberflächlich, stets kompromißbereit, prinzipienlos und ohne Beachtung der gesellschaftlichen Grundwidersprüche handeln. Nach wie vor setzt auch die individuelle Eigenheit des Menschen wesentliche Maßstäbe einer Friedenserziehungstheorie. Kritik, Rationalität, wissenschaftliches Bewußtsein und Kommunikation gehen ja nicht von »der Gesellschaft« aus, sondern von der intra-subjektiven und intersubjektiven Sozietät der Menschen[36]. Individuen – freilich durchaus systematisiert, formalisiert, starr, kollektiviert erzogene Individuen – konstituieren alle Initiativen, Systeme und Verhaltensweisen.

Es gibt keine glücklichen Kollektive, sondern immer nur glückliche Menschen im Kollektiv, und aus diesem Grunde zwingt die individuelle (machtpolitisch in der Regel akzidentelle) Betrachtungsweise der politischen Pädagogik wesentliche Maßstäbe auf (die, wie schon im ersten Kapitel ausgeführt, Teilhard de Chardin unter dem Begriff der Personalisierung zusammenfaßt).

Pragmatik und kritisches, wissenschaftliches Bewußtsein schließen sich gegenseitig nicht aus, wenn sie einander auch einschränken können. Nur ist eine kritische Pragmatik sich selbst gegenüber gleichsam zweifach kritisch, nämlich auch hinsichtlich der Möglichkeiten der Verwirklichung von Kritik. Von tieferer Bedeutung ist kritische Pragmatik aber nur in der dialektischen Spannung zur Wahrheit. Frieden ohne die Verantwortung der Wahrhaftigkeit ist undenkbar, ebenso wie Opportunismus abträglich ist. Kritik (»Unterscheidung«) muß von Haarspalterei, Ipsismus und Illusionen ebenso Abstand bewahren wie von Ideologien, Einseitigkeit und Interesselosigkeit. Der Unterschied von konstruktiver und destruktiver Kritik besteht nicht so sehr im Verhältnis zur abstrakten, sogenannten objektiven Wahrheit, sondern vielmehr in der Pragmatik, nämlich in der (sogar didaktischen) Art und Weise, wie die Rationalität

---

36 *Rest*, Prolegomena, a.a.O., S. 71 ff.; hier liegt die tiefe Berechtigung der Dialogik Martin *Bubers*, Ich und Du, Heidelberg 1958; auf den erzieherischen Bereich (außer Buber selbst) u. a. angewandt von Werner *Faber*, Das dialogische Prinzip Martin Bubers und das erzieherische Verhältnis, Ratingen 1967.

kommunikativ eingebracht wird. Die Notwendigkeit der Wahrheit ist als »création libre de la pensée« voller Möglichkeiten, die zur Herstellung der friedlichen Konfliktaustragung (Dialektik) genutzt werden können[37].
Kritik muß den Willen zur Freiheit und Selbstbestimmung wollen, und dieser kritische Wille kann ernstlich nur eine dialektische Freiheit schaffen. Damit hängt unmittelbar die Frage nach der Moralität (Verantwortung, Gewissen usw.) zusammen. Kritik stellt sich vielfach sehr schnell in den Dienst von Moralität und vergißt dabei, daß die Moralität oft ein Ausdruck von Pragmatik und vielfach kein »Selbstzweck« ist. Auch wenn der pragmatische Gesichtspunkt nicht verabsolutiert werden soll, so ist doch deutlich, daß Moralfanatismus den Begriff »kritisch« nicht verdient und auch nicht kommunikativ wirkt, obwohl Tatsachen abstrakt dafür stimmen mögen. In einer politischen Pädagogik ist der je spezifizierte Problemfall gesellschaftlich-politisch kritisch zu machen und wissenschaftlich-engagierter Rationalität zu unterwerfen. Der Faktor kritischen Bewußtseins stellt sich dabei als verschieden gewichtig heraus; er ist bezüglich seiner politischen Wirkung in allgemeiner Form nicht verbindlich abschätzbar.

Aus dem Zusammenspiel aller Kategorien ergibt sich eine große Anzahl von Beziehungen, die in den Zentralkategorien zusammengefaßt und durch die immanente Dialektik in ständiger Spannung gehalten werden. Erst auf dieser Grundlage kann eine wirksame Friedenspädagogik aufbauen. So praxisnah das herausgearbeitete Instrumentarium für die Analyse einer Friedenserziehungstheorie sich auch erweisen mag, so verwirrend erscheint es in seiner Komplexität. Der Friedensbegriff wird dadurch sehr grundsätzlich gefaßt und von seiner Verwirklichung stark abgehoben. Die Pädagogik will aber wissen, wo sie in ihrem Handeln ansetzen muß. Deswegen ist der innovative Prozeß der Friedenserziehung, nämlich ihr Lernprozeß, in den folgenden Ausführungen genauer darzulegen. Dieser Aufweis soll wiederum erst einmal in Kritik zu den gegebenen Verhältnissen geschehen, damit die Beschreibung des Unfriedens (im ersten Kapitel) realistisch in den Lernvorgang mit eingebracht werden kann. In einem weiteren Schritt wären dann die politisch-pädagogische Grundlegung und der Lernprozeß daraufhin zu prüfen, wo Friedenserziehung konkret ansetzen müßte.

### 2.2. Ein systematischer Ansatz: Friedenserziehung als Überwindung von Lernpathologie

Sucht man eine treffende Charakterisierung der politisch-gesellschaftlichen Analyse, so bietet sich an, mit Dieter Senghaas die akzentuierten negativen Tendenzen als pathologisch zu bezeichnen[38]. Sie können im Bereich der politischen Pädagogik mit dem

[37] Ebd. S. 160ff.; Octave *Hamelin*, Essai sur les éléments principaux de la représentation, Paris 1907/1925, p. 380, 2. Aufl. 1952, p. 284.
[38] Abschreckung, a.a.O., S. 176ff.; *Dreitzel*, Leiden, a.a.O., S. 21ff. kritisch zu Mitscherlich.

Begriff der »Lernpathologie« zusammengefaßt werden[39], den man auch in etwa mit Unfriedens-Lernen übersetzen dürfte.
Der Begriff der Lernpathologie ist ein Zentralbegriff der Erziehung in einer friedlosen Welt. Er ist leider noch zu wenig in die erziehungswissenschaftliche Diskussion einbezogen worden. Pädagogische Relevanz bekommt er dann, wenn man den Begriff des Lernens mit Hermann Giesecke, Hartmut v. Hentig u. a. als Grundbegriff der Pädagogik formuliert[40]. Andererseits kommen in die pädagogische Erörterung der letzten Zeit immer mehr Titel wie »Pathologie des Unterrichts«, »Pathologie des Gehorsams«, »Pathologie der Prüfung«[41] etc., die darauf hinweisen wollen, daß die Pädagogik bzw. Erziehungswissenschaft durchaus nicht nur vom »gesunden« Individuum und von der »gesunden« Gesellschaft auszugehen habe. Hans Peter Dreitzel hat im Anschluß an Erich Fromm u. a. das gesellschaftliche Leiden und das Leiden an der Gesellschaft erörtert[42] und deutet auf vielfache Arten von Krankheiten des Individuums und der Gesellschaft hin.

In (übrigens nicht unstrittiger) Analogie zur physischen Krankheitslehre untersucht die psychische und gesellschaftliche Pathologie im Rahmen einer Teratologie (Mißbildungslehre)[43] Ursachen und Erscheinungsformen individuell-gesellschaftlicher Mißbildungen und als Nosologie (Krankheitslehre) den Prozeß von Krankheiten als Geschehen in der Zeit. Für eine politische Friedenspädagogik besonders wichtig erscheint die gesellschaftliche Ätiologie (Ursachenlehre), von der die Pathogenese zu unterscheiden ist[44]. Das Bedingungsfeld (von der Ätiologie beschrieben) ist die Voraussetzung für eine kausale Pathogenese (Gründe für die Krankheit) und die konkrete Krankheitsentstehung (formale Pathogenese)[45]. Der Vergleich zur Medizin bringt den Vorteil, daß der Friedens- bzw. Unfriedensbegriff sich am Gesundheits- oder Krankheitsbegriff orientieren kann[46]. Wie es in der Medizin unzählige Definitionsversuche ihrer Grund-Termini gegeben hat, die immer wieder komplexeren Pathologien nicht genügten, so entzieht sich auch die Unfriedensproblematik einer monokausalen Ätiologie. Sie weckt hingegen das Bedürfnis nach subtiler Diagnose aufgrund der auszuarbeitenden Ursachenlehre. Die Vorstellung der sozialen, emotionalen, psychischen, ökonomischen Krankheit in einer Gesellschaft nach Art der

---

39 Vgl. *Deutsch*, Politische Kybernetik, a.a.O., im Register S. 358.

40 *Giesecke*, Einführung op. cit.; H. v. *Hentig*, Systemzwang und Selbstbestimmung, Stuttgart 1969, 2. Aufl.

41 Johannes Flügge (Hg.), Zur Pathologie des Unterrichts. Befragung des pädagogischen Fortschritts, Bad Heilbrunn 1970; Peter *Brückner*, Zur Pathologie des Gehorsams, in: Politische Psychologie Bd. 4, Frankfurt 1966; Gustava *Schefer-Vietor*, Zur Pathologie der Prüfung, in: Westermanns Pädagogische Beiträge VIII, 1971, S. 413–417.

42 a.a.O.

43 W. *Doerr*, G. *Quadbeck*, Allgemeine Pathologie, Berlin 1970, S. 6ff.

44 Ebd. S. 8, 213ff.

45 Eine organismische Vorstellung von Gesellschaft fände noch weitere zahlreiche Parallelen, die aber die Tatsache mißachten, daß die Gesellschaft ein nicht einheitliches Kollektivbewußtsein und Wirkungsgeflecht darstellt.

46 Kritisch dazu äußert sich *Dreitzel*, Leiden, a.a.O., S. 10ff. Es ist aber nicht zu übersehen, daß Dreitzel dort zu sehr einseitig vom psychopathologischen Standpunkt ausgeht.

doch so erfolgreichen Medizin eröffnet eine mögliche systematische Aufgliederung von Wissenschaft. Lernpathologie stellt eine Störung im Ablauf zusammenwirkender »Lebens«-Vorgänge fest, welche im gesellschaftlichen Vollzug immer »Lern«-Vorgänge sind. Gesellschaften können also nach dieser Analogie krankhafte Lernprozesse durchmachen.

Lernen ist nach übereinstimmender Definition vieler Autoren »jede relativ permanente Veränderung im Verhalten aufgrund vorausgegangener Erfahrung«[47]. Lernpathologie wird demnach konstatiert, wenn das Lernen und die Ermöglichung von Lernen irgendwie beeinträchtigt sind, so daß man von einer Verminderung der Lernleistung sprechen kann.

Als Merkmale wären zu nennen: die Unfähigkeit, Innovationen aufzunehmen und zu bewältigen; das gestörte Verhältnis zur »Wirklichkeit«, oft einhergehend mit der Unmerklichkeit der Pathologie und der Schwierigkeit einer Heilung von außen her, weil man diesem System kaum entrinnen kann; ein Berg von Schutzmaßnahmen, Phobien und Abgrenzungen und eine vielfach tiefe Erregungsschwelle bei Bewußtmachung des pathologischen Zustandes (psychologisch aufweisbare Hindernisse des Lernens); Überbewertung bestimmter Akzente, die den Fortschritt des Systems unmöglich machen[48]; Verfestigung, Routine in wenigen Informationsbahnen; »Krankheitsgewinn« (Mitscherlich) als paradoxe Unlust zur Veränderung trotz Selbstzerstörungstendenz usw. Besonders schwierig gestaltet sich die Lernpathologie im politischen Bereich, wo durch die Natur des geschichtlichen Prozesses eine ständige Systemveränderung vonstatten gehen müßte, also die Entwicklung eines Sachverhaltes eine neue Einstellung verlangte, diese aber trotz entsprechender Möglichkeiten aus menschlichem Versagen nicht geleistet, ja wo blind dagegen gearbeitet wird.

Wenn der Begriff der Lernpathologie also die Basis des Unfriedens bezeichnen kann und zugleich die Verklammerung von Politischem und Pädagogischem umfaßt, so sind die leitenden Fragestellungen einer politischen Pädagogik folgende drei:

1. Was sind die Bedingungen der Wahrscheinlichkeit von Lernpathologie?
2. Welche Elemente des Lernens von Unfrieden gibt es und wie sind sie im Rahmen eines systematischen Ansatzes von Friedenserziehung zu sehen?
3. Was muß Friedenserziehung zur Überwindung von Lernpathologie leisten?

Aus diesen Fragestellungen ergibt sich das methodische Vorgehen dieses systematisierenden Versuches, *zuerst* die Bedingungskomponenten von Lernpathologie zu nennen und in einen systematischen Zusammenhang zu bringen, *dann*, diesen Ansatz am Beispiel des Lernens von Frieden oder Unfrieden zu belegen und *schließlich* am Modell dieser Systematik Brauchbarkeit und Grenzen für eine zu konzipierende Friedenserziehungstheorie kritisch aufzuweisen. Dabei erscheinen aufgrund der Darlegung der unfriedlichen Erscheinungsformen und Ursachen innerhalb des Wirkungs-

[47] Lexikon der Pädagogik (Herder 1971) Bd. 3, S. 92; H. v. *Hentig*, Systemzwang, a.a.O., S. 75.

[48] Vgl. die Ausführungen des 1. und 2. Kapitels; s. auch *Deutsch*, Kybernetik, a.a.O., S. 205, 240ff.; *Mitscherlich*, Unfähigkeit zu trauern, a.a.O., S. 298.

feldes der obigen politisch-pädagogischen Kategorien folgende Hypothesen angebracht:

1. Friede ist ein geschichtlich-gesellschaftlicher Prozeß der Fundamentaldemokratisierung, der gütlichen (humanen) Auseinandersetzung und Kooperation. Dieser Prozeß ist trotz größter Schwierigkeiten beeinflußbar, weil er nicht »naturgegeben« abläuft.

2. Lernen und Erziehung können den Frieden nicht inhaltlich bringen, sie können nur die Möglichkeiten für inneren und äußeren Frieden bereitstellen helfen. Die Zielbestimmung »zum Frieden erziehen« ist unkorrekt, insofern man nicht zum Charakter, zur Freiheit, zur Begegnung, zum Demokraten, also auch nicht zum Frieden im Sinne des sicheren Erreichens eines Endproduktes erziehen kann, sondern nur mit der Perspektive auf ein (immer unerreichbares) Ziel hin[49].

3. Was Friede ist, wird von allen Menschen in einem Vorwissen gewußt. Die Friedenserziehungstheorie hat die Verpflichtung, sine ira et studio, also ohne Ideologie, dieses Vorwissen im weitesten Sinne ernst zu nehmen und bis zu einem fundamentalen Widerspruch vorauszusetzen.

Diese Hypothesen stecken den Rahmen der Friedenserziehungstheorie ab, indem sie den Friedensbegriff *rational, funktional und operational* festzulegen versuchen.

### *2.2.1. Erste Stufe der Reflexion: Lernpathologie als Verminderung der Leistung auf Frieden hin*

Unsere Zivilisation verlangt durch Sozialisation und Enkulturation zur Erhaltung – und vielmehr noch zur Steigerung – des »normativen Equilibriums« (Mollenhauer)[50] eine große Quantität und Qualität an Lernleistungen. Zur Sicherung der normalen kulturellen Existenz, so unterstreicht die Sozialisationsforschung, müssen Organisationsformen technischer, ideologischer, bewußtseins- und handlungsmäßiger Art institutionalisiert und ständig neu erworben werden. »Friede« und »Friedenserziehung« bedeuten immerwährendes Lernen: Lernen von Konfliktbewältigung, Lernen der Friedensfähigkeit, Lernen von Verhaltensweisen gegen Unfrieden und Lernen der Friedensstiftung. Friede als Lernleistung ist also das Lernen eines ganzen Organisationssystems oder eines kybernetischen Systems mit ständigen Rückkoppelungspro-

---

[49] Vgl. auch H. v. *Hentig*, Erziehung zum Frieden. CIDOC-Seminar in Cuernavaca 14.–25. Februar 1972, in: Deutsche Gesellschaft für Friedens- und Konfliktforschung, Informationen 2–3/72 Oktober 1972, S. 40ff.

[50] Klaus *Mollenhauer*, Anpassung, in: Andreas Flitner/Hans Scheuerl (Hg.), Einführung in pädagogisches Sehen und Denken, München 1967, S. 271, mit Hinweisen auf Peter R. *Hofstätter*, Einführung in die Sozialpsychologie, Wien 1954, S. 247ff.; vgl. auch Arnold *Gehlen*, Die Seele im technischen Zeitalter. Sozialpsychologische Probleme in der industriellen Gesellschaft, Hamburg 1957.

zessen und Innovationen zur Erhaltung und Verbesserung. Verringert sich im Verhältnis zu dieser Notwendigkeit aber die Netzspannung des Systems, so liegt eine Lernpathologie vor, also ein frustrierender Vorgang und letzten Endes eine Selbstzerstörung[51].

Lernpathologie tritt in verschiedenen Formen auf, die im Anschluß an Karl Deutsch[52] hier für den engeren Bereich der Erziehungswissenschaft rational nutzbar gemacht werden können.

1. Ein potentieller Störfaktor des Friedens ist eine *Regression des Systems*, eine Verminderung des erreichten Lernzustandes, der Verlust an Macht und Relevanz, an Beharrungsvermögen und Flexibilität, mangelnde Unterstützung durch unzulängliche Hilfsmittel, Scheitern an Hindernissen der Umwelt; aber auch umgekehrt eine Überschätzung des Systems, die Verschwendung der Mittel für irrationale und eigennützige Zwecke, die Überbewirtschaftung, narzißtisches Geltungsbedürfnis, übersteigerte Bewußtseins-Programmierung und kurzsichtiger sozialer Funktionalismus. Direkt und indirekt handelt es sich um Lernpathologie (auf einer ersten, allgemeinen Stufe), insofern jede Unter- oder Überbewertung die Energiereserven des ökonomischen, politischen, sozialen oder individuellen Systems falsch einschätzt. Der Zustand des Systems, seine »Mächtigkeit« unterliegt schließlich einem Zerfallsprozeß oder »lag«, der zugleich aus dem Grunde ein Unfriedensprozeß ist, weil unweigerlich Konflikte aus einem bestimmten Erwartungs- und Anspruchsniveau entwachsen.

2. Der krankhafte Lernprozeß impliziert eine andere mögliche Art von Lernpathologie: den *Verlust an Informationsaufnahme und Kommunikationsfähigkeit* bzw. die Überbewertung einseitiger Information. Ebenso wie die allgemeine »Mächtigkeit« des Systems enthält das oben dargestellte Kategoriengefüge Hinweise auf diese Vermittlungsfunktion des Lernprozesses: z. B. in den Begriffen »Kommunikation«, »Information«, »Bewußtseinswerdung«, und negativ in »Ideologisierung«, »Manipulation«, »Konditionierung«, innerhalb deren Funktionsbereich alle anderen Kategorien wiederum eine Rolle spielen (z. B. Herrschaft, Steuerung, Planung, Freiheit usw.), weil sie durch Information und Kommunikation erst ermöglicht werden.

Es gibt die verschiedenartigsten direkten und indirekten Kommunikations- und Informationsfähigkeiten und -verhaltensweisen: etwa Empathie, Sympathie, Engagement, Loyalität, Emotionalität, Achtung, Ehrfurcht, Verzeihung, Gnade, Schuldbekenntnis (um einmal das Spektrum der Friedenserziehung zu erweitern). Sind diese

---

51 *Deutsch*, Politische Kybernetik, a.a.O., S. 147ff.

52 Karl *Deutsch*, Politische Kybernetik, a.a.O., S. 300ff. Es soll hier in der Entwicklung des Gedankenganges darauf hingewiesen werden, daß in gleicher Weise politische, ökonomische, gesellschaftliche und individuelle Systeme gemeint werden. Dementsprechend können auch die aufgezeigten Kategorien der politischen Pädagogik wirksam werden: Lernpathologie liegt vor, wenn das je gemeinte individuelle, gesellschaftliche, politische, ökonomische System in seinen Wirkungszusammenhängen (Kategorien) gestört ist. S. auch Dieter *Senghaas*, Sozialkybernetik und Herrschaft, in: Robert H. Schmidt (Hrsg.), Methoden der Politologie, Darmstadt 1967, S. 558ff.

Fähigkeiten, Informationsformen, Kommunikationsbereiche und Nachrichtensysteme nicht mehr vorhanden oder eingeengt, falsch organisiert oder ideologisiert, so ist die Mitte des Lernprozesses beeinträchtigt. Hier liegt die Bedingung der Möglichkeit zur politisch-pädagogischen Verbesserung oder deren Gegenteil. Entscheidungsbereiche werden hier vorbereitet, Gewohnheiten verhindern Kritik und Freiheit, Archive lassen Informationen verschwinden, Bedeutungshintergründe werden isoliert, so daß die Flexibilität und Brauchbarkeit des Informationsinstrumentes gar nicht erst ein umfassendes Lernpotential schafft. Es kommt auf das Verhältnis von festgelegter zu offener Information an, denn »je größer der Anteil der ungebundenen gegenüber den gebundenen Hilfsmitteln in einem System ist, desto eher kann es neue Verhaltensweisen lernen[53].«

3. Da die Informationsaufnahme und die Kommunikation des Systems verengt sind, kommt es zu einer »Reduktion der Reaktionsgeschwindigkeit auf eine sich wandelnde Umgebung«[54]. Nicht nur, daß z. B. ein Verharren in überholten Informationsformen zu einer Fehleinschätzung der Wirklichkeit führt (»Autismus« nach Newcomb)[55], sondern es zeigt sich als weiteres wichtiges Moment der Lernpathologie auch eine *Antriebs- und Steuerungsschwäche*: es fehlt an Initiative, Engagement, Führungsqualität, ethischer Aktivität, energischer Teilnahme (Kurt Hahn), welche das System in eine verbesserte Situation bringen könnten. Ständig neue Anforderungen müssen gemeistert, aber auch gestellt werden, damit Trägheitsmomente überwunden werden. Dieses Element des Steuerungs- und Initiativ-Lernprozesses ist wiederum in allen Bereichen des Kategoriensystems vertreten (»Planung«, »Steuerung«, »Beteiligung«, »Kreativität« etc.); wenn seine notwendige Aktivität nicht entfaltet wird, kommt keine Veränderung zustande. Vielfältige Faktoren fließen in diesem Bereich zusammen: Ethik, Motivation, Antriebe, Engagement und Wille.

Mit der Feststellung dieser Motoren des Verhaltens ist die Leistung im Lernprozeß aber noch nicht gesichert: es kommt wesentlich auf die Koordination zu einer wirksamen Kraft des Handelns an, in der den einzelnen Faktoren ihre Rolle zugeteilt sein muß. Aus dieser Abhängigkeit wird der Bedarf eines vierten Elements deutlich.

4. Alle Initiative und jedes Engagement finden ihr Gegengewicht in der *Tiefendimension, der Geschichtlichkeit der Zusammenhänge.* Ein System kann aus dem Grunde lernpathologisch sein, daß es entweder dieses geschichtliche Relationsgefüge außer acht läßt oder im Gegenteil überbewertet. In beiden Fällen ist innovatives Lernen unmöglich, weil es einerseits an Erinnerungsvermögen, Einschätzung lang- und mittelfristiger geschichtlicher Tatsachen und allgemeiner gesellschaftlicher Einordnung fehlt, andererseits aber auch an Vorstellungskraft und dialektischer Urteilsfähigkeit, Zukunftsprojektion und sensibler Fähigkeit zur Suchbewegung (Mitscherlich).

---

[53] *Deutsch*, Politische Kybernetik, a.a.O., S. 234.

[54] *Senghaas*, Abschreckung, a.a.O., S. 179.

[55] Ebd. S. 185f.

Der Systemzwang, Prägungen, Vorurteile und Konditionierung heben Innovationen auf, verstricken das Handeln in veraltete und überholte Konflikte, lassen ihre Macht und Beziehungen nicht überspielen. Diese Tiefendimension ist oft selbst defekt, weil die Speicherung des geschichtlichen Gedächtnisses nicht innovativ angelegt wurde und Auswahlkriterien einseitig sind. Die Geschichtswissenschaft kämpft ständig gegen jene Unvollständigkeit an, die schon im Vollzug geschichtlichen Handelns den Lernprozeß einengt. Fakten sind eben immer »gemachte« Fakten, Tat-sachen, die durch ihre Vergangenheit immer einen Verlust erleiden, dessen Überwindung zum Zwecke der Aktualisierung einen bedeutend größeren Aufwand an Energie benötigt als zum aktuellen Zeitpunkt selber für eine Weiterführung des Geschehens erforderlich gewesen wäre.

An dieser Stelle der Beschreibung möglicher Lernpathologien wird die vielfache Dialektik jeglichen Lernprozesses am deutlichsten. Das Initiativsystem ist auf das Gedächtnissystem der gesellschaftlich-geschichtlichen Wirkungszusammenhänge verwiesen, so daß ein feed back, eine gegenseitige Rückkopplung einsetzt. Und weiterhin: beide genannten Elemente des Lernens beeinflussen jetzt erneut die Aufnahmefähigkeit, die Informationsverarbeitung und den Informationsfluß, welcher wiederum vom Zustand des Systems abhängig ist. Auf diese Weise verdichtet diese Übersicht die Beschreibung der Elemente des Lernens zur Erklärung der Abfolge eines Lern*prozesses* mit Rückkopplungssystem.

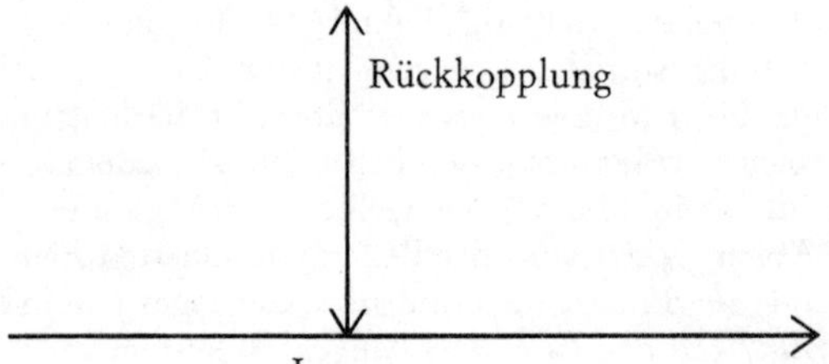


Ob eine Verhaltensänderung (Lernsequenz) erfolgt oder nicht, hängt von der Stärke vornehmlich der drei Faktoren des Rückkopplungsvorgangs ab, und es ist wichtig, welcher Faktor dabei überwiegt.

Das prozessuale Geschehen des Lernens läßt sich auch folgendermaßen skizzieren:

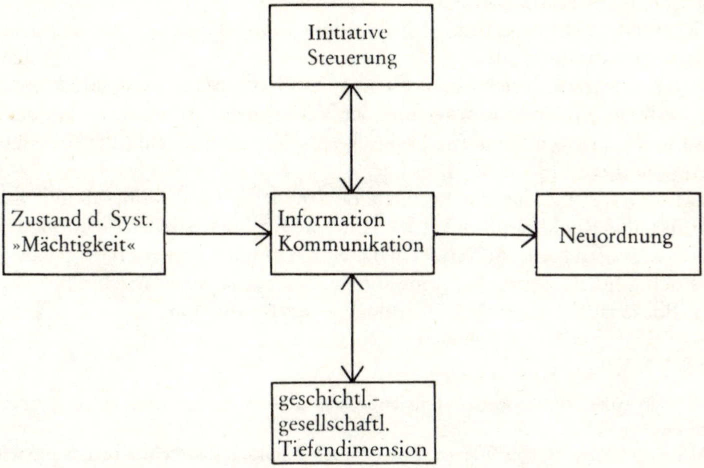


5. Ist der Lernprozeß bis zum Rückkopplungsprozeß durchlaufen, so kann sich noch eine weitere Art von Lernpathologie anschließen, nämlich dann, wenn keine strukturelle, relativ permanente Änderung des Verhaltenssystems und keine Fortführung der eingegangenen Erfahrungen gelingt. Das Bedeutsame jeden politisch-pädagogischen Lernprozesses ist ja ein Strukturwandel im persönlichen, sozialen, politischen oder internationalen Bereich auf die Verbesserung des Systems hin. Vielen Revolutionen und idealen Gedanken fehlt es an Organisation zu teilweiser oder fundamentaler *Neuordnung*, zu inneren und äußeren geänderten Verhaltensweisen. Es bleibt dann bei Bekundungen des guten Willens oder Vertröstungen für die Zukunft, dem großen Gegensatz von Theorie und Praxis, also einem unfriedlichen Zustand. Hier erweist sich, daß der Lernprozeß nicht genügend ungebundene und verfügbare Hilfsmittel, nicht ausreichende Flexibilität und Kombinationsmöglichkeiten oder keine unterstützende Möglichkeit zur Institutionalisierung eingeplant hat, was ihn schließlich zur Unwirksamkeit verurteilt.
Auch in diesem Element des Lernens kann Lernpathologie genauso gut durch eine Überschätzung der erreichten Neuordnung und des Verhaltenswandels entstehen, die dann zur Selbstzerstörung führen.
Damit ist der (negative) Lernprozeß einmal ganz beschrieben. Dieses Modell ist nicht nur deswegen in sich abgeschlossen, weil die oben zitierte, allgemein bekannte Definition von Lernen darin erfüllt ist, es enthält auch – wie durchgehend festgestellt wurde – in seinen Elementen eine Akzentuierung aller wesentlichen politisch-pädagogischen Kategorien.

Fünf Grundbedingungen, Elemente oder Faktoren, machen also insgesamt die *Wahrscheinlichkeit von Lernpathologie* aus.
Lernen wäre demnach, mathematisch ausgedrückt[56]:
$L_W = \text{Zustand}_S + \text{Information} + (\text{Initiative} - \text{gesch. Situation}) + \text{Neuordnung}$
Was leistet nun dieses Modell?
1. Es sagt aus, worauf Erziehung und also auch Friedenserziehung ihre Bemühungen richten müßten, um eine Verbesserung der Verhältnisse erreichen zu können; es rationalisiert die notwendigen Anstrengungen. Wie gesagt fehlt der Friedenserziehungstheorie diese Hilfestellung bisher.
2. Das Modell weist zudem im Lernprozeß drei Schritte oder Phasen auf: den Ausgangspunkt, den Rückkopplungsprozeß und die Problematik der Neuorganisation[57]. Der Lernfortschritt kann am Vergleich der ersten mit der dritten Phase gemessen werden, die sich folglich in ihrer Struktur ähneln. Die prozessuale Wechselbeziehung der zweiten Phase ist die eigentliche Grundlage der Innovation.

---

[56] Ein Kybernetiker wäre vielleicht imstande, aus diesem Ansatz noch mehr mathematische Schlüsse zu ziehen.

[57] Es ist bemerkenswert, daß Werner Correll auch 5 Phasen des Lernvorgangs unterscheidet: »1. Konflikt zwischen der bisherigen psychischen Einstellung und einer neuen Situation: *Motivation* durch das Erfahren einer Schwierigkeit. 2. Begrenzung und Lokalisierung dieser Schwierigkeit: *Zielsetzung* für die Arbeit durch Definition des Problems. 3. Entwicklung des Ansatzes verschiedener Lösungsmöglichkeiten: *Erste Verarbeitungsstufe*. 4. Logische Entwicklung der absehbaren Folgen dieses Ansatzes möglicher Lösungswege: *Zweite Verarbeitungsstufe*. 5. Anwendung der konzipierten Lösungsmöglichkeit in der Realsituation: Beurteilung oder *Verifikation* der Richtigkeit des Ansatzes durch die praktischen Konsequenzen.« W. *Correll*, Lernpsychologie, Donauwörth 1967, S. 55; s. auch Wolfgang *Bäuerle*, Theorie der Elternbildung, Weinheim 1971, S. 131 ff. Bäuerle weist mit Recht darauf hin, daß sich diese Stadien auf den Prozeß des Lernens beziehen und pragmatisch sind. Die Formel Corrells:

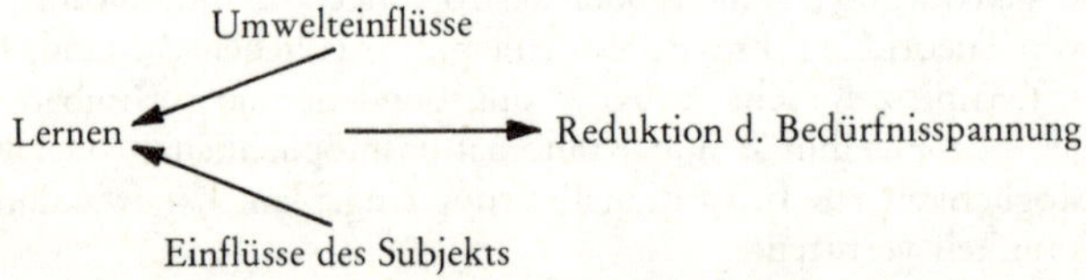


zeigt freilich die Beschränkung des Psychologen und macht den Lernprozeß selbst weniger deutlich als das hier aufgezeigte Modell, in das die Correllsche Auffassung übrigens gut einzuarbeiten ist. Vgl. dazu die folgenden Ausführungen über die Dimensionen des Lernvorganges, die die Psychologie weit überschreiten. Bäuerle weist ansonsten noch auf eine ähnliche Theorie des Denkens bei John Dewey hin (John *Dewey*, Wie wir denken, Zürich 1951, S. 75 u. a.). S. auch die Lernschritte bei Georg Kerschensteiner, Otto Scheibner u. a. (Richard *Meister*, Das Hauptproblem der Didaktik, in: Helmut Heiland (Hrsg.), Didaktik und Lerntheorie, Bad Heilbrunn 1973, S. 13ff.

3. Fünf verschiedene Dimensionen gehen in den Lernprozeß ein:
   1. Die pragmatische Dimension der vorfindlichen Mächtigkeit
   2. die informative, kommunikative Dimension
   3. die Dimension der Intentionalität (Initiative, Engagement)
   4. die geschichtlich-gesellschaftliche Dimension
   5. die strukturell-organisatorisch-institutionelle, d. h. praktische Dimension

Der Begriff »Dimension« bedeutet in diesem Zusammenhang nichts anderes als die Bezeichnung der Grundelemente des Relationssystems, in dem sich Verhalten und Verhaltensänderung abspielt.

4. Dementsprechend müssen fünf grundlegende Verhaltensweisen bzw. Fähigkeiten als Bedingungen des Lernens vorhanden sein:
   1. Ein Verhalten zur »Mächtigkeit« eines Systems, zu einem vorhandenen bestimmten Stand des Lernens, und die Fähigkeit zur Erfahrung, Analyse, Aneignung der vorfindlichen Situation.
   2. Die Aufnahmefähigkeit an Information und kommunikatives Verhalten.
   3. Die »Steuerungsfähigkeit«, »Koordination«, »Organisation der Kontrolle« (Deutsch), Fähigkeit zur Modifizierung und Alternative in einer neuen Verhaltenssituation, Initiative zur Innovation.
   4. Geschichtlich-gesellschaftliches Verhalten als das Vermögen der Reaktivierung von Gedächtnisdaten als auch der kritischen Auseinandersetzung mit der alten und einer eventuellen neuen gesellschaftlichen Situation, »Urteilskraft« u. dgl.
   5. Die Fähigkeit zu neuer Strukturierung mit dem Effekt eines relativ permanenten Verhaltens, zur Methodisierung und Systematisierung, zur Dialektik von Anpassung und Erneuerung.

Bei dem gefundenen technischen Hilfsmittel zur Rationalisierung des Lernens und der Lernprozesse und zur Beschreibung von Lernpathologie und Unfriedenslernen darf aber eine grundsätzliche kritische Einschränkung nicht vergessen werden: Es handelt sich bei der behandelten ersten dialektischen Stufe nur um eine formale Ebene, die davon ausgeht, daß Erziehung und Friedenserziehung eine Lernleistung darstellen, und demgegenüber die Verminderung von Lernen, also die Lernpathologie, eine Unfriedensstruktur ermöglicht. Aber auch jede noch so exakte Beschreibung der mangelnden Lernvorgänge in einem System kann die *Bewertung*, ob ein Erziehungsvorgang zum Frieden oder Unfrieden führt, nicht leisten, denn Innovationslernen ist nicht sogleich auch Lernen zum Frieden.

### *2.2.2. Zweite Stufe der Reflexion: Lernpathologie als Lernen des Unfriedens*

Mangelnde Innovation führt also zum Unfrieden, weil das humane und kulturelle Anspruchsniveau nicht gehalten wird. Lernpathologie gibt es aber auch in der Form, daß Unfrieden direkt gelernt wird. Die Analyse der Unfriedenssituation im ersten

Kapitel bietet dafür mannigfache Beispiele. Die Frage lautet nun, wie der lernpathologische funktionale Prozeß zum Unfrieden in den einzelnen Phasen zu beschreiben ist und welche negativen Fähigkeiten gelernt werden. Das Ergebnis wäre die Zusammensetzung des Lernprozesses zum Unfrieden hin.

1. Pathologisches Lernen hat seine allgemeine Ursache in einem beharrenden System von latenter struktureller Gewalt. Der Zustand struktureller Gewalt eines Systems wird gelernt und internalisiert. Dafür gibt es verschiedene Mechanismen und Zwänge, etwa die Prägung auf Stereotype hin (überhaupt die Typisierung), die Institutionalisierung von funktionalistischer Anpassung, die Entlastung des Denkens durch Konditionierung usw. Unfrieden entsteht, wenn dieses funktionalistische Lernen die strukturelle Gewalt nicht rationalisieren kann, wenn also ein sog. »falsches Bewußtsein« legitimiert und durch politische Erziehung gefördert wird.

2. Der beschriebene lernpathologische Zustand korreliert mit der Aufnahme und Fülle von Informationen. Nicht nur, daß die Masse von Informationen verwirrt, Hintergründe verschweigt und meistens nur vordergründig verständlich ist, sondern auch die Qualität, Modalität und Substanz des Lernens können langfristig Unfrieden stiften. Am deutlichsten wird dies in unterschwelliger und sogar offener ideologischer und propagandistischer Information, die abgeschnittene Kommunikation ideologisch weiter verschärft. Dies hängt von den folgenden beiden Faktoren, nämlich der Intentionalität und der vorgegebenen Prägung, entscheidend ab.

3. Der Zustand struktureller Gewalt und die Ermöglichung unfriedlicher Information und Kommunikation sind Voraussetzungen des unfriedlichen Lernprozesses, der aber ohne ein drittes, aktives Steuerungsmoment nicht als Unfrieden zum Ausbruch käme. Im Schema der Galtungschen Typologie der Gewalt[58] handelt es sich um die *intendierte Gewalt*, z. B. die sog. personale Gewalt, die strategisch-strukturell eingesetzte Gewalt, die organisierte Friedlosigkeit in der Terminologie von Senghaas. An dieser Stelle des Lernprozesses zum Unfrieden ist das intentionale Lernen (bei Giesecke) oder die intentionale Erziehung am deutlichsten angesprochen: die Erziehung zur rücksichtslosen Durchsetzung schon des Kindes, das Erlernen des Rechts des Stärkeren und einer Legitimierung und Ethik der Gewalt, bis hin zur direkten Ausbildung zur Gewalt und Gewaltanwendung etwa im Guerillakampf, auch in manchen Militärs.

4. Die Wirkung und Beurteilung des intendierten Lernens von Gewalt ist von dem vierten Element des Lernprozesses abhängig, nämlich von der geschichtlichen individuellen, sozialen, politischen und ökonomischen Lage und dem Bewußtseinsstand. Ob das Individuum auf Gewalt hin sozialisiert, Bedrohungsvorstellungen projiziert, ein aggressives Fremdbild und Vorurteile erlernt[59]; ob die Gesellschaft täglich Gewalt in Krimis, Zeitungen etc. konsumiert, Kriege als Normalität ansieht, Gewaltsamkeit

---

[58] Johan *Galtung*, Gewalt, Frieden und Friedensforschung, in: Senghaas (Hg.), Kritische Friedensforschung, a.a.O., S. 58.

[59] Volker *Gold* u. a., Bedrohungsvorstellungen, a.a.O., S. 268.

gegenüber Minderheiten und Randgruppen fordert; ob im politischen Bereich Terror Humanismus bedeutet, wenn Gewalt zum Erfolg führt; oder ob ökonomisch durch overkill-Produktion von Waffen, Handelsbestimmungen zum Nachteil der unterentwickelten Länder Unfrieden erzeugt und aufrecht erhalten wird – in allen diesen Fällen trifft die oben beschriebene intendiert gelernte Gewaltsamkeit auf eine ganze Skala von geschichtlich-gesellschaftlichen Lernstrukturen, die Gewalt verstärken, abschwächen oder modifizieren. Wenn die gezielt lancierte Gewaltsamkeit größer als das geschichtlich gelernte Gegengewicht ist, wird der Lernprozeß auf Unfrieden hin fortgesetzt.

5. Das Ergebnis des Lernens sind Unfriede und Gewalt, die sich in der letzten Phase des Lernprozesses fixieren: Aggressivität, Gewalt und Unfriede wurden also gelernt, und dieses Lernen mit seinem Beharrungsvermögen strukturiert das Verhalten des Individuums oder der Gesellschaft neu im negativen Sinne. Die Erziehung zum Unfrieden ist damit in allen Formen und Phasen des Funktionalen und Intentionalen beschrieben worden. Zugleich ist der Begriff des Unfriedens als eines durchaus komplexen Lernvorgangs durch die Erklärung seiner Einzelelemente deutlicher geworden: Unfriede ist eine gelernte gewaltsame Verhaltensweise, die strukturell, kommunikativ, intentional, geschichtlich-gesellschaftlich und organisatorisch vermittelt ist. Eine Lernpathologie im Sinne des Lernens von Unfrieden tritt auf, wenn insbesondere die Bilanz der Information von Steuerung (Kontrolle) und Tiefendimension die gewaltsame Verhaltensweise ermöglicht.

Der Rückblick auf den bisherigen Stand unserer Reflexion umfaßt die gesamte funktionale und intentionale Lernpathologie des Unfriedens. Es ist gelungen, den in der Friedensforschung oft reichlich allgemein benützten Unfriedensbegriff kategorial und operational zu fassen.

Aber dennoch lautet die grundlegende Kritik am Ende der zweiten Reflexionsstufe folgendermaßen: Wir haben zwar Formen von Unfriedens-Lernen anhand eines systematischen Ansatzes kennengelernt, es wurden zwar in den verschiedenen Dimensionen (noch freilich genauer herauszuarbeitende) Ursachen und Erklärungen für gelernte unfriedliche Verhaltensweisen angegeben, aber wir wissen noch nicht positiv-präzise, was Unfriede bzw. noch besser was Friede ist und wie zum Frieden erzogen werden kann.

### *2.2.3. Dritte Stufe der Reflexion: Friedenserziehung als Überwindung von Lernpathologie*

Die Faktorenanalyse und Begründung von Lernpathologie umfaßt noch nicht den positiven Inhalt von Friedenserziehung. Wir müssen also zur Negation der Negation, d. h. zur operationalen *Überwindung* von pathologischem Unfriedens-Lernen eine dritte Stufe der Reflexion einführen und den Begriff der Friedenserziehung mehr und mehr *im kognitiven, emotionalen und pragmatischen Bereich* mit Inhalt füllen.

1. Friedenserziehung bedeutet in der ersten Phase zunächst einmal, eine gegebene Ausgangslage abschätzen zu lernen, Konfliktstoffe zu analysieren, sie in ihrer systematischen Einbindung in die verschiedenen individuellen, gesellschaftlichen, politischen und ökonomischen Zusammenhänge, in ihrer Struktur, in ihrer technischen Art mitsamt den aufgebotenen gebundenen und freien Hilfsmitteln zu rationalisieren. Es muß also gelernt werden, die Mächtigkeit von Systemen zu reflektieren, d. h. im konkreten Fall die Stärke und Qualität, das Beharrungsvermögen eines Konfliktes und der eingesetzten Hilfsmittel, etwa in einem Streitfall zwischen zwei Kindern, zwischen Interessen, in Vorfällen zwischen Staaten usw. Die Rationalisierung überwindet die Lernpathologie also erst einmal auf dem Wege der Durchschaubarkeit des vorliegenden Zustandes.
Der Lernprozeß der Friedenserziehung wird also auf der kognitiven Ebene Klarheit über die Kausalität zu gewinnen suchen, damit die zur Lösung eines Streitfalles eingesetzten Hilfsmittel richtig gewählt werden können. Hier hat die *Wissenschaft* vom Konflikt, vom Streiten, von Aggressivität ihren Platz, weil man von ihr möglichst objektive Kategorien zu erlernen hofft. Sie muß dem Erzieher kognitive Fähigkeiten und ein Bewußtsein von der Struktur der unfriedlichen und der möglichen friedlichen Verhältnisse in Individuum und Gesellschaft vermitteln.
Das emotionale Lernen ist demgegenüber ein wissenschaftlich unterentwickeltes Gebiet. Rationale Durchdringung bedeutet für die Friedenserziehung im emotionalen Bereich die Abschätzung und Verminderung von Angstpotentialen, und um einen Gedanken von Hartmut v. Hentig hier einzufügen, die Erziehung zu einer gewissen durchaus sensiblen Festigkeit, zu einer Mißachtung von Schmerz und Angst[60]. Ähnliches sagt dazu schon Friedrich Wilhelm Foerster.
Auf der pragmatischen Ebene heißt das wiederum, daß eine Fähigkeit der Handhabung von Machtmitteln gelernt werden muß. Friedenserziehung braucht die Erziehung zur Standfestigkeit und zum grundsätzlichen Verantwortungswillen des charakterfesten Menschen im Sinne Martin Bubers[61], gepaart mit der Erziehung zu politischer Vernunft in kritischer Realitätsprüfung (Hentig). Macht und Herrschaft sind nicht nur in ihrer Legitimität zu untersuchen, sondern auch funktional richtig einzusetzen und in den Funktionsabläufen transparent zu machen, damit strukturelle Gewalt nicht unbewußt bleibt. Dazu ist eine gewisse Technik, z. B. im Prozeß der Demokratie, notwendig, die gelernt werden muß.
2. Der Lernprozeß der Friedenserziehung kann auf diesen Grundfähigkeiten aufbauen und ihn auf der informatorischen und kommunikativen Dimension weiter-

---

60 Hartmut v. *Hentig*, Erziehung zum Frieden, in: Frieden. Vorlesungen auf dem 13. Deutschen Evangelischen Kirchentag, Hannover 1967, Berlin 2. Auflage 1968, S. 34; Friedrich Wilhelm *Foerster*, Völkerbundpädagogik; in: Die Zeit, Organ für grundsätzliche Orientierung 1, 1930, S. 279ff.

61 Martin *Buber*, Über Charaktererziehung, in: *ders.* Reden über Erziehung, Heidelberg, 8. Aufl. 1964, S. 53ff.

bringen. Lernpathologie wird durch vielseitige, objektive Informationen über die Ursachen des Streitfalles, den Gegner, seine Motivation usw. überwunden, weil sie einen Pluralismus und eine Dialektik – im günstigsten Falle den Dialog (Buber, Freire) – ermöglichen und ein »richtiges Bewußtsein«, um mit Adorno zu sprechen, begünstigen[62].

Hier sind die drei Wissenskategorien von Giesecke[63] in den Lernprozeß einzufügen: Wer Frieden stiften will, muß über ein Bildungswissen, ein Orientierungswissen und ein Aktionswissen verfügen, das ihn instand setzt, gegen Ideologie und Propaganda einzuschreiten. Die kognitive Fähigkeit der Dialektik und Alternative und das Wissen um Zusammenhänge, die Kenntnis einer praktischen Organisationslehre, juristische und technische Kenntnisse zur Entlastung, gruppendynamische Sensibilität, kommunikative Techniken wie Diskussionslehre zur argumentativen Emanzipation etc. stellen zur Friedensschlichtung in Streitfällen eine unumgängliche Voraussetzung dar. Dazu gehört auch die von Wolfgang Hilligen herausgestellte planmäßige Schulung der »Antizipation der Konsequenzen von Alternativen für einzelne, Gruppen, Gemeinwesen« als Fähigkeit der Konfliktregelung[64]. Emotionale Kommunikationsbarrieren, die durch affektive Besetzung wie Vorurteile etc. bestehen, nehmen mit dem Grad der Informiertheit über das Vorurteilsobjekt ab. Pädagogisch noch wirkungsvoller ist der Abbau dieser Barrieren durch Kooperation, (nach Homans und Robinsohn) beginnend mit Kommunikation und Kontakt, Verständnis, Empathie, Sympathie und Solidarität bis hin zur Kooperation[65]. Es geht um die Erziehung zum gemeinsamen Leiden am Unrecht (Hentig), um sozialteilnehmendes Verhalten (Robinsohn, Giesecke) aufgrund vielfältiger kommunikativer Erfahrungen.

Erziehung zum Frieden und Lernen des Friedens stellen an jeden andererseits die Aufgabe zur pragmatisch-skeptischen-kritischen Haltung. Schon der Schüler sollte in seiner Aufnahmebereitschaft von Informationen zur prüfenden Distanzierung angeleitet werden, damit der Lernprozeß auf eine neue Haltung hin nicht wegen hochgestochener Undurchführbarkeit zu Frustrationen und Aggressionen führt. Es muß pragmatisch die Fähigkeit entwickelt werden, trotz aller Verfeindung und zu ihrer Verminderung stets Kontakt zum Gegner zu halten, also die Fähigkeit, in dieser Weise die gegnerische Position auszuhalten.

3. Mit der Erziehung zur Kommunikation ist aber eine Friedenserziehungstheorie

---

[62] *Buber*, Reden, a.a.O.; *Freire*, Pädagogik der Unterdrückten, a.a.O.; Theodor Wiesengrund *Adorno*/Helmut *Becker*, Erziehung wozu?, in: Neue Sammlung 1, 1967.

[63] Hermann *Giesecke*, Didaktik der politischen Bildung, a.a.O., S. 35ff.

[64] Wolfgang *Hilligen*, Thesen zur Didaktik der politischen Bildung, in: Hessisches Institut für Lehrerfortbildung (Reinhardswaldschule, Protokoll des Lehrgangs 1478/69), 1969, S. 46–50, bes. S. 50.

[65] *Gold*/*Koch*/*Küpper*/*Lobner*, Bedrohungsvorstellungen, a.a.O., S. 272; *Hentig*, Erziehung zum Frieden, a.a.O.; *Giesecke*, Didaktik der politischen Bildung, a.a.O., S. 56ff.; *ders.*, Einführung in die Pädagogik, a.a.O., S. 92ff.

noch keineswegs abgeschlossen. Der durch die Aufnahmebereitschaft von Informationen vorbereitete Lernprozeß braucht einen engagierten Impuls zur Veränderung des Verhaltens auf Frieden hin; jede Dialektik, jeder Pluralismus von Kommunikation bedarf der durchgehenden Initiative, Steuerung und Koordination. Nach Heinz Heckhausens bekannter Formel hängt die Lernmotivierung maßgeblich von Leistungsmotivation, Erfolg und Zielanreiz ab[66].
Für die einsetzende aktive, engagierte Phase des Lernprozesses ist die *Zielproblematik* des Friedens besonders kennzeichnend: es erscheint äußerst schwer, einheitliche inhaltliche Gesichtspunkte für das Ziel des Friedens als Regulative des Handelns zu finden. Wolfgang Hilligen[67] nennt hier wegweisend die existentiellen Kategorien: Hunger, Unterdrückung und Vernichtung als *Gefahren* des Friedens und andererseits Bedürfnisbefriedigung, Entfaltung aller gesellschaftlichen Potenzen der Autonomie und den humanen Austrag von Konflikten als *Chancen* des Friedens.
Denn damit ist eine Ethik zu konzipieren, die als polit-ökonomische Ethik die ökonomische Unfriedensstiftung, als Sozialethik den personalen Aspekt des Unfriedens »im Geiste der Menschen« zusammen mit dem gesellschaftlichen Lernprozeß umfaßt. Es gibt in Resolutionen der UNO durchaus eindrucksvolle Zeugnisse, daß Menschen vom Frieden den gleichen Begriff haben können.
4. Die Zielproblematik als neuralgischer Punkt jeder Erziehungstheorie und insbesondere der Friedenspädagogik steht in enger Verbindung mit dem gesamten angespeicherten und verfügbaren Lernpotential. Es bedeutet für den bis zu dieser Phase vorgestoßenen Lernprozeß eine entscheidende Beeinträchtigung, kognitiv, emotional und pragmatisch frühere Lernprozesse aufarbeiten und überbieten zu müssen. Die nachhaltige geschichtliche Dimension im dialektischen Widerspruch zur neuen historischen Kausalität im Sinne Grisebachs[68] zu führen, verlangt nicht nur eine emanzipierende Kritik der prägenden Hintergründe, sondern auch die Fähigkeit und Ermöglichung, im Wagnis der Entscheidung zu einer neuen Erziehung aufzubrechen.
Für die geschichtliche Lage der Friedenserziehung heute heißt dies, daß Verhaltensdispositionen und Fähigkeiten für den Rückkopplungsprozeß aufgebaut werden, nämlich daß einerseits nach einer Analyse der Tiefensituation des Menschen in der Gesellschaft die Aufnahme von Lernleistungen, die Disponibilität und Bildsamkeit auf Frieden hin ermöglicht, daß aber andererseits auch ganz entscheidend eine neue Situation und ein Regulativ der alten Situation geschaffen werden muß. Aus Lernpa-

---

[66] Lernmotivierung (Motl) = (LM · E · Ae) + As + N + bId + bZust + bAbh. + bGelt + bStrafv. LM = Leistungsmotivation; E = Erfolg; Ae = Zielanreiz; AS = Anreiz sachbezogen; N = Neuigkeitsgrad; bId = Bedürfnis nach Identifikation; bZust = Bedürfnis nach sozialer Zustimmung; bStrafv = Bedürfnis nach Strafvermeidung. *Heckhausen*, Förderung der Lernmotivation und der intellektuellen Tüchtigkeiten, in: Heinrich Roth (Hrsg.), Begabung und Lernen, Stuttgart, 6. Aufl. 1971, S. 196.
[67] Didaktik, a.a.O.
[68] Eberhard *Grisebach*, Die Grenzen des Erziehers, a.a.O., S. 27ff.

thologien kommen wir nur heraus, wenn die Summe von allgemeiner Lernfähigkeit und neuem Bewußtsein den Leistungsverlust der alten Situation übersteigt.

5. Das Ergebnis der komplizierten Rückkopplung von fortschrittlichem Steuerungssystem und geschichtlichem Gedächtnissystem von Informationen ist schließlich das Lernen, d. h. eine Verhaltensänderung, die teilweise oder fundamentale Neuordnung, eine Neuverteilung und ein Neueinsatz von Hilfsmitteln, Institutionen, Denkweisen. Es tritt ein Strukturwandel, eine Neukombination, eine relativ permanente Verhaltensänderung ein, die sich nach der Stärke der einzelnen Faktoren richtet: Je nachdem, ob die Tiefenwirkung der Vorgeschichte gegenüber der Anforderung der neuen Situation positiv oder negativ ist (und die Aufnahmefähigkeit für Lernen gewährleistet ist), gestaltet sich auch die Neuordnung des Systems, etwa des Denksystems, positiv oder negativ. Oft wird beim Lernprozeß die wichtige Tatsache übersehen, daß es zur Institutionalisierung des vorgegangenen Rückkopplungsprozesses und zur entscheidenden Durchsetzung bedeutsamer Fähigkeiten bedarf: der Kenntnis organisatorischer Systeme und ihrer Reaktionen auf Veränderung, einer entsprechenden »Innovationsphantasie«; der Überzeugung von der Richtigkeit der Neuordnung, gestützt auf eine humane Legitimation; und der Fähigkeit zur praktischen kritischen Neuordnung und Verhaltensänderung mit ständiger, umfassender Flexibilität gemäß den Anforderungen des Friedens.

Durch ein komplexes Koordinatensystem des Lernprozesses mit seinen verschiedenen Dimensionen und den dementsprechend auszubildenden Fähigkeiten auf kognitiver, emotionaler und pragmatischer Ebene verdichtete sich die systematische Vorstellung der Überwindung von Lernpathologie durch Friedenserziehung so sehr, daß der Eindruck entstehen könnte, als sei Friedenserziehung eine Idealvorstellung, die nie bewerkstelligt werden würde. Aber anhand jeden kleinen Streitfalles (z. B. zwischen zwei Jungen), den ein Erzieher zu schlichten hätte, kann man schnell nachweisen, daß alle Phasen, Dimensionen und Fähigkeiten in irgendeiner Weise zur Friedensstiftung immer verlangt werden.

Trotz des komplexen inhaltlichen Aufweises muß kritisch gesagt werden, daß immer nur die Bedingungen und die Ermöglichung von Frieden genannt sind und woraufhin konkret erzogen und gelernt werden muß. Die eingehende wissenschaftliche Reflexion des immer schon vorhandenen inhaltlichen Vorverständnisses vom Frieden gehört in die Philosophie, die also eine wichtige Rolle in der Friedenserziehung spielt, indem sie die Bewertung für soziologische, politologische und psychologische Ergebnisse vornimmt. – Für die Pädagogik soll als Zusammenfassung hier folgende *operationale* Definition gewagt werden: Friede ist die individuelle, soziale, politische und ökonomische humane Verhaltensweise, die aufgrund der kognitiven, emotionalen und pragmatischen Fähigkeiten der Machteinschätzung, der Informationssensibilität, des kontrollierten Engagements, der emanzipierenden Kritik und der ständig sich legitimierenden Neuordnung hergestellt wird. Er ist strukturell, kommunikativ, intentional, geschichtlich-gesellschaftlich und organisatorisch abgesichert.

### 2.2.4. *Ansatzpunkte*

Mit den genannten Elementen des Lernprozesses läßt sich die Strategie einer Friedenserziehungstheorie aufstellen: Nach einer Analyse der Unfriedensursachen und ihrer pädagogischen Bedeutsamkeit ist der Hauptansatzpunkt in der *Information und Kommunikation*, der Herstellung allseitiger Kontakte und Kooperation, zu sehen. Nur von diesem Ansatz her kann eine Initiative in Richtung auf den Abbau des Unfriedens in der *gesellschaftlichen Dimension der Unfriedensstrukturen* erwachsen, die zugleich kommunikativ-pragmatisch eine *Neuordnung* planen und durchführen muß.

Wer von vornherein gewaltsam und nicht-kommunikativ vorgehen will, verfehlt den gesellschaftlichen Rückhalt, auch wenn er »im Namen der Geschichte« oder »im Namen aller Fortschrittlichen« handelt. Andererseits: wer sich politisches Handeln gewaltlos vorstellt, wird nie in die Spannung der Kommunikation treten können, weil man ihn nicht gleichwertig als kommunikatives Element ansieht. Kommunikation und Information sind also dialektisch durch Quantität und Qualität herzustellen.

In den Lernprozeß sind die politisch-pädagogischen Kategorien einzubringen.
1. Man muß von der Situation und Analyse auf allen Ebenen ausgehen, nämlich von der »Mächtigkeit« der Herrschaft, des Profitstrebens, der Kommunikation und Freiheitsbestrebungen. Diese Phase könnte man die analytische Phase nennen. Selbstverständlich muß sie durch den gesamten Lernprozeß hindurch aufrecht erhalten werden.
2. Am auffälligsten ist bei der Verarbeitung des Lernprozesses mit den obigen politisch-pädagogischen Kategorien die zentrale Stelle der Kommunikation. Ihre vermittelnde, gesellschaftliche Funktion stellt den geeigneten Anfang einer dialektischen Friedenserziehung dar. Die Kategorien der Information, friedliche Kommunikationsformen und Kommunikationsfähigkeiten, freie Selbstbestimmung und gemeinschaftliche Anpassung bei ebenso gemeinschaftlicher Nützlichkeit sind die kritischen Ansatzpunkte der Friedenserziehung.
Das Hauptgewicht der Initiative, Steuerung und Kontrolle des Lernprozesses obliegt der politischen Ebene, die auf alle anderen Ebenen gestützt sein muß. Ohne Information und Kommunikation, d. h. ohne die gesellschaftliche Basis ist aber eine solche Friedenspolitik nicht möglich. Friedenspolitik ist in diesem Sinne Informationspolitik.
Das Gegengewicht der Initiative ist, wie im Lernprozeß aufgezeigt, die geschichtlich-gesellschaftliche Tiefendimension mit allen ihren langfristigen, mittel- und kurzfristigen Auswirkungen. Friedenserziehung und Informationspolitik können aus diesem Grunde nur durch pragmatische Kommunikation auf längere Sicht Erfolg haben. Jede Politik und jede Pädagogik werden durch den Rückstand der gesellschaftlichen Verhältnisse in ihre Schranken gewiesen. In diesem Sinne müßte diese Phase des Lernprozesses die dialektische Phase heißen. Sie umfaßt die Herstellung gesellschaftlicher Kommunikation, die politische Initiative und Kontrolle und die Überprüfung und Korrektur der gesellschaftlichen Tiefendimension.

3. Die kommunikative Dialektik soll pragmatisch im Hinblick auf den Realismus einer Neuordnung konzipiert werden. Viele kritische und dialektische Ideengebäude hatten keinen Bestand, weil die Planung ihrer Durchsetzung als zu unwichtig angesehen wurde. Im Gegenteil ist sie aber von Anfang an mitzudenken.

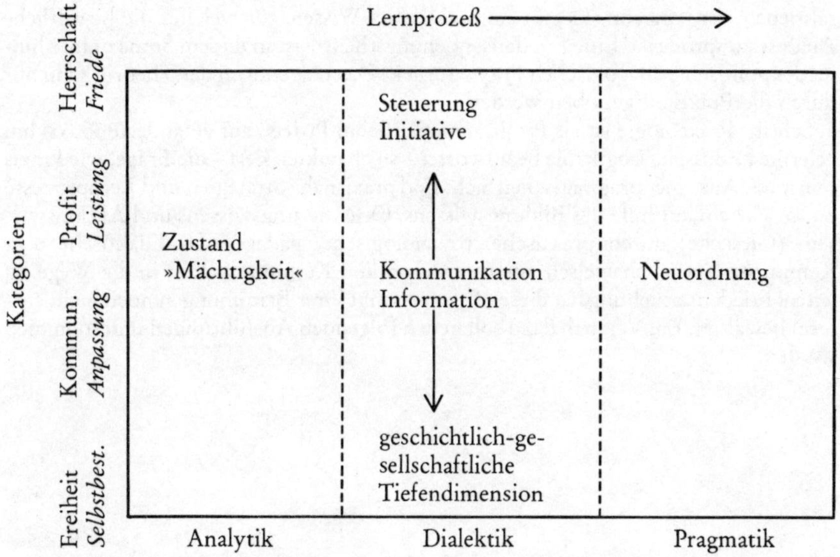


Nach der Beschreibung des methodischen Vorgehens und der Hervorhebung der wesentlichen Ansatzpunkte für eine politische Friedenserziehung mithilfe des Maßstabes einer kritischen kommunikativen pragmatischen Dialektik ist die allgemeine Grundlegung abgeschlossen. Eine konkrete Praxeologie hat dann in jedem Einzelfall den Unfrieden festzustellen und mit jenem Instrumentarium aufzuschlüsseln. Das Problem der Gastarbeiter und ihrer Kinder, die gesellschaftliche Aggressivität, Vorurteile, sowie deren ganze pädagogische Bewältigung können so nach den Gesichtspunkten der Rationalität, Kommunikation, Pragmatik und Dialektik in ihrer Unfriedensstruktur herausgestellt werden.

Eine Praxeologie folgt dabei eben jener Abfolge von Analytik, Dialektik und Pragmatik.

1. Schritt: Praxeologie ist die Analyse und Beschreibung der Praxis. Diese Aussage faßt man allgemein unter das Theorie-Praxis-Problem, wo meistens das Verhältnis einer bestimmten Theorie zu der Praxis definiert und korrigiert wird. Erkennen wird klar von Handeln unterschieden, die kausale Reihenfolge besteht darin, erst zu erken-

nen und dann zu handeln. In der Friedenserziehungstheorie nimmt die Praxeologie dieser Art einen wichtigen Platz ein, zumal eine Theorie noch überall fehlt[69].
2. Schritt: Praxeologie ist Logik der Praxis. Die Kritik an dem Theorie-Praxis-Verhältnis bezieht sich auf die Logik der Praxis, die die Theorie nicht hinreichend einfangen kann. Praxis und Handlungsvollzug bilden in der Aktion gleichsam kreativ eine eigene Logik aus, die theoretisch weder vorentworfen noch nachträglich adäquat beschrieben werden kann. Es gibt ein praktisches Wissen, für welches die begriffliche Analyse zu spröde ist. Eine Friedenserziehungstheorie ist in diesem Sinne immer hinter der politisch-pädagogischen Praxis zurück. Das Ungenügen der Theorie kann nur durch die Praxis aufgehoben werden.
3. Schritt: Praxeologie ist als Programmatik die im Prozeß auf veränderte Praxis hin gelernte praktische Logik. Sie beantwortet – so charakterisiert – die Frage, wie Praxis sein muß. Aus einer pragmatischen Sicht sind praxisnahe Strategien und Lernprozesse zu entwickeln, mithilfe des Bildungswissens, Orientierungswissens und Aktionswissens (Giesecke) durch praktische, psychologische, pädagogisch-didaktische u. a. Kenntnisse Verhaltensweisen zur Innovation und Kommunikation in die Wege zu leiten. Friedenserziehung hat diesen Schwerpunkt ihrer Bemühungen noch nicht entfernt bewältigt. Ein Versuch dazu soll in den folgenden Ausführungen unternommen werden.

[69] Eine wichtige Übersicht über diesen umfassenden Praxisbereich der Wissenschaft gibt H. O. Franco *Rest*, Erziehungswissenschaftliche Friedensforschung? Theoretische Überlegungen, in: ders. (Hg.), Waffenlos, a.a.O., S. 114–128, bes. S. 115ff., 122ff.; s. auch *ders.*, Möglichkeiten der Friedenserziehung. Spektralanalyse einer Fragestellung, in: Probleme des Friedens, Information Pax Christi 6. Jg. H. 1–4/1971; *ders.*, Tendenzen der Friedenserziehung heute und ihre Konsequenzen für die soziale Praxis, in: Theorie und Praxis der sozialen Arbeit, 1975, S. 11ff.

Teil II

# Die politische Dimension des Pädagogischen

Der systematische Überblick setzt uns mit der operationalen Friedens- (bzw. Unfriedens-)Definition in die Lage, die Lernfähigkeit auf Frieden hin zu untersuchen. Die verschiedenen Elemente und Dimensionen des Lernens sind dabei mit den Kategorien der politischen Pädagogik in Verbindung zu bringen. Besonders die Analyse des bisher erreichten Lernstandes und die Frage nach dem Ausgangspunkt von Lernmöglichkeiten muß das Verhalten »des Systems«, seine Mächtigkeit und sein Beharrungsvermögen noch genauer beschreiben und vornehmlich auf Ursachen untersuchen, um schließlich daraus ein Konzept der Friedenserziehung formulieren zu können.
Diese Analytik faßt also die bisherigen Ausführungen unter den herausgearbeiteten Gesichtspunkten der kritischen kommunikativen pragmatischen Dialektik der einzelnen gesellschaftlichen Felder zusammen; es werden politische Gegenstandsbereiche angesprochen, die unmittelbar von der *pädagogischen* Theorie aufgearbeitet werden können.
Die Pädagogik findet in dem politischen Vorfeld wenn auch nicht die einzigen, so doch sehr wichtige und folgenreiche allgemeine, praktisch-reale Grundlagen. Jede Sozialisationstheorie, ja jede einzelne erzieherische Handlung kommt sehr schnell auf diese Voraussetzungen zurück, die erst, wenn sie hinterfragt worden sind, eine sinnvolle Begründung von Erziehung bieten. Pädagogik kann heute ohne gesellschaftliche und politische Begründung, als direkt eine erzieherische Handlung und erzieherisches Verhalten konstituierende Faktoren, nicht auskommen. Dieser Zusammenhang der politischen Dimension des Pädagogischen ist zu manchen Zeiten zwar gesehen, aber nicht akzeptiert worden. Das führte zur Pädagogik als einer unpolitischen oder antipolitischen Wissenschaft[1]. Die Folgen sind in der Geschichte, vor allem der jüngsten Geschichte des deutschen Volkes, unübersehbar heillos. Andererseits zeigte sich im gleichen Phänomen des Unpolitischen zugleich das paradoxe Überpolitische – wie man es heute auch in sogenannten sozialistischen Ländern wahrnehmen kann.
Gegen den Skeptizismus und das Gefühl der Ohnmacht, das etwa die Bücher »Der Archipel Gulag« von Alexander Solschenizijn, der Folter-Report von Amnesty International, die Menschenrechtstribunale von Bertrand Russell u. a.[2] hinterlassen, muß

[1] Im Lexikon der Pädagogik (Herder) Freiburg 1971, Bd. 3 gibt es kein Stichwort »Politische Pädagogik«, wohl aber »Politische Psychologie«, »Politische Soziologie«, »Politische Theologie«, natürlich auch »Politische Bildung«, die aber als didaktisches Problem abgehandelt wird.

[2] Alexander *Solschenizijn*, Der Archipel Gulag, 2 Bde., Bern 1973/74; Bertrand *Russell*, Jean-Paul *Sartre*, Das Vietnam-Tribunal I und II, Reinbek 1968. Vgl. aber auch das Tribunal gegen die Folter in Lateinamerika, veranstaltet im April 1974 in Rom usw.

endlich der Versuch einer wissenschaftlichen Analyse der Pädagogik treten unter dem Gesichtspunkt, ob sie heute besser imstande ist, diesen Greueln zu wehren, ob es Ansätze gegen die sprichwörtliche politische Unfähigkeit der Pädagogik gibt und wodurch ein pragmatischer Weg zur Neuorientierung beschritten werden kann.
Durch diese fundamentale Fragestellung wird eine politische Pädagogik im Sinne politischer Bildung mit einbezogen, aber zugleich überholt. Erziehung ist über den Bildungsprozeß hinaus politisch. Der schlagende Beweis ist immer die angewendete Gegengewalt, falls der Educandus die geforderten Bedingungen nicht erfüllen sollte. Die politische – d. h. auch allgemeine – »Sozialisation« vollzieht sich in Analogie und auch direkt als Folge der politischen Herrschaftsverhältnisse. Es ist genauer zu untersuchen, inwieweit die Pädagogik den Auftrag der sozio-polit-ökonomischen Verhältnisse erfüllt bzw. mithilfe der im vorigen Kapitel erarbeiteten Kriterien der Maßstab der Unfriedensstruktur angelegt werden muß.

## *1. Die Basis des Lernprozesses (Analytik)*

Ausgangspunkt der Prüfung möglicher Ansätze zur Friedenserziehung ist der Zustand der theoretischen und praktischen Pädagogik im Vergleich zu den politischen Notwendigkeiten.
Die Pädagogik der Nachkriegszeit in der Bundesrepublik Deutschland weist eine interessante Dialektik auf, die noch heute spürbar nachwirkt und die einzelnen wissenschaftstheoretischen Positionen bestimmt.
Im ausdrücklichen Gegensatz zu der Nazi-Pädagogik und im Bemühen der Heimkehr zum Menschen[3] wandte man sich einem idealen Humanismus zu, der weitgehend aus Ansätzen der Reformpädagogik gespeist war (wenn auch die Institution Schule aus dem 19. Jahrhundert übernommen wurde). Bewußtsein, Freiheit und Wille sollten durch die Pädagogik die Möglichkeit zur Ausreifung im Großen Charakter (Buber), in der mündigen Persönlichkeit, in der Autonomie menschlichen Handelns erfahren. Am Beginn der 60er Jahre strebte die Diskussion über die personale Begegnung[4] einem Höhepunkt dieser Pädagogik zu: Freiheit wird durch Verbundenheit in der existentiellen Lebensentscheidung erfahren, wozu die Pädagogik hinführen kann. Obwohl sich viele Pädagogen durchaus der politischen Relevanz der Erziehung bewußt waren, lag der Hauptakzent pädagogischen Bemühens im unmittelbaren Relationsgefüge des Erziehungsverhältnisses, um von daher »vor Ort« Menschlichkeit, Humanismus und Mündigkeit zum Wohle der Gemeinschaft zu bewirken. Politisches Handeln wurde nicht in den Blick genommen.
Von der Mitte des letzten Jahrzehnts her läßt sich ein kräftiger Gegenstoß gegen diese

[3] Walter *Rest*, Heimkehr zum Menschen, Warendorf 1947[2].
[4] Buber, Bollnow, Guardini.

Pädagogik aufweisen. Die allmähliche Entfernung von der greuelhaften Unmenschlichkeit des zwölfjährigen Reiches, zusammen mit dem durch zunehmende Befreiung aus engen Grenzen immer stärker ins Gesichtsfeld rückenden Anschluß an amerikanische Zwänge lenkten den Blick auf die gesellschaftlichen Gegebenheiten in ihrer Allgemeinheit. Es wurde versucht, die Pädagogik als Sozialwissenschaft aufzufassen, also als eine Theorie und Praxis, die den Educandus an die sozialen-kulturellen Verhältnisse anpaßt, ja nur anpassen kann. Soziale Gegebenheiten sind so zwanghaft, Autonomie der Persönlichkeit hat so wenig Aussicht auf Erfolg, moralische Wertungen sind in solchem Maße nur das Resultat der tradierten und gegenwärtigen Verhältnisse, daß mithilfe der Gesellschaftswissenschaften alleine festgestellt werden sollte, was Erziehung ist und leisten muß.

Aufschlußreich ist im Gegenzug seit den weltweiten studentischen Unruhen, daß einige Anhänger der Anpassungsthesen (Mollenhauer) nun die Erziehungswissenschaft als emanzipatorische Sozialwissenschaft forderten. Aus der Analyse der gesellschaftlichen Gegebenheiten – und diese Analyse wird negative Seiten aufweisen – soll nun wieder gesellschaftliche Selbstbestimmung des Menschen hervorgebracht werden. Aber wie denn ohne eine Vorstellung vom Wert oder Unwert gesellschaftlicher Verhältnisse, von einem Menschenbild und von Humanismus – man hatte doch gegen Philosophie und personalistische Pädagogik polemisiert? Aus beschreibenden Wissenschaften läßt sich weder Emanzipation direkt herleiten noch eine verantwortliche Erziehung. Philosophische und soziologische Kritik müssen also in die politische Pädagogik mit eingebunden werden.

Alle drei angedeuteten pädagogischen Standpunkte weisen innerhalb ihres Systems ihre relativ unwiderlegbare Berechtigung nach, und dennoch ist jedes dieser Systeme selbst grundlegend zu kritisieren und in seiner autistischen Tendenz mit Ideologieverdacht zu belegen. Wichtige zusätzliche Aspekte fehlen in jedem der drei Systeme. So sucht man unter dem Gesichtspunkt der langfristigen Auswirkung auf Frieden/Unfrieden praktisch vergebens nach Hinweisen auf genaue Handlungstheorien. Diese konkreten Folgewirkungen sind nun als Zustand der Pädagogik zu untersuchen.

## 1.1. Unpolitische Erziehung

Verteidiger des *personalistischen* Ansatzes streiten mit aller Energie Herrschaft in ihrem Konzept ab. Es sei im pädagogischen Bezug oder im Erziehungsverhältnis per definitionem jeder Zwangszustand ausgeschlossen. Denn der Erzieher könne ein werthaftes Ziel nur durch ihre verantwortete Autorität erreichen, die aufgrund der Hilflosigkeit und Unselbständigkeit des Kindes von diesem ja erwünscht und gefordert werde[6]. Autoritätslose Erziehung sei ein Ungedanke, ohne Verantwortung gebe

[6] *Langeveld*, Theoretische Pädagogik, a.a.O., 1. Kap.; Wilhelm *Flitner*, Allgemeine Pädagogik, Stuttgart 11. Aufl. 1966, S. 78. Vgl. zur Friedenserziehung auch Maria *Montessori*, Erziehung und Frieden, hg. v. Paul Oswald und Günter Schulz-Benesch, Freiburg 1974.

es weder Autorität noch Erziehung. Die Wertvorstellung vom Menschen, die Ideen von der Freiheit, Selbstbestimmung und Mündigkeit als permanenter pädagogischer Aufgabe seien nicht eine Vergewaltigung des Menschen, sondern das durch pädagogische Autorität und pädagogische »Liebe« mögliche stellvertretende Übernehmen menschlicher Notwendigkeit.

Die personalistische Pädagogik verwendet sehr viele politisch relevante Kategorien wie Freiheit, Selbstbestimmung, Mündigkeit im Sinne der Abwehr gegen Zwangsherrschaft, und trotzdem befördert sie Macht von Menschen über Menschen, die sie zudem anthropologisch begründen kann: Da ist das Schema von der Einwirkung eines Erziehers auf einen Zögling, das zu harmonistisch und positiv den Druck auch der mit pädagogischer Liebe erfüllten Autorität kaschiert. Die Unzulänglichkeit des Kindes oder des zu Erziehenden soll durch das Verantwortungsbewußtsein des Erziehers kompensiert werden, was ein ungenügender Ersatz für die vielen Mißgriffe »liebender Autoritäten« ist[7]. Die Autorität ist sich selbst nämlich zu wenig einsichtig, um es wagen zu können, ihrem Anspruch zu genügen. Man vergleiche nur die psychoanalytisch nachweisbaren Regressionstendenzen des Erwachsenen einem Kinde gegenüber, sowie die in jeder libidinösen Zuwendung enthaltene Aggressionsquantität, um so die Autorität infrage zu stellen. Danach fallen die Erwachsenen gegenüber Untergebenen (und Kindern) sehr schnell in die (ödipale) Phase ihrer eigenen Auseinandersetzung mit ihren Eltern zurück, und gegenüber Höhergestellten entwickeln sich die gleichgelagerten Konflikte wie zu ihren Eltern, so daß oft, wenn auch unbewußt, die Autoritätsbeziehung nicht korrekt ist, sondern eigene Probleme hinter einem freundlichen Gesicht reproduziert. Gerade die so wertvolle persönliche Beziehung wird aus der Sicht dieser wissenschaftlichen These zur Verhinderung einer angemessenen Fürsorge und zur verhängnisvollen Fehlleitung der Bedürfnisse.

So ist insbesondere im persönlichen Bereich eine strenge und oft nicht heilsame Herrschaft von Menschen über Menschen ausgeübt worden. Das Argument, dieser psychoanalytische Aufweis könne die existentiell-personale Ebene nicht treffen oder widerlegen und sei infolgedessen für den personalen pädagogischen Bezug, im Sinne Bubers etwa, irrelevant, ist aus idealistischer Sicht richtig, trifft aber nicht die realen Vorgänge bei einer Autoritätsausübung.

Die Schizophrenie ist, daß der personalistische Ansatz mit seinen eminent politischen Begriffen deren politischen Gehalt nicht durchschaut. Er meint so tiefgründig wie nur möglich zu sein, reflektiert aber nicht die realen Grundbedingungen seiner Ziele. Mit seltsamer Blindheit konstatiert er nicht und will es nicht wissen, daß der Mensch nie frei, nie nur sich selbst bestimmt, nie eigentlich mündig ist; er gibt sich mit einem biß-

---

[7] Peter *Heitkämper,* Das Autoritätsproblem, in: Österreichische Pädagogische Warte 1974, S. 163–171. Vgl. aber auch die These Friedrich *Hackers,* der von einem – dem Ödipuskonflikt vergleichbaren – Infantizid der Erwachsenen spricht, in: Aggression, S. 225 ff.; Peter *Fürstenau,* Zur Psychoanalyse der Schule als Institution, in: das Argument 6. Jg. H. 2, Mai 1964, 5. Aufl. Jan. 1970.

chen Freiheit, einer begrenzten Selbstbestimmung und einer partiellen Mündigkeit – ganz entgegen seiner Theorie – zufrieden und läßt sich durch diese Konzilianz erst eigentlich vorschreiben, wie weit der Mensch frei, selbstbestimmt und mündig zu sein hat.

Diese absteigende Dialektik begünstigt den Aufstieg von Herrschaft. Sie hält die pädagogische Theorie unselbständig und abhängig, auch wenn diese Werte und Normen nicht mehr unbedingt sofort als Herrschaft empfunden werden. Herrschaft entsteht durch diejenigen idealistischen, oft im Transzendentalen oder auch Transzendenten begründeten Werte, deren Allgemeinheit ein stetes Anspruchsdefizit erzeugt, welches wiederum nicht zur theoretischen Korrektur sondern vielmehr zur unpolitischen Abgabe von Funktionen des Individuums in Gesellschaft und Politik führt. Mangelnde Einschätzung seiner notwendigen politischen Effektivität, Verachtung und Selektion wissenschaftlicher Ergebnisse brachten eine Unterbewertung wie auch eine Überbewertung der Möglichkeiten des Individuums.

Zunächst einmal überschätzt man den einzelnen. Seine »Autonomie«[8], deren Berechtigung durchaus nicht ganz bestritten werden kann, läßt die pragmatische Dialektik zu den menschlichen Schwächen der Faulheit, Dummheit, Gewohnheit, zur Institutionalisierung von Verhaltensweisen und zur Herrschaft der übergeordneten Systeme vermissen. Hier könnten noch viele andere Sätze von bedeutsamen Vertretern dieser pädagogischen Theorie eingebracht werden, die etwa in Richtung von Jacques Maritain gehen[9]:

»Wenn der Mensch ein von Natur aus politisches Wesen ist, dann in dem Sinne, daß die von der Natur verlangte Gesellschaft durch freie Übereinkunft zustandekommt und weil der Einzelne aus Aufgeschlossenheit und Großherzigkeit heraus, wie sie der Intelligenz und der Liebe eignen, und aus den Bedürfnissen eines nackt und hilflos geborenen menschlichen Individuums heraus nach der Gemeinschaft eines sozialen Lebens verlangt.«

»Das letzte Ziel der Erziehung betrifft die Person in ihrem persönlichen Leben und geistigen Fortschritt, nicht in ihrer Beziehung zur sozialen Umgebung.« »Eine menschliche Gesellschaft ist in Wahrheit eine Gruppe von menschlichen Freiheiten.«

Die politisch notwendige Komponente ist aber doch nicht schon dadurch angesprochen, daß dem Ich ein Du, dem Individuum ein Mitmensch, auch noch nicht der Begriff der Gemeinschaft mitgesetzt wird[10].

Es sei zugegeben, daß die Bewertung der politischen Rolle des Individuums – etwa in einem System wie dem der BRD – sehr schwierig ist. Umso verständlicher erscheint

---

[8] Vgl. Fritz *Bohnsack* und Georg *Rückriem*, Pädagogische Autonomie und gesellschaftlicher Fortschritt, Weinheim 1969, bes. S. 79ff. Ebenso die Literaturzusammenstellung bei Gertrud *Schiess*, Die Diskussion über die Autonomie der Pädagogik, Weinheim 1973; s. auch Rudolf *Lassahn*, Einführung in die Pädagogik, Heidelberg 1974.

[9] Jacques *Maritain*, Erziehung am Scheidewege, Bad Nauheim 1962[3], S. 28 und 29.

[10] Vgl. u. a. Karl *Löwith*, Das Individuum in der Rolle des Mitmenschen, Darmstadt 1969 (1928[2]).

es, daß man »die Versittlichung der Gemeinschaft« den numerisch diese Gesellschaft konstituierenden Individuen vertrauensvoll überlassen will: »Ob die Einrichtungen des Staates freier und die der Wirtschaft gerechter werden, ist wichtig, aber nicht für die Frage nach dem wirklichen Leben, die hier gefragt wird; frei und gerecht können sie von sich aus nicht werden«, weil das In-der-Beziehung-Leben des Geistes den Maßstab gegen Nutzwillen, Machtwillen und Zwingherrschaft abgibt[11].

Im Nachweis, daß ja immer erzogene Individuen handeln, daß also das persönliche, personale, dialogische, existentielle Verhältnis auf diese Weise immer die politische Komponente beinhalten, steckt zudem der Trugschluß, die politische Bestimmtheit brauche nichts als das soziale Vorhandensein des Menschen und benötige keinerlei besondere Einstellungen, Handlungsanweisungen, Initiativen und Verhaltensmuster[12]. Zugleich mit der unpolitischen Enthaltsamkeit ist eine Unterschätzung des Individuums verbunden[13]. Meist geschieht diese Unterbewertung mit dem Hinweis auf die Abhängigkeit und Beeinflußbarkeit des Individuums, die ja wissenschaftlich vielfach nachgewiesen ist[14], während die Beeinflussung »der Gesellschaft« durch das Individuum – soweit ersichtlich – relativ unerforscht ist[15].

Gegen diese Unterschätzung des Individuums hat sich kein Geringerer als Karl Marx gewandt: »Die *Geschichte* tut nichts, sie ›besitzt *keinen* ungeheuren Reichtum‹, sie ›kämpft *keine* Kämpfe‹! Es ist vielmehr der *Mensch*, der das alles tut, besitzt und kämpft; es ist nicht etwa die ›Geschichte‹, die den Menschen zum Mittel braucht, um *ihre* – als ob sie eine aparte Person wäre – Zwecke durchzuarbeiten, sondern sie ist *nichts* als die Tätigkeit des seine Zwecke verfolgenden Menschen.«[16]

---

[11] Martin *Buber*, Ich und Du, op. cit., S. 62, auch schon S. 60ff. Es ist zu würdigen, daß Buber überhaupt gesellschaftliche und ökonomische Bedingungen in den Blick nimmt.

[12] So vermißt sich Axel *Görlitz*, Der politische Deutsche, Paderborn 1967, im ganzen Buch jegliches politisches Handeln als »individuelle Teilnahme« zu bezeichnen. Zur Gefahr des überlieferten Persönlichkeitsbegriffs auch Friedrich *Oetinger* (Theodor Wilhelm), Partnerschaft. Die Aufgabe der politischen Erziehung, Stuttgart 1956[3], S. 92ff.

[13] Einen kurzen geschichtlichen Abriß vermittelt dazu Heinrich *Weinstock*, Die politische Verantwortung der Erziehung in der demokratischen Massengesellschaft des technischen Zeitalters. Schriftenreihe der Bundeszentrale für politische Bildung, Bonn 1969[5], H. 33.

[14] Vgl. u. a. D. *Krech* u. a., Individual in Society, New York 1962; ebenso Wolfgang *Metzger*, Das Individuum zwischen Meinungen und Einsichten, in: Kurt Aurin u. a. (Hg.), Politische Psychologie, Bd. 4, Frankfurt 1968[2], S. 30–44.

[15] Selbst in kybernetischen Versuchen der Erfassung des politischen Lernprozesses gilt das Individuum als durchaus zu vernachlässigen. Karl *Deutsch*, Politische Kybernetik, a.a.O.; ebenso Silke *Schmalriede*, Politische Beeinflussung und Informationstheorie, in: Politische Psychologie, a.a.O. 1969, Bd. 8, S. 49–71. Auch das lesenswerte Buch von Bruno *Bettelheim*, Aufstand gegen die Masse. Die Chance des Individuums in der modernen Gesellschaft, München 1964 bringt über konkrete Beteiligungen des Individuums an der heutigen Gesellschaft keine Aufschlüsse.

[16] Karl *Marx*, Friedrich Engels, Die heilige Familie, MEGA, I. Abt., Bd. 3, S. 265; zitiert in: Adam *Schaff*, Marxismus und das menschliche Individuum, Reinbek 1970, S. 101.

Der (zwar geschichtlich-gesellschaftlich bedingte) Mensch ist also Schöpfer der Geschichte, wenn er in sich seine gesellschaftlichen und politischen Kräfte erkennt und anwendet[17].

Die Übermacht des Gesellschaftlichen wird vom Individuum ständig erfahren, es ist mit positiven Handlungsmöglichkeiten dagegen recht wenig aussichtsreich ausgestattet, und so liegt in der Relativierung seines realen Einflusses bis hin zur Kapitulation und zu politischen Fehlformen durchaus eine Logik des vorfindlichen Tatbestandes. Als Gegenargument – zugleich zur Aufwertung der Persönlichkeitspädagogik – könnte die Tatsache angeführt werden, daß in unserer hochkomplizierten Demokratie die Möglichkeiten des Individuums scheinbar eher gestiegen als gesunken sind. Dieses Argument bekommt aber erst seine Berechtigung, wenn die frühere idealisierende und harmonisierende Tendenz der Individualpädagogik konkret die politische Relevanz der Persönlichkeit differenziert reflektiert und die Fähigkeit zur politischen Verantwortung und Solidarität[18] ausbildet.

Die akumulative Komplexität erhöht die Wahrscheinlichkeit von Fehlern und die Anfälligkeit des gesellschaftlichen Systems. George Herbert Mead unterscheidet »between an organization depending on what the community wants to accomplish through its government and the direction of the government from the point of view of personal relations.«[19] Wir sind noch nicht im Zeitalter der Organisation des Gemeinschaftslebens: »But as a rule it can be said that our various democratic organizations of society still are dependent upon personal relations for the operation of the government.« Individuelle Persönlichkeiten ausschließlich auszubilden trägt also schon den Keim der Elite in sich, vernachlässigt die Tatsache vieler organisatorisch »funktionierender« Individuen und betont auf der anderen Seite zu sehr den vagen Wahrscheinlichkeitsfall der regierungsbefähigten Persönlichkeit. Horst E. Richter fügt vorschnell hinzu:

»In der universal verwalteten, computerisierten Massengesellschaft der Zukunft ist das große, unabhängige Individuum tatsächlich nur als parasitäres Wesen denkbar, es wäre geradezu das Gegenstück zu einem Garanten einer notwendigen neuen Form von Solidarität.«[20] Zusammenfassend ist festzuhalten, daß trotz aller Kritik an unpolitischer Erziehung die personalistische Pädagogik ausbaufähige Ansatzpunkte enthält, die in einer politischen Pädagogik unerläßlich sind. Für Eberhard Grisebach z. B. ist eine konkrete Dialektik der geschichtlichen »Arbeit am Gegenstand« das Mittel,

---

[17] *Schaff*, ebd. S. 111 ff.; Karl *Marx*, Zur Judenfrage, MEGA, I. Abt., Bd. 1, Hdb. 1, S. 599; vgl. auch Willi *Eichler*, Individuum und Gesellschaft im Verständnis demokratischer Sozialisten, Schriften der Bundeszentrale für politische Bildung, Bonn 1970.

[18] Vgl. hier die obigen Kategorien Teil I.

[19] George *Mead*, Mind, Self & Society from the Standpoint of a Social Behaviorist, Chicago and London 1934, 1972[11], p. 314.

[20] Lernziel Solidarität, Reinbek 1974, S. 74. Richter wirft Herbert Marcuse einen Neo-Individualismus vor, der nicht zur menschlichen Selbstverwirklichung geeignet sei.

den pädagogischen Ideologien zu entgehen[21], und Walter Rest führt im Anschluß an Kierkegaard die indirekte Mitteilung mit ihrem Prinzip des personalen Distanz-Verhaltens in der Dialektik als ein erzieherisches Verfahren ein, das Zwangsherrschaft grundsätzlich ausschließt[22].

### 1.2. Zum Konsum konditioniert

Eine Gegenbewegung der Personalität trug, wie ausgeführt, die Anpassung des Menschen an die kulturell-gesellschaftlichen Gegebenheiten als das eigentliche Feld der Erziehungswissenschaft in den Vordergrund. In der Erziehung sei nicht so sehr auf die Eigenständigkeit des einzelnen, sondern die Angleichung an die dynamische und sich entwickelnde Kultur und das Lernen zur Vermeidung von Konflikten dem Menschen als sozialem Wesen aufgegeben. »Menschwerdung ist nur möglich auf dem Wege der Anpassung.«[23] Alle Verhaltensweisen, die die Kultur fördern, sind angepaßt. Da die Kultur wesentlich schöpferisch ist, sind auch die schöpferischen Eigenschaften angepaßt.

In diesem soziologistischen Ansatz wird die Herrschaft der Normen und Werte des Zustandes einer jeweiligen Kultur und Gesellschaft nicht nur zugegeben, sondern realistisch als die Grenze jedes Zeitgenossen herausgestellt. »Die Gesellschaft« ist das Kontrollsystem, das die »Impulssysteme« der Heranwachsenden relativiert, indoktriniert und integriert. Wenn die Autonomie des Menschen gefordert wird, so die Autonomie, angepaßt zu sein[24]. Aus der reinen Beschreibung der Verhältnisse werden Normen für die Erziehung aufgestellt.

Die maßgebliche Zwangssituation jedes lernend-Angepaßten ist das Gewissen[25]. Es wird in dieser Theorie zum determinierten und determinierenden Vermittler einer Matrix von ehemals externen, dann internalisierten Normen. Die Rede von der Gewissensfreiheit erfährt hier ihre Umkehrung, denn es wird fraglich, ob der Begriff »Gewissen« überhaupt noch dieselbe Instanz wie das früher damit bezeichnete »Organ« meint, das jedoch gerade *gegen* die internalisierten Normen raten konnte. Jene frühere Freiheitsinstanz wird im eingeschränkten und hemmenden Über-Ich, in der

---

[21] Grenzen des Erziehers, a.a.O., S. 27 u. ö.

[22] Walter *Rest*, Indirekte Mitteilung als bildendes Verfahren, dargestellt am Leben und Werk Sören Kierkegaards, Emsdetten 1937, S. 62, 133; passim. Die Gegenüberstellung zu Grisebach vgl. S. 165ff. Es ist bedauerlich, daß dieses wichtige Buch von Rest noch nicht einem neueren Abdruck zugänglich gemacht worden ist.

[23] *Mollenhauer*, Anpassung, a.a.O., S. 275.

[24] Wilfried *Kuckartz*, Sozialisation und Erziehung, Essen 1969.

[25] Lit. zu Gewissen als Internalisation von Sozialisation: *Brückner*, Pathologie des Gehorsams, a.a.O.

(fiktiven) Gesellschaft als ihrem Kontrollsystem vom Standpunkt der Anpassung her nur funktional-vordergründig beschrieben[26].

Dieses Modell ist nicht herrschaftslos, es begünstigt Herrschaft, weil es auf den status-quo-Realismus technisch und praktisch, aber nicht emanzipatorisch reflektiert. Die eminent politische Bedeutung einer wissenschaftstheoretischen Klarstellung bezieht sich gerade auf die Herrschaftsimplikationen von Wissenschaft. Der Anspruch dieses funktionalen Ansatzes der Sozialisationstheorien, im Gegensatz zu einer ideal-hypertrophen Pädagogik streng wissenschaftlich und realistisch begründet zu sein, verführt leicht zu einer wissenschaftstheoretisch unhaltbaren Hypertrophie der Wissenschaft, denn »der wissenschaftliche Geist bewirkt kein Sein, er kann eine Verantwortung nicht übernehmen«[27]. Wissenschaft ist nur Hilfsmittel des Menschen, vom Menschen gemacht, als Gesetzmäßigkeit aus der Wirklichkeit abstrahiert, dadurch ständig falsch und zu korrigieren. Wer von der Wissenschaft als Pädagoge sein Heil und Führung erwartet, handelt verantwortungslos und führt in die Irre, weil Wissenschaft keine konkrete Lebensverantwortung übernimmt[28].

Wer getreu der Wissenschaft erzieht, ohne sich in die Dialektik der Lebenswirklichkeit zu stellen, vergewaltigt den Educandus, beherrscht ihn von einer vorgültigen Gesetzmäßigkeit her und verhindert Selbstbestimmung. Die Erwartung des Führers »Wissenschaft« als Versicherung von Verantwortung ist zwar rationaler als die Erwartung jeden anderen Führers, deutet aber nicht nur auf eine Verkennung von Wissenschaft hin, sondern ist auch als Abhängigkeitsverhältnis genommen politisch bedenklich. Diese Verhaltensweise an sich begünstigt nicht die Aufhebung von Herrschaft durch Rationalität, sie verschiebt die Erziehungsverantwortung von der konkreten »Arbeit am Gegenstand« der geschichtlichen Wirklichkeit (Grisebach) auf allgemeine Prinzipien und sogar hypothetische Urteile. Wenn die Monopolisierung aller möglichen Erkenntnis durch eine spezifische Form der Erkenntnis stattfindet[29], wenn die Wissenschaft remythisiert wird, dann geht der Sinn der Geschichte und politischen Handelns auf eine quasi-Naturgesetzlichkeit über.

Die Anpassungstheorie in der Erziehungswissenschaft ist nur aus dem Grunde realistisch, weil die Beschreibung auf einen Großteil oberflächlich betrachteter, modellhafter »gesellschaftlicher Verhältnisse« zutrifft[30]. Die pädagogische These lautet

---

[26] Gottfried *Griesl*, Gewissen, Augsburg 1970, S. 103ff.

[27] *Grisebach*, op. cit. S. 56 u. ö.; s. auch *Rest*, Prolegomena op. cit.

[28] Grisebach zu der Sphäre der Verantwortungslosigkeit und Verantwortung op. cit., S. 39. Walter *Rest* unterscheidet zwischen dem Pädagogen und dem Erziehungswissenschaftler: Prolegomena, a.a.O., S. 26ff.; Wolfgang *Brezinka*, Von der Pädagogik zur Erziehungswissenschaft, Weinheim 1972², S. 175ff.

[29] Jürgen *Habermas*, Analytische Wissenschaftstheorie und Dialektik, in: Adorno u. a. (Hg.), Positivismusstreit, a.a.O., S. 173.

[30] »Aber wäre es sinnvoll zu versuchen,« so schreibt Peter Winch, »den Einfluß, den Romeos Liebe zu Julia auf sein Verhalten ausübt, in denselben Begriffen zu erklären, welche wir etwa

demnach ja auch, daß die unzivilisierte »zivilisierte« Industriegesellschaft in großen Teilen die Gefahr der Verflachung im Wahrnehmungs-, Denk- und Gedächtnisvermögen, im emotionalen, existentiell moralisch-religiösen Bereich hervorruft, daß der Mensch der »einsamen Masse« durch seine Eindimensionalität einer qualitativen Veränderung unterliegt, die ständig seine individuelle Natur auf die »natürliche« Natur (im Sinne Kants etwa) zurückzuziehen versucht, und so die Spannung von freiheitlicher Selbstbestimmung und notwendiger Fremdbestimmtheit einseitig zugunsten quasi-mechanistischer Verfügbarkeit entscheiden möchte. Daß aber die Wissenschaften von der Erziehung und von der politischen Handlungsweise z. T. selbst die Symptome der Konsumgesellschaft aufweisen, nämlich Verflachung der Wissenschaftstheorie, Ideologisierung anderer Wissenschaftsauffassungen, Modeströmungen und Schlagwörter, Lähmung von Innovationen, Abrücken von wissenschaftlicher Verantwortung zur Kommerzialisierung von Wissenschaft, Verkürzung der Sicht durch Spezialisierungen, Entfremdung vom Menschen – daß diese Lernpathologien der Wissenschaft dem Konsumverhalten und dem Wohlstand jedes soziale oder politische Experiment opfern (Mitscherlich), dies ist nicht nur intern wegen ungenauer Forschungsergebnisse bedenklich, sondern es bewirkt auch einen Hauptansatzpunkt des Unfriedens.

Sicherheit, Konformität, Pflichtlosigkeit, Beruhigung erscheinen als die Regression des angstvoll, repressiv und auf Omnipotenz hin erzogenen Erwachsenen in den Zustand des Säuglings[31]. Dieser Zustand, dem entgegenzuwirken gerade die Aufgabe einer nützlichen pädagogischen Wissenschaft wäre, steht dem kritischen, dialektischen, kommunikativen Friedensbegriff entgegen. Eine Konsumgesellschaft ist zwar nicht automatisch eine Unfriedensgesellschaft, aber allzu leicht wird dort auch Unfrieden »konsumiert«: nämlich Gewalt, Brutalität, Kriminalität, Manipulation und Disziplinierung. Die Kommunikationsweisen im gesellschaftlichen Bereich regredieren auf das Reiz-Reaktions-Schema bzw. auf konditionierte Verhaltensweisen.[32] Der Zustand der Erziehungswissenschaft entspricht demgemäß dem Zustand der Gesellschaft, und jede Gesellschaft hat die Erziehungswissenschaft, die sie verdient.

Eine technisierte Gesellschaft ist leicht konditionierungsfähig. Technik verstärkt Potenzgefühle, eine geölte Maschinerie manipuliert die Hilflosigkeit des Menschen in magisch-archaische Bewunderung, d. h. in die Abwehr von regredierter infantiler Angst; Technik vereinheitlicht nicht nur jede logische Systematik, sondern sie läuft

---

auf eine Ratte anwenden, die durch ihre sexuelle Erregung dazu getrieben wird, ein elektrisch geladenes Gitter zu überwinden, um ihren Geschlechtspartner zu erreichen? Beschreibt Shakespeare das nicht viel besser?« P. *Winch*, Die Idee der Sozialwissenschaft und ihr Verhältnis zur Philosophie, Frankfurt 1966, S. 100, zitiert bei *Mollenhauer*, Erziehung und Emanzipation, S. 16ff.

31 *Brückner*, Pathologie des Gehorsams, a.a.O. S. 102ff.

32 Wilfried *Kuckartz*, homo educandus. Grenzen und Chancen der Erziehung unter besonderer Berücksichtigung der Friedenserziehung, in: H. O. F. Rest (Hg.), Waffenlos, a.a.O., S. 143ff.

auch in Analogie zum Reiz-Reaktions-Schema ab und verführt den technisierten Menschen leicht zum gleichen Handlungsablauf. Mit eben der gewohnten Macht der Organisationen und technischen Systeme sollen der starke Mann, die starke Polizei, der durchgreifende Staat ausgestattet sein, so daß der einzelne ruhig und bequem, unkommunikativ und einseitig orientiert sowie politisch apathisch sich nicht zu engagieren braucht. Die vielfältig geschürte Angst vor Gewaltverbrechern, Extremisten und Umstürzlern wird in die Hände von »Allmächtigen« abgegeben. Diese sind in einer konditionierten Gesellschaft daran interessiert, jede Veränderung durch eine neue geschichtliche Situation im Rahmen der den Menschen anerzogenen Prägungen zu kontrollieren.

In einer solchen konditionierten Konsumgesellschaft ist die Kommunikation eingeengt, auch wenn von Pluralismus geredet wird. Basil Bernstein spricht bei der objekt-bezogenen, nicht-personalorientierten Kommunikation von Merkmalen des restringierten Code. Sie sind Kennzeichen einer Gesellschaft mit geringem Lernniveau, hierarchisiertem Lernverhalten, positionaler (statusorientierter) Rollenverpflichtung, imperativer, häufig nicht-rationaler Autoritätskontrolle[33]. Die Reduktion der gesellschaftlichen (wissenschaftlichen), journalistischen, politischen Sprache bis hin zur Ideologisierung ist eine Kollektivierung und Primitivierung mit Tendenz zum Totalitären gesellschaftlicher Bedürfnisse und Abhängigkeitsverhältnisse.

Erziehungsziele und -stile, gesellschaftliche Normen und Arbeitsplatzbedingungen tendieren auf eine prägende Konsumhaltung hin. Die Unfähigkeit zur Dialektik drückt sich auch in Leidensunfähigkeit, relativer Schmerzfreiheit, in gemachter glücklicher Gesellschaft (Marcuse), in der Unfähigkeit des humanen Schreis (wenn es nicht um den eigenen Vorteil geht), im mangelnden Staunen und Engagement aus[34]. Brutalitäten, Torturen, Erschießungen, Bilder von unvorstellbar grausamen Kriegen (Vietnam), Statistiken von Verkehrstoten und -verletzten werden ohne wirksame Folgen konsumiert, aber auch die Verbalisierung unmenschlicher Verhältnisse und sozialer Notwendigkeiten und der Einspruch gegen wirtschaftliche Irrationalität geschieht nur sehr zaghaft: man verschiebt sein Schuldbewußtsein auf eine kleine Anzahl Eiferer, Radikale genannt, die das »Übel an der Wurzel« fälschlicherweise zu packen versuchen. Geeifert wird in der Erziehung, nachbarschaftlichem Verhalten und beruflichem Engagement dort, wo es etwas zu raffen gibt, Übervorteilung lockt, Ellebogentaktik Qualitäten ersetzt und übertrifft; kommunikative, distanzierte, taktvoll erzogene Kinder gelten nahezu als anormal.

Die Sozialwissenschaften sprechen in diesem Kontext von der perfekten Ritualisierung (Merton), die Lerntheorien von Konditionierung, die Sozialpsychologie von Präformierung der sozialen Wahrnehmung (Mitscherlich)[35], die Triebtheorie

---

[33] Ein sozio-linguistischer Ansatz zur Sozialisation: Mit einigen Bezügen auf Erziehbarkeit, in: Dieter Claessens u. Petra Milhoffer (Hg.), Familiensoziologie, Frankfurt 1973, S. 241–270.

[34] Vgl. Dorothee *Sölle*, Leiden, Stuttgart 1973.

[35] *Mitscherlich,* Die Unfähigkeit zu trauern, a.a.O., S. 213. Ein unbeachtetes Symptom: In Eng-

(Freuds) von reguliertem Triebverhalten, die Rollentheorie von Mechanismen, die Soziologie außerdem von der totalen Institution[36] – alles Erklärungen jenes konditionierten Zwanges unkritischen Verhaltens, das erzieherisch nur mit großer Energie aus der Lähmung heraus zur Selbstkontrolle und Selbstbestimmung gebracht werden kann. Die Anpassungsthese schafft, konsequent durchgeführt, eine quasi totalitäre Situation; ihr technokratischer Funktionalismus (vgl. etwa aktuelle didaktische Theorien) will von der Erziehung in jeder gesellschaftlichen Institution die Abgabe an Eigenständigkeit bis auf einen geringen Spielraum politisch unwichtiger Handlungsmöglichkeit, der zwar individuell sehr wichtig ist und als Freiheit erlebt, der aber durch eben jenes konditionierte Verhalten gar nicht voll auszunützen gelernt wird[37]. Für eine Friedenserziehung sind alle Fälle bedeutsam, in denen Konditionierung »gesellschaftlich« erwünscht ist. Das prägnanteste Beispiel höchster Konditionierung ist die gesellschaftliche Situation des Krieges bzw. die Situation des Soldaten in Ausbildung und Krieg.

Klaus Horn sieht im Anschluß an Kurt Eissler[38] die Psychopathologie dieser Gesellschaftssituation. Statt auf pathologische Anpassung deuten alle Anzeichen der Regression zu Infantilität, bedingten Reflexen, Verlust der Identität und die Identifizierung mit Omnipotenzen (Technik, Befehlshabern) auf einen Zustand hin, der schärfer und individuell zutreffend mit dem Ausdruck »Konditionierung« belegt werden muß. Der Vorteil dieses Begriffs aus einer anderen psychologischen Richtung als der psychoanalytischen Horns liegt in der Betonung der reflexologischen Ebene. Konditionierung von Verhalten und Bewußtsein ist dann Unfriedensstiftung, wenn dem Menschen die Freiheit genommen wird und wenn sie restaurativ, reaktionär und status-stabilisierend angewandt wird. In diesem Sinne ist die totale Institution potentiell der größte Unfriedensherd. Es muß freilich betont werden, daß – wie viele Begriffe der Soziologie – auch dieser Begriff der totalen Institution in genaueren Zusam-

---

land wurde im Sommer 1974 verboten, daß die Leichenwagen am Tag fahren, damit die Menschen nicht mehr an den Tod erinnert werden. »Amerika hat das Wort *Tote* aus seinem Vokabular gestrichen: man spricht von ›lieben Dahingegangenen‹«. Simone de *Beauvoir*, Das Alter, Hamburg 1972, S. 5 usw.

36 Heinz *Steinert*, Die Strategien sozialen Handelns. Zur Soziologie der Persönlichkeit und der Sozialisation, München 1972, S. 14ff., 145ff. Es muß betont werden, daß der Begriff der konditionierten Gesellschaft in seiner Übertragung auf die vielfältigen Schemata einer Gesellschaft außer in totalen Institutionen (und dort auch wieder nur relativ) immer nur tendenziell richtig sein kann. Vgl. Militär, Konzentrationslager, Gefängnisse.

37 Klaus *Horn*, Über den Zusammenhang zwischen Angst und politischer Apathie, in: Herbert *Marcuse*, Anatol *Rapaport*, Klaus *Horn*, Alexander *Mitscherlich*, Dieter *Senghaas*, Mihailo *Marković*, Aggression und Anpassung, Frankfurt 1968, 2. Aufl. 1969, S. 65ff.

38 The Efficient Soldier, in: W. Muensterberger und S. Axelrad (Eds.), The Psychoanalytic Study of Society, Vol. 1, New York 1960, S. 39–97; *Horn*, Angst und politische Apathie, a.a.O., S. 70.

menhängen unzutreffend ist. Eine Totalisierung des Menschen ist undurchführbar, ebenso seine Konditionierung im totalen Sinne.
Die Analyse des Zustandes der sozialwissenschaftlichen Erziehungswissenschaft findet bei der Suche nach Gegenwehr gegen Konditionierungsmechanismen meist große Begriffe wie Bewußtmachung, Autonomie und Kritik, aber wenig operationale, politisch brauchbare Begriffe oder Strategien zur Überwindung der detailliert erforschten (und vermuteten) psychischen und sozialen Anpassung. Die empirisch-analytische Wissenschaftstheorie verhindert z. T. sogar mit voller Überzeugung die Zuarbeit zu praktischer Verhaltensänderung[39].

## 1.3. Vom Nutzen des Interesses

Was im Aspekt der Konsumgesellschaft und Konsumerziehung euphemistisch kaschiert wurde, tritt als Leistungsgesellschaft hart hervor. Der Preis des Konsums ist bei den meisten eine verlustreiche Abgabe an die Produktionsgesellschaft.
Auf dem Standard der fast allgemeinen Sättigung muß Interesse künstlich geweckt werden, es muß produziert werden, z. T. nicht aus Bedürfnis, sondern um Arbeitsplätze zu erhalten. Eine Menge Leistung geschieht also auf Grund einer künstlichen Systematik, von der die Wirtschaftler nicht mehr zurücktreten können. Die allgemeine Erziehung weckt für dieses Interesse die Bereitschaft. Materielle und ideologische Grundlagen unserer Gesellschaft fordern einen in diesem Sinne erzogenen Menschen, machen sich die wissenschaftlichen Erkenntnisse zunutze und versuchen die darin aufgezeigten Mechanismen anzusprechen. Diese Grundlagen, materiell durch harte Zwangsmittel (Akkord, Entlassungsdrohungen u. ä.), ideologisch durch Vermassungsbegriffe und Information durchgesetzt, stellen ein Mittel zur Disziplinierung der Massen dar, das zum Teil berechtigt sein mag, sich aber ständig mehr die Frage nach Notwendigkeit und anderen Möglichkeiten vorlegen muß. Eine kritische Wirtschaftspädagogik muß in der vielseitigen, objektiven Information über Alternativen ihre erste Aufgabe sehen.
Auf den ersten Blick auffallend ist die zentrale Stellung des Leistungsbegriffs zugleich im ökonomischen und pädagogischen Bereich. Beide Sichtweisen verbindet eine technologische Auffassung, die Orientierung an einem Resultat gemäß vorgegebenen Vorstellungen und Zwängen und die Frage nach dem Nutzen von Investitionen (Information, Wissen etc.). Nicht Leistung ist zu kritisieren, sondern die einseitige Sichtweise, die im pädagogischen Bereich vom Educandus die Übervorteilung des anderen verlangt, den Neid zur Bedürfnisbefriedigung, die Kreativität des Egoismus heraus-

[39] Wolfgang *Brezinka*, Von der Pädagogik zur Erziehungswissenschaft, a.a.O.; Karl R. *Popper*, Logik der Forschung, Tübingen 1969, 3. Aufl.; zu dieser Diskussion vgl. auch Walter *Werres*, Empirische Erziehungswissenschaft, Essen 1975.

fordert und den Erziehenden auf den Akzent der Produktion und das Interesse der Durchsetzung festlegt.
Zu kritisieren ist, daß auch oft nicht ein »objektiver« Maßstab der Leistung als Maßstab für die Beurteilung von Leistung vorgezogen wird. Wir leben also nicht in einer Leistungsgesellschaft »an sich«, die uns allen zu Nutzen wäre, sondern in einer irrationalisierten Leistungsgesellschaft, deren Objektivität durchlöchert ist. Die Aufgabe der kritischen Wirtschaftspädagogik wäre demnach, wohl auf die Notwendigkeit des (idealistischen) Leistungsbegriffs hinzuweisen, zugleich aber auch deutlich zu machen, daß Arbeit und Kreativität von einem Interesse abhängen, welches einseitig über Nutzen und Brauchbarkeit von Leistung entscheidet. Dieses Interesse unterliegt geschichtlichen Wandlungen – wie große Leistungen von Musikern, Philosophen, Malern, Naturwissenschaftlern u. a. zeigen. Die Pädagogik muß z. B. in der Schule ideologiekritisch klarstellen, daß in unserem wissenschaftlich-technischen Zeitalter Leistung nicht unbedingt das technologische Mittel etwa zum beruflichen Aufstieg darstellt, sondern daß Wissen und Bildung durch Faktoren der Einflußnahme, persönliche Durchsetzung (»Persönlichkeitsbildung«), Aggressivität usw. ergänzt werden müssen.
Zu den Widersprüchen der Pädagogik in dieser Leistungsgesellschaft gehört die seltsame Ineffektivität von Unterricht, verbunden mit Disziplinierung und Privilegierung, nämlich die Beibehaltung und Errichtung von Studiengängen und -inhalten auf allen schulischen Ebenen, die sich fast durch die Bank in der eigentlich angezielten Praxis des Lehrers als dermaßen unbrauchbar zeigen, daß sie unter einem oft »fachidiotischen« Gesichtspunkt von vorn neu studiert werden müssen. Ergebnis: das vielleicht erworbene kritische Bewußtsein wird zu den Akten gelegt und eine Veränderung der Praxis ausgeschlossen; während also die Unterrichtsinhalte neu zu lernen sind (auf die alten Inhalte wurde ja soviel Schweiß in den Schulen verwendet), hält sich die Disziplinierung durch. Hier ist der Ort, wo das spezielle Interesse des Arbeitsplatzes sich gegen alle Alternativen, auch gegen Emanzipation, durchsetzen kann. Gegen das Interesse der Pädagogik wird so ein reduzierter Mensch, vielleicht ein industrialisierter, lernpathologischer Mensch erzogen. Wenn man aufgrund betriebspsychologischer Befunde und Aktivitäten und aufgrund sozialisationstheoretischer Ergebnisse schon annehmen darf, daß durch die Arbeitsplatzsituation eine ausschlaggebende Prägung des Menschen erfolgt, so nimmt der mangelnde Praxisbezug von Pädagogik, Didaktik, Bildungsplanung dem heranwachsenden und erwachsenen Menschen noch zusätzlich eine wesentliche Möglichkeit der korrigierenden Selbstbestimmung. Skeptizisten behaupten, daß durch die relative Nichtverwertbarkeit von Wissen die Abhängigkeit von der interessegebundenen Praxis notwendig größer sei, also ein allgemeines Kennzeichen kapitalistischer Wirtschaftsorientierung darstelle.
Dieses Interesse an Abhängigkeit manifestiert sich weiter in wesentlichen Unfriedensmomenten wie der Benachteiligung der Frau durch ökonomische Regelungen, der kaum zu überwindenden Aufteilung in (bildungsmäßig, berufsmäßig) Privilegierte und Nicht-Privilegierte, ja in der Erhaltung einer Dichotomie von Unterschicht

und oberer Mittelschicht bzw. der Komplementierung etwa durch Gastarbeiter (wobei die Ausbeutung nackt zutage tritt, weil sie sich wegen der Vorurteile ja nicht zu kaschieren braucht). Wenn man außer dieser soziologischen Abhängigkeit die psychologische (Konditionierung, Lenkung der künstlichen Bedürfnisse, Manipulation), die wirtschaftliche (durch die Abhängigkeit von Investition, Überproduktion usw.) sieht, so zeigt sich nicht nur der industrialisierte Mensch als Produkt seiner Produkte, sondern auch beherrscht von seinen Produkten. Vollends zweifelhaft werden die Bemühungen einer Wirtschaftspädagogik in den Bereichen, die als Unfriedenswirtschaft bezeichnet werden müssen.

In manchen Wirtschaftsbereichen ist die Grenze dabei sehr scharf zu ziehen, in anderen je im Einzelfall zu entscheiden (damit keine plumpe generalisierte Verteufelung beschworen wird). Die Verschwendungswirtschaft mit ihren »Materialschlachten« – man denke etwa an die Autoindustrie, Verpackungsindustrie, Werbung (z. B. bei Wahlen) und ebenso die Vergiftungsindustrie – können durchaus in konkreten Punkten als skandalös bezeichnet werden: schwierig für eine Pädagogik und die Erziehung gegen Unfriedensstrukturen wird erst der Sachverhalt, daß wir alle als Förderer dieser Industrien auftreten und genannt werden, daß die Atomisierung und andererseits die Verflechtung der Abhängigkeiten effektiv durchführbare Anti-Kampagnen erschweren. Kritisches Bewußtsein gegen diese massive Wirtschaftsgesellschaft zu haben ist relativ sinnlos, ja manchmal gefährlich, weil diese Gesellschaft die Zersetzung ihrer Illusionen als Frustration und Bedrohung erlebt und aggressiv reagiert.

Zusammengefaßt stellt sich die Wirtschaftsgesellschaft keineswegs als dem technisch-wissenschaftlichen Zeitalter adäquat dar: sie ist weder vernünftig, noch optimal (dem Erkenntnisstand entsprechend), noch rational (durchschaubar), noch rationell (weil im Gegenteil verschwenderisch!), noch humanisierend, noch gerecht[40].

Nur dort, wo das Interesse des Nutzens an Höchstleistung besteht, werden die Erkenntnisse des wissenschaftlichen und technischen Zeitalters bis hin zu ihrer Grenze in Anspruch genommen, etwa bei militärischen Anlagen (Vorwarnsysteme, Antiraketen), bei Prestige-Triumphen (»Weltraum«-Erforschung) und dergleichen.

---

[40] Dieses generalisierende Urteil kann natürlich durch Gegenbeweise widerlegt werden – es bedarf bei solchen Urteilen ja nur eines einzigen Beweises. (Vgl. Popper, a.a.O., S. 60ff.). Dennoch erscheint es angemessen, den ärgerlichen Unterschied von Anspruch und Wirklichkeit der Wirtschaftsgesellschaft generell zu erfassen. Beweise finden sich *überall*. Ich nenne nur Spielzeug aus Japan, das wegen seiner Zerbrechlichkeit und der zusammengehauchten Sollbruchstellen trotz seiner Aufmachung kinderfeindlich ist, ein wahrlich erzieherischer Prozeß für Kinder und Erwachsene, eine Aufklärung über Ökonomie. Die Liste von ärgerlichen Mangelkonstruktionen umfaßt ziemlich alle industriellen Fertigungsstoffe, weil der Einbau des Verschleißes, die Sollbruchgrenze, der Anreiz zum Neukauf, die möglichst knappe Bemessung usw. essentielle Merkmale der Ökonomie sind: Fertigungen vergangener Jahrhunderte sind durchaus nicht so negativ zu beurteilen wie die heutige Produktionsweise, die ihre Entsprechungen in den menschlichen Beziehungen findet und von daher pädagogisch wichtig ist.

Hier ist genau der Sachverhalt von den Produkten her präzisiert, den F. *Heinisch* mit dem Begriff der Herrschaft beschreibt: »Die heute teilweise erreichte Emanzipation von Herrschaft und die Schwierigkeit, in der industriellen Tauschgesellschaft zu erkennen, wie durch die scheinbar rein sachlichen Beziehungen des Tauschmechanismus hindurch Herrschaft sich vermittelt, und die durch den anonymen Marktmechanismus ermöglichte ideologische Verschleierung der nicht mehr personal faßbaren Herrschaft trägt dazu bei, daß die Differenz zwischen »notwendiger« und »zusätzlicher« Herrschaft ebenso verlorengeht wie die Hoffnung auf Abschaffung von Herrschaft von Menschen über Menschen und deren Ersetzung durch Verwaltung von Sachen.«[41]
Notwendig wäre eine Pädagogik des Interesses, die unter Berücksichtigung des Nutzens und der Kritik am Interesse den Menschen von der Verschleierung des ökonomischen Interesses befreit.

## 1.4. Die Demokratisierung

Es wäre ein Irrtum zu glauben, eine politologisch fundierte Pädagogik wäre immer auch auf Kritik unnötiger Herrschaft ausgerichtet[42]. Lange Zeit war die Konzeption eines harmonistischen politisch-pädagogischen Ideals, wie schon Litt feststellt, auf der illegitimen Gleichstellung des Politischen mit dem Sozialen aufgebaut[43]. Damit z. B. wird der zum Wesen des Politischen gehörende Kampf ausgeschaltet, Konflikte werden besänftigt, Machtinteressen unter dem Mantel von Gemeinwohl kaschiert.
Die Pädagogik unterlag und unterliegt noch heute derartigen Bestrebungen, und es wird Zeit, den »Streit für die Emanzipation« zu beginnen[44]. Es ist zu wenig, wenn die Pädagogik als politische Wissenschaft sich auf eine Sozialwissenschaft reduziert, nicht nur, weil der aktuell gebräuchliche Begriff des »Sozialen« die intrapersonale Sozietät (Rest) oft nicht dialektisch berücksichtigt, sondern auch weil ebenso die Dialektik des Sozialen mit dem Politischen unterbunden wird. Kurz gesagt gibt es zwei Möglichkeiten: entweder man faßt diese ganze Spannweite unter den Begriff des So-

---

41 F. *Heinisch*, Herrschaft, in: Lexikon der Pädagogik, neue Ausgabe, Freiburg 1970, 2. Bd., S. 225.
42 Manche Schriften der 50er Jahre sind in dieser Hinsicht kaum noch lesbar, weil sie sich an restaurative Gedanken der Reformpädagogik anlehnen. Nicht alle hatten den Weitblick eines Friedrich Wilhelm Foerster, der schon in den 20er Jahren – außerhalb der Reformpädagogik stehend – im Gegensatz zu Georg Kerschensteiner u. a. eine realistische Theorie vom politisch-pädagogischen Menschen zu entwickeln suchte. Vgl. auch Theodor *Litt*, Die politische Selbsterziehung des deutschen Volkes, Schriftenreihe der Bundeszentrale für politische Bildung, H. 1, S. 46ff., bes. S. 51ff.
43 Vgl. Oetingers Begriff der Partnerschaft.
44 Hans-Jochen *Gamm*, Kritische Schule, a.a.O.

zialen und überstrapaziert ihn damit zur exakten Aussageunfähigkeit, oder man bestimmt den Begriff des Sozialen präzise und relativiert den Anspruch der Erziehungswissenschaft und auch der Politikwissenschaft als Sozialwissenschaft.

In der modernen Literatur (abgesehen von den verschiedenen ideologischen Strömungen) wird das Ziel der Erziehung in einer kritischen Sozialisierung gesehen. Der »gute« wird zum »kritischen« Staatsbürger; gewiß eine bedeutsame Verschiebung, wenn man noch an Untertanen denkt, aber auch relativ bedeutungslos, wenn man die Realität betrachtet. Der konstruktiv-kritische war schon früher angeblich der gute Staatsbürger, diese Begriffe erweisen sich – ebenfalls wie Mündigkeit, Emanzipation usw. – als Leerformeln, wenn die entsprechende humanistische Idee nicht auf die Billigung in der Praxis stößt. Durch Begriffe werden Zwänge nicht abgebaut. Ausgangspunkt für einen kritischen politologisch-pädagogischen Ansatz ist also das an der Praxis gemessene, also realistisch durchführbare Demokratieverständnis und die Politisierung als pädagogische Aufgabe.

Ein Hauptgrund vieler Täuschungen ist in diesem Zusammenhang die Unschärfe des Demokratiebegriffs. »Entgegen allen propagandistischen Deklarationen gibt es in der modernen Welt sehr wenig Demokratie (sofern dieser massenhaft gebrauchte und mißbrauchte Begriff noch irgend etwas sagt). Es ist eine Tatsache, daß die überwiegende Mehrheit der Menschen keine wirklichen Möglichkeiten hat, an wichtigen Entscheidungsprozessen teilzunehmen. Diejenigen, die das Volk in den höheren sozialen und politischen Institutionen vertreten sollen, sind gewählt entweder aufgrund riesiger finanzieller Einsätze und dank der Unterstützung durch mächtige Parteimaschinerien, oder es sind die Wahlen derart formalisiert worden, daß sie sich in ein Ritual und in regelrechte Manipulation der Wähler verwandelt haben. In beiden Fällen realisiert sich die politische Hegemonie privilegierter Gruppen gegenüber der ganzen übrigen Gesellschaft, die sich hilflos und zuweilen direkt unterdrückt fühlt.«[45] Mit Abstrich der zeitbedingten Äußerungen erweist sich auch hier die von Kant in seiner Schrift »Zum ewigen Frieden« vorgetragene Meinung, Demokratie sei unmöglich, im *strikten Sinne* als richtig[46]. Auch in der bundesrepublikanischen Demokratie spricht man deswegen einschränkend von einer repräsentativen oder parlamentarischen Demokratie. Solche Feststellungen schmälern nicht das Bekenntnis zur Demokratie als der utopischen und dynamischen Herrschaftsform: keine Gesellschaft kann i. e. S. »demokratisch« sein, jede sollte demokratisch sein.

Franz Neumann stellt dazu folgende These: »Das Wesen des demokratischen politischen Systems besteht nicht in der Beteiligung der Massen an politischen Entscheidungen, sondern darin, politisch verantwortliche Entscheidungen zu treffen. Das einzige Kriterium für den demokratischen Charakter einer Verwaltung ist die volle politische Verantwortlichkeit der Verwaltungsspitze, und zwar nicht gegenüber Ein-

---

[45] Mihailo *Marković*, Möglichkeiten einer radikalen Humanisierung der Industriekultur, in: Marcuse-Rapoport u. a., Aggression, a.a.O., S. 155.

[46] Ausgabe Reclam, S. 28.

zelinteressen, sondern gegenüber den Wählern insgesamt.«[47] Dieser Definitionsvorschlag könnte reflektiert werden, wenn nicht der Begriff der Verantwortung zu sehr mißbraucht worden wäre. Welche Verantwortung kann ein Politiker, der z. B. einen Krieg befiehlt, übernehmen? Die Tatsache, daß etwa Millionen von Menschen getötet werden, kann – wenn er Verantwortung übernimmt – allenfalls mit seiner Absetzung, im Extremfall mit seiner eigenen Tötung beantwortet werden. Wie kann Verantwortung über das Prinzip »Aug um Aug – Zahn um Zahn« hinaus getragen werden? Fest steht, daß Verantwortung übernommen werden muß, daß sie einen wichtigen politischen Stellenwert hat – aber über ein gewisses, relativ niedriges Maß hinaus kann Verantwortung nicht übernommen werden, weil die Schwere moralischer Realitäten dem Zugriff einer außenstehenden Person entgleitet. Ebenso kann ja auch Schuld nicht abgewälzt, durch Verantwortung Schuld nicht getilgt werden. Der Begriff der Verantwortung ist also ein notwendig organisatorischer, obwohl er subjektiv durchaus personal empfunden werden kann. Die politische Pädagogik steht wieder angesichts ihres ständigen Zurückbleibens hinter ihren benützten Begriffen (Demokratie, Vertrauen, politischer Moral, bürgerlicher Freiheit etc.) vor dem Dilemma der Unehrlichkeit, des Ungenügens, der Aggression erzeugenden Frustration und dem Vorwurf ungerechter Herrschaftsfunktion.

Einige Unfriedensstrukturen mit tiefgreifendem pädagogischen Effekt seien noch angedeutet. Die gleiche Problematik einer strengen Begrifflichkeit im politischen Bereich trifft die Rede vom Rechtsstaat[48]. Auch hier kommt die Analyse auf eine Ambivalenz hinaus. Wer die Rechtsprechung in unserem Staate grundsätzlich als Stabilisierung des Unfriedens disqualifizieren würde, entspräche nicht den Bemühungen des Gesetzgebers und ihrer Interpreten. Dennoch liegt es in der Semantik formulierter Gesetzestexte[49] und ihrem allgemeinen Charakter als Bestimmungen, daß in der Differenz von Situation und angewendetem Gesetz sowie im Vorhandensein bzw. Fehlen gewisser Gesetze Ermessensspielräume ausgespart sind, die auch zu ungerechten, d. h. unfriedlichen Urteilen führen können. Ein stärkeres pädagogisches Argument wird aufgefahren, wenn die Allgemeinheit vermutet, daß die Praxis Schwächere benachteiligt (z. B. infolge der Tatsache, daß der Rechtsstreit Geld kostet, daß gegen gewisse Institutionen rechtlich kaum anzukommen ist) oder sogar Gesetze mit praktischem Nachteil für Schwächere bestehen. Demokratisch untragbar ist die Möglichkeit einer Lobby, Gesetze zu ihrem Vorteil durchzusetzen.

---

[47] Franz *Neumann*, Zum Begriff der politischen Freiheit, in: Demokratischer und autoritärer Staat. Studien zur politischen Theorie, Frankfurt 1967, S. 132, zitiert auch bei Wilhelm *Hennis*, Demokratisierung. Zur Problematik eines Begriffs, Köln 1970, S. 34.

[48] Rudolf *Wassermann*, Richter, Reform, Gesellschaft, Karlsruhe 1970; Heinz *Kraschutzki*, Die Gerechtigkeitsmaschine. Erfahrungen mit Strafen und Strafvollzug, Karlsruhe 1970; Ernst Forsthoff (Hg.), Rechtsstaatlichkeit und Sozialstaatlichkeit, Darmstadt 1968.

[49] Vgl. dazu u. a. Dieter *Horn*, Rechtssprache und Kommunikation. Grundlegung einer semantischen Kommunikationstheorie, Berlin 1966, S. 21ff., Lit. S. 163ff.

Ein großes pädagogisches, unbearbeitetes Problem ist die Tatsache, daß unsere Demokratie zu einem großen Teil auf Unöffentlichkeit beruht. Es ist unumgänglich, daß das Volk nur um einen bestimmten Teil von Vorgängen weiß. Ohne Geheimdiplomatie, Geheimnisträger, Nachrichtendienste, Abhöranlagen, militärische Abwehrdienste, ohne hintergründige elitäre Beziehungen funktioniert die »Herrschaft des Volkes« nicht. Weniger das rationale Argument als vielmehr das subtil sich einschleichende Mißtrauen der Regierten und seine Übertragung auf alle Vorgänge politischen Lebens sind ja nach übereinstimmender Aussage maßgeblicher empirischer Untersuchungen das größte Hemmnis gegen politisches Bewußtsein[50].
Die Parteiendemokratie trägt dazu nicht wenig bei: Die Monopolisierung der Repräsentationsparteien in der parlamentarischen Demokratie[51], das Problem innerparteilicher Demokratie in Massenparteien, die z. T. finanzielle Abhängigkeit vom Lobbyismus (auch durch Identität von Funktionären in Partei und Interessenverbänden), das Management von Parteiapparaten, Fraktionszwänge und Gleichförmigkeit trotz einsehbar vordergründig-opportunistischer Argumente, die Unterdrückung differenzierender Konflikte, Bürokratismus und Uniformismus, Verteilung von Posten nach Parteizugehörigkeit lassen das »freie Spiel der politischen Kräfte« um das »recht verstandene Gemeinwohl« – »diesem Gemeinwohl haben sich die Parteien verschrieben«[52] – vielen Bürgern als idealistisches Anspruchsniveau erscheinen.
Es ließen sich noch mannigfache Unfriedensstrukturen und -probleme aufweisen (Benachteiligung der Frau, vehemente Unsinnigkeiten der Polizei usw.). Die Analyse ist zudem unvollständig, weil sie die negativen Seiten heutiger Existenz heraushebt, auf Gefahren aufmerksam macht und unhaltbare Zustände andiskutiert. Dadurch tritt aber die lernpathologische Situation klarer hervor. In einer politischen Pädagogik kann nicht genug betont werden, daß diese Zustände von erheblicher erzieherischer Wirkung sind, daß sie grundlegend Verhaltensweisen, Motivationen und Daseinsweisen prägen und im geschichtlichen Prozeß die Weichen für Frieden oder Unfrieden stellen. Der Zustand der in diesem Prozeß mitbestimmenden Pädagogik und Erziehungswissenschaft erweist sich angesichts der riesenhaften Widerstände und Bewußt-

---

[50] Vgl. mit Literaturangaben Egon *Becker*, Sebastian *Herkommer*, Joachim *Bergmann*, Erziehung zur Anpassung? Eine soziologische Untersuchung der politischen Bildung in den Schulen, Schwalbach 1960³, S. 121 u. ö.

[51] Vgl. Franz *Neumann*, Entstehung und Entwicklung der politischen Parteien, in: Wolfgang Abendroth – Kurt Lenk (Hg.), Einführung in die politische Wissenschaft, Bern 1968, S. 234–265, bes. S. 248ff. »Die machtpolitische Stellung der Parteien äußert sich heute darin, daß sie das institutionalisierte Gewaltenteilungsschema überspielen und quasi gewaltenvereinigend wirken: die jeweilige Regierungspartei beherrscht Parlament, Exekutive und Teile der Rechtsprechung. Mit den Mitteln der Personalpolitik und der ganzen Skala politischen Druckes von der Ausnutzung finanzieller Abhängigkeit bis zur Steuerung der öffentlichen Meinung kann sie ihre politische Vormachtstellung im gesamtgesellschaftlichen Raum stabilisieren«. Ebd.

[52] *Görlitz*, Deutscher, a.a.O., S. 49.

seinslosigkeit als nicht sehr ermutigend. Vielmehr bietet die Pädagogik ohne den wichtigen Zielbegriff des »Friedens« nur ganz beschränkte Innovationsmöglichkeiten an.
Jene durchsetzbaren Möglichkeiten müssen nun in der Dialektik des Lernprozesses genauer geklärt werden.

## *2. Die Dialektik des Lernprozesses*

Trotz der Übermacht an Bewußtseinslosigkeit bezüglich Unfriedensbedingungen und trotz der kläglichen Machtlosigkeit pädagogischer Positionen, die wie Leerformeln erscheinen, enthalten der Begriff der Kommunikation und die daraus zu konzipierende kommunikative Pädagogik alle Merkmale eines kritischen dialektischen und pragmatischen Hilfsmittels. Kommunikation umfaßt Relation, Beziehung, Interaktion, Information, Dialektik, Dialog, Suche nach einer Verständigungsbasis, Verhandlung, Kommuniqué, Gemeinsamkeit und Begegnung.
Kommunikative Pädagogik stellt sich die Aufgabe dieser Vermittlungsfunktion, nämlich die Erziehung eines Menschen, der Konflikte auf gemeinschaftlicher Basis rational zu bewältigen sucht, der möglichst umfassend informiert Vorurteile vermeidet, sich in die Position des Gegners oder Gegenübers hineindenkt und der die Sachlichkeit und Mitmenschlichkeit in jedem Falle artikuliert und verhandelt.
In Kenntnis des politisch-pädagogischen Zustandes tritt nun der Versuch einer Friedenserziehungstheorie in die Phase der Aktivierung von Möglichkeiten zur Aufweichung der Unfriedensstrukturen. Kritisches Bewußtsein, Wissen und Gewissen, eine Motivations- und Steuerungslehre in bezug auf den konkreten unkommunikativen status quo müssen in einer Konzeption zusammenkommen, welche Markierungspunkte auf dem Weg zur Friedenserziehung aufzuweisen geeignet ist. In einer weiteren Phase des Lernprozesses (III. Teil) sollen dann Überlegungen zur praktischen Durchführung einer Neuordnung erfolgen.

### 2.1. Kommunikative Pädagogik

Vier Gesichtspunkte einer kommunikativen Pädagogik gemäß der systematischen Interpretation der Kategorien (Teil I) sind hervorzuheben: a) die durch vielseitige Information zu gewinnende *kritische Rationalität;* b) die aufgrund ständig neuer Initiative hergestellte konstruktive, möglichst *dialogische Beziehung;* c) das auf das *gemeinsame Interesse* eingeübte Handeln; d) schließlich die Grundfrage des (ethischen) Impulses zur *Umorientierung negativer Konflikte* im Sinne kommunikativer Emanzipation.

## 2.1.1. *Die informierte Gesellschaft*

Lernpathologie ist Kritiklosigkeit und Kritizismus. Unter- und Überbewertung der Kritik sind unsachlich, unpragmatisch und unpolitisch. Sie sind ebenso pädagogisch abträglich wie sie didaktisch abzulehnen sind. Rationalität erwies sich als dialektischer Begriff mit Begrenzung zur Irrationalität; ihr Rahmen ist aber voll auszuschöpfen. Ohne Dialektik ist kein Unterscheidungsvermögen (Kritik) gegeben. Der Gegenstand dieser Rationalität ist zunächst einmal die *»Information«*. Dieser Begriff beinhaltet neben seiner spezifisch dialektischen Funktion (Sprache über Sachverhalte zwischen Individuen oder Gesellschaften) auch einen politisch-pädagogischen Grundzug. Schon aus seiner Etymologie und ähnlichen pädagogischen Begriffen (formatio, formen) erhellt die bedeutsame Verbindung von Politik und Pädagogik. In Übergehung aller differenzierten Definitionen und selbst der kybernetischen Pädagogik steht hier ganz allgemein eine politische Informationstheorie zusammen mit einer Kommunikationspolitik im Rahmen einer kritischen Theorie der pädagogischen Auswirkungen von Nachrichten in unserer Gesellschaft. Diese müssen dort untersucht werden, wo sie Anlaß für einen Unfriedenszustand sind, umso mehr als Friedenspolitik grundlegend Informationspolitik ist.

Nur einige Gesichtspunkte können herausgegriffen werden. Informationen durchlaufen einen vielfachen Übersetzungsprozeß, der so unübersichtlich ist, daß für die Wahrheit oder Richtigkeit der Information bei bestem Willen nur noch bedingte Gewähr geleistet werden kann. Das Geschehen als solches ist oft undurchsichtig, es hat seine Geschichte, Interessen und sonstige plurale Zusammenhänge, es wird vom späteren Informanden subjektiv gesehen und sujektiv-objektiv weitergegeben, und zwar durch eine höchst mehrdeutige Sprache, über viele technische Kanäle, wo wiederum gestrichen, akzentuiert, übersetzt wird für einen ganz verschieden instruierten Leser. Diese kurze Beschreibung eines technischen Informationsganges läßt die Intentionalität von Information und die durch langfristige Übertragung von Nachrichten disponierte Öffentlichkeit u. a. noch außer Betracht[1], so daß insgesamt ein lernpathologisch wirksamer Realitätsverlust konstatiert werden kann: die Krankheit der Gesellschaft durch intendiertes und nichtintendiertes Informationsdefizit[2]. Unter

---

[1] Zu weiteren Einzelheiten s. W. Phillips *Davison*, International Political Communication, New York 1965, bes. S. 13ff., 27ff.; ebenso Rainer *Geißler*, Massenmedien, Basiskommunikation und Demokratie, Tübingen 1973, bes. S. 55 über das Problem der »Richtigkeit« von Information und Kritik.

[2] »Generell gesprochen wird Angst vorwiegend durch unterhaltend informierende Beiträge zu Krankheit, Unfall, Verbrechen und Krieg suggeriert. . . . (Sie) lassen den Lesern, Hörern und Sehern die Welt, in der sie leben, als bedrohlich und damit sich selbst als bedroht erfahren. Zwar erinnert der Anblick des »unerbittlichen Lebens« daran, daß die Beziehung des einzelnen zu seiner Umwelt bis jetzt offenbar nicht befriedigend gestaltet ist; aber dieses kritische Moment wird von den Medien mit jeweils unterschiedlicher Intensität sofort wieder unterdrückt, indem sie den einzelnen fast ausschließlich in seiner Wehrlosigkeit zeigen und die gesellschaftliche Be-

diesem Aspekt der lernpathologischen Uninformiertheit ist die These von der Notwendigkeit eines irrationalen Anteils in unserer Gesellschaft zwiespältig, insofern sie nämlich die ständig sich ergebende Irrationalität der Rationalität zum Zwecke des Vorwandes für Fehlinformation bereithält.

Ein zweites Merkmal der uninformierten Gesellschaft ist die Masse von Informationen. Sie hat mehrfache Folgewirkungen. Erst einmal soll der Eindruck erweckt werden, als sei jedermann über die genauen Sachverhalte unterrichtet. Dadurch ist man vor dem Vorwurf der Einseitigkeit geschützt.

Mit der Masse von Informationen geht die Gleichschaltung von Informationen der verschiedensten Art einher. Es wird kaum eine Unterscheidung der Bedeutung oder Nicht-Bedeutung eingeführt, weil diese ja eine ideologische Beeinflussung vornehmen würde. Auf der anderen Seite wird die Bedeutung eines Sachverhaltes aufgrund der Quantität von Informationsreihen bestimmt. Diese richten sich nach den jeweiligen politischen Interessen. Will man z. B. einen Politiker hochspielen, so kommt jede auch nur unbedeutende Meinungsäußerung durch Fernsehen und Radio. Dadurch geht die Perspektive des unkritischen, d. h. normalen Zuhörers verloren. Im Sinne des Pluralismus[3] der Informationen ist es oft schwer, die Ursachen für Sachverhalte zu nennen. Die reine Information ist so aber unvollständig und verfälscht auf diese Weise ihren Gehalt. Es kommt zu einer regelrechten Kaschierung von Interessen. Das Aufdecken von Hintergründen ist stark verpönt, und die einzelnen gesellschaftlichen Gruppen machen große Anstrengungen, dies zu verhindern.

---

dingtheit dieser Wehrlosigkeit unterschlagen. Damit zwingen die Medien ihr Publikum in ein irrationales Verhältnis zu der geschilderten Bedrohung. Das wiederum verstärkt die Unsicherheit, in der sich die Mehrzahl der massenmedialen Konsumenten auf Grund ihrer soziopsychischen Situation befindet, nicht nur; es verwandelt sie zudem – da die eigentlichen Ursachen der Bedrohung nicht beim Namen genannt werden – in eine ziel- und richtungslose Angst . . . Provokation von Angst und deren – wie der Traumweltcharakter der Medien angedeutet hat – gleichzeitige Betäubung entpuppen sich so als wesentliche Merkmale des massenmedialen Angebots, zumindest des Angebots der Massenpresse und – teilweise – des Fernsehns.«Horst *Holzer*, Gescheiterte Aufklärung? Politik, Ökonomie und Kommunikation in der Bundesrepublik Deutschland, München 1971, S. 178; vgl. auch Klaus *Horn*, Über den Zusammenhang zwischen Angst und politischer Apathie, a.a.O., S. 59ff.

[3] Eine Kritik des Pluralismus in der Massenkommunikation gibt *Holzer*, Aufklärung, a.a.O., S. 229ff. Vgl. auch Leonhard *Reinisch* in seinem Vorwort zu: Werden wir richtig informiert? Massenmedien und Publikum (mit Beiträgen von Karl Jaspers, Nathalie Sarraute, Arnold Toynbee, Theodor Eschenburg) München o. J. (1964), S. 6: »So paradox es erscheinen mag: gerade die pluralistische Gesellschaft mit ihrem geringen Bestand allgemeinverbindlicher Wertnormen zwingt den Journalisten, auf die vielen höchst heterogenen Wertordnungen der politischen, sozialen und religiösen Großverbände Rücksicht zu nehmen, wenn er beruflich vorwärts kommen will. Diese Verbände ziehen ihm Grenzen und schreiben ihm vor, was er berichten und was er verschweigen oder zumindest umschreiben soll. Erlaubt ist, was sich ziemt. Doch nicht nur dies. Erlaubt ist, was gefällt . . .« Zur Zensur auch in der besten Demokratie s. Theodor *Eschenburg*, ebd. S. 84ff.

Nur in besonderen Ausnahmefällen weisen Prozesse auf Hintergründe hin, die aus dem Grunde als skandalös empfunden werden, weil sie normalerweise nicht aufgedeckt werden.

Das Ergebnis dieser Informationspolitik ist natürlich, daß diese massiven Informationen nicht verarbeitet werden. Nur wer fähig ist, einen »autonomen« Standpunkt zu gewinnen und von daher alle Sachverhalte zu messen, wer also ein kritisches Bewußtsein hat, ist in der Lage, aus den Informationen auch irgendeinen Nutzen zu ziehen oder sie in seine Bewußtseins- und Handlungssphäre einzuordnen. Für alle anderen ist Information größtenteils losgelöst von Praxis.

Der Pluralismus sorgt auf der anderen Seite selbst unter denjenigen, die einen Standpunkt gewonnen haben, dafür, daß Uneinigkeit in der Praxis herrscht, ja daß es überhaupt nicht zu einer einheitlichen Aktion kommt. Denn schon die Freiheit in der Standpunkt-Gewinnung beschwört eine Uneinigkeit herauf, weil die nicht genannten wahren Ursachen eines informierten Sachverhaltes (die ja eigentlich zu ermitteln wären) mehrere Deutungen zulassen. Die Quantität und Qualität der Information bringt, wie diese Begründungskette zu zeigen versuchte, also eine regelrechte Unsicherheit hervor, die auf eine Praxis-Unfähigkeit hinauskommt. Natürlich ist mit der »reinen« Information auch gegeben, daß sie nicht operational vermittelt wird.

Der einzelne wird von den Informationen erdrückt. Er wehrt sich dadurch, daß er sie konsumiert, verdrängt, bagatellisiert und auf die Mächtigen projiziert. Die Informationsvermittlung geschieht zudem einlinig, rezeptiv, ohne Möglichkeit der Diskussion und Abklärung von Standpunkten und mit weitgehender Ausschaltung der Dialektik. Sehr wenige informieren sich von mehreren Seiten her. Der durchschnittliche Leser, Zuhörer, Zuschauer verlernt systematisch durch den (an sich doch vorteilhaften) Pluralismus die Pluralität der Standpunkte und damit jene prozessuale Dialektik, die für die Lernhaltung des Friedensbewußtseins so wichtig ist. Hinzu kommt als drittes Moment, daß schon allein sprachlich, logisch, systematisch, kognitiv und akustisch (bzw. visuell-akustisch) der größte Teil der Informationen für die sog. obere Mittelschicht bestimmt zu sein scheint[4]. Die Untersuchungen von Basil Bernstein zu Sprache und Lernen im Sozialisationsprozeß[5] können zur Bestätigung gesellschaftlicher Sprachunterschiede und Lernbehinderungen, bedingt durch Nachrichten, herangezogen werden. Entsprechend ist es dem Großteil der Nachrichtenempfänger unmöglich, die logische Komposition mit ihrer Vielzahl von Nebensätzen, ausgefalteten Bedeutungsmöglichkeiten, spitzfindigen Unterscheidungen, mit Ideologie und Informationsfiltern in den weittragenden Feinheiten zu durchschauen. Informationen

---

4 Zum Klassencharakter der Information, spezieller des Fernsehns, s. auch Horst *Holzer*, Aufklärung, a.a.O., S. 157ff.: Zur politischen Sozialisation durch die Massenmedien, unterstützt durch detaillierte Analysen der sozialen Merkmale des Publikums (S. 120 und S. 179ff.).

5 Andreas Flitner und Hans Scheuerl (Hg.), Einführung in pädagogisches Sehen und Denken, a.a.O., S. 253ff.; ebenso Basil *Bernstein*, Ein sozio-linguistischer Ansatz zur Sozialisation: mit einigen Bezügen auf Erziehbarkeit, a.a.O., S. 241ff.

bekommen erst in einem Kontext ihre Bedeutung. Nachrichten sind auch in ihrer Aufeinanderfolge systematisiert: Behauptungen werden abgeschwächt, differenziert, thematisch anders weitergeführt, suggeriert und massiert. Die Kenntnis dieses Systems vermittelt nicht nur die Möglichkeit zur Bewertung und Unterscheidung, sie relativiert zudem dieses System als solches.

Nachrichten wirken ebenfalls aus dem Grunde nichtemanzipierend, weil die kognitiven Grundlagen der Empfänger fehlen. Selbst ständig wiederholte Begriffe, Fachausdrücke und Zusammenhänge sind zu einem hohen Prozentsatz unbekannt, unverstanden und ohne Fundierung. Wenn man zudem die Schnelligkeit der Information, das meistens akustisch ungeübte Ohr und die visuell einseitige Fixierung bedenkt, ist es nicht verwunderlich, daß die heutige Informationsweise auf die subjektiven Empfänger größtenteils im Sinne der Lernpathologie wirkt. Die Neuigkeiten, die (nach der Definition des Lernens) einen Lernprozeß in Gang bringen sollten, treffen auf bewußtseinskrank präparierte Menschen. Dummheit ist auch in diesem politischen Sinne nicht biologisch, sondern gesellschaftlich vermittelt. Es gibt hochintelligente dumme Menschen. »Fleiß kann Dummheit nicht ausgleichen; er macht sie eher für die Umwelt erst völlig unerträglich«[6].

Ein weiterer Komplex unfriedlicher Informationsstrukturen ist eine nachweisbar intentional gehandhabte Mißbildung und Verformung, die allgemein mit »Propaganda« umschrieben werden kann. Sie baut über langfristig stereotypen Denk- und Handlungsschemata aufgrund des schwachen und selektiven Gedächtnisses der uninformierten Gesellschaft kurzfristig und auch strategisch-taktisch mobilisierende Vorurteile auf, die gerade deswegen für eine politische Friedenserziehungstheorie zentral sind, weil sich mithilfe der wirksamen technischen und wissenschaftlichen (insbesondere psychologischen) Hilfsmittel ein weites und in hohem Wahrscheinlichkeitsgrad zuverlässiges Spielfeld gesellschaftlich-wirtschaftlich-politischer Interessen auftut[7]. Die erzieherische Wirkung von Propaganda wird in der politischen, weniger in der pädagogischen Literatur herausgearbeitet[8].

Propaganda verfährt nach dem Lustprinzip und wendet alle psychologischen Raffinessen an,um die Wahrheit zu verkürzen, hinzubiegen, zu leugnen und Falsches zu erfinden. W. Phillips Davison betont, diese Art von Information sei ein Lernprozeß. Z. B. »Göbbels resorted to repetition up to the point where maximum learning was

---

[6] Leider zu essayistisch bzw. zu wenig politisch ist das Buch von Horst *Geyer*, Über die Dummheit. Ursachen und Wirkungen der intellektuellen Minderleistung des Menschen, Göttingen 1954, 6. Aufl. 1956. S. auch den 3. Teil: Dummes Verhalten infolge zu hoher Intelligenz; ebenso die Behandlung von Krieg und Frieden (Orden!), S. 139ff. Die Dummheit und Faulheit sind ja von höchster politischer Relevanz und werden systematisch einkalkuliert; ebenso wie die potentielle Gefahr der Intelligenz, die aber weniger allgemein zu fürchten ist.

[7] Vgl. auch die Ausführungen von Karl *Jaspers*, Werden wir richtig informiert? a.a.O., S. 20ff.

[8] Eine nur kurze Beschreibung s. bei Wilfried *Kuckartz*/Thea *Sprey*, Propaganda und Erziehung, Essen 1969.

achieved, and placed great emphasis on phrases and slogans[9].« Nicht nur die Entlastungsfunktion von Stereotypen, sondern auch die Hinrichtung der Triebbedürfnisse auf konforme Interessen lösen eine Lernpathologie aus, die systematisch Unfrieden stiftet. Davison folgert daraus optimistisch: »One of the most commonly cited rules arising out of the recent experience of the democracies is that propagandist should always tell the truth; not only is it better morality, but in the long run it is better business[10].«

Im Gegenteil ist aber Propaganda im lerntheoretischen Sinne eine Information auf Mißinformation: nämlich sowohl das Bemühen, Nachrichten ständig zu manipulieren, als auch die Erzeugung der Einstellung, ständig hintergangen zu werden, wobei aber die Wahrheit trotzdem verschleiert bleibt[11]. Erziehung kann über den Begriff der Information und der Manipulation gefährlich nahe an den Begriff der Propaganda gerückt werden[12], als sei jede Erziehung Information zu einem bestimmten Zweck mit Interessenfärbung. Dies ist aber nichts als die pädagogische Legitimation eines falschen – angeblich realistischen – Bewußtseins.

Welche Möglichkeit gibt es nun, sich diesem fast naturnotwendig erscheinenden Faktum der Uninformiertheit und allgemeinen gesellschaftlichen Dummheit zu entziehen bzw. diesen ständigen Unfriedenzustand aufzuheben oder zu relativieren? Die informierte Gesellschaft ist Grundlage einer Friedenserziehung.

Kritische Information und auch die dazugehörige Informationsfähigkeit zu fordern genügt nicht, weil diese Leerformel keine praktizierbaren Wege aufzeigt. Rainer Geißler nennt »drei Momente, die zusammen eine möglichst ›richtige‹ Massenkommunikation gewährleisten könnten: das subjektive Bemühen des Kommunikators um ›richtige‹ Analyse, Darstellung und Kritik, die ›Richtigkeit‹ durch Vielfalt und die ›Richtigkeit‹ durch diskutante Kritik[13].«

Subjektive Redlichkeit der Informanden, verbunden mit einer Vielfalt von Meinungen *in jedem* Kommunikationsmittel und schließlich systematisch verankert durch Diskussionen und (statt monologischen Berichten) durch dialogische Kommuniqués – dies alles würde schon Vereinfachungen und Ideologisierungen abbauen helfen. Eine informierte Gesellschaft braucht nicht nur »Tageswissen«, sondern »Tagesbildung«, d. h. täglich geförderte Fähigkeit, die Quantität an Information in früher erworbenen, qualitativen und dynamisch kritischen Einsichten zu verarbeiten.

---

[9] *Davison*, International Political Communication, a.a.O., p. 183.

[10] Ibid. p. 183ff.

[11] Wie der ganze Komplex der Ideologie, so wird auch der Begriff der Propaganda im Ostblock positiv gesehen. Man spricht von Pädagogischer Propaganda als der massiven Durchsetzung pädagogischer Information. Dieser positive Begriff ist hier nicht gemeint.

[12] Adolf *Portmann*, Manipulation des Menschen als Schicksal und Bedrohung, Zürich 1969, S. 13; vgl. dazu die Kritik von Harry *Pross*, Die meisten Nachrichten sind falsch. Für eine neue Kommunikationspolitik, Stuttgart 1971, S. 58ff.; auch bei *Kuckartz/Sprey*, Propaganda, a.a.O. wird Erziehung weitgehend mit Propaganda in Verbindung gebracht, z. B. S. 48ff.

[13] Massenmedien, a.a.O., S. 57/58ff.

Dazu gehört z. B.: Nachrichten müssen langsam gesprochen, in allgemein verständlicher Sprache (kurzen Sätzen, ohne viele Fremdwörter, in Alltagssprache) abgefaßt, im Fernsehen durch erklärte Schaubilder unterstützt werden; Ausdrücke der Fachsprache müssen unmittelbar erläutert werden; Ein-Satz-Informationen sind unsinnig; jeder Darstellung muß die Gegendarstellung folgen, aber so, daß der Hörer/Zuschauer erkennen kann, daß *beide* Darstellungen nicht absolut zu setzen sind; wichtiger als die Jagd auf Fakten ist die Jagd auf typische Hintergründe; eine Personalisierung sachlicher Inhalte sowie einseitige Ursächlichkeit sind zu vermeiden[14]; mit Nachrichten ist zugleich die Einordnung in grundlegende Zusammenhänge (etwa Funktionsweise der Wirtschaftsstruktur und Beziehungssetzung zur Lage des individuellen Empfängers) möglichst umfassend zu verbinden; Dialogpartner sollten Informationen diskutierend vermitteln; das Sprachniveau sollte Elemente des restringierten Code mit dem elaborierten verbinden (was durchaus möglich ist, weil nach Bernstein die sogenannten Mittelschichten den restringierten durchaus verstehen); Nachrichten müssen didaktisch verantwortlich dargeboten werden; sie sind wirksam und variationsreich auszugestalten; es muß versucht werden, ähnlich Leserbriefen die Rückäußerungen der Hörer/Zuschauer eingehend zu kommentieren, zu kritisieren und zu ergänzen.
Schon aus den bisherigen Ausführungen wird deutlich, mit welchen z. T. kleinen Mitteln in einer Demokratie mehr Kommunikation geschaffen werden könnte. Daß die semantischen, affektiven, didaktischen Probleme in Angriff genommen werden, ist gesellschaftlich von hoher erzieherischer Bedeutung. Voraussetzung für diese Wertung ist freilich die Absage an die normative Elitetheorie[15]. Obwohl der elitäre Charakter von Information (d. h. Information auf Macht) und von politischer Führung und andererseits die relative Massenohnmacht nicht geleugnet werden können, so wird hier ausdrücklich auf dem utopisch-notwendigen, anthropologisch und ethisch nicht anders begründbaren Konzept einer möglichst weiten Demokratisierung (und das heißt auch Information) beharrt und jede anders geartete Erziehung in die ideologische Pädagogik verwiesen. Eine kommunikative Pädagogik ist mit einer strengen Elitetheorie letztlich unvereinbar, weil auch die heute hohe Flexibilität und Kommunikationsstruktur geradezu ein demokratisches System erzwingen[16].
Kommunikationsfähigkeit als objektive, von der Sache her gegebene und zubereitete Bedingung und subjektive Fähigkeit hat in der Information ihre erste, grundlegende Voraussetzung. Die qualitative Quantität, Strukturierung, Didaktik und Ideologie entscheiden über diese objektive und subjektive Informationsfähigkeit und ihr entsprechendes pädagogisches und politisches Ergebnis. Insofern ergibt sich der be-

---

[14] Hertha *Sturm*, Masse – Bildung – Kommunikation, Stuttgart 1968, S. 81. Zum diffusen Begriff der Personalisierung in der Medienkritik s. *Geißler*, Massenmedien, a.a.O., S. 128ff.
[15] Vgl. P. *Bachrach*, Die Theorie demokratischer Eliteherrschaft, Frankfurt 1970; *Geißler*, Massenmedien, a.a.O., S. 32ff.
[16] Warren G. *Bennis* und Philipp E. *Slater*, The Temporary Society, New York 1968.

kannte Kreislauf der Abhängigkeit von Voraussetzung und Resultat auch bezüglich der Informationsfähigkeit. Die Frage ist nur, wie dieser Prozeß in Gang gebracht werden kann; denn der Anfang ist schon das halbe erstrebte Ergebnis (Aristoteles).

### *2.1.2. Der Anfang des Dialogs*

Paulo Freire hat wohl als erster eine politische kommunikative Pädagogik großen Stils entwickelt und praktiziert, die eine Friedenserziehungstheorie im Sinne der Dritten Welt sein will[17]. Freire geht es zuerst um die schwierige Auflösung unkommunikativer Strukturen und um den Nachweis, daß diese einen ungekannten Fortschritt erzeugt[18].

Einer kommunikativen Pädagogik als Erziehung politischer Menschen entspricht die Aufhebung des an die Erziehung gebundenen Autoritätsbegriffs zugunsten des kommunikativ-rational Autoritativen[19]. Auch bei Anwendung eines qualifizierten Autoritätsbegriffs, dem negative Herrschaft abgesprochen wird, liegt in der Sozialisierung durch vorgegebene Autorität immer die Gefahr, den Primat der Sachlichkeit und auch der *Mit*menschlichkeit zu beschneiden. Das Autoritative muß im kommunikativen Prozeß erst als Ergebnis erscheinen bzw. immer neu erstritten werden und nicht schon als vorhanden akzeptiert werden müssen. Autoritätserziehung läßt aber oft die Sachlichkeit nicht frei gelten. Geschichtliche Beweise, daß Autoritätserziehung kaum aus eigener Logik zur Emanzipation führen, ließen sich in Fülle beibringen. So betrachtet bedeutet die Auflösung des Autoritätsbegriffs in der Pädagogik die Dynamisierung festgefahrener Strukturen im Sinne der Demokratisierung und Kommunikation. Die Tendenz zur Verringerung der Zwänge und Selbstverständlichkeiten in der Gesellschaft (und auch der Erziehung) paralysieren Repression und sind der Ansatz für gesellschaftliches Lernen.

Der Lernbegriff steuert eine wichtige psychologische Komponente zur Kommunikation und zum Dialog bei, nämlich die Fähigkeit zur Aneignung neuer Information. Freilich ist dieser Begriff aber durch seinen psychologischen Ursprung (etwa die Lerntheorien) und seinen formalen Charakter pädagogisch zu neutral: das Lernen von Verhaltensweisen, von »Bildungsgütern«, von Normen besagt noch nicht deren Notwendigkeit nach pädagogischem Maßstab. Politisch wichtig wäre »emanzipatorisches« Lernen zur Vermenschlichung der Verhältnisse. Doch wer entscheidet über die Orientierung, die »richtigen« Lerninhalte, die der Lernbegriff geflissentlich übersieht oder in der Schwebe hält?

---

[17] Es ist eigentümlich, daß er in der wichtigen Studie von *Schäfer/Schaller*, Kritische Erziehungswissenschaft und kommunikative Didaktik, op. cit., und bei *Baacke*, Kommunikation und Kompetenz, op. cit., nicht genauer gewürdigt wird.

[18] Paulo *Freire*, Pädagogik der Unterdrückten, a.a.O.; *ders.*, Educaçâo como práctica da liberdade, 2. ed., Rio de Janeiro 1969.

[19] *Schäfer/Schaller*, a.a.O., S. 90; *Gamm*, Kritische Schule, a.a.O., S. 37.

Demgegenüber ist der Kommunikationsbegriff viel eher pädagogisch geeignet. Er stellt formal eine Beziehung her, die inhaltlich von der einfachsten bis zur komplexen Relation aufgeladen werden kann: er ist als Regulatives Prinzip gut konkretisierbar, und er erfüllt alle Bedingungen eines pädagogischen Verhältnisses, wie es ideal ist und von den Autoritätspädagogen konzipiert worden ist. Der Begriff des Dialogs (oder Polylogs), der ebenfalls in der pädagogischen Theorie verwendet wurde (Buber, Bollnow, Guardini), qualifiziert das Kommunikationsverhältnis zu einem intensiven Beziehungsverhältnis. Dies mag – wenn man an das Bubersche »dialogische« Begegnungsverhältnis denkt – für eine kritische politische Pädagogik als hypertroph erscheinen: damit soll aber nur die einzuschlagende Richtung des Lernens bis zu einem möglichen Endpunkt bezeichnet werden. Das Wort »Dialog« beinhaltet das deutsche Wort »Antwort«, man wechselt Wort, gibt sich das Wort, hält Wort usw. Die Antwort geht, in wie geringem Anfangsstadium auch immer, in Verantwortung über. Selbst feindliche Parteien kennen auf diese Weise Gemeinsamkeiten (etwa die USA und UdSSR in puncto Abschreckung), diplomatische Beziehungen haben diesen Effekt, Entspannung geschieht über das Wort und den Vertrag.
Die Frage, wie dieser Dialog zustande kommen kann, ist die Frage nach den Bedingungen des Beginns von Kommunikation im politisch-pädagogischen Bereich. Diese Bedingungen können im theoretischen Rahmen von Modellen ausgemacht und dann in der Praxis modifiziert organisiert werden. Daher kann man in der Reflexion drei Grundbedingungen unterscheiden: Es bedarf

1. einer Theorie praktischer Kommunikation,
2. einer »technischen Seite« der Kommunikation, und
3. einer Bestimmung der Intentionalität, ohne die die Voraussetzungen für das Zustandekommen von Kommunikation unvollständig wären.

Allgemein ist es – zumal in der Kritischen Theorie – üblich, die technischen Grundbedingungen den praktischen vorauszuschicken. Dadurch wird das Technische formalisiert und des Praktischen entkleidet. (Auf die Hegelsche Dialektik trifft z. B. ein solcher Vorwurf nicht zu.) Es ist also ein Vorteil, zuerst die praktischen Bedingungen von Kommunikation zu prüfen und dann die technischen Möglichkeiten anzusprechen, um beide Aspekte insgesamt der Kritik zu unterziehen. Kommunikation ist – auch für die inhaltsabstrakte Informationstheorie und zumal für die Pädagogik – ein soziales Problem[20]. Sie ist die Bedingung der Möglichkeit von Gesellschaft, Gemeinschaft, Organisation, Gruppe und selbst der intrasubjektiven Sozietät des Individuums (W. Rest).
Um die Bedingungen des Beginns praktischer Kommunikation im gesellschaftlich-politischen Bereich und die Wirksamkeit der Pädagogik erörtern zu können, müssen wir vom Modell nicht vorhandener Kommunikation ausgehen. Die Herstellung

---

[20] Colin *Cherry*, Kommunikationsforschung – eine neue Wissenschaft, 2. Aufl. Hamburg 1967, S. 14.

praktischer Kommunikation ist im folgenden auf verschiedenen Ebenen zu betrachten: der intersubjektiven, der organisierten bzw. institutionalisierenden und auch der Ebene, auf der das subjektive Handeln sich mithilfe der Institutionen allgemein setzt.

Eine Übersetzung der sozialen Kommunikationstheorie in die pädagogische Praxis und politische Realität gestaltet sich nach Thomas Gordon auf der intersubjektiven Ebene weniger schwierig als zu erwarten[21]. In der engen Thematik der Beziehung von Eltern und Kind gibt Gordon wichtige pädagogische Anregungen, die als Ermöglichung des Anfangs der Kommunikation verallgemeinert werden können und auf andere intersubjektive Verhältnisse übertragbar sind.

Im Mittelpunkt der Überlegungen Gordons steht die Methodisierung geregelter Kommunikation durch den Abbau unnötiger Autorität und den Aufbau einer sachlichen Verantwortung in Konflikten. Die Niederlagelose Methode ist eine systematisch in mehreren Schritten eingeübte Methode zur erfolgreichen Herstellung einer kommunikativen Situation, die ohne Machtanwendung des an sich stärkeren Partners zur beiderseitigen Zufriedenheit (ohne Niederlage jener Partei) mithilfe bestimmter Hilfsmittel durchgerungen wird. Jene Einübung umfaßt folgende Gesichtspunkte:

1. Bedingung der Möglichkeit von Kommunikation und beiderseitigem Lernprozeß ist die Rationalisierung der Autoritätsposition, die Auflösung des Prinzipien-Standpunktes zugunsten situativ konsequentem Verhalten und die Reduzierung des Ich und des Anderen auf seine menschlichen Möglichkeiten.
2. Die Demonstration und Ausgestaltung der Sprache der Annahme beider Seiten als »therapeutische Kommunikation«[22] und »aktives Zuhören« ist die rationale kritische Analyse und Veränderung »gewöhnlichen« konkreten Verhaltens. Sie entlarvt das Gewohnheitsverhalten nicht nur als irrational, sondern auch als meistens ineffektiv und fehlerhaft, weil unkommunikativ. Mangelnde Kommunikationskenntnisse führen auch für den Mächtigen nicht zum gewünschten Erfolg und sind unpragmatisch – es sei denn, sie würden von einem aufwendigen diktatorischen System ersetzt.
3. Die Verbalisierung und Rationalisierung eigener Bedürfnisse, Argumente und Konflikte (»Ich-Botschaften«) statt der Sprache der Beherrschung und Anforderung (»Du-Botschaften«) strukturiert die Ausgangslage des Konfliktes für die beteiligten Parteien, schließt Vermutungen und falsche Konsequenzen bis zu einem gewissen Maße aus und fordert die Parteien zur objektiven Entscheidungs-Anstrengung heraus. Nicht Macht, sondern der beste Vorschlag siegt.
4. Die Umwelt muß den Anforderungen entsprechend verändert werden. Unrealisierbare Anforderungen sind zu meiden.

Dies sind aus der Fülle der praktischen Anregungen etwa die Bedingungen, eine Kommunikation in Gang zu setzen. Gordon führt selbst sechs Schritte der Niederla-

---

[21] Thomas *Gordon*, Familienkonferenz. Die Lösung von Konflikten zwischen Eltern und Kind, Hamburg 1972, 3. Aufl. 1974.

[22] Ebd. S. 42.

gelosen Methode aus: »Den Konflikt identifizieren und definieren – mögliche Lösungen entwickeln – die Alternativlösungen kritisch bewerten – sich für die beste annehmbare Lösung entscheiden – feststellen, wie sich die Lösung durchführen läßt – nachfolgende Untersuchung, um zu bewerten, wie sie funktionierte«[23].

Diese Aufzählung erinnert stark an die Methoden Freires, die ihrerseits gegenüber Gordon (in einer anderen Situation, die mutatis mutandis übertragbar gemacht werden muß) politisch strategischer vorgehen.

1. Die Bedingungen der Kommunikation, die konkrete (Wochen intensiv andauernde) Suche nach den Anfangsthemen zur Kommunikationsfähigkeit (nach »generativen Wörtern und Themen« zur Bewußtmachung und schriftlichen Übersetzung – Alphabetisierung, Verbalisierung) werden wissenschaftlich-systematisch in Reflexion und Aktion decodiert. Das kleinste allgemeine Problem ist im Grunde zu dieser »conscientização« befähigt, wird aber nach seiner Durchführbarkeit und Tragweite genau ausgesucht.

2. Nicht von der Wirklichkeit entfernte ideologische Slogans von gesellschaftlicher Veränderung, sondern die organisierte kulturelle Aktion gegen negative Herrschaft, in der Sprache der zu Subjekten gewordenen früheren Unterdrückten, stiftet Kommunikation. Die Lehrer dieses Lernprozesses machen keine Worte, sondern der begonnene Lernprozeß lehrt Worte. Die Bedingungen entsprechen daher auch immer der Stärke der Aktion – was besonders für die anfängliche Kommunikation wichtig ist.

3. Die Macht der Kommunikation entspricht dem Mut zum Risiko, dem Mut zum Lieben (zur Befreiung der Unterdrückten), der Radikalität von Analyse und Aktion und dem Glauben an die Unterdrückten[24].

4. Kommunikation wird durch »Führer« eingeleitet und fortgeführt, aber nicht von ihnen getragen. Die Organisation soll »Dauer« (Bergson) in der Veränderung herstellen, nicht Kommunikation ersetzen und zunichte machen[25]. Freire will die unmittelbare politische »acción cultural«; er geht der Frage der direkten Konfrontation der zum Bewußtsein Gekommenen mit den Herrschenden freilich nicht ausdrücklich nach, er entwickelt keine unsinnige »militärische« Theorie[26]: er will in diesem Sinne eine Niederlagelose Methode, einen kommunikativen Lernprozeß, keine Brutalisierung des Konflikts.

---

[23] Ebd. S. 8.

[24] *Freire*, Pädagogik der Unterdrückten, a.a.O., S. 210, auch S. 213.

[25] Weitere Schriften und Präzisierungen Freires sind: The Adult Literacy Process as Cultural Action for Freedom, in: Harvard Educational Review, Vol. 40, No. 2, May 1970, p. 205–225; und: Cultural Action and Conscientization, ibid. No. 3, August 1970, p. 452–477. Zu einer (noch unzulänglichen) Linguistik des Dialogs s. D. *Wunderlich*, Unterrichten als Dialog. Sprache im technischen Zeitalter, in: Sprache im technischen Zeitalter 32, 1969, S. 263–287; die Kritik bei Edeltraud *Bülow*, Kommunikative Ethik, Düsseldorf 1972, S. 180–193.

[26] Vgl. Pädagogik der Unterdrückten, a.a.O., S. 206ff.

Die Übertragbarkeit dieser Methode auf Verhältnisse in der BRD besteht z. B. in folgenden Erkenntnissen, die in einer eigenen Studie ausgearbeitet werden müßten:
1. Auch in der BRD herrscht großes Analphabetentum: Viele Bürger verstehen Informationen nicht, können auch nur eine bestimmte Art von Zeitung lesen. Sie müssen also lesen und verstehen lernen.
2. Es gibt in der BRD zwar vielfältige Möglichkeiten, gegen Interessen zur Dummheit anzugehen; die Themen zur Befreiung aus Konditionierung sind aber noch lange nicht zur kulturellen Aktion geworden. Selbst die formulierten Worte des gesellschaftlichen Lernprozesses und offensichtlicher Hintergründe werden nicht zur Sprache aus der Objektivierung herausgerissener Subjekte.
3. Mut zum Lieben, zum Risiko, zur »Radikalität«, zu Aktion und Glaube sind in der bundesrepublikanischen Gesellschaft aggressive Fremdwörter. Dialogfähigkeit, Christlichkeit, Brüderlichkeit erscheinen als Wunschliste von Feiertagsrednern.
4. Freires Methode und Ziel sind auch in der BRD risikoreich, ihre Durchführung läßt zumindest größte Schwierigkeiten erwarten. Sie treffen andererseits auf ein weitverbreitetes Bedürfnis nach »kultureller Invasion« und Methoden der Daseinsbewältigung. Von daher haben sie in der BRD eine größere Chance als in diktatorischen Ländern, weil ihr Ziel genau das in unserer Demokratie erstrebte Ziel ist und vor allen Dingen von unten her angegangen wird.
Noch genauer als bei Gordon und Freire liegen Erfahrungen der Gruppentheorie und -praxis vor, welche Bedingungen zur Möglichkeit von Kommunikation führen. Sie stehen in dem Beziehungsfeld Selbsterfahrung – Fremderfahrung – Gruppen-Solidarität – und Gruppenhandeln[27].
1. Die Angst der Gefährdung des Selbstwertgefühls durch die anfänglich unbestimmte Aussicht auf eine Kommunikation in einer Gruppe ist der positive Ansatzpunkt, mit Umsicht (und wissenschaftlicher Begleitung) die psychisch-emotionalen Vorbedingungen und Hindernisse für Lernprozesse aufzuarbeiten. »Prinzipien des Umgangs miteinander sind: Offenheit, Symmetrie der Gesprächsführung, Vermeidung ›wilder‹ Analysen, Toleranz für gegensätzliche Reaktionsmuster und für Subgruppen, Öffnung der Gruppe nach außen«[28].
2. Für den Gesprächsanfang ist ein Denken im Sinne der modernen Didaktik erfolgversprechend: Die Einheit von Lehren und Lernen, taktvolles Engagement entsprechend dem Anspruchsniveau, Denken in Kategorien des Rollen- oder Organisationskonzepts der Gruppendynamik, Verbindung von Beziehungs- und Lernaspekt usw.
3. Der Dialog beginnt erst, wenn ein dialektisches Relationsverständnis aufkommt.

---

[27] Vgl. auch Lutz *Schwäbisch*/Martin *Siems*, Anleitung zum sozialen Lernen für Paare, Gruppen und Erzieher. Kommunikations- und Verhaltenstraining, 4. Aufl., Reinbek 1974.

[28] Horst E. *Richter*, Lernziel Solidarität, Reinbek 1974, S. 82ff.; bes. aber S. 142ff., 161ff.; vgl. auch Eberhard *Müller*, Die Kunst der Gesprächsführung, 3. Aufl. Hamburg 1971, S. 56ff.; weitergehend Dale *Carnegie*, Wie man Freunde gewinnt, Bern o. J.

Der Gruppenprozeß (und damit der Selbst- und Fremdwahrnehmung) muß eine Art von gegenseitiger Abhängigkeit schaffen, denn gleiche gegenseitige Abhängigkeit ist keine Abhängigkeit. Die prozeßhafte Gruppenerfahrung wird zu einer Umgestaltung der menschlichen Beziehungen in der Lebenspraxis, wenn das Zustandekommen von Gruppen-Solidarität methodisch und gesellschaftlich-politisch unmittelbar reflektiert wird. Ähnlich Gordons Elterntraining kann dieser Lernprozeß nur durchgehalten werden, wenn diese Lebenspraxis neu eingeübt und bis zu einer gewissen Festigung unterstützt wird.

4. Die Verallgemeinerung und Übertragung auf die gesellschaftliche Situation geschieht am besten durch die stete Ausübung und Einübung eines Gesprächsanfangs. Vor allem muß die subjektive Wichtigkeit des Themas und sein emanzipatorischer Gehalt herausgefunden werden, damit Gruppendynamik eine engagierte politische Bewußtseinserweiterung bewirken kann. Die Eigenverantwortlichkeit aller am intersubjektiven Lernprozeß Beteiligten überspielt auf diese Weise das quälende nutzlose Lamento über unveränderliche »gesellschaftliche Verhältnisse«.

Während die gruppendynamischen Erkenntnisse noch individualisiert aufgefaßt werden können, ist die Erfahrung mit den gesellschaftlichen Institutionen und deren sozialer Kommunikationsfähigkeit aus dem Bereich unmittelbarer Verfügungsgewalt des Individuums herausgenommen. Aus der Entstehungsweise und der Funktion von Institutionen lassen sich als Kommunikationsbedingungen ableiten:

1. Institutionen können ihre innere Rationalität und äußere Berechtigung längerfristig nur aufrecht erhalten, wenn sie sich kommunikativ geben. Sie fallen sonst der Spezialisierung und Routine anheim[29]. Ihre Bereitschaft zur Kommunikation und zur Darstellung ihrer Funktion ist in dieser Weise ein Gradmesser ihrer allgemeinen Anerkennung und Wirksamkeit[30].

2. Der Organisationsgrad von Institutionen erzwingt eine gewisse Offenheit: »Überorganisation kann zur Desorganisation führen«[31]. Es kommt darauf an, entsprechend diesem systemdynamischen Gesetz das Bewußtsein der Institutionsverwalter wachzuhalten, indem versucht wird, diese Subjekte nicht sich selbst entfremden und ihre persönlich empfundene Verantwortung dem System gänzlich übertragen zu lassen. Dies geschieht durch Individuation (nicht Atomisierung!), humanistische Rationalität, Situationseinfühlung, Dialektik, Relativierung, Standhaftigkeit in den Beschwerden usw.

3. Institutionen haben die Funktion, Kommunikation möglich zu machen, zugleich

---

[29] *Baacke*, Kommunikation, a.a.O., S. 298.

[30] Es wird nicht geleugnet, daß Institutionen gewaltsam aufrecht erhalten werden können; es wird nur gesagt, daß ihre Anerkennung seitens der beteiligten Mitglieder und Abhängigen (»selbststeuernde Motivation«) und damit ihre Relevanz von ihrer kommunikativen Transparenz (der Selbstdarstellung, Legitimierung und Möglichkeit der persönlichen Verantwortlichkeit) entscheidend beeinflußt wird.

[31] ebd.

aber zu reduzieren[32]. Wichtig ist wegen der hierarchischen Verwaltungsstruktur die Duldung kommunikativen Verhaltens. Günstig wäre bei Institutionen die Ansprache gerade der oberen Hierarchie auf ihre Dialogfähigkeit.
4. Die negative Funktion von Institutionen besteht in ihrer Verfestigung. Eine Dynamisierung wird erreichbar durch den Abbau der Institutionen-Sprache und -Riten, durch die verwaltungsmäßige Vereinfachung und Handhabung und durch die grundsätzliche Zielsetzung gesellschaftlicher Hilfeleistung (statt Imponiergehabe). An diesen Abbau von Angst schließt sich die in anderen Zusammenhängen erworbene Selbsterfahrung des Individuums an.
Praktische Kommunikation manifestiert sich weiterhin als allgemeine Handlungsmöglichkeit in dem Sinne, daß als Bedingung des Beginns von Kommunikation die Freiheit der Interaktion besteht und im Erziehungsprozeß erstrebt wird. Der »herrschaftsfreie politische Dialog« als Ziel gesellschaftlichen Handelns muß im Anfang grundgelegt sein.
1. Freiheit als kritisches Potential gegen bestehende Verhältnisse (Marcuse) darf die reale Dialektik zu Herrschaft nicht einseitig aufkündigen – sonst kommt ein Dialog nicht zustande. Zwar kann nur der Freie einen Dialog führen; der Unterdrückte muß sich zunächst auf den Bereich beschränken und ihn auszudehnen suchen, wo er »frei« ist, wo er seine Dialogfähigkeit finden und ausbauen kann. Ihm stehen spezifisch gebräuchliche Institutionen zur Verfügung – keine staatlichen vielleicht, aber doch Sitten, Traditionen, Kritikdarstellungen, also eine eigene Art von Öffentlichkeit, die organisiert werden muß.
2. Herrschaft ist anfällig. Es gibt so etwas wie einen »Herrschaftsdialog«, das Bedürfnis der Herrschenden, aus ihrer Einsamkeit herauszukommen. In einer Demokratie ist das beste erzieherische Beispiel die Offenheit und Öffentlichkeit gesellschaftlichen Handelns. Der Anfang des ständigen Dialogs von Wählern und Gewählten ist die öffentliche Überprüfung dieses Verhältnisses und die zum Dialog zwingende Abhängigkeit der Regierenden von den Regierten.
3. Politischer Dialog folgt den innergesellschaftlichen und internationalen Zwängen. Er ist dort die Ausnahme, wird aber bis zu einem gewissen Grade als Neuerung begrüßt. Dieser psychologische Vorteil sollte ein Anreiz zur Initiative sein[33].
4. Vielleicht nicht vordergründig-kurzfristig, aber mittelfristig und langfristig ist durch den Beginn des politischen Dialogs auf allen Ebenen die Systemstarrheit wahrscheinlich am ehesten zu überwinden.

---

32 Vgl. auch die Ausführungen zu Gehlen von *Bülow*, Kommunikative Ethik, a.a.O., S. 258.
33 Über die weittragenden erzieherisch-politischen Folgen der Konferenz über Sicherheit und Zusammenarbeit in Europa (Helsinki 1975) s. Franco *Rest*, Tendenzen der Friedenserziehung heute, a.a.O.

*2.1.3. Die »technischen« Voraussetzungen für Kommunikation*

Technik und Wissenschaft haben eine nie gekannte Informations- und Kommunikationsmöglichkeit heraufgeführt, sie sind aber in sich ambivalent und gehorchen menschlichen Steuerungsinteressen[34]. Wer von ihnen mehr als Hilfsmittel, gewissermaßen einen qualitativen Sprung durch die Anhäufung von Quantität erhofft, überschätzt die Technik und unterschätzt die Ideologie. Durch die Informationsmasse sind auch die Zusammenhänge selbst komplizierter geworden.

Einher mit dieser Informationsmasse geht die Notwendigkeit der Bewältigung durch Formalisierung, Strukturierung, Technisierung, Abstraktion und Systematisierung. Informationstheorie, Kybernetik, Systemtheorie, Humantechniken usw. helfen dabei mittels nachrichtenverarbeitender Maschinen. In der heutigen Gesellschaft benötigt somit jedes Handeln eine Technologie; die technischen Voraussetzungen gehen – etwa bei der Frage nach Operationalisierung – in die inhaltliche Fragestellung mit ein.

In gleicher Weise müssen also auch die aufgezeigten praktischen Bedingungen für Kommunikation und für einen Lernprozeß in bezug auf ihre Operationalisierung befragt werden: Wie kann der Lernprozeß organisiert werden? Welche technologischen und organisationstheoretischen Hilfsmittel stehen für die Grundlagen der Methodologie von Kommunikation zur Verfügung?

Aufgrund der Auseinandersetzung von Jürgen Habermas und Niklas Luhmann zum Thema »Theorie der Gesellschaft oder Sozialtechnologie«[35] und der Kritik an Karl Deutsch muß freilich hier eine Bemerkung eingeschoben werden: Es geht hier gar nicht um einen Ersatz von Selbstbestimmung und Demokratie durch technokratische Fremdbestimmung, nicht um jene »Hochform eines technokratischen Bewußtseins . . ., das heute praktische Fragen als technische von vornherein zu definieren und damit öffentlicher und ungezwungener Diskussion zu entziehen gestattet«[36], übrigens ganz abgesehen davon, ob solche Mechanismen politisch praktiziert werden. Ohne antitechnischen Intellektualismus und ohne Totalisierung der Systemtheorien muß hingegen die positive Funktion technologischer Grundlagen für Kommunikation und deren inhaltliche Mit-Bestimmung anerkannt und innerhalb von Grenzen ausgenützt werden. Mit Dieter Baacke stellt sich hiermit das Ökonomie-Axiom und das Institutions-Axiom von Kommunikation[37].

Der Organisation von Kommunikation kommt wesentliche Bedeutung für die Stabilisierung und die Erwartbarkeit von Beziehungen zu. Praktische Kommunikation ist im gesellschaftlichen Bereich wesentlich organisierte Kommunikation; zwar immer von Individuen organisierte Kommunikation, aber doch festen Systemregeln unter-

---

34 Peter *Heitkämper*, Können Technik und Wissenschaft den Frieden sichern?, in: H. O. F. Rest (Hg.), Waffenlos, a.a.O.

35 Frankfurt 1971.

36 *Habermas*, ebd., S. 145.

37 Dieter *Baacke*, Kommunikation und Kompetenz, a.a.O., S. 110, 111ff.

worfen. Die Frage ist nun, welche Bedingungen für die kommunikative Bereitschaft von Institutionen vorhanden sein müssen. Die politische Kybernetik von Karl Deutsch mißt die Voraussagbarkeit von Lernfähigkeit, Innovationsleistung und Kommunikationsbereitschaft sozialer Institutionen an mehreren Gesichtspunkten:

1. Voraussetzung ist vor allen Dingen das Vorhandensein qualitativer und quantitativer ungebundener bzw. funktionell ablösbarer Hilfsmittel, also die Möglichkeit der Dynamik. »Komplexere Gesellschaften müssen in ihren Teilsystemen hohe Beliebigkeiten institutionalisieren«[38].

2. Die Kommunikationsfähigkeit richtet sich gemäß der Strukturanalyse einerseits nach der Gesamtleistung des Systems, d. h. seinen allgemeinen kommunikativen Bedingungen (Nachrichtenverbindungen, Transportmitteln, Wertorientierungen, geschichtlich bedingten Verhaltensweisen etc.); andererseits aber auch nach der Dialektik von Selbstabschließung und Offenheit des Systems. Systemtheoretisch unterscheiden sich komplexere Gesellschaften von einfacheren durch höheren Abstraktionsgrad und Betonung der technologischen Funktionalität[39]. Diese systematische Zusammenfassung – auch von emotionalen Energien, Ideologien, Motivationen und Extrempositionen – ermöglicht eine technologische Vorhersage der Belastbarkeit von Teilsystemen, voraussichtlicher geschichtlicher Entwicklungstendenzen, Innovationsmöglichkeiten und Entscheidungsalternativen.

3. Durch Umformulierung bisher für letztgültig gehaltener Begriffe wie Bewußtsein, Wille, Macht, Autonomie, Kreativität in operationale Einheiten[40] können alle Organisationen und sozialen Systeme auf Grundprozesse zurückgeführt werden, die kommunikationstheoretisch interpretierbar sind, und zwar sowohl in dem Sinne, daß so die Systemfähigkeit untersucht, als auch, daß die Bedingungen zur Kommunikation als rationalisiertem interaktiven Prozeß hergestellt werden können[41].

---

[38] *Luhmann*, Theorie der Gesellschaft, a.a.O., S. 23.

[39] Ebd.

[40] »Wir können das Bewußtsein annäherungsweise und pragmatisch definieren als eine Ansammlung von internen Rückkopplungsvorgängen, durch die sekundäre Nachrichten im Umlauf gehalten werden«. *Deutsch*, Politische Kybernetik, a.a.O., S. 154, dort weitere Erklärungen. »Wille kann verstanden werden als die Menge von intern gekennzeichneten Entscheidungen und voraussichtlichen Resultaten, die in einem System durch Auswertung vorhandener Daten bei Abschirmung damit unvereinbarer, neuer oder zukünftiger Impulse oder Daten entstehen«. S. 163; Macht im Sinne von »wirksamer Macht« (gross power) ist zu verstehen als der Grad von Wahrscheinlichkeit, mit der ein System, das gemäß seinem internen Programm handelt, eine bestimmte Menge von Veränderungen in seiner Umwelt bewirken kann; und Macht im Sinne von »wirklicher Macht« (new power) ist dann die Differenz zwischen dem Grad von Wahrscheinlichkeit, mit der diese Veränderungen in der Außenwelt bewirkt werden, und dem Grad von Wahrscheinlichkeit, mit der andere kritische oder relevante Veränderungen in der inneren Struktur des Systems entstehen«. S. 172 usw.

[41] Dieser Aspekt ist freilich von Deutsch zu wenig berücksichtigt.

4. »Wachstum der Macht und des Bewußtseins ihrer Grenzen, Wachstum der Tiefenwirkung des Gedächtnisses und der Aufnahmebereitschaft für neue Informationsbereiche, Wachstum der sozialen, geistigen und gefühlsmäßigen Beweglichkeit und Kreativität, Wachstum der Fähigkeit zu integrativem Verhalten – gleichzeitiges Wachstum in allen diesen Dimensionen ist wohl am besten geeignet, das Überleben eines Systems (in der internationalen Politik) zu gewährleisten«[42].

Die Ausführungen von Deutsch sind vielfach als Totalisierung des kommunikationstheoretischen Aspektes politischer Verhältnisse mißverstanden worden[43], obwohl sie allenthalben doch nur wichtige Anregungen zur Präzisierung gesellschaftlich-politischer Verhältnisse liefern. Sie bieten keine Weltformel, nicht einmal eine Systemtheorie der Gesellschaft, wie sie von Luhmann versucht wird[44].

Über den hohen Informationsgrad hinaus haben die modernen kommunikationstheoretischen und kybernetischen Überlegungen mehrere wichtige Funktionen: Sie präzisieren die bisherigen Lerntheorien[45], entdecken durch mathematische Berechnungen Fehler, Einschränkungen und Ungenauigkeiten; zudem reduzieren sie scheinbar Komplexität, operationalisieren und verringern den Informationsgehalt im Sinne der Redundanz – nicht um Totalität zu beanspruchen oder gar ein ideologisches oder mißbrauchbares Hilfsmittel zu liefern, sondern um brauchbarere Voraussagen über soziale und politische Vorgänge zu ermöglichen; und drittens machen sie durch die Mathematisierung und Codierung eine Bewältigung der Kommunikationsprobleme mithilfe von leistungsfähigen Maschinen sinnvoll.

Die praktischen Bedingungen des Beginns von Kommunikation lassen sich im Sinne des Wahrscheinlichkeitslernens »technisch« berechnen. Man kann davon ausgehen, daß der Informationsgehalt zu Anfang sehr hoch und dementsprechend die Redundanz (der Bekanntheitsgrad) sehr niedrig ist. Die Wahrscheinlichkeit von erwarteter Kommunikation ließe sich allgemein nach der Aufgeschlossenheit des Systems, konkreter aber auch aus der Reaktion zu bestimmten Teilschritten von Innovation ablesen. Beispiele aus dem pädagogischen Bereich sind etwa die Durchführung und Verbreitung kommunikativer Unterrichtsmethoden, die Reaktion auf konkrete pädagogische Experimente (z. B. Abenteuerspielplätze), die Bereitwilligkeit der Finanzierung kritischer Forschung, der Abbau von unnötigen Autoritäten bei vielen Gelegenheiten usw. Im konkreten Falle wissenschaftlicher Vorbereitung des Beginns von Kommunikation müssen folglich alle verfügbaren Daten zusammengefaßt werden. (Man kann sie binär kodieren, wenn man die Entwicklung vom Nullpunkt bis zur Verwirklichung berechnet.) Von daher lassen sich Voraussagen über Innovationsschnelligkeit, Aufnahmebereitschaft und Kommunikationsfähigkeit eines sozialen Systems machen.

---

[42] Ebd. S. 336 (Klammer von mir).

[43] Vgl. etwa Michael *Greven*, Systemtheorie und Gesellschaftsanalyse, Darmstadt 1974.

[44] *Luhmann–Habermas*, a.a.O.

[45] *v. Cube*, Kybernetische Grundlagen des Lehrens und Lernens, Stuttgart 1967, S. 90ff.

Dann gelingt eine relativ realistische Einschätzung möglicher Kommunikation. Sie ist keine Resignation vor bestehenden Verhältnissen, sondern die Aufforderung, entsprechende dialogische Teilschritte pragmatisch und strategisch umzuplanen. In der Folge bewirkt dies dann eine gewünschte Verbesserung der Verhältnisse. Außer diesem Hilfsmittel der Berechnung sozialer Handlungen bietet die Sozialkybernetik also die Möglichkeit, ein Lernsystem dazu zu bringen, selber sein Lernen zu organisieren. Diese »Probleme der Entwicklung redundanzerzeugender Verhaltensweisen«[46] sind auch für die kybernetische Pädagogik sehr komplex, weil der nötige Operationsablauf immer erst in der jeweiligen Situation entworfen und geregelt werden kann; aber v. Cube gibt drei Anhaltspunkte, wann die Bereitschaft zur selbständigen Veränderung eines Systems wahrscheinlich ist[47]:

1. Das Problem muß überschaubar, verständlich und in bekannten Zusammenhängen denkbar für den Lernenden dargeboten werden. Wird so das Problem als Problem (ohne psychologische Hindernisse) eingesehen, entsteht ein »Situationsdruck, der zur Lösung herausfordert«.
2. Der an Information und Kommunikation Interessierte (den Lernprozeß Einleitende) muß dafür sorgen, daß der überschaubare Neuordnungsgewinn (= Superzeichenbildung) des Lernenden (oder der lernenden sozialen Organisation) systematisch erfolgt. Die Übersichtlichkeit bleibt am besten erhalten, wenn schrittweise Teilstrukturen schon bekannt sind und im Informationsabbau vorausgesetzt werden können.
3. Auch nach Herstellung des Kommunikationsprozesses müssen eventuelle Irrtümer beseitigt werden und Vorbereitungen für weitere Superzeichenbildungen (Lernfähigkeiten) getroffen werden.

Abschließend sei zu den technischen Voraussetzungen von Kommunikation noch angemerkt, daß die heutige Didaktik und pädagogische Theorie besonders in der Kreativitätsforschung – über die noch weiter zu entwickelnden Lerntheorien hinaus – das Problem der Förderung produktiver Lernprozesse angegangen hat; weil aber deren Nachteil (gegenüber den Lerntheorien) naturgemäß in der geringen Organisierbarkeit und technischen Unterstützung besteht, soll in diesem Zusammenhang ihre Funktion zur Ermöglichung von Kommunikation wenig erörtert werden.

### *2.1.4. Die kommunikative Konfliktpädagogik*

Welche großen Schwierigkeiten schon mit dem Beginn des politisch-pädagogischen Dialogs verbunden sind, wurde in den vorigen Abschnitten ansatzweise anzudeuten versucht. Die Bereitstellung der technischen Möglichkeiten zur Kommunikation bedeutet dabei eine dauerhaftere, institutionalisierte, organisierte Fundierung ständiger

---

[46] Ebd. S. 207ff.
[47] Ebd. S. 209ff.

gegenseitiger Information. Außer den Anfangsbedingungen muß eine kommunikative Pädagogik als Friedenerziehungstheorie sich im Sinne dieser Aufrechterhaltung des Dialogs mit den wichtigen Problemen des Konflikts und der Zielsetzung auseinandersetzen. Die Kommunikation und der zustandekommende Dialog enthalten als eine wichtige Komponente die Unterschiedenheit der kommunizierenden Parteien. Kommunikation muß erst aus einer Motivation, häufig einem Konflikt hergestellt werden; kommunikative Pädagogik ist der Kern einer Konfliktpädagogik. Dieser Konflikt ist oft gar nicht manifest, nicht bewußt, eher verschoben durch Ersatzverhalten, in seinen Konsequenzen undurchschaubar und zur Gesellschaftskonvention dysfunktional[48].

Leider arbeitet die Pädagogik entsprechend der Unübersichtlichkeit der grundwissenschaftlichen Theorien und der komplexen verschiedenen Ebenen (besonders in ihrer politischen Auswirkung) heute noch an einer brauchbaren Konflikterziehungstheorie und an der Konzeption didaktischer Entwürfe[49].

Für eine Konfliktpädagogik genügt nicht – neben der unerläßlichen Klärung der Grundlagentheorie – das Bewußtsein des inneren Mechanismus und der Ablaufgesetzlichkeit des Konfliktverhaltens in bestimmten Sozialzusammenhängen (dargestellt z. B. von Spieltheorie, Systemtheorie, Gruppendynamik, Aggressionstheorie, interaktionistischer oder funktionalistischer Konflikttheorie)[50], wenn diese soziologische Theorie nicht durch eine Sozialpsychologie ergänzt auch die menschlich-subjektiven Bedingungen erläutert, nämlich wie die Konfliktlösungsmöglichkeiten auf diese objektiv-subjektive Weise transformiert in den Köpfen der Menschen verankert werden können[51]. Es geht hier also um die Befähigung zum Konflikthandeln, die Einübung in Konflikttechniken und die Bewertung von Konflikten und Konfliktregelungen, alles Dinge, die ebenfalls zu den Bedingungen von Konflikten und mögli-

---

[48] Vgl. darüber auch Hans-Günter *Assel*, Friedenspädagogik, in: Schriftenreihe der Bundeszentrale für politische Bildung, Bd. 88, Bonn 1971, S. 114ff. Assel stützt sich dabei zu einseitig auf bestimmte Gewährsmänner (vor allem Dahrendorf), die von anderen Konfliktwissenschaftlern wiederum heftig kritisiert werden (*Bühl*, Konflikt und Konfliktstrategie, a.a.O., S. 16ff.), außerdem wird keine systematische Konzeption der Pädagogik entworfen.

[49] H. O. Franco Rest hat von Gisela *Rest-Hartjes*, Ulrich *Sprenger* und Carl-Peter *Klusmann* Unterrichtsmodelle veröffentlicht, in: Waffenlos, a.a.O., die genau in die Richtung einer Konfliktpädagogik zielen. Es ist für die Pädagogik von Nachteil, wenn ein breites Feld von Gegensätzlichkeiten mit dem psychologisch-soziologischen Begriff des Konfliktes bezeichnet werden soll. Auch die Tatsache, daß man sie durch verschiedene Adjektive als intraindividuelle, soziale und internationale Konflikte kennzeichnet, kann nicht darüber hinwegtäuschen, wie qualitativ unterschiedliche Sachverhalte damit gemeint werden und wie verschieden die entsprechenden Bewertungen und Aktionsweisen ausfallen müssen.

[50] *Bühl*, Konflikt, a.a.O., S. 56; Wolfgang *Dornette*/Hanne B. *Pulkowski*, Konfliktspiele. Experimentelle Spiele in der Psychologie, München 1974.

[51] Vgl. Bühl ebd.

chen Konfliktverhaltens gehören, soziologisch aber nur teilweise geleistet werden können.
Mit der kommunikativen Zusatzbedingung bekommt der Konfliktbegriff seine Qualität und wird pädagogisch besser verwertbar, der Streit um die verschiedensten Konfliktarten und deren Nützlichkeit hat dadurch seine Richtung: Sogenannte positive, konstruktive Konflikte sind nur solche, die darauf abzielen, Kommunikation herzustellen. Nun versprechen sämtliche revolutionären Gewalttheorien, gerade diese Kommunikation aufgrund eines tiefgreifenden Konfliktes mit Terror, Gewalt und Säuberung herstellen zu wollen. Unterstützt durch jahrhundertelange Erfahrung in der Geschichte und durch aktuelle revolutionäre Umstürze kann aber bewiesen werden, daß derartige Versprechen bei Systematisierung der Gewalt gegen die Kommunikation verstoßen. Mit den Worten von Karl Deutsch[52]: Die kommunikative Interdependenz muß *in Richtung auf* Integration (und nicht Konflikt) zeigen (der Grad dieser Interdependenz, d. h. die Kovarianz der Handlungssysteme und das Ausmaß der Transaktionen muß positiv sein, und die Interessenmuster einer Wahrscheinlichkeit von Belohnung und Erwartung müssen auf Kommunikation angelegt sein)[53].
Genauer sind drei Arten von kommunikativem Konfliktverhalten zu unterscheiden: a. das Konfliktvermeidungskonzept, b. das Verhalten bei gestörter Kommunikation, und c. der Versuch der Wiederherstellung abgebrochener Beziehungen.
a. Edeltraud Bülow geht in ihrem Konfliktvermeidungskonzept[54] von zwei Überlegungen aus: a) Kommunikation ist auch im Zustand vollkommener Übereinstimmung immer unvollkommen, also latent konfliktträchtig und b) Konflikt muß – in Anwendung der Frustrations-Aggressions-Hypothese – prognostisch erkannt, seine Entstehungsbedingungen beseitigt und seine Austragungsmodi ethisch-prokommunikativ (therapeutisch) ausgerichtet werden. Mit dieser Konzeption ist der Konflikt nicht verabsolutiert, freilich eine positive Funktion des Konflikts abgestritten[55] und der Anstrengung zur Konfliktvermeidung der Primat zugesprochen. Der Vermeidungsbegriff ist aber undialektisch, genauso wie das Austragen von Konflikten unpragmatisch sein kann.

---

[52] in: *Bülow*, Kommunikative Ethik, a.a.O., S. 114–116.
[53] »Um eine Integration herbeizuführen, benötigen wir . . . einen hohen Grad an Interdependenz, ausreichende kybernetische oder selbststeuernde Fähigkeiten eines jeden Partners, um die gegenseitige Koordinierung zu bewirken, und Interessenschablonen, die für beide Partner eine Übereinstimmung zwischen der positiven Kovarianz der Erwartungen und Belohnungen gestattet. Diese Vorgänge setzen Kommunikationen voraus, und zwar sowohl innerhalb eines jeden Systems bezüglich der Steuerungsfähigkeiten der beiden selbstgesteuerten Systeme als auch zwischen den Staaten oder politischen Entscheidungssystemen bezüglich des Stroms von Transaktionen zwischen ihnen und bezüglich der für ihre Koordinierung notwendigen Verständigungen«. Karl *Deutsch*, in: *Bülow*, Kommunikative Ethik, a.a.O., S. 116.
[54] Ebd. S. 95ff. u. S. 177ff.
[55] Lewis *Coser*, Theorie sozialer Konflikte, Neuwied 1972; Ralf *Dahrendorf*, Gesellschaft und Freiheit, a.a.O.

Kommunikation schlichtet Konflikte, aber ihre Aufgabe ist es auch, Konflikte bewußt, öffentlich und klar zu machen, damit sie auf kommunikativem Wege behandelt werden können. Der kommunikative Aufbau von Konflikten bewirkt ihren Abbau. Bülow hat aber mit der Darlegung der Hilfsmittel zur Vorwegnahme des Konfliktpotentials (durch sprachliche und psychotherapeutische Instrumentarien) unbedingt recht: Vorsorgen ist besser als Heilen! Wegen ihrer praktischen Wichtigkeit und ihres Beitrages zur Ermöglichung eines kommunikativen Lernprozesses seien die wichtigsten Merkmale hier kurz aufgezählt:

1. Vor Beginn eines möglichen Konflikts sind extrakommunikative Kontrollen aufzubauen: das »Auftauchen aus einem Prozeß in einen anderen« oder »ein Wechsel des Prozeßfeldes«, das Vertagen des Problems, und die Paraphrase (d. h. das sprachliche Instrumentarium zur Klärung von Konflikten auf Umwegen)[56]. Diese sprachlichen Hilfsmittel können übrigens mutatis mutandis auf soziale Konflikte übertragen werden.

2. Die allgemeine reduzierte Kommunikationstüchtigkeit und andererseits der allgemeine Anspruch auf kommunikative Dominanz von Eliten führen zu Konflikten, die mit dem Individuum psychotherapeutisch aufgelöst werden können. Kategorien sind: Verbalisierung emotionaler Erlebnisinhalte des Klienten, positive Wertschätzung und emotionale Wärme, Echtheit und Selbstkongruenz (»Rogers-Variablen«)[57].

3. Aufbauend auf den Grundsätzen einer kommunikativen Ethik ist ein kommunikatives Training des reflektierten Umgangs zu empfehlen, das sich an den Ausbildungsstufen des Psychotherapeuten orientieren kann: Anhören von Gesprächen, Vergleich mehrerer Gesprächspersonen, Einschätzung anhand von Beobachtungsskalen, Versetzen in die Rolle des Psychotherapeuten: Verbalisierung der Erlebnisinhalte des Klienten, Übernahme beider Rollen, kommunikative Versuche mit Versuchspersonen, Zusammenarbeit mit Gesprächsexperten, und schließlich »ausgebildetes kommunikatives Verhalten.«

4. So geschulte Kommunikatoren – wie z. B. Lehrer, Politiker u. a. –, ausgestattet mit Maßstäben der Personengerechtigkeit, Sachgerechtigkeit, Zeitgerechtigkeit, erkennen die Möglichkeit eines herannahenden Konfliktes im voraus und vermeiden ihn durch ihr Verhalten.

An dem Vermeidungskonzept Bülows ist kritisch zu werten, daß es nur einen geringen Konfliktbereich erfaßt, weil die Autorin weitgehend auf die Psychotherapie ausweicht und eben die psychologische Handhabung keineswegs tiefgreifend genug für institutionell, sozial oder politisch verursachte Kommunikationskonflikte und deren Behebung geeignet ist. Dies zeigt sich auch bei eingetretenem Konfliktfall, nämlich bei gestörter Kommunikation.

b. Die Befähigung zum Verhalten bei gestörter Kommunikation ist pädagogisch und

---

[56] S. dazu ausführlich *Bülow*, Kommunikative Ethik, a.a.O., S. 154–243, auch S. 118ff.

[57] S. zur Bedeutung *Bülow*, Kommunikative Ethik, a.a.O., S. 147ff., zur Einübung auch in außertherapeutischen Zusammenhängen bes. S. 151ff., auch S. 125.

kommunikationstheoretisch wenig aufgearbeitet. Der Begriff der Störung ist hier unpräzise. Er kommt aus dem technischen Bereich, wo die Kommunikation zeitweilig unterbrochen ist. In der Anwendung auf kommunikationstheoretische Faktoren (Watzlawick/Beavin/Jackson) bedeutet Störung eine mehr oder weniger krisenhaft unterbrochene, aber vorher intakte Verbindung (welchen Intensitätsgrades auch immer), die im Grunde aber noch als existent betrachtet werden darf. Es geht hier also nicht mehr um die Frage, wie Kommunikation begonnen und das Bedürfnis danach geweckt werden kann. Störung setzt frühere Kommunikation voraus; ihre Behebung richtet sich folglich sowohl nach der früheren Verbindung als auch der Ursache der Störung; dabei kann der Konflikt überwunden, aber auch vertieft werden. Zu den genannten Gesichtspunkten des kontrakonfliktären Verhaltens tritt also nun ein Verhalten zur Vermeidung weiterer Konflikte und zur Regenerierung der Kommunikation.

Spieltheoretisch gibt es mehrere Möglichkeiten des Verhaltens bei Störung: Voraussetzung: gestörte Kommunikation

| | Kommunikation negieren | Kommunikation bejahen |
|---|---|---|
| negieren | Indifferenz | Kaschierung |
| bejahen | Aggressivität | Aufarbeitung |

Dadurch wird geklärt, daß es eine Stufenleiter gibt, mit Konflikten kommunikativ fertig zu werden. Interessant und konstruktiv ist dabei die Position der Aufarbeitung des Konflikts. Die Kaschierung kommt wohl am häufigsten vor, wobei die Bejahung der Kommunikation (bei Negierung des Konflikts) noch positiver erscheint als der Negativismus (Negierung von Kommunikation und Konflikt), welcher Gleichgültigkeit und Apathie bedeutet[58].

Eine politisch-pädagogische Betrachtung von Störungen ergibt:

1. Das Verhalten bei gestörter Kommunikation verlangt die anzueignende Fähigkeit, Konflikte unter Kontrolle zu bringen. Konflikt ist kein Ziel; er sollte nur aufgebrochen werden, um geklärt zu werden. Die Kontrolle des Konfliktes ist die Kontrolle der Konfliktpartner. Eine solche Kontrolle kann das Gesetz darstellen[59]. Es ist auch

---

[58] Vgl. dazu die Ausführungen in Teil I. Zu den Vorteilen und Grenzen der Spieltheorie innerhalb einer »Konfliktwissenschaft« s. Anatol *Rapoport*, Kataklysmische und strategische Konfliktmodelle, in: Bühl (Hg.), Konflikt, a.a.O.; außerdem Martin Shubik (Hg.), Spieltheorie und Sozialwissenschaften, Hamburg 1965.

[59] Anatol *Rapoport*, Kataklysmische und strategische Konfliktmodelle, a.a.O., S. 190ff.

möglich, Konflikte kontrolliert anzuheizen, damit Aggression »verbrennt«: keine Seite darf zerstört werden, sie muß ihr Gesicht wahren können[60]. Diese Zurückhaltung einzuüben ist eine immense erzieherische Aufgabe, die alle Lebensbereiche erfaßt.

2. Eine Kaschierung von Konflikten beseitigt die Störung nicht, kann aber zwischenzeitlich zur Verarbeitung opportun sein. In diesem Falle wird Kommunikation als Fiktion gehandhabt[61], wobei der fiktive Charakter vor, während und nach der Kommunikation seine Nützlichkeit erweist. Die Simulation als theoretische Antizipation möglicher Kommunikationsformen entspricht etwa der Fiktion vor der Situation. Während des Prozesses kann die Fiktion z. B. in einer hintergründig angewendeten, sich aber positiv auswirkenden Strategie bestehen. Und wenn nach dem Kommunikationsprozeß festgestellt werden muß, daß die kaschiert aufrechterhaltene Störung nicht behoben worden ist, kann diese zeitliche Hinauszögerung insofern nützlich sein, als die Gelegenheit zur Aufarbeitung des Konfliktes gegeben ist; bei Abbruch der Kommunikation wird der Konflikt erst dann als real erlebt.

3. Thomas Schelling hat in seiner Theorie des Aushandelns[62] auch pädagogisch umsetzbare Konfliktelemente herausgearbeitet. Er betont, daß »die Macht, einen Gegner zu beherrschen, gerade in der Macht liegt, sich selbst zu binden«, daß Schwäche oft eine Stärke und Stärke, Rationalität und Freiheit auch eine Schwäche darstellen können. Erzieherisch bedeutet diese Phänomenologie: Einübung in die realistische Abschätzung der Mächtigkeit der Konfliktgegner, Abschätzung der Druckmittel (etwa Überzeugungskraft) bei gestörter Kommunikation, Lernen der paradoxen Logik in unbestimmten und unkontrollierbaren Situationen, insgesamt also: das Lernen der Grenzen einer macchiavellistischen Pädagogik.

4. Gestörte Kommunikation unterliegt dem ethischen Postulat des »Prinzips Befriedung«[63] als einer humanisierenden Qualität jeglichen Konfliktverhaltens. »Verhalten« stützt sich auf eine »Haltung«, die wertmäßig, ideologisch, erfahrungsgemäß, gewissenhaft, erzieherisch grundgelegt ist und technisch nicht einfach hergestellt

---

60 Vgl. vor allen Dingen Konrad *Lorenz*, Das sogenannte Böse. Zur Naturgeschichte der Aggression, Wien 1963, 29. Aufl. 1971.

61 Vgl. auch Einzelheiten bei *Bülow*, Kommunikative Ethik, a.a.O., S. 91 ff., bes. S. 97.

62 Thomas *Schelling*, An Essay on Bargaining, in: id., The Strategie of Conflict, Cambridge, Mass., 1960, 1969; auch in: Bühl (Hg.), Konflikt, a.a.O., S. 235–263: Er nennt dort: 1. Aushandeln: die Macht, sich zu binden. 2. Institutionelle und strukturelle Charakteristika der Verhandlung. a) Die Einschaltung eines Verhandlungsbeauftragten, b) Geheimhaltung versus Öffentlichkeit, c) Sich überschneidende Verhandlungen, d) Fortgesetzte Verhandlungen, e) Die Begrenzung der Tagesordnung, f) Die Möglichkeit der Kompensation, g) Der Mechanismus der Verhandlung, h) Prinzipien und Präzedenzfälle, i) Spitzfindigkeiten. 3. Die Drohung. 4. Das Versprechen. Vgl. auch kritisch Karl *Deutsch*, Politische Kybernetik, a.a.O., S. 114–119; ebenso Dieter *Senghaas*, Abschreckung, a.a.O., S. 63, 97, 108 ff. u. ö.

63 W. *Rest*, Friedenserziehung, in: H. O. F. Rest (Hg.), Waffenlos, a.a.O., S. 248, 251.

werden kann. Eine solche kommunikative Haltung ist letztlich auch ausschlaggebend bei der Heilung gestörter Kommunikation.

c. Eine große Zahl pädagogischer, psychologischer, ökonomischer und kommunikationswissenschaftlicher Kenntnisse und Fähigkeiten gehört dazu, nach Abbruch von Beziehungen eine irgendwie geartete gemeinsame Basis der Interaktion herzustellen. Voraussetzung und beste Ermöglichung ist die Interessenverflechtung auf allen Ebenen schon vor jedem drohenden Abbruch, möglichst noch in der Weise, daß diese Beziehungen nicht leicht austauschbar sind und andernorts nicht genauso günstig, vorteilhaft und intensiv herstellbar erscheinen, sowie geeignet sind, über Störungen hinaus Anknüpfungspunkte zu bieten.

Der Abbruch von Kommunikation soll hier so definiert werden, daß es sich hierbei um einen tiefgreifenden Konflikt handelt, welcher irreparabel erscheint. Aus verschiedenen motivierten Gründen ist es aber wichtig, im gegebenen Falle diesen Abbruch zu überbrücken. Die Vorgeschichte dieser Kommunikation belastet den Beginn des Dialogs schwer. Man kann nicht davon ausgehen, daß alle Konflikt-Teilnehmer Kommunikation wünschen.

Eines Teils kommen hier Verhaltensweisen ins Spiel, welche für den Beginn von Kommunikation gelten, anderen Teils Fähigkeiten zur Überwindung der belastenden Vorgeschichte.

1. Zum Wiederbeginn von Kommunikation gehört die Analyse geeigneter Anknüpfungspunkte (Freire) einschließlich der Reflexion auf die Sprache der Annahme (Gordon), außerdem die Bereitwilligkeit des Kredits im Vertrauen oder im Entgegenkommen. Pädagogisch wichtig ist besonders ein Verhalten, das die Feindschaft schon überwunden hat, und die Überwindung der eigenen Angst sich zu kompromittieren. Geeignet sind auch indirekte Hilfsmittel, etwa die indirekte Stärkung des eigenen und des gegnerischen Selbstwertgefühls, List, Zugzwang durch »einkreisendes Organisieren« des Vertrauens anderer, aber auch die Fähigkeit zur »Antizipation der Konsequenzen von Alternativen« (Hilligen).

2. Trotz des Erziehungsprinzips, daß eine selbstkongruente Flexibilität abstrakten Prinzipien vorzuziehen und Verhalten also immer dialektisch ist, riskiert jeder »neue« Kommunikationspartner auch mit hoher Frustrationstoleranz langwierige Mißerfolge. Dem »Gegner« sind ja die Schwächen aus der Vorgeschichte bekannt. Die Verhaltensstrategie muß also längerfristig durch Werte, Erziehungsverhalten, Politik, Institutionen u. a., besonders aber durch Rituale abgesichert sein. Jeder Mißerfolg ist andererseits schon eine Kommunikation, weil er eine Reaktion darstellt. Pädagogisch wichtig ist hier die Entwicklung einer antizipierenden Toleranz.

3. Sprachfähigkeit, d. h. die Bemächtigung der Situation durch das rechte Wort am richtigen Platze, ist als eines der wichtigsten Erziehungsziele in der deutschen praktischen Pädagogik weitgehend noch unbekannt[64]. Sprechen im Konflikt und das

---

[64] Ansatzpunkte bringt die neueste wissenschaftliche Diskussion über Kompetenz, wenn darin Sprachkompetenz mit Verhaltenskompetenz (insgesamt also Sprach-Handlungskompetenz) ge-

Schweigen im gegebenen Falle umfaßt den erzieherisch wichtigen Takt[65], die personale Aufarbeitung von Erfahrungen, eine Methodologie der indirekten Mitteilung[66], die Einübung in die emotionale Kontrolle und in das Verstehen anderer.
4. Nicht in allen Fällen kann der tiefgreifende konflikthafte Abbruch von Beziehungen zu einer Wiederaufnahme von Kommunikation führen. Dann ist unbedingt eine positive Verarbeitung dieses Konflikts auf den verschiedenen Seiten der Konfliktparteien nötig, so daß auf diese Weise Spannungen heruntergeschraubt bzw. ihr Energiepotential in neue positive Aktivität umgewandelt werden kann. »Mit Konflikten leben« und eine hohe Frustrationsschwelle in akzidentellen – freilich nicht in lebenswichtigen – Konflikten ist fester Bestandteil einer Friedenspädagogik.
Die skizzierte politisch-pädagogische Aufgabe der kommunikativen Ermöglichung eines Konflikt-Lernprozesses ist Ansatzpunkt einer noch weithin fehlenden operationalen Konflikttheorie. Kommunikation schien ein geeignetes Hilfsmittel, den »wertfreien« Konfliktbegriff für die Praxis mit »Werten« (Dialogfähigkeit, Befriedung etc.) aufzuladen bzw. gemeinschaftlich-nützlich anzuwenden, weil sie in der vorliegenden Konflikt-Krise das Lernziel (und die Methoden) angab. Damit werden die wertbezogenen Erziehungsziele ergänzt, die Hartmut von Hentig einmal so thesenartig zusammenfaßte[67]:

1. Erziehung zum Leiden am Unrecht und gegen eine Mißachtung von Schmerz und Angst.
2. Erziehung zu Gewaltlosigkeit und Formen der Gewaltlosigkeit.
3. Erziehung zur Erkenntnis der Schrecken des Krieges, insbesondere des nuklearen Krieges.
4. Erziehung zur Erkenntnis, daß der Frieden keine totale Harmonie bedeutet, denn das hieße einer Friedensideologie huldigen.
5. Erziehung zu kritischer und skeptischer Haltung, insbesondere zu Mißtrauen gegen ideologische Dogmen.
6. Erziehung zum Ungehorsam und Widerstand, zum Streit und Konflikt, wo repressive Ordnungen Opfer und Triebverzichte auferlegen, die den Menschen in seiner Triebnatur bewußt vergewaltigen.
7. Erziehung zum Konflikt, weil starre Anpassung und Konformität den Freiheitsspielraum des einzelnen ungebührlich einengen.

---

koppelt wird. Vgl. *Baacke*, Kommunikation und Kompetenz, a.a.O., S. 381 ff. Es erübrigt sich die Feststellung, daß Sprachfähigkeit in anderen Ländern (etwa Frankreich) in früheren Zeiten in bestimmten »Schichten« von höchster erzieherischer Bedeutung war. Nur erfüllt die moderne praktische Pädagogik noch nicht die wissenschaftlichen Bedingungen, die zur Verbreitung dieser Sprachfähigkeit führen könnten.

[65] S. W. *Rest*, Das Menschenkind, Entwurf einer Paidologie, Bochum 1961, 3. Aufl. 1972, S. 101 ff.

[66] *Ders.*, Indirekte Mitteilung, a.a.O.

[67] Hartmut von *Hentig*, Erziehung zum Frieden, a.a.O.

8. Erziehung zu politischer Vernunft im Sinne kritischer Realitätsprüfung.
9. Erziehung zum Veränderungswillen internationaler, nationaler, sozialer und seelischer Verhaltensweisen.
10. Erziehung zum sozialen Weltfrieden, zur Entwicklungshilfe als weltweitem Lastenausgleich.

Wir müssen also – die bisherigen Reflexionen über Kommunikation als Ermöglichung des politisch-pädagogischen Lernprozesses zusammenfassend – hinzufügen:

11. Erziehung zur Sprachfähigkeit, Dialogfähigkeit, sprachlichen Handlungsfähigkeit, sprachlichen Situationsmächtigkeit.
12. Erziehung zur emotionalen Überwindung und Kontrolle zugunsten jeder Kommunikationschance.
13. Erziehung zu einem didaktischen Bewußtsein, lebenswichtige, konstitutive Hintergrund-Informationen zu verbreiten.
14. Erziehung zur ständigen Überprüfung eigener und fremder Einstellungen unter Zuhilfenahme geeigneter wissenschaftlicher Methoden[68].
15. Erziehung zu flexibler strategischer Analyse von kognitiven, kommunikativen und politisch-ideologischen Prozessen.
16. Erziehung zur Dialektik mit Institutionen, um argumentativ ihre Funktionen der kommunikativen Notwendigkeit anzupassen. Didaktik einer emanzipatorisch-praktischen »Institutionen-Umgangssprache«.
17. Erziehung zum ständigen Kommunikations-Training – individuell und in Gruppen, mit wissenschaftlichen Methoden.

## 2.2. Initiative und Steuerung des Lernprozesses

Das vielseitige Hilfsmittel der Kommunikation enthält eine geeignete Dialektik zur Vermittlung der Rückkoppelung des Lernprozesses, den Individuen und Gesellschaft politisch zur Beseitigung der Unfriedensstrukturen beginnen müssen. Nachdem die Analyse die wichtigsten Ursachen und Komplexe unfriedlichen Verhaltens deutlich gemacht hatte und die in der Kommunikation enthaltenen Ansätze sich als sehr günstig zum Aufbrechen der gesellschaftlichen Dialektik erwiesen haben, steht nun die wichtige Frage an, wie Lernprozesse motiviert, initiiert, gesteuert, kontrolliert und verantwortet werden können[69].

---

[68] Vgl. dazu nun auch zusammenfassend Charlotte *Boecken*, Abbau einstellungsbedingter Hindernisse in der Friedenspolitik: Möglichkeiten und Grenzen sozialpsychologischer Theorien, in: Probleme des Friedens, Info Pax Christi 9. Jg., H. 7–8/1974, S. 1–9. Wolfgang *Mertens*, Erziehung zur Konfliktfähigkeit, München 1974.

[69] Man kann diesen Abschnitt auch in kybernetischer Sicht interpretieren: Die Praktische Kritik entspricht der Steuermannsfunktion, Motivation und Initiative der Antriebsfunktion, Steuerung und Kontrolle der Lotsenfunktion, und die Ethik der Kapitänsfunktion. Im Aufbau folgt der Abschnitt einer Lernorganisation, wie sie schon Maurice Blondel philosophisch aufzeigte. M. *Blondel*, L'action. Essai d' une critique de la vie et d' une science de la pratique, Paris 1893.

Über einzelne Aspekte des Problemkomplexes liegen ausführliche wissenschaftliche Forschungen vor, die aber in einer Friedenserziehungstheorie unter ihrem speziellen Gesichtspunkt zusammengefaßt werden müssen. Zumeist sind sie aus ihrer psychologischen Enge auf das politische und pädagogische Feld zu übertragen.
Entsprechend den vier Gesichtspunkten der in einer Kommunikativen Pädagogik enthaltenen Möglichkeiten soll der Lernprozeß auch hier in vier Aspekten konkretisiert werden:
a) Die Kritik ist einer der Ansatzpunkte zur Veränderung, sie ist nicht nur theoretisch, sondern wirkt sich praktisch aus. Informative Kritik muß als Initiative des Lernens gesehen werden.
b) Die Bedingungen der für eine kommunikative Beziehung notwendigen Anfangssituation, die Motivation und Initiative, sind auf der Grundlage heutiger Erkenntnisse auf die Friedenspädagogik anzuwenden.
c) Wichtig ist die Weiterführung des Lernprozesses, nämlich die Steuerung und Kontrolle.
d) Dabei kommen Grundfragen ins Spiel, die für die Initiative des Lernprozesses ständig virulent sind: die Frage nach Sinn und Zweck, nach Reichweite und Verpflichtung der Initiative.

### *2.2.1. Praktische Kritik*

S. I. Hayakawa bezeichnet als die Grundannahme seines Buches über Semantik[70]: »daß weiteste Kooperation innerhalb der Gattung durch den Gebrauch der Sprache der fundamentale Mechanismus für das menschliche Überleben ist. Eine parallele Annahme ist: wenn der Gebrauch der Sprache wie so oft die Schaffung der Vertiefung von Uneinigkeit und Konflikten zur Folge hat, so ist linguistisch (sprachlich) beim Sprechenden, beim Zuhörer, oder bei beiden etwas nicht in Ordnung.« Daß wir zusammen überleben, hängt im wesentlichen auch von unserer Fähigkeit zu sprechen, zu schreiben, zuzuhören und zu lesen ab. »Das Wort kann als Werkzeug zum Krieg wie zum Frieden gebraucht werden.«[71]
Die Macht des Wortes[72] kommt erst dort zur Wirkung, wo das Wort richtig eingesetzt wird. Welche Bedingungen muß eine praktisch wirkende Kritik unter semantischen

---

[70] Sprache im Denken und Handeln, Darmstadt o. J. 3. Aufl., S. 19.
[71] G. S. in: ebd. Vorspann.
[72] Aldous *Huxley*, Words and their Meanings, in: M. *Black* (ed.), The Importance of Language, Englewood Cliffs, 1962, p. 1: »Die alte Vorstellung, daß Wörter magische Kraft besitzen, ist falsch; aber ... Wörter haben tatsächlich eine magische Wirkung ... Wörter sind magisch in der Weise, in der sie den Verstand derjenigen beeinflussen, die sie gebrauchen ... Wörter (haben) die Macht, das Denken der Menschen zu formen, ihre Gefühle in bestimmte Richtung zu lenken, ihr Wollen und Handeln zu bestimmen ...«

Gesichtspunkten erfüllen? Die Friedenssprache muß extensional sein (Hayakawa)[73], sie ist nicht verbal und nicht intensional; Verbalität oder Intensionalität der Sprache würden nur gelernte und im Gehirn entwickelte Vorstellungen ausdrücken, während die extensionale Sprache die Sprache der praktischen Übereinstimmung von Erfahrungswirklichkeit mit verbalen Bedeutungsinhalten darstellt. Das besagt gleichzeitig (nach Alfred Korzybski), daß die zweiwertige Orientierung des Denkens (Linke – Rechte, Schwarze – Rote, Freund-Feind) als Verblödung und geistige Erkrankung gekennzeichnet wird[74].

Das zweiwertige Parteiensystem, die zweiwertige Polizei, die zweiwertige Weltanschauung, das zweiwertige Wirtschaftssystem sind Gefahren für die notwendige mehrwertige Orientierung einer Demokratie, weil Erfahrung, Logik und Anschauung nie hundertprozentig sein können. Diese Sprache löst nur wieder eine zweiseitige Vorstellung aus, nämlich Angst, einseitige Vorurteile, Dogmatismus, Faschismus oder Kommunismus.

Mehrwertige Logik und mehrwertige Orientierung sind insofern extensional, als ihnen die fundamentale Erkenntnis zugrundeliegt, daß es in der Praxis, im Alltagsleben, in der Wirklichkeit nicht genügt, eine auf einem allgemeinen Merkmal beruhende, im Verstand entwickelte Definition auf gesellschaftliche Verhältnisse anzuwenden: Die (auf diese Weise konstruierte intensionale) Sprache vom demokratischen Sozialismus z. B. ist solange Mißverständnissen und Verleumdungen ausgesetzt, als sie nur als Definition auftritt und nicht in der Wirklichkeit geprüft werden kann. Hayakawa verdeutlicht das Grundprinzip der extensionalen Orientierung am Beispiel: »Katze$_1$ ist nicht Katze$_2$«[75], was nichts anderes aussagt, als daß auch die genaueste Definition und die beste logische Überlegung es uns nicht semantisch gestatten, über die Dinge der Welt als einmal definierte und abgehandelte, handhabbare Dinge zu sprechen. Die Sprache des Friedens versucht also, mehrwertig-extensional die immer wieder verschiedene und neue Wirklichkeit in Sprache zu bringen und pädagogisch-didaktisch einzuüben.

Im politischen Prozeß sind sowohl mehrwertige Orientierung (bei Verfassung von Gesetzesentwürfen, Richtersprüchen, auch bei verantwortungsvollen Zeitungen) als auch zweiwertige Sprachweisen (bei Slogans, Debatten, Kampfansagen, Propaganda, »Volksinformationen«) vorfindbar. Demnach stellt sich in einer politischen Pädagogik die Frage, wie qualifiziert bzw. wie unqualifiziert praktische Kritik sein kann oder sein muß.

Milton Rokeach typisiert in seinem Buch »The open and the closed mind«[76] die Logik des beschränkten und des offenen Verstandes. »Alle menschlichen Wesen (sind) psy-

---

[73] Semantik, a.a.O., S. 35, 70–73, 399–402.

[74] Alfred *Korzybski*, Science and Sanity. An Introduction to Non-Aristotelian System and General Semantics, Lancaster 1933; *Hayakawa*, Semantik, a.a.O., S. 303–326.

[75] a.a.O., S. 316.

[76] New York 1960; s. *Hayakawa*, Semantik, a.a.O., S. 335ff.

chologisch gleichzeitig mit zwei Aufgaben beschäftigt: erstens suchen sie, mehr von der Welt zu erfahren; zweitens wünschen sie, sich vor der Welt zu schützen«[77]. Der beschränkte Verstand fühlt sich ständig bedroht, teilt also sofort in das Freund-Feind-Schema ein. Kritik stößt also beim beschränkten Verstand dort auf eine Feind-Einstellung, wo sie seine Unsicherheit verstärkt, und dort auf Gegenliebe, wo sie sein »Glaubenssystem« unterstützt. Der Anti-Intellektualismus großer Populationen ist deren Schutzfunktion vor der Auslieferung an die Unsicherheit. Die Semantik greift hier tief in psychologische Regelsysteme ein.

Den lange erfahrenen Lerndesideraten kommt hier mehr Bedeutung zu als dem kurzfristigen Lernprozeß im Reiz-Reaktionsschema. Es liegt ein festgelegtes Schema zugrunde: daß eine Klasse von Reaktionen in einer schon bestehenden Klasse von Reizsituationen zu einer neuen Klasse von Reizsituationen führt[78]. Dieses Schema nennen Tolman und Foppa »Überzeugung«, man könnte auch mit dem genannten Begriff des Glaubenssystems operieren. Zugleich damit ist eine Erwartung bei Reizen verbunden, die dieser Reizsituation angehören. Verständlicher ausgedrückt: Das Überzeugungssystem als Ergebnis von Reizkomplexen determiniert relativ stark die aktuellen Reize. In der Praxis sich auswirkende Kritik – auch Kritik dieses Überzeugungsschemas – muß sich also der Überzeugungssprache und ihrer Reizwörter und Reizsituationen wenigstens zum Teil bedienen, damit der Lernvorgang effektiver ist und in dieser Weise auf neue Denkvorgänge gelenkt werden kann.

Ch. L. Stevenson bringt den Ausdruck der persuasiven Definition, den Badura weiter erläutert. C. Hovland befaßte sich schon in den 50er Jahren mit der Effektivität der Überzeugungssprache[79].

In einer Friedenserziehungstheorie geht es darum, etwa durch das Hilfsmittel der Sprache die Effektivität der Intention zu erhöhen. Überzeugungssprache (und das damit verbundene Handlungsmandat) darf also nicht nur ideologiekritisch, wissens- und sprachsoziologisch mit der emotiven Vieldeutigkeit von nur anscheinend gleichartig gebrauchten Wörtern (»Wortkörpern«) als manipulativ-taktisch beschrieben werden[80], sondern diese Sprachweise ist eine wichtige Möglichkeit einer sensorischen

---

[77] *Hayakawa*, ebd. S. 336.

[78] Klaus *Foppa*, Lernen, Gedächtnis, Verhalten. Ergebnisse und Probleme der Lernpsychologie, Köln 1965, S. 363.

[79] *Hovland/Janis/Kelly*, Communication and persuasion, New Haven 1953; weitere Literatur bei *Baacke*, Kommunikation, a.a.O., S. 393.

[80] Die Ausführungen und Beispiele von *Badura*, Sprachbarrieren, Zur Soziologie der Kommunikation, Stuttgart 1971, S. 52 und 53 sind nicht überzeugend, weil es zwischen Manipulation und rationalisierter Definition durchaus vielschichtige Zwischenbereiche gibt. Dies ist vermutlich ein Musterbeispiel dafür, welche Einseitigkeiten entstehen, wenn man amerikanische Wörter (»persuasive definition«) mit deren mehrfachem Bedeutungsgehalt in die deutsche Diskussion übernimmt.

und aktiven Rückwirkung auf die Angesprochenen[81]; sie macht praktische Kritik erst glaubhaft. Freilich ersetzt sie nicht die wissenschaftliche Sprache.
Wenn Überzeugungssprache zu praktisch wirksamer Kritik gebraucht wird, müssen an sie Bedingungen gestellt werden, wie sie oben schon bei der Information genannt wurden. Hinzu kommt bei strategisch kritischer Kommunikation besonders unter pädagogischer oder didaktischer Perspektive:

1. Die aus Wahrhaftigkeit, Vielfalt von Informationsquellen und Verantwortung gespeiste kritische Überzeugung muß in einer Sprache vorgebracht werden, die weder ihre Intention verfälscht noch auf der anderen Seite gegen die Übermacht aggressiver Perfidie oder Lächerlichkeit kapituliert. Ob eine Darstellung beim Informierten richtig ankommen kann, ist ein vielschichtiges didaktisches Problem.
2. Kritische Überzeugungssprache muß sich an die institutionalisierte Sprache desjenigen halten, der überzeugt und zum Handeln gebracht werden soll. »Schicht«-Sprache, die Sprache der einzelnen Berufsstände, die Sprache der »Masse«, die Sprache als Dialektik usw. verbürgen je verschieden für das Gelingen oder Mißlingen von Kritik. Pädagogisch wichtig ist, daß diese Sprachweisen gelernt werden[82].
3. Überzeugende Kritik mit möglicher Handlungskonsequenz steht grundsätzlich im Dilemma der ökonomischen Anwendung, sowohl in der Denkökonomie zwischen Radikalisierung, Anpassung oder Ideologie, als auch in der ökonomischen Verteilung von Ansätzen mit Hebelwirkung. Im Vollzug des Alltagslebens, des täglichen Einerleis, des Berufes usw. sollte sich Kritik am überzeugendsten auswirken. Dieses Problem ist von der Berufspädagogik nur unzureichend erörtert worden.
4. Strategisch kritische Kommunikation kann nur eine »lernende Kritik« sein. Dies ist nur durch – im Rahmen der jeweiligen Sprachweise – rationalisierte Argumentation zu erreichen, die auch Fehler machen darf (Reversibilität). Mögliche Einwände sollten aber nicht zu einer verschleiernden Vorsicht und Unsicherheit führen.

Problematisch wird kritische Sprache nicht in erster Linie bei der Kritik allgemeiner Zustände, sondern bei »politischer Kritik«, d. h. einer Kritik, deren Äußerung schmerzhaft-betroffen individuelle oder gesellschaftliche Konstellationen wie einen kranken Nerv freilegt – wobei die Empfindlichkeit nicht unbedingt genau einschätzbar ist[83]. Wie im Märchen angerührt steht dann der Kritisierte oder die kritisierte Institution mit aller zur Verfügung stehenden Macht in Abwehrstellung, und unübersteigbare Mauern türmen sich auf. Ähnlich der Abwehrreaktion bei Krankheiten

---

[81] Maximilian *Weller*, Das Buch der Redekunst. Die Macht des gesprochenen Wortes in Wirtschaft, Technik, Politik, Düsseldorf 1968, 10. Aufl., S. 259ff.

[82] Johannes *Weinberg*, Deutsch für Deutsche. Sprache im Alltag, Frankfurt 1971, Kap. 12 und 13.

[83] Beispiel »politischer Kritik«: Eltern sind etwa »angerührt«, wenn in Gesprächen objektive Fehlverhalten ihrer Kinder auch nur gestreift werden, als wenn ihr Selbstverständnis tief getroffen wäre. Oft weiß der Gesprächspartner gar nicht um die Hintergründe späterer Antipathien, die daraus erwachsen sind.

scheint hier auch im psychologischen (oder sozio-psychologischen) Bereich gerade diese heftige Empfindlichkeit auf neuralgische Punkte und auch auf Möglichkeiten der Besserung hinzuweisen, während doch allgemeine Kritik nur ein mühseliges Lächeln hervorbringt. Die »Individualisierung« von Problemen ist also zwar das wirksamste didaktische Hilfsmittel, um die Berechtigung einer scharfen subjektiven kritischen Aussage an Sachverhalten ohne allzu große psychologische Barrieren deutlich zu machen, sie hat aber ihre Grenze sehr bald erreicht, wenn der Kritisierende nicht ausreichend heilende Medikamente, Belobigungen oder andere Ersatz-Strohhalme mitliefert.

Ein zweiter Weg der Kritik – Adam Schaff schlägt ihn vor[84] – ist die Unterminierung der Stereotype, um an die Ideologie und damit an den »engen Zusammenhang zwischen Erkenntnisfunktion und emotional-wertender Funktion im Bereich des gesellschaftlichen Handelns« heranzukommen. »Man muß nachweisen, daß die Objektivität des Stereotyps nur eine scheinbare ist«. Wie untergräbt man aber Stereotype ohne den übermächtigen Haß der Ideologen und Ideologisierten? Die Pädagogen glauben nicht an Entideologisierung[85]. Verwissenschaftlichung der Pädagogik und Entmythologisierung der Praxis pervertieren in einer gewaltsamen Kritik: Sie sind weder fähig, durch scharfe Antihaltung Stereotype zu zerstören, noch allein durch rationalisierte Erziehung und Information wirksam und langfristig ihnen standzuhalten. Interessant sind in diesem Zusammenhang die sozialpsychologischen Verhaltensstudien und Theorien des revolutionären Verhaltens[86].

Eine dritte Möglichkeit praktischer Kritik ist die Appellation an das moralische Gewissen der Menschen, entweder mit Worten, besser aber noch mit Taten. Hierzu gehören alle Arten von erzieherischer und bewußtseinsbildender Information wie Happenings, Demonstrationen, decidierte Antihaltung, das Imitationslernen am Vorbild etc[87]. Politische Kunst und Literatur, sarkastische Deklamation, Tribunale à la Russell sind freilich nur begrenzte, manchmal aber überaus effektive Sprachweisen, die deutlicher als Worte Zusammenhänge transparent machen[88].

Praktische Kritik ist insgesamt gesehen also die Sprache der Problematisierung, aber auch die Sprache des sozialen kritischen Zusammenhalts und die Sprache der vernünftigen Veränderung der Praxis. Diese Sprachweisen zu lehren ist eine noch ganz unbewältigte Aufgabe der politischen Pädagogik und wesentlicher Bestandteil einer Frie-

---

[84] Sprache, Denken, Handeln, in: Akten des XIV. Internationalen Kongresses für Philosophie, Wien 1968, Bd. 1, S. 319ff., Zitate S. 318 u. 320.

[85] *Heitkämper*, Ideologie, in: Kanz (Hg.), Ideologiekritik, a.a.O.

[86] David C. *Schwartz*, Eine Theorie des revolutionären Verhaltens, in: Klaus v. Beyme (Hg.), Empirische Revolutionsforschung, Opladen 1973, S. 223ff.

[87] Vgl. dazu besonders Theodor *Ebert*, Gewaltfreier Aufstand, Freiburg 2. Aufl. 1969.

[88] So brach in Schweden ein Sturm der Entrüstung aus, daß eine militärische Forschungsanstalt bei Stockholm 14 Beagle-Hunde erschoß, um an den riesigen Wunden die Unmenschlichkeit von Schnellfeuerwaffen zu demonstrieren; Münstersche Zeitung, 19. 10. 1974.

denserziehung. Dadurch bekommt auch die Forderung Gieseckes nach Orientierungswissen, Bildungswissen und Aktionswissen[89] einen konkreteren Inhalt.

### 2.2.2. *Von der Motivation zur Initiative*

Kritik ist Krise. Die Krise und Störung des statischen Gleichgewichtszustandes ist die notwendige Voraussetzung für den Beginn des Lernprozesses[90]. Bedeutsam ist aber, daß der Impuls zum Engagement gesetzt wird. Krise ist Gefährdung, Erschütterung; es darf nicht zur Verschüttung neuer Ansätze kommen. Bollnow nennt hier den Ergänzungsbegriff zur »Krise« in seiner existenzphilosophischen Pädagogik die »Erweckung«, was so etwas wie Mäeutik, die Hebammenkunst der Dialektik des Sokrates, bedeuten kann. Bei Montessori geschieht dies durch Polarisation der Aufmerksamkeit und Aktualisierung der geistigen Kräfte des Menschen. Die Komponenten dieses operational uminterpretierten intentionalen Verhaltens werden in der Motivations-Psychologie erforscht[91]. Motivationen sind durch Bedürfnisse definiert, welche wiederum von verschiedenen, nennbaren Variablen abhängen. Dieses Bedürfnissystem ist abhängig von einer »Überzeugungs-Wert-Skala«, also früheren Erfahrungen (auch inhaltliche Einstellungen genannt) und vom unmittelbaren konkreten Verhaltensraum[92]. »Kognitive und emotionale Erfahrungsniederschläge werden durch situative Anreize aktualisiert und kommen in Erwartungen zum Ausdruck«[93]. Die von Heckhausen genannten Hilfsmittel des Bedürfnisses nach Identifikation, des Bedürfnisses, Zustimmung zu erhalten, des Bedürfnisses nach Geltung und Anerkennung und des Bedürfnisses nach Strafvermeidung müssen ebenso wie der Erreichbarkeitsgrad, der Anreiz von Aufgaben und der Neuigkeitsgehalt in den jeweiligen Situationen hergestellt werden.

Heinz Wiesbrock verhält sich zur Brauchbarkeit der Motivationsforschung im Sinne der Entwicklung einer praktikablen Strategie skeptisch, wenn er auf die Motivationsunterschiede politischer Pädagogik zwischen Ländern wie USA, BRD, Frankreich, Belgien, Schweden, Schweiz, auch auf die verschiedene Überzeugungswert-Geschichte von Nationen (etwa Zukunftsperspektive), und ebenso auf die »schichtenspezifischen« Unterschiede hinweist[94]. Nichtsdestoweniger muß der Versuch unter-

[89] Didaktik der politischen Bildung, a.a.O.

[90] Zur näheren Beschreibung der Krise vgl. O. F. *Bollnow*, Existenzphilosophie und Pädagogik. Versuch über unstetige Formen der Erziehung, Stuttgart 1965, 3. Aufl. S. 24ff.

[91] Thomas Arthur *Ryan*, Intentional Behavior. An Approach to Human Motivation, New York 1970.

[92] Heinz *Heckhausen*, Lernmotivierung, a.a.O.; über die verschiedenen motivationspsychologischen Ansätze unterrichtet kurz Maria *Wasna*, Motivation, Intelligenz und Lernerfolg, München 1972, S. 14–22.

[93] *Wasna*, ebd., S. 17, 98.

[94] Heinz *Wiesbrock*, Zeitperspektive, Motivation und politische Pädagogik, in: Politische Erziehung als psychologisches Problem, a.a.O., Bd. 4, S. 144ff., bes. 148ff., 158.

nommen werden, in einer politischen Pädagogik Ansätze zu einer Theorie der relativ optimalen Motivationslage zu formulieren.

Ein erstes Prinzip ist das »Prinzip der optimalen Passung zwischen Informationsangebot und erreichtem sachstrukturellem Entwicklungsstand.«[95] Nur Aufgaben mittleren Schwierigkeitsgrades – nicht zu schwere und nicht zu leichte, aber gerade noch gut erreichbare Aufgaben – üben den Anreiz zur intrinsischen Motivation aus[96].

Dies besagt seinerseits wieder: a) Es müssen die Voraussetzungen für einen hohen Entwicklungsstand geschaffen werden. b) Je höher der Entwicklungsstand, umso größer ist die intrinsische Motivation zum Lernen, zur Dynamik, zur Kreativität und zur Veränderung; in diesem Sinne wird der Entwicklungsstand für stabile Ordnungen aber auch kritischer. Es entwickeln sich »Anti-Kräfte« nicht nur Zurückgebliebener, sondern auch anders Wertorientierter. c) Nicht eine Homöostase, ein Gleichgewichtszustand, wohl aber eine (durch intrinsische Motivation hergestellte) Kontrolle wird benötigt[97]. Lernen wird so im Prozeß selbst eingeschränkt. Diese Konfliktmöglichkeiten regulieren sich im friedlichen Sinne durch die selbstbeschränkende, dialogische Sprache des sozialen Zusammenhalts.

Ein zweites Prinzip zur Erzielung einer Motivation politischen Handelns ist der tendenzielle Ausgleich extrinsischer und intrinsischer Motivation zugunsten der Selbstbestimmung des Individuums. Baacke versucht nachzuweisen, daß weder statistische Verfahren, noch die Aufstellung von Taxonomien – wir können jetzt hinzufügen: noch als allgemeingültig angesehene »gesellschaftliche« Wertorientierungen – Motivationsentscheidungen garantieren können[98]. Sie sind eben individuell und situativ, wenn auch äußerlich beeinflußbar. Jeder Lernprozeß, auch der soziale, der maschinelle oder der institutionelle, ist nur durch Energie von Individuen zu erreichen[99].

Das dritte Prinzip zur Motivation ist die Schaffung vielfältiger Anreize nach Erkenntnissen der Aktionsforschung[100]. Diese Anreize müssen geeignet sein, das gesellschaftliche Angstproblem[101] zu überspielen, sie bedürfen einer ständigen Unterstützung und Verstärkung und angewandter Forschung.

In diesem Zusammenhang ist die Entscheidungstheorie zu erwähnen[102]. Freilich ist

---

95 *Heckhausen*, Lernmotivierung, a.a.O., S. 212.

96 Dies ist zugleich eine Absage an überstürzte revolutionäre Kritik, zu schwierige ideologische Sprache und an unzeitgemäßes umstürzlerisches Handeln, pubertären Idealismus und Extremismus.

97 Vgl. dazu die folgenden Abschnitte.

98 *Baacke*, Kommunikation, a.a.O., S. 306.

99 Vgl. auch *Ryan*, Intentional Behavior, op. cit., p. 49: »we regard the habitual organizations as developed forms of intentional behavior«.

100 Vgl. dazu Kurt *Lewin*, Die Lösung sozialer Konflikte, a.a.O.; ebenso *Ryan*, Intentional Behavior, op. cit., p. 383 ss.: Extending the Analysis of the Field.

101 Vgl. I. Teil.

102 Vgl. *Ryan*, Intentional Behavior, p. 392: Factors Favoring Decision: »1. Social Norms. Decisiveness is considered admirable, vacillation is weak. Roles like ›executive‹ call for rapid deci-

die mathematische Quantifizierung von Wahrscheinlichkeits-Entscheidungen zweifelhaft – »decision theory has little to say about the process of choice itself«[103] – und die Angabe allgemeiner Prinzipien zur Voraussage noch nicht genug erforscht.
In den Bereich des erleichterten Übergangs von einer Motivation (als actus potentialis vel virtualis maior der Scholastik) zur Setzung eines – wenn auch anfänglichen – Aktes der Initiative gehört auch die Spielraumtheorie, wie sie Hermann Glaser ansatzweise zu entwickeln sucht[104].
Spielraum als Vorraum der Aktion ermöglicht, »daß inmitten der Sachzwänge Konflikte ›ausgespielt‹ werden und zur Lösung gelangen, wobei neue dialektische Initiativen sich entfalten, die dann wiederum durch Spielraum in ihrer polaren Struktur ›aufzuheben‹ sind. Bei einer didaktisch ausgeprägten Situation wirkt der Spielraum harmonisierend; bei einer dialektisch ›unterentwickelten‹ Situation stimulierend, weil er durch die Gewährung des Freiheitsraumes Freiheit fördert[105].«
Mit den Kategorien von Roger Caillois läßt sich in dem hier wichtigen Zusammenhang die Bedeutung des Spielraums (Planspiels) so fassen[106]:
1. Die motivierte Aktion kann in der Simulation, dem fiktiven Charakter des Gedankenspiels, distanziert, reflexiv und vielfältig überprüft werden.
2. Die Motivation wird bezüglich der Erreichbarkeit des angestrebten Zieles durch die unaufhörliche Veränderung im Gedankenexperiment in eine Krise gebracht, aus der das im Spielraum erarbeitete beste Modell hervorgeht.
3. Das Agonale, der Wettkampf, die Härte der Realität und der Zusammenarbeit werden im Spiel erprobt.
4. Das Wagnis der Aktion wird im Wagnis des Spiels vorweggenommen.
5. Initiative als Auflösung von Stabilität zugunsten von Kreativität wird im Spielraum als Erfahrung gelernt.
Spielraum ermöglicht also, auf relativ ungefährliche Weise das in der Aktion sonst

---

sion. 2. Direct social pressure and obligation. Other persons ask for decision, deadlines are to be met, etc. 3. Self concept. ›I am the kind of person who makes up his mind quickly.‹ 4. Anxiety in indecision. Making the decision will relieve anxiety. 5. Situational structure. Specific consequences of failure to decide.« S. dazu auch die Theorie der kognitiven Dissonanz bei L. *Festinger*, A Theory of cognitive dissonance, Stanford, Cal. 1957, und: *ders.*, Conflict, decision and dissonance, ibid. 1964, sowie die Kritik dazu bei *Ryan*, ebd. Kap. 4 und *Baacke*, Kommunikation, S. 130ff.

103 *Ryan*, ibid. p. 397, 398.

104 Hermann *Glaser*, Zu einer gesellschaftlichen Spielraumtheorie, in: Giesecke u. a., Politische Aktion und politisches Lernen, München 2. Aufl. 1971, S. 87ff.; Hartmut v. *Hentig*, Spielraum und Ernstfall. Gesammelte Aufsätze zu einer Pädagogik der Selbstbestimmung, Stuttgart 1969, S. 76ff.; auch schon Walter *Rest*, Toleranz, a.a.O., bes. das Kapitel Inter et inter.

105 *Glaser*, Spielraumtheorie, a.a.O., S. 89. Auf die befreiende Wirkung des Spiels und die verschiedenen wichtigen Spieltheorien kann hier nicht eingegangen werden.

106 Roger *Caillois*, Die Spiele und die Menschen, Stuttgart 1960, zitiert bei *Glaser*, ebd. S. 96–97; vgl. dort bes. die Anwendung auf Schule (S. 104ff.) und Verwaltung (S. 116ff.).

eher schädliche Stadium des Lernprozesses von Versuch und Irrtum zu einem Teil vorzuziehen.
Initiative ist die Aktionsenergie zu Innovationen, oder anders ausgedrückt: die Ingangsetzung eines Innovationsprozesses. Sie setzt nicht, wie Henke u. a. bezüglich des Innovationsprozesses meinen, eine Veränderung der Kommunikationsstruktur, der Entscheidungs- und Kontrollmechanismen voraus, sondern sie kann diese Kommunikation und Kontrolle selbst als Gegenstand haben[107]. Man kann nicht die »gesellschaftlichen Strukturen verändern«, wenn man die Veränderung schon voraussetzt. Initiative ist in diesem Sinne zunächst ungeschützt, zwar vorbereitet durch die bisherigen Überlegungen, aber dennoch eine zielgerichtete Anzahl frei gesetzter Akte ohne Sicherung festgelegter Vorstellungen[108].

### *2.2.3. Steuerung und Kontrolle*

Das erste Problem der Aktionsforschung über die Vorbedingungen hinaus ist das Problem der Verallgemeinerung der Initiative; sie bestimmt die dauernde Wirkung der Aktion. Als Möglichkeiten stehen Verankerungen in Institutionen, Organisationen, Vereinen, Medien, ständigen Initiativgruppen, Ritualen usw.[109] zur Verfügung. Wissenschaftlich behilflich ist dazu eine Organisationstheorie, die interaktive, gruppendynamische, soziologische und politische Gesichtspunkte berücksichtigt. Schwieriger auszumachen ist aber der spezielle Aspekt, wie solche innovativen Aktionen im Sinne einer politischen Friedenspädagogik auf eine breite, tragfähige Grundlage gestellt werden können.
Ein wichtiges Faktum scheint der Initiationsritus zu sein, mit dem die Aktionen begleitet werden. Sie gehören im semantischen Sinne zur Steuerungssprache[110]. Darunter können Rechte, Gesetze, Zeremonien, Versprechungen und Sanktionen fallen, also Äußerungen, die eine tiefe, bleibende Wirkung auf das Gedächtnis und die Grundlagen der Gesellschaft haben. Es käme folglich darauf an, mehr Phantasie bei der Schaffung dieser Rituale und Sprachbedeutungen zu verwenden, nicht nur im Bereich der Gesetze.
Die Psychologie verweist auf Regelsysteme[111]. Der Rückkoppelungs-Stimulus (Feed

---

[107] Hans-Heinrich *Henke*/Susanne *Karstedt*, Institutionsberatung und Aktionsforschung, in: F. Haag, H. Krüger, W. Schwärzel, J. Wildt (Hg.), Aktionsforschung. Forschungsstrategien, Forschungsfelder und Forschungspläne, München 1972, S. 128.

[108] Vgl. *Blondel*, L'action, a.a.O., 2e Etape, 3e chap.: La détermination de la liberté et la production de l'action, ibid. p. 129ss.

[109] Teil III, Praxeologie.

[110] Näheres darüber bei *Hayakawa*, Semantik, a.a.O., S. 127, bes. 131ff.

[111] *Foppa*, Lernen, Gedächtnis, Verhalten, a.a.O., S. 330, 362; E. *Mittenecker*, Kybernetische Modelle in der modernen Psychologie, in: Berichte des 23. Kongresses der Deutschen Gesellschaft für Psychologie, Würzburg 1962, Göttingen 1963, S. 68–92.

back) ist eine notwendige Verhaltensstütze, wenn der Lernprozeß überhaupt erfolgreich durchgeführt werden soll. Dies gilt auch in erweiterter Form über die Reiz-Reaktions-Schemata hinaus[112].
Im kybernetischen Sinne verlaufen Aktionen und Verhaltensweisen nach Regelkreisen. Wichtig zur Konstanz der Steuerung ist auch hier die Rückkoppelung. Es müssen also immer Vergleiche des Ist-Zustandes (gesellschaftliche oder psychische Verhältnisse) mit dem Soll-Wert stattfinden (Ziel der Aktion). Dies ist die »Lotsenfunktion«. Daraus ergibt sich weiterhin: 1. daß der Soll-Wert (Ziel, Kapitänsfunktion, Fähigkeit zur alternativen Entscheidung) sich in den geschlossenen Wirkungskreis der Möglichkeiten einpaßt, 2. daß der Vergleich von Ist- und Soll-Zustand nicht überdimensionale Kräfte erfordern darf (Steuermannsfunktion), 3. daß die Arbeitsenergie zur Veränderung der Umwelt über die Energie zur Erhaltung hinausgeht und dieser Unterschied berechnet werden muß. Jede dieser Funktionen läßt sich (nach Karl Deutsch) abschätzen. Das Hauptproblem besteht in der Automatisierung der Reglerfunktion (Lotsenfunktion), d. h. in der Institutionalisierung von Kontrollen. In der Kybernetik verlaufen diese »Logischen Operationen« ganz anders als in den organisch ablaufenden logischen Prozessen; in Analogie dazu ist zu vermuten, daß automatische Reglerfunktionen und Kontrollen auch im sozialen und politischen Bereich durch Institutionen vorgenommen werden können, die sich nicht nach der gesellschaftlichen und geschichtlichen Entwicklung des sozialen und politischen Prozesses richten, sondern ihre Berechtigung allein aus ihrer genau bekannten und eindeutig formulierten Funktion herleiten. (Ein Vergleich mit dem Ombudsman macht das Gemeinte deutlicher: Diese Institution ist in der sozialen und politischen Entwicklung äußerst ungewöhnlich. Da aber ihre Funktion genau bekannt und mit Reglerfähigkeiten ausgestattet ist, hat sie »automatische« Veränderung und »automatisches Lernen des Systems« zur Folge.)
Das besagt wiederum nicht, daß die Antriebsenergie der Initiativen und Aktionen ausbleiben könnte und nutzlos wäre. Wenn sie nicht bestände, würde die Innovation gar nicht aufkommen. Zur Regelung dieser Initiative ist aber eine unabhängige Stelle notwendig einzurichten, die zwischen diesem Engagement und den bestehenden Verhältnissen steht. Vordringlich ist dabei die möglichst klare Formulierung ihrer systemlogischen Operationen.
Mit anderen Worten: Es ist zwar unbedingt notwendig, in einer Demokratie darauf zu drängen, daß möglichst viele ein emanzipiertes Bewußtsein haben, daß sie politisch-kritisch sind usw.: davon hängt der Bestand der Gesellschaft und auch aller ihrer Institutionen ab. Genau so wichtig ist aber zu sehen, daß eine von diesem Bewußtsein nur indirekt abhängige, aber wirksame Institution als spezieller Regler zur Friedenssicherung kurzfristig viel effektiver und handlungsfähiger ist.
Die Schwierigkeit besteht nun darin, daß solche genauen Zielformulierungen, präzise Informationen durch Medien, Rechtsprechung, Gesetze usw. anscheinend schon

[112] Tobias *Brocher*, Gruppendynamik in der Erwachsenenbildung, Braunschweig 1967.

recht wirkungslos eingesetzt sind und auch nicht durch technische Operationen allein ersetzt werden können. Jedenfalls wird aber deutlich, daß einerseits technische Regelsysteme hilfreich für den Frieden ausgenutzt, daß sie außerdem aber genauso mißbraucht werden können[113]. Sie müssen folglich aus eben diesem Grunde auf ein allgemeines demokratisches Bewußtsein gestützt sein, das umso besser gelingt, je fundierter und vielseitiger es pädagogisch vermittelt werden konnte.

Die pädagogische Steuerung und Kontrolle bildet maßgeblich das Regelsystem des Gewissens aus. Erziehung muß ein Gewissen formen, das mit informatorischen und organisatorischen Hilfsmitteln sich Breiten- und Tiefenwirkung zu verschaffen weiß. Dazu bedarf es einer Verlagerung des weitverbreiteten externalisierten Gewissens in das internalisierte Gewissen und, was besonders wichtig ist, eines Bewußtseins der Verpflichtung, dieses internalisierte Gewissen nach außen in einem gesellschaftlichen Umkreis kundzutun. Das Gewissen hat nicht nur Verantwortung für das Individuum, sondern auch für dessen allgemeine Lebensverhältnisse, von denen es wirksam beeinflußt wird. Positive Gewissenserziehung introjiziert nicht nur Erfahrungen, Schulderlebnisse oder Identifikationen, sondern projiziert Regeln auch für zukünftige Verhaltensweisen, indem eine Situation als verpflichtend erlebt wird. Zwar aktiviert das Gewissen nicht unbedingt verändernde Handlungsstrategien, seine autonome Regulierungsfunktion muß in ihrer Entscheidungsfreudigkeit, im Unterscheidungsvermögen formal, aber auch inhaltlich in der unbedingten Abwehr von Gewalt und Ungerechtigkeit zur Klarheit ausgebildet werden.

### *2.2.4. Friedenserziehung und Ethik*

Kritik, Initiative, Steuerung und Kontrolle als kommunikative Handlungsweisen können in allen Einzelheiten entworfen werden, sie kommen aber in der ethischen Grundfrage an ihre Grenze und Sinnberechtigung. Nach einer langen Zeit der ethischen Klärung des Friedensbegriffs erscheinen auch in der Friedenserziehung heute zwar die technischen Probleme sehr wichtig, aber schon steht man vor dem Dilemma einer im Konsens entsprechend unseren heutigen Verhältnissen hergestellten Ethik.

Die Wissenschaft hilft an dieser Grenze eine neue Ethik herzustellen: Die objektiven Grundlagen der Natur und des Menschen zielen mit klarer Eindeutigkeit gegen den Unfrieden und gegen alle, die Unfrieden herbeiführen und begünstigen. Naturwissenschaftler und Sozialwissenschaftler wie Bohr, Heisenberg, Monod, Weizsäcker, Marcuse, Sacharow u. a. lassen an objektiv begründeter Klarheit gegen die Unfriedensstifter und ihre Organisationen kaum zu wünschen übrig, auch wenn ihre Gedanken noch nicht durchgedrungen sind. Ihr gemeinsames Merkmal ist das aus der wissenschaftlichen Forschung unmittelbar resultierende Postulat: Die Erkenntnis der

---

113 Peter *Menke-Glückert*, Friedensstrategien. Wissenschaftliche Techniken beeinflussen die Politik, Reinbek 1969, S. 151ff.

objektiven weltpolitischen, strategischen, und humanwissenschaftlichen Zusammenhänge fordert eine neue praktische Ethik; die Erkenntnis der wissenschaftlich ermittelten Herrschaftsstrukturen, der Abhängigkeiten und Unfreiheiten fordert eine direkt intendierte polit-ökonomische Ethik; die Erkenntnis über die unwissenschaftliche »Wissenschaftlichkeit des Sozialismus« erfordert einen neuen, humanwissenschaftlich fundierten Humanismus.
Hier wird nicht ein teleonomisches Prinzip an den Anfang der Ethik als Forderung gesetzt; hier werden objektive Relationen festgestellt, die den Charakter strenger immanenter Notwendigkeiten tragen. »Friede« ist also nicht ein Ziel, sondern Basis wissenschaftlicher Verantwortung für Objektivität[114].
Wer angesichts dieser Erkenntnis vom »Überbau« einer Friedensethik und ethischen Friedenserziehung spricht, lebt noch nicht im wissenschaftlichen Zeitalter, sondern im Animismus (Monod)[115]. Die Ethik der Erkenntnis mit ihrem streng-wissenschaftlichen Objektivitätspostulat ist logisch unwiderleglich. Nur böser Wille, verlogenes Eigeninteresse und Herrschaftsdenken können sich über diese Prinzipien hinwegsetzen, werden aber entlarvt. Die Konzeption einer solchen Friedenswissenschaft würde in sich schon erzieherisch wirken, indem Bewußtsein und Handeln nicht mehr nach alter Weise getrennt, sondern unbestechlich ineins gesetzt würden.
Jene objektive Ethik kann im gesellschaftlichen Bereich vorzüglich als kommunikative Ethik bezeichnet werden[116]. Der objektive Maßstab der Kommunikation zwingt der Ethik die Diskussion um Herrschaft von Menschen über Menschen, die Frage von Gewalt und Terror, die Frage der Mittel zur Durchsetzung von Zielen und Zwecken überhaupt auf, aber auch die Grenze der Aktion, der Initiative, der Kritik, der Strategie, der Politik, der technischen Anwendung, des Konfliktes, des Wortes: mit wissenschaftlicher Genauigkeit – dies ist auch ein ethisches Implikat – und für jedermann nachprüfbar werden Ursachen, Bedingungen und Auswirkungen geprüft. Eines der kritischen Momente kommunikativer Ethik ist das in letzter Zeit viel diskutierte Problem der Herrschaft, das wegen der Nähe zum Autoritätsbegriff auch in der Friedenserziehung beachtet werden muß.
Zum Beispiel hat sich besonders die kritische politische Theologie in ihren gesell-

---

[114] Jacques *Monod*, Zufall und Notwendigkeit, München, 2. Aufl. 1971; Erich *Neumann*, Tiefenpsychologie und neue Ethik, München 1964; Charles L. *Stevenson*, Ethics and language, New Haven 1944.

[115] Nach Monod haben wir die Wissenschaft noch nicht entdeckt. Der heutige Mensch hat für sich noch nicht die Entscheidung der Objektivität, der Authentizität, gefällt, die ihn unweigerlich zum »wirklich *wissenschaftlichen* sozialistischen Humanismus« (S. 218ff.) führt. Alle gesellschaftlichen und politischen Institutionen sind mit dem Maßstab der Ethik der Erkenntnis zu messen.

[116] Damit ist der Schritt zu dem verdienstvollen Versuch Mechthild Bülows getan, eine politische Ethik und eine politische Erziehung auf der Grundlage moderner Wissenschaft zu erstellen, freilich zudem noch mit der Weiterführung auf Friedenserziehung. *Bülow*, Kommunikative Ethik, a.a.O.

schaftlichen und pädagogischen Überlegungen hierzu geäußert, indem sie als spezifisch christliche Botschaft versteht, die Zustände der Welt zu erneuern. Dies ist eine radikale Botschaft für das Glück jedes Menschen, die die illegitimen Herrschaftsformen im Keim gefährdet[117]. Die Hermeneutik unserer Geschichte als »Heilsgeschichte«, unseres aktuellen Zustandes als öffentlichen (politischen) Zustandes und die Aufhellung der Mißverständnisse einer »Zwei-Reiche«-Theorie führen zu einem neuen Theorie-Praxis-Verhältnis, das es ermöglicht, grundlegender als in der gesamten Geschichte des Christentums bisher, die »Befreiung im Glauben« durch die Erlösung des Kreuzes, die »Entillusionierung in der Hoffnung« durch die eschatologische Perspektive und das »Engagement in der Liebe« als Revolution gesellschaftlicher Unerträglichkeiten zu Kategorien zugleich säkularisierter und transzendierender gesellschaftlich-politischer Handlungsweisen konkret zu interpretieren[118].
Mit diesen Aussagen nimmt die Politische Theologie einen unabhängigen, auch moralisch und ethisch konsequenten Standpunkt zu allen Formen von Herrschaft ein, und die theologische Hermeneutik unseres geschichtlichen Zustandes eröffnet auch eine pädagogisch interessante Dimension mit Handlungsorientierung[119].
Aber auch die politische Theologie und kommunikative Ethik drücken sich oft vor Entscheidungsfragen wie: In welchem Maß kann und darf ich ein Kind zu dysfunktionalem Verhalten erziehen, muß ich es nicht zum macchiavellistischen Arrangement anhalten, was nützt es denn, Kinder für wichtige politische Fragen sensibel zu machen, die sie selbst nicht lösen können? und dgl. Probleme aus dem Alltagsleben mehr.
Eine Kritik muß aber noch stärker ansetzen. Die gutgemeinte Ethik und Friedenserziehung erreichen angesichts des sich in der ganzen Welt abzeichnenden Folterrausches, der Brutalität und des Sadismus und der Terroranschläge kaum die äquivalente Ebene, um mit dem Krieg als letztmöglichem Greuel und damit der Entscheidungsgrenze über ihre Wirksamkeit, ihren Nutzen und ihre Grundposition fertig zu werden, vielleicht auch nicht einmal die anthropologisch-biologische Komponente menschlichen Handelns, damit zugleich aber auch nicht die Eingebundenheit in »die Organe« (Solschenizijn), die Ohnmacht des Geistes. Die objektive Ethik der Wissenschaft Monods muß hier die Tatsache des Animismus konstatieren, weil er in diesen Exorzismen und Archaismen zum Ausbruch kommt. Die heutige Welt wurde nicht allein durch die Ethik der Erkenntnis geschaffen[120].

---

117 Zu dieser Theologie siehe bes. Wolfhart *Pannenberg*, Geschichtstatsachen und christliche Ethik. Zur Relevanz geschichtlich-politischer Sachfragen für die christliche Ethik, in: Helmut Peukert (Hg.), Diskussion zur »politischen Theologie«, Mainz 1969, S. 238–239.

118 Vgl. dazu Heinz *Schürmann*, Der gesellschaftliche und gesellschaftskritische Dienst der Kirche und der Christen in einer säkularisierten Welt; in: Peukert (Hg.), Politische Theologie, a.a.O., S. 154–161; *Pannenberg*, ebd. S. 232.

119 W. *Rest*, Prolegomena, a.a.O., bes. Kap. Wahrheit – Botschaft – Resultat.

120 *Monod*, Zufall und Notwendigkeit, a.a.O., S. 216.

Wissenschaft kann und muß versuchen, der Weltöffentlichkeit wenigstens Informationen zu liefern und die ökonomische, organisatorische, psychologische Unterstützung dieser Exzesse offenzulegen. So gesehen sind Information, Dialog, praktische Ermöglichung einer Kommunikationsvielfalt, Konflikterziehung, Kritik und Initiative eines emanzipatorischen Lernprozesses mangelhafte Weisen einer Ethik und Erziehung im Geiste objektiver umfassender Erkenntnis, aber dennoch effektiver als Moralsprüche.

Kommunikative Ethik und Pädagogik als Handlungswissenschaft unterliegen also sowohl der Alten Ethik als auch der Neuen Ethik[121]. Die neue, d. h. die wissenschaftlich-operationalisierte Ethik benötigt durchaus die alte Ethik[122]; sie verbessert aber die Instrumentarien und die Abschätzung der Wahrscheinlichkeit möglicher Verwirklichung und dadurch natürlich auch die Wirksamkeit von Ethik. Zugleich wendet sich damit die frühere Anpassung an Zielwerte um, nämlich zu einer Zentrierung in ein organisatorisches Handlungsgefüge, indem etwa nicht gefragt wird, ob das Individuum »gut« sei, sondern umgekehrt die produktive Autonomie der ethischen Persönlichkeit von den Vorbedingungen her gestärkt[123], oder die Regeln des kommunikativen Themenfeldes als sachimmanente Ordnung anzuerkennen gefordert wird.

Ethik hat also die Führungsrolle (»Kapitänsfunktion«) praktischen Verhaltens, der Motivation, der Initiative und der Affektivität, und zwar sowohl als Anforderung als auch als kontrollierende Grenze. Alle bisherigen Ausführungen sind, so gesehen, sachimmanente Anforderungen zur Friedensethik und friedensethischen Erziehung. Hervorgehoben ist besonders die Notwendigkeit einer polit-ökonomischen Ethik und Erziehung. Denn sowohl das Sein bestimmt das Bewußtsein als auch das Bewußtsein das Sein: Produktion und Arbeit sind nicht nur Systeme der Selbstbehauptung, sondern auch der Selbstzerstörung. Interdependenz, Massenproduktion, Massenvernichtungsmittel (Hilligen) sind politische Entscheidungsfragen, die mit einem pädagogisch zu entwickelnden Bewußtsein gekoppelt werden müssen[124]. Dabei spricht eine Mächtigkeit der Sachbezüge für die Effizienz einer wissenschaftlich schonungslosen politisch-ökonomischen Ethik.

In den Bereich der Friedenspädagogik gehört auch unter dem Gesichtspunkt der ethischen Verantwortung die Metakritik von Wissenschaft, insbesondere von Wissenschaft, die mit Verantwortung korreliert wird. Eine Pädagogik ohne ethisch-wissenschaftliche und ethisch-philosophische Reflexion ist hinterhältig. Politische

---

[121] Zu diesen Begriffen s. Erich *Neumann*, Tiefenpsychologie und neue Ethik, a.a.O. Die Vorstellung der alten Ethik war Teilung, Differenzierung und Aufspaltung, die der neuen Vereinigung der Gegensätze in einer einheitlichen Struktur. Ebd. S. 99.

[122] Vgl. etwa *Bülow*, Kommunikative Ethik, a.a.O., S. 35 ff., wo die Kantsche Ethik zur Weiterentwicklung einer kommunikativen Ethik benützt wird.

[123] *Neumann*, Neue Ethik, a.a.O., S. 100; *Bülow*, Kommunikative Ethik, a.a.O., S. 60; s. auch H. E. *Richter*, Lernziel Solidarität, a.a.O.

[124] *Hilligen*, Didaktik der politischen Bildung, a.a.O., S. 47.

Pädagogik und Friedenserziehungstheorie hat moralische Implikate, die nicht ohne Kritik als Postulate erhoben werden können.
Praktische Friedenserziehung wehrt sich also aufgrund wissenschaftstheoretischer, ideologiekritischer und philosophischer Ergebnisse vehement gegen die distanzlose, undialektische Anwendung wissenschaftlicher (insbesondere erziehungswissenschaftlicher) Ergebnisse auf den Menschen. Was in der Medizin tödlich verlaufen kann oder schwere Schäden hervorruft (Contergan-Kinder!), ist in der Erziehung Vergewaltigung des Menschen: Aggressions- und Konflikttheorien, Konzepte zur Charaktererziehung und zur Persönlichkeitsbildung, ja sogar empirische Hypothesenbestätigung jeder Art müssen erst durch den Katalysator »Ethik« laufen, die bei dieser Konfrontation des »Objektiven« mit dem »Subjektiven« auf der Humanisierung des Objektiven besteht.
Nachdem durch die Ethik als wissenschaftlichem Ingrediens den Bedenken gegen eine heute angeblich nicht mehr erstellbare einheitliche Ethik die Spitze genommen ist – im Gegenteil drängt die Neue Ethik zur Einheit –, kann umso befreiter auf die Notwendigkeit der alten ethischen Reflexion über eine Friedenserziehung hingewiesen werden. Die leninsche Ethik z. B., Terror sei auch ein Überzeugungsmittel, bedarf einer vernichtenden Disqualifizierung, etwa nach dem Kategorischen Imperativ, nach Optionen der Menschenwürde und Gerechtigkeit für alle sowie nach Vereinbarungen vieler Völker in der UN-Charta. Während Kant das Regulative, den Handlungs- und Entscheidungscharakter der Ethik betont, werden auch von der wissenschaftlichen Ethik her neue Normen inhaltlich erhoben[125]. Friedens-Pädagogik im Sinne einer Ethik als Handlungstheorie greift zurück auf das »zeitadäquate Bewußtsein« und die »grundlegenden Einsichten« eines demokratischen Minimalkonsensus, die nach Wolfgang Hilligen (wie hier nochmals erwähnt werden soll) in der Dialektik folgender Chancen und Gefahren liegen: den Gefahren des Hungers, der Unterdrückung, der Vernichtung; den Chancen der Bedürfnisbefriedigung, der Autonomie, des humanen Austrags von Konflikten[126]. Die »grundlegenden Teilungen« (Kolakowski) oder die »zweiwertige Logik« (Hayakawa) sind zu erkennen und aufzuheben. Nach diesen Optionen lassen sich alle Handlungen werten, ob sie nun gesellschaftlich-dysfunktional, revolutionär, radikal, konservativ oder faschistisch sind.

## 2.3. Die Lerninstitutionen (Die Tiefendimension)

Die wissenschaftliche Ethik kann den Unfrieden eindeutig nachweisen. Eine von ihrem humanitären Zweck stark entfremdete Ökonomie[127] schafft als östlicher und

---

[125] Vgl. etwa die Resolution der UNO zu den Rechten des Kindes, abgedruckt in: Walter *Rest*, Das Menschenkind, a.a.O., S. 85ff.
[126] Politische Bildung, a.a.O., s. auch oben.
[127] Eike *Henning*, Die Rüstungsgesellschaft und ihre Kosten, a.a.O., S. 280ff.

westlicher Kapitalismus auf der einen Seite sinnlose Verschwendung, auf der anderen »Armutsinseln« (Galbraith)[128], die Misere des Erziehungs- und Bildungssystems, der Information, die »Armut öffentlicher Einrichtungen« wie Schulen und Krankenhäuser. Dieser Mechanismus ist in weniger komplexen Staaten verhältnismäßig einfach zu erklären. Wenn z. B. gute Schulen, ein gut durchgegliedertes und chancenförderndes Schulsystem, gute und vielseitige Informationsgrundlagen bestünden, wäre die Wahrscheinlichkeit der Krisenanfälligkeit des Systems größer. Die besten Beispiele dafür bieten die Staaten, die heute noch im krassen Frühkapitalismus stehen.
Aber auch hierzulande wird oft die Gefahr gesehen, die Bildungsmisere beizubehalten und das kritische Denken einzuschränken. Es sei nur an den allmählichen institutionellen Abbau der Philosophie an unseren Hochschulen erinnert, an die Semantik der Massenmedien, an den langsamen Gang von Reformen, an den steten Kampf gegen Kritiker etc. Die Erziehungsinstitutionen sind dabei sowohl Praxis wie auch Ausdruck von Theorie. Die Praxis gibt Aufschluß über den Zustand einer Theorie. Dies ist auch dann der Fall, wenn die Praxis nicht mit dem hohen Stand der Theorie übereinstimmt. Die Frage ist, welchen Zielen sich die Lerninstitutionen verschrieben haben und wie sie sie praktizieren. Findet man irgendwo die Zielrichtung auf Frieden hin, gemäß etwa Artikel 7 der Landesverfassung Nordrhein-Westfalens:
»Die Jugend soll erzogen werden im Geiste der Menschlichkeit, der Demokratie und der Freiheit, zur Duldsamkeit und zur Achtung vor der Überzeugung des anderen, in Liebe zu Volk und Heimat, zur Völkergemeinschaft und *Friedensgesinnung*«[129]?
Der Zusammenhang unserer Bildungsinstitutionen mit Friedenserziehung ist bis jetzt kaum direkt herausgestellt worden, es sei denn man interpretiere die massive Kritik an diesen Einrichtungen in dieser Perspektive. Eine solche nachträgliche Interpretation hat aber den Nachteil, daß die Kritik selbst den Unfrieden offenbar nicht erkannt hat: es ist wünschenswert, den Keim zum permanenten Unfrieden dort explicite aufzudecken. Die Verknüpfung der zahlreichen Kritiken an den Lernsituationen mit dem Friedens/Unfriedensbegriff bedingt die erneute Aufarbeitung unter dem Gesichtspunkt, auf welche Tiefendimension die oben skizzierte Motivation und Initiative einer Dialektik im Erziehungsbereich stößt, um daraus dann in einem dritten Teil des Buches die pragmatischen und praxeologischen Schlußfolgerungen für eine Neuordnung im Sinne der Friedenserziehung ziehen zu können.

### *2.3.1. Die Einübung in das »permanente Lernen«*

Die Bedeutung der vorgeburtlichen Phase des menschlichen Lebens, der Geburt, der ersten Lebenstage und -wochen, des ersten halben und ganzen Jahres, der ersten drei, 5–6, 8, 12 Jahre des Menschen, die Schicksalhaftigkeit der Mutter, des Vaters, der

---

[128] Vgl. ebd. S. 283f.
[129] Freundlicher Hinweis von Herrn Prof. Dr. W. Rest, Münster (Kursiv von P. H.)

Kommunikation der Eltern, der sozialen Schicht und des politischen Systems sind zwar umfangreich nachgewiesen, die längerfristigen genauen Konsequenzen der Familienerziehung im Sinne einer wissenschaftlichen Handlungstheorie sind aber – besonders auf dem Gebiet der Friedenserziehung – oft nur aus logischen allgemeinen Beobachtungen zu erschließen.

*Die Familie*

In der Dialektik von Abschirmung und Öffnung zur Gesellschaft ist die Familie für das Kind die Ermöglichung seines Lebens und gesellschaftlichen Verhaltens. Die Tragweite der Familienerziehung ist über das hinaus, was grundlegend und differenziert in der Wissenschaft heute diskutiert wird, bezüglich des Aspektes der Friedenserziehung von David Mantell empirisch herausgearbeitet und in die These gefaßt worden: Eine stark konformistische, harte, autoritäre, intolerante und nichtintellektuelle Familiensituation begünstigt Unduldsamkeit, Gereiztheit, emotionale Isolierung, Rigidität, Spannungen, Gewalttätigkeit und kalte Feindseligkeit; Wertmaßstäbe von Ordnung, Sauberkeit, harter Arbeit, Höflichkeit, Gehorsam und Respekt für Besitz verweisen Intellekt, Ratio, Güte, Menschlichkeit und Sozialität zur sekundären Bedeutung[130]. Die Tragweite dieser Ergebnisse resultiert daraus, daß sie aus Aussagen von Kriegsfreiwilligen gewonnen wurden, welche mit Freuden furchtbarste Greuel ohne Gewissen in Vietnam verrichteten. Demgegenüber ließ sich über die Familien der damals befragten Kriegsdienstverweigerer sagen: Nicht aus einer Ideologie der Untersuchung, sondern aus den Aussagen der (z. T. bestraften) Kriegsdienstverweigerer war deren Familie weitgehend gekennzeichnet von Gewaltlosigkeit, Rationalität, Toleranz, Flexibilität, Anpassungsfähigkeit, Anteilnahme, Wärme, unautoritärem Verhalten, politischem und sozialem Engagement sowie Diskussionen über Krieg und Politik. Die Atmosphäre war ruhig, freundlich, entspannt und stabil; Meinungsäußerungen waren erwünscht, ebenso Gespräche, Anteilnahme und Zurückhaltung, Kritik zu Autoritäten.
Die elterliche Ehe war geprägt durch Respekt, Kameradschaftlichkeit, Zärtlichkeit, Gleichberechtigung, Verteilung der Rollen und Lösung von Meinungsverschiedenheiten durch Diskussion. Verhaltensmaßstäbe der Väter: Reflektierte, vorgelebte Prinzipien, ausgeprägte Sozialethik, harte Arbeit, Fleiß, intellektuelle Leistung, Unabhängigkeit, Rationalität, auch Ordnung und Sparsamkeit[131].
Diese Untersuchungsergebnisse stützen sich auf die These, daß die Grundhaltungen

---

130 Marc *Mantell*, Familie und Aggression. Zur Einübung von Gewalt und Gewaltlosigkeit. Eine empirische Untersuchung, Frankfurt 1972, bes. S. 38ff., 49ff., 70ff., 85ff., 98ff. Vgl. auch Peter *Heitkämper*, Das Autoritätsproblem in der Autoritätskrise, in: Österreichische Pädagogische Warte 9/10, 1974, S. 167.
131 *Mantell*, ebd., S. 85ff., 97ff.

des Menschen in der Familie entscheidend geprägt werden, wie etwa Entscheidungsfreudigkeit, Lernmotivation, Sprachfähigkeit, Emotionalität und Plastizität. Auch Heinz Steinert bestätigt aus empirischen Erhebungen, wie sehr die innerfamiliäre Rollendifferenzierung auf Anpassung/Überanpassung sich auswirkt[132]. Aus seinen Befragungen ist zu entnehmen, daß umso bereitwilliger das Töten beim Militär gelernt wird, je asketisch-männlicher, idealistisch-unkritischer, also ehrgeizig-angepaßter die Familienideologie sich auf die Söhne überträgt.

Nach Murray Straus ist die beste Förderung der Modernisierung und Innovation durch eine hohe Problemlösungsfähigkeit und eine hohe Spannweite der Funktion »der erweiterten Familie« zu erwarten[133]. Edward Devereux macht die in diesem Zusammenhang wichtige Feststellung, daß (1960 bis 1969) die deutsche Familie autoritätsgebundenere, unselbständigere, besonders in der »Unterschicht« außengeleitete, in der »Mittelschicht« stark innengeleitete Kinder im Unterschied zu amerikanischen Familien hervorbringt. »Die Mittelschichtsfamilie« mit ihrer größeren Problemlösungsfähigkeit entwickelt hohes Schuldbewußtsein, aber auch bessere moralische Selbststeuerung als es bei mehr situativ-autoritätsgebundenem Verhalten der »Unterschichtskinder« zu finden ist[134].

Die Familie hat, differenziert betrachtet, also hypothetisch durchaus Ansätze zur Reproduktion von Unfrieden; die Entkolonisierung des Kindes durch eine pädagogische Revolution ist nur eine Utopie[135]. In der Familie wird allgemein – noch entsprechend der Elterngeneration – wenig politisch-praktische Kritik und konfliktäre Dialogfähigkeit eingeübt. Stattdessen bemüht man sich nicht selten, die Kinder zur Ellenbogentaktik, Durchsetzungsfähigkeit und aggressiven Selbstüberheblichkeit zu erziehen, weil die weiterführenden gesellschaftlichen Institutionen dieser Erziehungsweise gar nicht so unrecht geben.

Wie sehen einige den Eltern zur Verfügung gestellten Hilfsmittel aus? Die Kritik der Spielplätze geht auf die einseitige Nutzung zum Turnen, den mangelnden Anreiz zu Gemeinschaftsspielen, Kommunikation und Kreativität. Nur ein aufsichtsführender Pädagoge (Sozialarbeiter) könnte die notwendigen Materialien (Wasser, Bausätze), Tiere (Schmeicheltiere zum Pflegen), Organisation von Spielen und verschiedensten Anregungen (auch im Winter) sowie Abwehr von ängstlichen Eltern gewährleisten[136].

---

132 *Steinert*, Die Strategien sozialen Handelns. Zur Soziologie der Persönlichkeit und der Sozialisation, München 1972.

133 Murray *Straus*, Die Organisation der Familie und die Fähigkeit zur Problemlösung im Hinblick auf die Modernisierung von Gesellschaften, in: Günther Lüschen u. Eugen Lupri (Hg.), Soziologie der Familie, Opladen 1970, S. 254–269.

134 Edward C. *Devereux*, Autorität und moralische Entwicklung bei deutschen und amerikanischen Kindern, in: Lüschen/Lupri (Hg.), Soziologie der Familie, a.a.O., S. 353–379.

135 Gérard *Mendel*, Plädoyer für die Entkolonisierung des Kindes. Soziopsychoanalyse der Autorität, Olten 1973.

136 Peter *Heitkämper*, Freie Kommunikation auf dem Spielplatz? Untersuchungen zur Erziehungspraxis, in: forum E 3, 1975, S. 66ff.

Eine Kritik des Spielzeugs wäre hier notwendig[137], die in die gleiche Richtung ausfallen muß.
Die Kritik aktueller Kinderbücher zur Darstellung von Konflikten, Konfliktlösungen und Gewalt kommt zu dem Schluß, daß diese Erziehungsmittel (für die »Mittelschicht«) mit dem Weglassen von Konflikt und Gewalt reale Konflikte verschleiert, sie nicht als historisch aufhebbar darstellt, »gerechte Gewalt« verherrlicht (Polizei etc.), Handlungsmöglichkeiten nicht aufzeigt und dementsprechend Gewalt angstbetont läßt[138].
Weiterhin sei die Kritik der Kinderfilme des Fernsehens (Rappelkiste, Sesamstraße u. a.) erwähnt[139], die alle trotz positiver Ansätze die Wirklichkeit reduzieren und ihre kompensatorische Wirkung für die angesprochenen »zurückgebliebenen Arbeiterkinder« verfehlen. »Stattdessen tropft auf die Kinder ein Kleister von Infantilismen, Omnipotenzphantasien, Traumpartikeln und popigem Klimbim herab«[140].

### *Vorschulerziehung*

Die bisher so aktuelle Frage der Vorschulerziehung greift in der BRD auf staatlicherseits kaum bestehende Rudimente zurück. Unsere »Wohlstandsgesellschaft« beginnt bezeichnenderweise erst jetzt die Vorschulerziehung ernst zu nehmen, nicht weil sie das Kind unbedingt ernster nehmen würde, sondern weil die wirtschaftliche Zukunft hier anzusetzen gezwungen ist. Es ist nur wissenschaftlichen Theorien zu verdanken, die mit aller Energie auf das Spielen, die Freude und die Bedenklichkeit des Leistungsstrebens in diesem Alter hinweisen, daß die Kinder in unserer Leistungsgesellschaft nicht sofort in den Streß des Lernens gezwängt werden. Und doch ist dieser lernpathologische Ansatz auch hier schon überall virulent, wenn gefordert wird, die Intelligenzentwicklung intensiv zu fördern, was bekanntlich ja dazu geführt hat, daß die Kinder selbst – wie bei der einseitigen Frühlesemethode – sich z. T. einer aufdringlich-materialistischen wenn auch gutgemeinten Didaktik entzogen.
Der augenblickliche Zustand der Krabbelstuben, Kinderkrippen, Kinder»gärten«, Kinderhorte, Kindertagesstätten und Vorschulen kann im Anblick der Gesamtgesellschaft in der BRD nur als mangelhaft bezeichnet werden: gerade für die Schichten,

---

[137] S. dazu das internationale Fachblatt für Spielzeug, Hobby- und Modellbau-Artikel etc., »Das Spielzeug«, das 1976 im 66. Jahrgang erscheint.
[138] Bernhard *Schneider*, Friedenserziehung und Kinderbücher – Zur Darstellung von Konflikten, Konflikt-Lösungen und Gewalt in Kinderbüchern, in: Probleme des Friedens, Information, H. 7/8 1974, S. 1–19. Die Abhängigkeit vom Büchermarkt ist deutlich. Zur Kritik der Kinderbücher sind in der Zeitschrift betrifft: erziehung einige Artikel erschienen: 1973, H. 8, H. 9/ 1974, H. 5, H. 7.
[139] in: betrifft: erziehung, 1973, H. 9.
[140] Horst *Holzer*, Fernsehkinder. Anpassung frei Haus, in: betrifft: erziehung, a.a.O., S. 42.

die die Kindererziehung vernachlässigen, findet kaum eine Kompensation statt, die finanziellen Möglichkeiten sind gering, Betreuer und Betreuerinnen nicht zahlenmäßig ausreichend und nicht gut ausgebildet (eine soziale Diskriminierung ist deutlich aus der Tatsache, daß man weitestgehend diese Erziehung in der Hand männlicher Pädagogen für tabuiert hält), es fehlt eine auf unsere Zeit zugeschnittene Kleinkindpädagogik (die leider nur von Psychologen gemacht wird) und eine Vorschuldidaktik, und im Zusammenhang damit fehlt eine politisch-pädagogische, kritische Durchleuchtung der praktischen Zielsetzungen dieser Einrichtungen.
Hier sollte – viel zu spät – permanentes Lernen eingeübt, Dialogfähigkeit, Überzeugungssprache und Konfliktverhalten begonnen werden: aber mit 25–30 Kindern in der Gruppe, mit diesen vorgeformten Wohlstandskindern, bei diesem erfolgsspezifischen Bildungsinteresse der Eltern?[141]

*Die Schule*

Eine Fülle kritischer Literatur über die Schule bis hin zur Abschaffung der Schule drängt sich besonders in letzter Zeit zusammen: aber es gibt nur ganz wenige Kritiker, die dabei den politisch-pädagogischen Aspekt des Friedens berücksichtigen. Hans Jochen Gamms kritische Schulvorstellung entwickelt eine engagierte (aggressive) Reflexion zur Friedenserziehung über eine Didaktik der Friedensfähigkeit hinaus. Friedenserziehung wird – im Umfang von demokratischer Erziehung – aus der Struktur und den Inhalten der heutigen Normalschule für zweifelhaft erklärt. Die Widerspiegelung gesellschaftlicher Mißverhältnisse z. B. in der Bürokratisierung, institutioneller Verfestigung, Befehlshierarchie und Unterdrückung von Selbständigkeitsstreben, Vertuschen des Sachlichen durch Persönliches und des Persönlichen durch Sachliches, Ideologiebetrieb, Pathologien, Modernitätsrückstand (Stubenrauch) u. a. m. lassen die alte Schule für unzweckmäßig erscheinen, zum Frieden zu befähigen[142], besonders wenn man (wie schon oben) strukturelle Gewalt mit Johan Galtung als Unterschied zwischen Möglichem und Wirklichem definiert.
Die weitgehende Auswirkung schulischer struktureller Gewalt kann angesichts der allgemeinen Erfassung und Verbreitung, der alltäglichen Konsolidierung, der Unterstützung und Förderung seitens der machtvollen Umwelt und etwaiger hintergründiger Interessen nicht wunder nehmen. Wir können präziser fragen: Wie kommunikativ ist die Schule? Informiert sie kritisch, ist sie dialogisch, trägt sie exemplarisch Konflikte aus? Erzieht sie zu »praktischer Kritik«, zu Motivation und Initiative, zur

---

141 s. auch *Gamm*, Kritische Schule, a.a.O., S. 36; *Evers u. a.* Versäumen unsere Schulen die Zukunft? a.a.O., S. 111 ff. Zum Problem der Aggression s. Andreas *Oswald*/Sibylle *Raue*, Aggressionsforschung bei Vorschulkindern. Theorien und empirische Ergebnisse, Deutsches Institut für wiss. Päd., Münster 1971.
142 *Gamm*, Kritische Schule, a.a.O., S. 174–180.

Selbstbestimmung und Selbstkontrolle, zu ethischem Verhalten? Wird in der Schule das permanente Lernen gelernt, politisches Verhalten gefördert?
Viele kritisieren ungerechterweise zuerst die Person des Lehrers. In letzter Zeit mehren sich die psychoanalytischen und sozialpsychologischen Recherchen über die Rolle des Lehrers und die Auswirkungen des Lehrerverhaltens, die die Ursache für viele Konflikte im Schulleben – aber auch wegen der Bildsamkeit dieser Altersstufe im Erwachsenenleben – darstellen.
Peter Fürstenau[143] führte in einer Hypothese einen Teil der »archaischen, apotropäischen und exorzistischen Menschenbehandlung in der Schule« auf Regressionstendenzen zu Autoritätskonflikten der Kindheit des Lehrers und daraus folgendes triebhaftes Verhalten zurück. Das uniforme, kontrollierte Unterrichtsritual habe die Funktion einer Triebkontrolle, die aber aus eben diesem Grunde das Mißlingen heraufbeschwört[144]. Konflikte brechen gerade wegen ihrer Verdrängung umso stärker auf, eine Rationalisierung und Realisierung wird abgeleitet.
Adorno[145] legt die Vermutung nahe, daß der Lehrer nicht nur als Einzelperson und auch nicht nur als institutionalisiertes Mitglied unserer heute so gearteten Schule allein, sondern schon durch hartnäckig konstant überlieferte Vorstellungen seit alters her zu einem bestimmten, unfreien Zug vorprogrammiert wird.
Die Rolle des Schülers ist immer eine abhängige. Viele der ca. 10000000 Kinder und Jugendlichen in der BRD betreten, geprägt von einer Durchsetzungsgesellschaft, fast jeden Tag einen überfüllten, relativ schlecht ausgestatteten Klassenraum – oft noch innerhalb einer Schulkaserne –, ordnen sich stundenlang in körperlicher und geistiger Disziplin einem dominierenden Lehrer unterschiedlicher Qualifikation und psychischer Verfassung unter, von dem sie weniger individuelle Förderung als Zwang zum Bildungsplan erwarten können.
Die Spontaneität sinkt erheblich mit den Jahren der Schulzeit, die Leistung steigt kaum, Triebbedürfnisse müssen unterdrückt werden und setzen Aggressivität frei; die »Schulgewalt« bestimmt auch die gesamte menschliche und gesellschaftliche Entfaltungsmöglichkeit; bis hin zu Leistungsdrohungen, die als warnende Möglichkeiten hinter Lehrer und Schüler stehen und eine Demokratisierung verhindern[146].

---

[143] in: Zur Psychoanalyse der Schule als Institution, a.a.O.
[144] Ebd. S. 75.
[145] in: Erziehung zur Mündigkeit, Frankfurt 1970: Tabus über den Lehrerberuf, S. 73ff.; s. auch Arno *Combe*, Kritik der Lehrerrolle, München 1971.
[146] Zur Schulkaserne s. Carl-Heinz *Evers u. a.*, Versäumen unsere Schulen die Zukunft, a.a.O., S. 42; ebenso Hartmut v. *Hentig*, Schule als Erfahrungsraum? Stuttgart 1973, S. 49ff.; zur Schulkritik s. auch Hans-G. *Rolff*, Demokratie der Unmündigen? Behinderungen und Chancen einer Erziehung zur Emanzipation, in: Kritik 1, a.a.O., S. 97ff. Karlheinz *Ingenkamp*, Leisten unsere Schüler immer weniger? in: b:e 1968, H. O. S. 13–17; Reinhard *Tausch*, Soziale Interaktion Lehrer–Schüler und das Sozialklima in Schulen – Erziehungsfaktoren für Diktatur und Demokratie? in: Politische Psychologie, a.a.O., S. 107ff.

Gamm konstatiert in seiner »Kritischen Schule«, daß das Schülerschicksal genau die sozialen Gegebenheiten der Umwelt spiegele: »Der Schüler wie der kapitalistische Unternehmer müssen beide auf ihren Vorteil sehen, ihr Mäntelchen nach dem Winde hängen und die Fähigkeit zur Spekulation in sich überaus geschickt kultivieren«[147].
In der hier gewagten Kürze muß in diesem Zusammenhang auf das spezielle Problem der höheren Schulen eingegangen werden[148], deren Vertreter noch vor einiger Zeit das Studium der Pädagogik ohne tragfähige Begründung vernachlässigten. Das unkritische Lesen von militaristischen Texten im Latein- und Griechischunterricht, militaristische Geschichte, der Mangel an Vermittlung kultureller Zusammenhänge, die unwirksame Wissensstopferei, Hochstapeleien in der Phraselogie von Humanismus und von Bedeutung fürs Leben, Versagen in kritischer Vorbereitung auf Studium, Bundeswehr (oder Verweigerung) und Beruf, Fehlen von Selbstbestimmung, die enge Auslese, die Disziplinierung, das Zittern der Eltern und die mangelhafte Zusammenarbeit mit ihnen, die ungenügende pädagogische und didaktische Ausbildung der Lehrer ballen sich zu einem komplexen Netz von Irrationalität zusammen, aus dem die Widerstandsfähigen entweder mit vehementen Aggressionen gegen sich selbst (Studenten-Neurosen) oder gegen »die Gesellschaft« hervorbrechen.
Diese kritische Typologie tut dem einzelnen Lehrer unrecht, der Tag für Tag unter steigenden Mühen überlastet ist. Dies trifft nach Untersuchungen nicht für alle Lehrer zu. Das Versagen der Schule ist aber trotzdem keineswegs unbedingt ein Versagen der Lehrer, sondern die Folge eines Abhängigkeitsnetzes von Lehrer, Eltern, Ausstattung der Schule, Klassengröße, Bildungsvorstellungen und -vorschriften, Curriculum, Verwaltung und Bürokratie, Interessenverbänden, Ideologien, Ökologie, Ökonomie und Finanzen, Bildungspolitik, geschichtlicher Bedingungen und v. a. m. Umso schwieriger ist die Suche nach dem entscheidenden Punkt, wo in diesem System strukturelle Gewalt erzeugt wird. Annette Kuhn, Paul Ackermann, Dagmar Ullmann u. a. haben inzwischen an einem wesentlichen Punkt, nämlich der Unterrichtspraxis, begonnen, Unterrichtsmodelle herzustellen[149].
Man versucht nun, die Lehrinhalte in Form von Unterrichtseinheiten mit dem Friedensproblem zu befassen und auch Verhaltensanregungen zu geben, keinesfalls aber durchgreifende Veränderungen der Schule. Die Pathologie wird zwar rationalisiert, mit kritischem Problembewußtsein kann aber die Institution Schule selbst kaum praktisch »Modell-Lernen von Demokratie« vermitteln: so stark diese Unterrichts-

---

[147] Ebd. S. 15.
[148] Hartmut v. *Hentig*, Wie hoch ist die höhere Schule? Eine Kritik, Stuttgart 1962.
[149] Annette *Kuhn*, Gisela *Haffmanns*, Angela *Genger*, Historisch-politische Friedenserziehung, München 1972; Paul *Ackermann*, Hans-Jürgen *Brandt*, Barbara *Heinrich*, Günter *Müller*, Meinhild *Schäffler*, Julia *Schwenk*, Gerd *Wohler*, Politisches Leben in der Grundschule, München 1973; Dagmar *Ullmann*, Gerhard *Brinkamn*, Manfred *Jander*, Gerhard *Kaindl*, Aggression und Schule, München 1974; u. a.; s. auch *Nutz/Stumpf/Weinzirl*, Friedenstätigkeit und politisches Lernen, Starnberg 1973.

modelle auch zu würdigen sind, sie wagen keine semantischen, bürokratischen, lebenspraktischen Vorschläge zur Behebung der konkreten Unfriedensstruktur; Lernen besteht nicht nur aus kritischen Unterrichtsinhalten.
Zusammengefaßt sind für eine Friedenserziehungstheorie und politische Pädagogik die oben genannten Fragen summarisch auszuführen:
1. Informiert die Schule im Sinne praktischer Kritik? Die Informationen der Schule sind häufig »fürs Leben« unbrauchbar, formal, gehen in die technokratische Richtung bzw. die Richtung des geringsten Widerstandes. Diese »Information« wird zweifellos im Alltagsleben weitgehend honoriert, weil dort eine kritische Haltung abgelehnt wird. Emanzipation ist oft unerwünscht, praktische Hinweise sind zu zeitraubend, wenn nicht wagemutig[150].
2. Motiviert und initiiert die Schule den Dialog? Weder die Sprache der Annahme (Gordon), die Sprache generativer Wörter und Themen (Freire), die kognitive, semantische, emotionale Dialogfähigkeit, die Mächtigkeit und Kommunikationsmöglichkeit in Institutionen (etwa der Schule) und politischen Gremien werden motiviert, noch das Spiel des Freiraums, des Aktes der Selbstbestimmung, der relativen Ungebundenheit der Jugendjahre initiiert.
3. Lernt der Schüler die Steuerung und Kontrolle seiner Kommunikation? Er lernt weder die Technik des Sprechens, die Unterscheidung der verschiedenen Soziolekte, präzise Sprache, politische Sprache, und strategische Kommunikation, noch die Kontrolle über machbare politische Aktionen, die Einschätzung gesellschaftlicher Hindernisse und Möglichkeiten u. dgl.
4. Erzieht die Schule zum ethischen Konfliktverhalten? Reflektierte allgemeine Erziehung wird in der Schule meist klein geschrieben, solange der normale Unterrichtsablauf nicht gestört ist. In schwierigen Fällen überwiegen Patentrezepte (Abschieben, Elternverantwortung), denn Konflikte sind sehr aufwendig. Die Ethik der Leistung und Kaschierung wird vorrangig gelernt, obwohl sie den Worten nach abgelehnt wird.
Um die Tragweite dieser Kritik ermessen zu können, muß der allgemeine Stellenwert der Schule herausgearbeitet werden. Die Schule ist – auch international gesehen – eine Schule zugunsten des Mittelstandes[151]. Bezüglich der Chancenverteilung in der Gesellschaft benachteiligt sie Kinder von Eltern mit weniger Bildungsinteressen. Letzten Endes ist sie aber in einem gewissen Rahmen für die Lebensbewältigung keineswegs ausschlaggebend, wenn auch gerade der Disziplinierungseffekt und das Verlernen des

---

[150] Vgl. dazu: b:e 1973, H. 5: Der heimliche Lehrplan. Was *wirklich* gelernt wird.
[151] Zu diesem internationalen Gesichtspunkt vgl. Klaus *Schleicher* (Hg.), Elternhaus und Schule, Düsseldorf 1972, dort die Analyse in der BRD und DDR, England, Frankreich, Sowjetunion, USA, Schweden: überall trotz vehementer Unterschiede die Tatsache, daß die Schule nur dem mittelständischen Bildungsinteresse entgegenkommt. S. auch Klaus *Mollenhauer*, Erziehung und Emanzipation, a.a.O., S. 105ff.

Lernens langfristig andauern[152]. Unfrieden bringt also hervor, daß die Schule nicht den angemessenen Status vergibt (dies wird heute schon mit viel Energieaufwand der Beteiligten korrigiert), daß sie also ständisch ist und daß das Lernen durch Sanktionen, Angst, Zensuren und Gleichmacherei verlernt wird.

Der gerechte Kritiker der Lerninstitution Schule darf auch nicht versäumen, auf die vielen positiven Ansätze hinzuweisen, die allmählich strukturelle Gewalt der Schule abbauen wollen[153]. Gemeint sind nicht nur viele Einzelbemühungen, sondern im großen Stil die Gesamtschulen verschiedener Art, ebenso andere Schulversuche und natürlich auch aus der Reformpädagogik überkommene großartige Entwürfe. (Deswegen ist jede summarische Kritik an der Schule *auch* immer falsch, obwohl sie die Tendenz richtig wiedergibt). Hier interessiert die verschiedenartige Kritik an Gesamtschulen unter dem konkreten friedenserzieherischen Aspekt. Das differenzierte Bild im aktuellen Versuchsstadium zeigt den Kampf um die Anerkennung der Gesamtschulen, die noch nicht gesichert ist. Leisten sie Demokratisierung, Emanzipation, Kommunikation und Lernen?

Wenn die Gesamtschulen ein dialektisches Verhältnis von Individualisierung und Gruppenbewußtsein, eine rationale und emotionale Fundierung, den Abbau von Überorganisation und eine ausgeglichene innere Differenzierung aufgrund der vorliegenden Erfahrungen schaffen können und dazu noch den pädagogischen Gesichtspunkt der Emanzipation durch Kommunikation verfolgen, werden sie eher als heute auf dem Wege zu einer Friedensschule sein. Nicht allein technologische Organisation (neue Curricula, verschiedene Kurse), sondern vor allen Dingen Bildungsinhalte, praktisches Wissen, das direkt auf Frieden gerichtete Bewußtsein sowie soziale Umgangsformen lösen dann die undynamische Schulpraxis ab[154].

Hat es angesichts der geringen Zahl privater Schulen überhaupt einen Sinn, auf die privaten Schulinstitutionen hinzuweisen, auf die Schulen der Reformpädagogik: Geheebs Odenwaldschule[155] und Ecole d'Humanité, die vielen Erziehungsprovinzen des Pazifisten Hahn, Neills Summerhill, aber auch die Waldorfschulen, Montessori-Schulen etc.? Oder auf die neu entstehenden Einrichtungen einer entschulten Gesellschaft mit befreiend-humanistischen Bemühungen einer Friedenserziehungskonzep-

---

[152] S. zu diesem Problem Erich *Weingardt*, Der Voraussagewert des Reifezeugnisses für wissenschaftliche Prüfungen, in: Heinrich Roth (Hg.), Begabung und Lernen, a.a.O., S. 433–447.

[153] Vgl. z. B. die Richtlinien und Lehrpläne für die Grundschule in Nordrhein-Westfalen, Ratingen 1973, S. 3, 6 u. ö. ebenso für die Hauptschule ebd. 1973, S. 4ff.

[154] Als Beispiel einer Gesamtschule, die sich diesem Ziel verpflichtet hat, s. Aloysius Regenbrecht, Joachim Dikow (Hg.), Friedensschule. Programm einer Gesamtschule, München 1970; dies. (Hg.) Querschnitte, ebd. 1973.

[155] s. G. *Becker*, Soziales Lernen als Problem der Schule. Zur Frage der Internatserziehung, in: W. Schäfer, W. Edelstein, G. Becker (Hg.), Probleme der Schule im gesellschaftlichen Wandel. Das Beispiel Odenwaldschule, Frankfurt 1971; Walter *Schäfer*, Die Odenwaldschule Ober Hambach – Integration aus innerer Notwendigkeit, in: Herbert Frommberger, Hans-G. Rolff (Hg.), Pädagogisches Planspiel: Gesamtschule, Braunschweig 1969, S. 84–93.

tion: auf die »Freien Schulen« in den USA[156], auf Ivan Illichs Gedanken der Entschulten Gesellschaft[157]? Die Pädagogik nennt gern diese ihre Trophäen von Außenseitern, vielen Pazifisten, Humanisten und »Vollblutpädagogen«. Dort wird zumeist pädagogisch das geleistet, was eine Friedenserziehungstheorie anstrebt. Leider sind wenige dieser Modelle von allgemeingültiger Relevanz, einige bedürfen der ideologischen Korrektur und der Modernisierung.

*Der außerschulische Bereich*

»Abschaffung der Schule«, »Schule verhindert Lernen«, »Entschulung der Gesellschaft« kündigen die Bedeutung eines kompensatorischen Raumes »der Freizeitgestaltung« an, der durch mancherlei Bestrebungen immer mehr zur Lerninstitution wird. Peer groups, Freizeitzentren, Vereinswesen, Hobbyclubs, auch schon Volkshochschulen sind – wenn auch unterschiedlich frequentiert – Organisationen zur Verarbeitung von Aggression (gegen Schule, Eltern, Gesellschaft), zur bestmöglichen Erprobung demokratischer Verhaltensweisen[158], und zur Entfaltung der jugendlichen Eigendynamik und Kommunikation. Sie relativieren damit die strukturellen Einflüsse der Eltern und der Schule. Berechtigungs- und Prüfungssysteme, das technische Vermessen des Menschen, gibt es nicht, wohl aber das Messen der sozialen Mächtigkeit.

In den gesellschaftlich ungesicherten Status der Jugend brechen mannigfache Manipulationen ein, die das Lernen von Politik verhindern. Durch diese Abhängigkeit auch der vermeintlichen Subkulturen wird die Chance der Jugend vertan, den Anspruch und die institutionelle Absicherung der älteren Generation abzulehnen, deren vehemente Fehler zu übernehmen.

Ein Unfriedensherd besonderer Wichtigkeit sind die durchschnittlichen Kinder- und Jugendheime; problematisch ist ebenso der Zustand der pädagogischen Jugendhilfe[159]. Die Erziehung in Heimen und das Verhalten milieugeschädigter Kinder bis hin zur Kriminalität stellen ebenso wie der Gesellschaft so auch der Friedenserziehungstheorie die »Gretchenfrage«. Haß, Terror, Aggressivität, Verbrechen, organisierte Unterdrückung, Züchtigung und Mißhandlung gehören hier – zwar graduell sehr unterschiedlich und von den konkreten Bedingungen abhängig – zum Assoziations-Vokabular von Erziehung[160]. Die Liberalisierung der (fortschrittlichen) Erziehung in

---

[156] Eine Literaturliste dazu siehe bei: Hartmut von *Hentig*, Cuernavaca oder: Alternativen zur Schule?, Stuttgart/München 1971; s. auch Bildung und Erziehung 1974, H. 5.

[157] Entschulung der Gesellschaft, München 1972.

[158] *Giesecke*, Einführung in die Pädagogik, a.a.O., S. 142ff.

[159] Vgl. das H. 2/1972 der Zeitschrift für Pädagogik. Vgl. auch Prodosh Aich (Hg.), Da weitere Verwahrlosung droht . . . Zehn Sozialbiographien aus Behördenakten, Reinbek 1973.

[160] Vgl. u. a. Fritz *Redl*/David *Winemann*, Kinder, die hassen, Freiburg 1970; Peter *Brosch*,

reformierten Heimen bringt neue Probleme; die Jugendlichen sind heute erziehungsschwieriger, die Heime chronisch überbelegt; Personalwechsel, Arbeitszeitverkürzung kommen hinzu; permanente Probleme sind: die Anstaltsordnung, das Fehlen an (nicht organisierbarer) Liebe, überforderte Erzieher, Massenbetrieb, schematische Strafen und Abgeschlossenheit der Anstalt[161].
Viele ehemalige Heimerzogene bleiben der Welt gegenüber entfremdet und lebensuntüchtig, oder gleiten durch Erlebnishunger ab. Auf individuelle Bedürfnisse konnte nur wenig Rücksicht genommen werden. Das Gesamtbild (Massenerziehung, Liebesmangel, Disziplin usw.) gestattet kaum die Fähigkeit zum »permanenten Lernen« und zum konstruktiven Demokraten[162].
Das bedenkliche Ansteigen von Jugendkriminalität ist ein pervertiertes Ergebnis gesellschaftlicher Umstände (Sucht, Konsumhaltung, Werbung etc.) und somit eine Warnung an die »normale« Erziehung. Die erlittenen Erfahrungen der Kriminellen, das angehäufte Potential an Deformation, Aggressivität, Gewalt und die Sozialisationsdefizite werden »durch die versteinerte Gewalt der Gefängnisse« in Schach gehalten[163]. Eine Humanisierung wird dadurch nur schwer erreicht. Kommunikationsfähigkeit, Dialektik, Kritik und Demokratisierung haben hier noch einen langen (aber schon begonnenen) Weg zur Befriedung auch der Abweichenden vor sich.

### *2.3.2. Die Institutionen gesellschaftlicher Kommunikation*

Solchermaßen vorgeprägt in seiner allgemeinen und besonderen Lernfähigkeit, mit oftmals erfahrenen sozialen Verhaltensweisen, mit eingeschränkter Eigenständigkeit und mit einer erzieherisch bedingten Logik des jeweiligen »Charakters« tritt der Jugendliche in die gesellschaftliche Kommunikation ein. Institutionen gesellschaftlicher Kommunikation sind »Erwachsenenbildungsanstalten« mit Breiten- und Tiefenwirkung des Lernens.

---

Fürsorgeerziehung. Heimterror und Gegenwehr, Frankfurt 1971; Gerd *Iben*, Kinder am Rande der Gesellschaft, München 1968, 2. Aufl. 1970; ebenso Peter *Wyss*, Grundprobleme der Anstaltserziehung, Bern 1971, bes. das Kap.: Abwägung der Kritik, S. 90ff., das das düstere Bild über Anstaltserziehung durch ernstzunehmende Publikationen unterstreicht.

161 *Wyss*, ebd.

162 Heimerziehung kann in unserer Gesellschaft nicht ganz ersetzt, höchstens optimiert werden (Kinderdörfer etc.). Es ist interessant, daß z. B. Nordvietnam die zahlreichen durch den Krieg geschädigten Kinder allesamt in liebevoll aufnahmefreudigen Familien unterbringt. Dorothee *Sölle*, Leiden, a.a.O., S. 68.

163 Tilmann *Moser*, Jugendkriminalität und Gesellschaftsstruktur, Frankfurt 1970/71, S. 350.

*Die Hochschulen – Schulen der kritisch-dialogischen Information?*

Hochschulen sind Eliteschulen. Eliten werden von Eliten ausgebildet. Zusammengenommen müßten die Hochschulen einen sehr hohen Wissensstand sowie Rationalität und kritisches Bewußtsein darstellen, wie dies sonst nirgendwo erwartet werden kann. Oft erhoffte sich die Geschichte davon eine Verbesserung der Welt.
Das Jahr 1933 müßte noch nachträglich einen großen Schock an den deutschen Hochschulen hinterlassen[164]. Für uns erhebt sich in einer Friedenserziehungstheorie die Frage daraus: Ist heute gesichert, daß bei einer politischen Änderung zum Extremismus hin die Hochschulen als eine der wichtigen Bewußtseinskapazitäten ihre Funktion des aktiven Widerstandes erkennen? Positiv gefragt: Haben die Hochschulen ihren politisch aktiven Stellenwert in der Gesellschaft von heute, wodurch sie im Rahmen ihrer Möglichkeiten notfalls Gewalt und Terror begegnen?
Ganz und gar nicht. Zum ersten fehlt weitgehend dieses allgemeine politische Bewußtsein in institutionalisierter Form. Die in pluralistischer Vielfalt bestehenden Ideologien werden im allgemeinen auf keinem Forum so diskutiert, daß man sich auf gemeinsame Prinzipien – etwa bezüglich Gewalt und Terror – einigen könnte. Der Massenbetrieb macht die Universitäten richtungslos[165]. Friede, Zukunft, Politik werden nicht als Hauptziele erkannt. Zwar beklagt man, daß wissenschaftsideologisch ein Zwang zur Anpassung an »Fachchinesisch«, Fach-Moden und Durchsetzungsverhalten besteht; aber über Ermöglichung von Emanzipation und Kommunikation innerhalb der Professoren- und Studentenschaft macht man sich viel zu wenig Gedanken.
Belastet mit vielen Nebenarbeiten, mit unverantwortlicher Massenausbildung, außerdem weitgehend mit einem getrüben Blick für die Praxis stellen sich die Hochschulen mehr als Umwälzanlagen (W. Rest) denn als Kommunikationsstätten dar. Institutionelle, psychologische und machtkämpferische Probleme verhindern nicht nur effektive Forschung und Innovation, sondern auch politische Wirksamkeit. Strategien werden relativ wenig diskutiert, es fehlt eine hochschuldidaktische Schulung der Hochschullehrer, das Abhängigkeitsverhältnis der Studierenden wird durch Prüfungen, Regelstudienzeiten usw. keineswegs abgebaut[166]. Aspekte der Friedenserzie-

[164] Näheres s. bei Wolfgang *Nitsch*, Die soziale Dynamik akademischer Institutionen, Weinheim 1973, S. 181ff., 188; s. auch Gerhard *Stuby*, Disziplinierung der Wissenschaft, Frankfurt o. J. (1971?), S. 142.

[165] *Nitsch*, Akademische Institutionen, a.a.O., S. 350ff.

[166] Vgl. für England Manfred *Jourdan*, Didaktische Ausbildung der Universitätslehrer in England, in: Zeitschrift für Pädagogik 6/1972, S. 921–930. Leider geht dieser Bericht nicht über eine technisch begriffene Didaktik hinaus; zu psychischen Störungen und Konflikten in Verbindung mit akademischen Bildungs- und Arbeitsprozessen s. die Literaturübersicht bei *Nitsch*, Akademische Institutionen, S. 447–511, aber auch schon S. 375ff.; *Friedeburg* u. a., Freie Universität und politisches Potential der Studenten, Neuwied 1968; Jürgen *Habermas*, Student und Politik, ebd.

hung haben in den Jahren 1967–75 an deutschen Hochschulen[167] noch keine allgemeine Anerkennung wissenschaftssystematischer Eigenständigkeit erringen können.

Im Zuge der inzwischen allgemeinen Tendenz, Wissenschaft und Forschung immer mehr aus Hochschulen in andere Wissenschaftsinstitutionen zu vergeben, lassen sich schwerwiegende praktische Konsequenzen für die Funktion dieser Art Bildungsinstitutionen hinsichtlich Friedfertigkeit aufweisen. Fritz Vilmar hat mit aller nötigen Schärfe analysiert und gewertet, was in anderen Beiträgen zur Forschungskritik erst mit einer gehörigen Portion schöpferischer Aggressivität herausgelesen werden muß[168]: Der Abzug von Wissenschaft aus der Öffentlichkeit – noch ehe sie in unserem »wissenschaftlichen« Zeitalter die Öffentlichkeit erreicht hat – führt manchmal nahe an Geheimforschung heran. Man kann diesen Sachverhalt mit Jürgen Habermas auch positiver sehen, wenn man von der Technokratie her einen positiven pädagogischen Umsetzungsprozeß erwartet. Auch Hans Paul Bahrdt bemüht sich, aus der Komplexität der Forschung und des Staates Hoffnung für eine freie Entfaltung der Wissenschaft zu schöpfen, freilich mit der unbefriedigenden Schlußfolgerung, daß durch die Atombombe der Wissenschaftler eine neue, bedeutsame Rolle in Politik und Gesellschaft bekommen habe[169].

Der größte Komplex von Forschung und Entwicklung, der zugleich direkt mit Unfrieden in Zusammenhang steht, ist die Rüstungsforschung. Bezeichnend für die Öffentlichkeitsscheu (und weniger das schlechte Gewissen) sind die zahlreichen Deckmäntelchen, die Wirtschaft, Staatsverwaltung und sonstige einschlägige Interessenvertreter dem zahlenden Bürger vorhalten[170]. Selbst der Begriff der Forschung und Wissenschaft hat im offiziellen Sprachgebrauch dann eine ganz andere Bedeutung als allgemein üblich. Unzweifelhaft bilden die Wissenschaftler und Techniker *eine* Grundlage dieser Forschungsinstitute, und wenn man den in der Institutionenlehre herausgearbeiteten (und im täglichen Leben längst bekannten) Zusammenhang von Institution und Individuum bedenkt, dürfte die Persönlichkeit dieser Wissenschaftler

---

[167] Christel *Küpper*, in: Frieden im Blickpunkt der Pädagogik, a.a.O., S. 88ff.; Ingeborg *Gerritzen*, Bestandsaufnahme von Aktivitäten auf den Gebieten der Friedenserziehung, unveröff. Manuskript, besprochen in: Deutsche Gesellschaft für Friedens- und Konfliktforschung, Informationen 1–2/74, S. 25ff.

[168] *Vilmar*, Rüstung, a.a.O.; H. Krauch/W. Kunz (Hg.), Forschungsplanung. Eine Studie über Ziele und Strukturen amerikanischer Forschungsinstitute, München 1966; vgl. ebd. auch Jürgen *Habermas*, Verwissenschaftlichte Politik in demokratischer Gesellschaft, S. 130–144, bes. S. 138.

[169] Forschung und Staat, ebd. S. 145–154; vgl. auch *Stuby*, Disziplinierung, a.a.O., S. 142ff.

[170] Vgl. die klare Analyse von *Vilmar*, Rüstung, a.a.O.; hier kann diese Literatur in ihrer explosiven Spannung leider nicht ausgebreitet werden. Jacques *Bergier*, Wissenschaftsspionage und Geheimwaffen, München 1971; vgl. Helmut *Krauch*, Die organisierte Forschung, Neuwied 1970, Kap. 5.

von ausschlaggebender Bedeutung sein. Die Vermutung Helmut Krauchs[171], daß der Aggressionspegel der in der Rüstungsforschung arbeitenden Wissenschaftler und Techniker höher sei als bei den an marktorientierten Projekten beschäftigten, verdiente aber erst eine genaue Untersuchung.

Jeder Versuch zur Geheimhaltung von Wissenschaft, jede absichtliche Entziehung von Bildungsmöglichkeiten gehen nicht nur gegen die Wissenschaft und gegen die Menschenrechte vor, sie sind ein Akt des Unfriedens. Sie sind oft irrational – weil der politische Gegner schon in kurzer Zeit über diese Informationen verfügen wird und Zusammenarbeit bessere Fortschritte bringen würde –, sie erzeugen auch Verdächtigungen, Unsicherheiten, Angstpsychosen und -syndrome und sie überantworten die Wissenschaft den Strategien und Interessen von Nicht-Wissenschaftlern, Taktikern und Mächtigen. Geschichtliche Beispiele sind allzu bekannt.

Niels Bohr und im Anschluß an ihn Edward Teller sehen in der größtmöglichen Publizierung sämtlicher Wissenschaftsergebnisse darum die wirksamste Waffe der Amerikaner gegen den Krieg. Schonungslose Offenheit von Forschungsaufträgen und deren Zielsetzungen, prinzipiell ehrenhafte und umfassende Hintergrundinformation entheben durch ihre wissenschaftliche Verantwortbarkeit und Lauterkeit die Verteidigung der Freiheit und Würde des Menschen nach Teller mühelos und faszinierend ganzer Armeen. Amerika hatte diese Chance, es hat sie in der Raumfahrt einzuhalten versucht.

### *Massen-Kommunikation(?)*

Viele »Massenkomunikationsmittel« stellen keine Kommunikation her, sie verhindern sie oft. Einweg-Kommunikation ist eben nur Information, die Menschen werden dadurch nicht schon dialogfähig. Kommunikation ist nur hergestellt, wenn auf eine Information eine Reaktion des Informierten für den Informanden erfolgt. Die Massen-Informationsmittel beteiligen zwar jeden Teilnehmer an (reduzierter) Öffentlichkeit, lassen aber bei diesen Rezipienten oft »die kritische Reflexion verkümmern, erzeugen politische Apathie verschiedener Art, fördern die Anpassung an bestehende Verhältnisse und stabilisieren, gesamtgesellschaftlich betrachtet, den sozialen und politischen Status quo. Gegenläufige aufklärerische Wirkungen, die eventuell von demokratischeren Inhalten der politischen Kommuniqués ausgehen könnten, werden von der Masse des Angebots an Unterhaltung, Werbung und ›entpolitisierter‹ Politik neutralisiert«[172]. Wenn auch diese These der »Manipulationstheoretiker« nicht voll empirisch abgestützt ist, so ist doch deutlich, daß von den Medien der Masseninformation allein Kommunikation nicht herstellbar ist. Sie geschieht mit Hilfe der emp-

171 in: Forschungsplanung, S. 161.
172 *Geißler*, Massenmedien, a.a.O., S. 203.

fangenen Information erst durch selbstbestimmte Akte der Diskussion, des Gesprächs und des dialektischen Kampfes mit rigiden Strukturen.

Um die Kommunikation der Menschen ist es in der modernen Industriegesellschaft schlecht bestellt: Generationskonflikte, Vorurteile, Ängste, Anonymitäten sowie die Arbeitsplatzsituation verhindern sie. Besondere Probleme sind: die Mißverständnisse der verschiedenen Lebensalter untereinander (Jugend-»Mittelalterliche«-Alte), die Randgruppen (ledige Mütter, Gastarbeiter, Geschädigte, ehemalige Strafgefangene, Obdachlose), aber auch die sogenannte Schichtenproblematik.

Stimmige, generalisierbare, differentielle soziologische Analysen sind schwer erstellbar und auffindbar. Die Vereinsamung von Kernfamilien, der allgemeine Mangel an Freundschaften und »guter Nachbarschaft« u. dgl. sind in ihrer strukturell gesellschaftlichen Bedingtheit zu wenig erforscht. Daß Tote tage- und wochenlang in ihrer Wohnung liegen, Kindermißhandlungen in dem bekannten Ausmaß möglich sind, Kinder von gestorbenen Eltern in Heime müssen, viele Heimkinder nicht aus den Heimen geholt werden; das Ansteigen der Ehescheidungen, die psychischen Erkrankungen, der Mangel an Rücksichtnahme in allen Bereichen – dies sind Anzeichen der Lüge von Massenkommunikation[173].

Die Randgruppenproblematik wirkt erzieherisch in Vorurteilen, negativer Ableitung von Aggressionen, Deklassierung von Menschen und gewissenloser Ausbeutungsmöglichkeit. Es handelt sich hier um eine ständige Lern-Institution im sogenannten sozial-psychologischen Haushalt der Gesellschaft.

Über die »Schichten« entstand eine Literatur, die unablässig voneinander abschrieb, was in der Wirklichkeit längst nicht mehr so vorfindbar ist. Die Wissenschaft macht sich an der Gesellschaft schuldig, wenn sie ihre Modelle nicht korrigiert, denn sie legitimiert Vorurteile und negative kommunikative Einstellungen.

Große Zentren gesellschaftlicher »Kommunikation« sind Kirchen und Parteien, die Parteien durch ihre täglichen Darstellungen, die Kirchen durch ihre oft tiefgreifende existentiell-moralische Beeinflussung[174]. Die Auffassung eines Teils der Kirchenhierarchie ist hier bedeutungsvoll, daß Kirche eigentlich nicht zu demokratisieren sei. Über Glauben könne nicht abgestimmt werden. Wenn auch die Informationen der Kirchen oft ungeeignet sind, so könnten die Kirchen in weiterer Sicht die Hoffnung auf eine ungewöhnliche Chance zur Befreiung, zum Dialog und zur Kritik darstellen,

---

[173] Als Literatur sei genannt: Stefan *Wieser*, Isolation. Vom schwierigen Menschen zum hoffnungslosen Fall. Die soziale Karriere des psychisch Kranken, Reinbek 1973; Christa *Schlett*, ... Krüppel sein dagegen sehr. Lebensbericht einer spastisch Gelähmten, Wuppertal, 2. Aufl. 1970; K. M. *Evans*, Popularität und Isolation, in: Günter Hartfiel, Kurt Holm (Hg.), Bildung und Erziehung in der Industriegesellschaft, Opladen 1973, S. 402ff. (mit Erwähnung weiterer Literatur); *Richter*, Solidarität, a.a.O.; Ursula *Erler*, Mütter in der BRD, Ideologie und Wirklichkeit, Starnberg 1973.

[174] Ernst Gottfried *Mahrenholz*, Die Kirchen in der Gesellschaft der Bundesrepublik, a.a.O., 1969.

wie Christus dies in souveräner Weise vorgelebt hat. Die unübersehbaren gesellschaftlichen Leistungen der Kirchen zur Befriedung, zur Friedfertigkeit und zum Heil der Welt werden leider durch deren Institutionenideologie geschmälert[175].
Parteien sind in ihrer Informationspolitik auf die Unterscheidung von anderen aus, sie müssen »dem Volk aufs Maul schauen«, sind auf pressure groups angewiesen und müssen zwangsläufig daher die Sache selbst zugunsten der Wirksamkeit vernachlässigen. »Wahrheit« erfährt man deshalb wenig von dieser »Kommunikation«; Parteien sind gezwungen, oft Innovationen und menschliche Anwandlungen hintanzustellen, ebenso wie sie andererseits Fortschritte durchsetzen können.

### *Die »Schule der Nation«*

Nach den allgemeinen Schulen der Nation (Dohnanyi) folgt über einen nicht geringen Teil der jungen männlichen Bevölkerung eine lebensprägende Schule in der Bundeswehr. Hier ist ein besonders neuralgischer Punkt, weil diese Institution aus ihrer Proklamation zur Sicherung des Friedens gerade nicht Unfrieden aufrecht erhalten, zementieren und hervorbringen dürfte. Die Erfahrungen aus der gesamten Geschichte und überall auf der Welt zeigen, daß das Militär an sich genauso wie ein stabilisierender auch ein unfriedlicher Faktor war[176]: Was der eine als Verteidigung ansieht, ist schnell für den anderen Aggressionslust. Gelernte Militärs[177] haben im allgemeinen die Tendenz, Politik nach militärischen Maßstäben zu machen. Daß das Instrument des Militärs auch gegen das eigene Volk marionettenhaft eingesetzt werden kann, zeigen viele Beispiele außerhalb der BRD.
Die Praxis der Umerziehung liegt im Militärischen darin, daß ein gewisses Maß an Entpersonalisierung stattfinden soll, um Funktionieren zu gewährleisten[178], auch

---

175 Vgl. geschichtlich die »case study« von G. *Lewy*, Die katholische Kirche und das Dritte Reich, München 1965: Ernst Wolfgang *Böckenförde*, Kirchlicher Auftrag und politische Entscheidung, Freiburg 1973, S. 105ff.

176 »Von 650 v. Chr. bis heute zählten die Historiker 1656 Versuche, durch Wettrüsten den Frieden zu bewahren. Dieses führte 1640mal zum Krieg. In den anderen Fällen zum wirtschaftlichen Ruin der Beteiligten.« Norwegische Akademie der Wissenschaften, Oslo, zit. in: Ernstfall Friede, hg. von der Bundeszentrale für politische Bildung Bonn, Dezember 1970.

177 Vgl. auch Rudolf *Gutte*, Bundeswehr und Demokratie. Anmerkung zur staatsbürgerlichen Erziehung der Soldaten, in: »Stimme«, 3/67 S. 88ff.; *ders.*, Die Mentalität unserer Armee, in: Frankfurter Hefte 1/1966, S. 6ff. W. *Mosen*, Bundeswehr – Elite der Nation? Determinanten und Funktion elitärer Selbsteinschätzung von Bundeswehrsoldaten, Neuwied 1970, S. 45ff., 65, 66, 67ff., 100, 101.

178 S. auch W. *Mosen*, Bundeswehr, a.a.O., S. 78ff.: »aus päd. Gründen«. Anm. 131b S. 356: »Auf der Westpoint-Akademie der US-Army gehören schikanöse Behandlungspraktiken der »seniors« gegenüber den »freshmen« zum bewußt intendierten Programm der militärischen Führung.«

wenn Graf Baudissin in vielen Schriften auf die Notwendigkeit des Gegenteils hinweist[179].

Es zeigt sich z. T. ein krasser Gegensatz zu den verteidigten Werten: Der Wert der Freiheit soll mit den »soldatischen Tugenden«, mit Schemen verteidigt werden, Gleichheit durch ein hierarchisch streng gestaffeltes System, das Leben soll durch potentielles Töten (potentielles Befehlsmorden)[180] verteidigt werden; alles innere Widersprüche, die erzieherisch schwierig zu bewältigen sind. Die Bundesregierungen haben, unterschiedlich stark nach der Parteizugehörigkeit, die Notwendigkeit der Erziehung des Staatsbürgers in Uniform zu Waffendrill, Härte, formaler Disziplin und Befehlsgehorsam herausgestellt[181], andererseits aber stets versucht, die Bundeswehr von der unrühmlichen Vergangenheit des Militärs abzusetzen[182]. Unbestreitbar ist die Bundeswehr keinesfalls die Wehrmacht, aber sie bleibt ein Moment struktureller Gewalt in unserer Gesellschaft, das, durch bedenkliche innergesellschaftliche Notsituationen, durch ein Nachlassen demokratischer Kontrolle oder durch Zwang von außen als Potential (wie auch in anderen Ländern nachweisbar) virulent werden kann. Die zivilen und nicht verteidigenden Aufgaben (die eine Alibi-Funktion angenommen haben: Katastrophenhilfe, aber auch Aufmarsch bei Staatsgästen, Mithilfe bei Kranzniederlegungen und Staatsbegräbnissen, Musikcorps, Empfänge mit »militärischen Ehren«) müssen bei einer größeren Eingliederung des Militärs in die Gesellschaft aus strukturellen und ideologischen Gründen demokratisch kontrolliert werden. Militärische Weltanschauung mit ihrem Wertemonismus, ihrem Elitegedanken, ihrem Totalitätsanspruch, ihrem Funktionalismus, ihrem hierarchischen Ordnungsgefüge, ihren Vorstellungen vom Menschen (z. B. der Frau!), vom Staat und vom elitären Charakter des Soldaten würde »viele Zwangsmerkmale des ›integralen Staates‹ der bekannt totalitären Provenienz«[183] auf die Gesamtgesellschaft übertragen, und umgekehrt bleibt die aus monarchistisch-feudalen, totalitären, aber auch demokratischen Gesellschaften gespeiste Armee ein mit fragwürdigen historischen Substanzen durchsetzter Teil der Demokratie.

Die Erziehung in den »Schulen der Nation« trägt diese Problematik übernommener, gefährlicher Vergangenheit. Selbst Helmut Schmidt sah 1967 Gefahren eines antidemokratischen Faktors[184]. Es kommt alles darauf an, wenn der Soldat ein Staatsbürger

---

[179] Soldat für den Frieden; ebenso z. B. Soldat in der offenen Gesellschaft. Staatsbürger in Uniform – Erziehungspflichten der Armee, in: Armee gegen den Krieg, Stuttgart 1966, S. 286 ff.

[180] Vgl. auch S. *Freud*, Zeitgemäßes über den Tod, in: Gesammelte Schriften Bd. 10. Vgl. aber auch die strategische Lage der BRD, die nur eine Vernichtung der BRD zuläßt, oben Kap. 1 und Weißbuch der Bundeswehr 1976.

[181] S. auch Weißbuch 1970. Zur Sicherheit der BRD und zur Lage der Bundeswehr, S. 115, 125.

[182] Vgl. demgegenüber das Buch von *Mosen*, das stellenweise von Zitaten der Militärs zur rühmlichen Tradition nur so strotzt.

[183] *Mosen*, Bundeswehr, a.a.O., S. 103.

[184] In: Beiträge, Stuttgart 1967, S. 409, zitiert nach *Mosen*, op. cit., S. 303.

in Uniform werden soll, daß die Ausbildung des Soldaten in einem Verband mit einer dermaßen großen, aufgetragenen strukturellen Gewalt die alten Traditionen verabscheut und sich auf den demokratischen Auftrag besinnt. Die Zeit seit den Befürchtungen von Helmut Schmidt und den Ausführungen von Mosen ist in dieser Hinsicht von der Bundeswehr weitgehend positiv genutzt worden[185].

### *Die Schule des Strafvollzugs*

Für den Bürger ist der Strafvollzug eine Lerninstitution ersten Ranges. Er lernt, daß er ein »Sünder« ist, daß kleine Sünden mit Geld wiedergutzumachen sind und der finanziell Gutgestellte die oft zermürbenden kleinen Ärger mit dem Strafvollzug nicht zu fürchten braucht. Die Bürokratie rechnet die Notwendigkeit dieser »Sünden« in ihren öffentlichen Haushalt ein. Der Bürger lernt, daß der Staat damit Geld verdienen will, besonders bei der üblichen Erhöhung der Strafgeldquoten. Diese Tatsachen sind in dem Maße für das Staatsbewußtsein schädlich, als die Notwendigkeit der Strafe im je einzelnen Fall häufig nicht einsehbar ist, strafwürdige Vergehen oft nicht bestraft werden, dafür aber Lappalien, die in großem Stil Geld einbringen. Das Auftreten der Polizei und ihr gesellschaftliches Ansehen haben einen großen Anteil an Frieden und Unfrieden in der Gesellschaft. Die Notwendigkeit der Polizei (besonders einiger Einsatzbereiche) ist unbestritten, ihr wichtiger, oft gefährlicher Einsatz unersetzlich. Trotzdem ist ihr Verhältnis zur Öffentlichkeit zwiespältig, aber eigentlich nur in den Bereichen, wo ihre Ordnungs- und Straffunktion undialektisch und unkommunikativ gehandhabt wird, wo also die Staatsbürger die Macht der Polizei als Gewalt empfinden.

Demonstrationen sind Aktionen hohen Engagements, zumindest aber von Aggressivität getragen, außerdem mit einem hohen Grad an persönlicher Erfahrung und strategischem Lernverhalten behaftet. Zur »Befriedung« sollte vonseiten der Polizei eine Ausbalancierung von Recht und Freiheit erreicht werden[186]. Die Spezialausbildung hoch-aggressiver Polizisten in Demonstrations-Brigaden führte aber dazu, daß dieses Gleichgewicht oft nicht eingehalten wurde, was einen denkbar negativ-unfriedlichen Lernprozeß eines Teils der Jugend hervorrief. Dies wird allmählich durch einige Hypothesen über die Psychologie von Polizisten untermauert. Amélie Schmidt-Mummendey stellt aufgrund empirischer Untersuchungen fest, daß hochaggressive Polizisten durch die täglichen Lernerfahrungen mehr aggressives Verhalten in der Versuchssituation zeigten als Studenten (niedrig-aggressive zeigten keine Unter-

---

185 Vgl. z. B. die Studiengruppe Militärpolitik, Ein Anti-Weißbuch, Materialien für eine alternative Militärpolitik, Reinbek 1974; ebenso Rezensionen in: Die Zeit, 8. 11. 1974, S. 13.

186 *Goeschel u. a.*, Soziologie der Polizei 1, a.a.O., S. 105.

schiede)[187]. Die Polizei ist für die Reduzierung innergesellschaftlicher Gewalt im Sinne eines erzieherischen Prozesses mit verantwortlich.
Die gesellschaftlichen Auswirkungen des Strafvollzuges durch die Justizbehörde, das Problem der Resozialisierung, aber auch die Wirkung von Strafe und Sühne überhaupt werden stark diskutiert. Besonders das Jugendstrafrecht erkennt die pädagogische Bedeutsamkeit der Befriedung (Aussöhnung, Verzeihung, Erlösung und Chance des Neubeginns)[188], die aber der sog. öffentlichen Meinung entgegensteht[189]. Auch Isolierhaft, zu lange Untersuchungshaft, unmenschliche Haftbedingungen, die Gefängnisse als Schulen des Verbrechens sind Unfriedensstrukturen. Die Aufgabe der Pädagogik, die Mehrheit der Bevölkerung von der Unsinnigkeit aggressionserzeugender und lernbehindernder Bestrafung zu überzeugen, ist nicht geleistet worden.
Nicht nur die Geschichte der Justiz, z. B. die Erinnerung vieler an die Nazi-Polizei, erzeugt Unbehagen. Hinzu kommt das allmähliche Bekanntwerden verschiedener polizeiwissenschaftlicher Konzepte, die in den einzelnen Ländern und international technisch und wissenschaftlich perfekt zur Prävention und auch Unterdrückung von Oppositionsbewegungen erstellt werden[190]. Es geht um prognostische Studien über Ideologien und Mobilität von Nachwuchseliten und deren Führer zur Herstellung von »counterinsurgency-Strategien«, Aufträge der Militärs (auch des Pentagon) zur detaillierten Erfassung von Individuen, Gruppen und Organisationen in Datenbanken, zur partiellen Automation der Entscheidungen bei polizeilichen Erfassungs- und Strafmaßnahmen.«[191] In diesen Zusammenhang gehört auch die Numerierung der Bevölkerung. Die Angst richtet sich auf einen möglichen Mißbrauch technischer Daten, der bei Änderung des demokratischen Systems durchaus eintreten könnte.

### *2.3.3. Beruf, berufliche Bildung, Weiterbildung*

Vieles von dem, was zur Emanzipation von Zwängen gelernt wurde, besteht die Probe der Berufspraxis nicht. Ein idealistisches, unpragmatisches Friedenserziehungskon-

---

[187] Amélie *Schmidt-Mummendey*, Differentielle Bedingungen aggressiven Verhaltens, in: dies./Hans-Dieter Schmidt (Hg.), Aggressives Verhalten, München 1971, S. 186.

[188] Erhard *Hischer*, Resozialisierung junger Rechtsbrecher durch Strafvollzug. Ein Beitrag zu einer Analyse und Dokumentation aus der Sicht des Psychologen und Pädagogen, München 1970, S. 19ff.; Karl *Peters*, Die Grundlagen der Behandlung junger Rechtsbrecher, in: Berthold Simonsohn (Hg.), Jugendkriminalität, Strafjustiz und Sozialpädagogik, Frankfurt, 3. Aufl. 1970, S. 238ff., s. auch die Ztschr. »Kritische Justiz«.

[189] Die Wochenzeitung »Die Zeit« feiert es am 8. 11. 1974 als Sieg der Humanität, daß erst 1974 weniger als 50% der Bevölkerung der BRD die Todesstrafe befürworten, die bis dahin von der Mehrheit befürwortet wurde. Ebenso hatte Friedrich II. von Preußen gegen die Mehrheit damals die Folter abgeschafft.

[190] Für die akademischen Institutionen (Studentenbewegungen) nennt *Nitsch* eine Fülle von Literatur: Die soziale Dynamik akademischer Institutionen, a.a.O., S. 572–583.

[191] *Nitsch*, ebd. S. 580.

zept entwickeln heißt eine Schizophrenie aufrecht erhalten. Deswegen sollte ideellen Gesinnungen die praktische Tiefendimension des alltäglichen Berufslebens gegenübergestellt werden, damit die Möglichkeiten friedlicher Veränderungen abgewogen werden können.

### *Die Hochschulausbildung*

Über die Funktion der Hochschulen zur gesellschaftlichen Kommunikation wurde schon Kritisches vermerkt. Die Verschulung der Hochschulen macht aus ihnen Ausbildungsstätten für komplexere »geistige« Sachverhalte unter dem Gesichtspunkt der Nützlichkeit, der Leistung und des Avancements. Mangelnde Reflexion und Metakommunikation, Gleichgültigkeit und Angst vor Engagement, die Selbstverwaltung ideologischer Strategen, autistische Praxisferne und Realitätsfremdheit zugunsten bestehender Lernrituale (Prüfungen) u. dgl. sind ihre Konditionierungs-Symptome. Unfriede ist hier nicht so sehr in der extremen Polarisierung von umstürzlerischen Ideen und unpolitischem Konservatismus anzutreffen, er wird wesentlich virulent in der mangelhaften Befähigung des Durchschnitts-Studenten zum Durchstehen der Rolle, die ihm später aufgrund seiner gehobenen Stellung demokratische Verantwortung auferlegt.

In einer Friedenserziehungstheorie besonders interessant sind die neuen Bundeswehrhochschulen, aber auch die Lehrerausbildung und die Juristenausbildung.

Ein ausgewogenes Urteil über die Bundeswehr-Hochschulen ist noch nicht möglich. Dafür bestehen sie zu kurz und sind sie gesellschaftlich noch zu wenig hervorgetreten. Aus aktuellen Reportagen, Dokumentationen und Verlautbarungen von Militär und Wirtschaft läßt sich ablesen, daß die kasernierten Studenten mit einer bei akademischer Freiheit ungewöhnlichen Disziplin arbeiten, die Vorgesetzten eine Entfremdung von der Truppe befürchten – die Soldaten selbst haben Mühe, sich wieder einzugewöhnen –, daß die Wirtschaft (etwa im mittleren Management) mit Vorliebe diese an »Ordnung« gewöhnten Absolventen einstellt, daß also »verläßliche«, »nützliche« Menschen hier produziert werden[192]. Das Curriculum sieht Kommunikationsfähigkeit und Konfliktfähigkeit als Lernziele vor.

Die Lehrerausbildung strebt zwar den emanzipierten Lehrer an (insbesondere die Pädagogischen Hochschulen machen sich in der Reflexion auf Friedenserziehung verdient), aber auch hier gibt es mangelhafte Integration von Theorie und Praxis, fehlende Praxeologie einer Vermittlung der Friedenserziehung, Didaktizismus und Praktizismus in der 2. Ausbildungsphase und Schwierigkeiten bei der Lehrerfortbil-

---

[192] »Unvorstellbar ist, daß es an den neuen Hochschulen zu Streiks, Boykottbewegungen, Leistungsverweigerungen, Seminarsprengungen, Sitzungsstörungen, ›Wandzeitungen‹ und anderen Erscheinungen der Rebellion kommen könnte« (Franz *Pöggeler*), zitiert in: betrifft: erziehung 5/73, S. 50.

dung. Selbst dynamische Lehrer werden mit der Zeit zu Funktionären degradiert. Kennzeichnend ist der allgemeine Abbau erzieherischer Reflexionen innerhalb von Lernprozessen. Ergebnis ist ein mit Lerninhalten vielleicht ausgerüsteter Lehrer, der bleibende erzieherische Einflüsse und Schemata günstigenfalls erkennt, veränderte Verhaltensweisen aber nicht praktizieren kann[193]. Die Kürze der Lehrerausbildung, die Vielzahl der Studiengebiete, der Druck der Fachinhalte und deren Didaktik sowie die Einseitigkeit der Wissenschaftsmoden führen zu einem Verschwinden der Diskussion von Basisproblemen und zu einer Verhinderung innovativen Denkens. Speziell die erzieherische Ausbildung der Lehramtsstudenten ist gänzlich unzureichend, was die Eltern der späteren Schüler oft zu wenig wissen.

Die Ausbildung zum Juristen haben Rudolf Wassermann u. a. als Erziehung zum Establishment gebrandmarkt[194]. Das Recht, auch die Juristenausbildung und die Motivation der Juristen, sind ein Politikum ersten Ranges. Rudolf Wietholter zeigt, daß die Ausbildung des Juristen am status quo interessiert ist und daß ganze neue Rechtsbereiche einfach ausfallen: »Zusammenhänge von Recht und Gesellschaft, von Recht, Gesellschaft und Wissenschaft, von Recht und juristischen Berufen«[195] würden kaum oder gar nicht vermittelt, und damit sei die Rechtsprechung zu wenig auf politische Herrschaftsverhältnisse, ihre Brechung, Kontrolle und Veränderung ausgerichtet[196].

Dies scheint erklärlich, wenn man bedenkt, daß rund die Hälfte der Inhaber unserer Führungspositionen, der Funktionseliten (Otto Stammer), Juristen sind[197] und wenn man Dahrendorf darin folgt, daß dieses Faktum weite Teile dieser Schicht am stärksten verbindet[198]. Da die kritischen Fächer der Juristenausbildung ein Schattendasein führen, bringen die Universitäten Absolventen mit romantischem Großtraum (Mitscherlich) von Selbstentfaltung der Vernunft hervor, die nicht einzusehen vermag, daß Recht nicht nur Macht sondern auch Politik ist und daß Recht größtes Unrecht sein und Unfrieden stiften und zementieren kann. Die Juristenausbildung zielt nach Sontheimer immer noch zu sehr auf Exklusivität dieser dritten (doch öffentlichen!) Gewalt im Staate; trotz abgewogenen Urteils – in dem das heute positive Verständnis der De-

---

193 Zeitschrift für Pädagogik, 10. Beiheft, 1972, bes. S. 129ff.

194 Karlsruhe 1969.

195 S. 21. Ebenso vgl. Kurt *Sontheimer*, Justiz u. Demokratie in Deutschland (1968), in: *ders.*, Deutschland zwischen Demokratie und Antidemokratie. Studien zum politischen Bewußtsein der Deutschen, München 1971, S. 256ff.

196 *Wassermann*, ebd.

197 Ebd. S. 37.

198 Ralf *Dahrendorf*, Gesellschaft und Demokratie in Deutschland, a.a.O., bes. S. 260ff., vgl. auch im Register S. 505: Juristen als Reservoir der Eliten, soziale Herkunft, Mentalität, politische Haltungen der Juristen. Siehe auch Rudolf *Wassermann*, Der politische Richter, München 1972, bes. S. 71ff., aber auch noch Eberhard *Knittel*, Reform der Juristenausbildung, in: Zeitschrift für Pädagogok, 10. Beiheft, 1972, S. 97–103, bes. S. 100.

mokratie betont werden müsse[199] – sei das Verhältnis der Juristen zur Demokratie (nicht zum Rechtsstaat) noch nicht spannungsfrei, oft stehe nicht das »Interesse der Bürger, ihrer Rechte und Freiheiten, sondern die staatliche Schlichtungs- und Ordnungsinstanz«[200], manchmal gar das Polizeiinteresse[201] im Vordergrund, was auch durch die mangelhafte sozial- und politikwissenschaftlich-kritische Ausbildung bedingt ist. Wie die medizinischen, so seien auch die juristischen Fakultäten oft die hartnäckigsten Verteidiger des (arg unzureichenden) Bestehenden[202].
Nur in einem Satz sei die Architekten-Ausbildung erwähnt. Wenn auf dem internationalen Baukongreß 1975 unsere Großstädte nicht als lebens- und liebenswert, maßgerecht, geschweige gemütlich, sondern als »gigantische Misthaufen«[203] bezeichnet werden, so ist mit der drastischen Kennzeichnung dieser auch pädagogisch wirkenden Lebensverhältnisse ebenso die Ausbildung angezielt.

*Das Berufsschulwesen*

Waren in der schulischen »Vorbereitung aufs Leben« die Chancen des Abbaus von Unfrieden schon gering, so ist die Situation der Lehr»linge« (in Verbindung mit dem Berufsschulwesen) in diesem Punkte noch aussichtsloser. Auch hier wiegt alles schwer, was Demokratisierung grundsätzlich unmöglich macht[204], aber dazu kommen noch die hinter dieser Ausbildung stehenden natürlichen, eigennützigen Unternehmerinteressen, die uniformierenden Produktionsverhältnisse und die schlechte psychische Vorbereitung des noch »unfertigen« Jugendlichen. Die Berufsausbildung ist vermehrt von den Mängeln der Schulen, zudem aber noch von dem Widerspruch in der Praxis stehender Jugendlicher zur Theorie gekennzeichnet[205]. Für den Aufweis

---

199 *Sontheimer*, Justiz, a.a.O., S. 250ff.

200 S. 253.

201 Zitat von Richard *Schmid* ebd.

202 S. 257.

203 Victor *Grün*, Gründer der Umweltplanungszentren in Wien und Los Angeles, auf dem Deubau 1975, in Essen (dpa).

204 Wolfgang *Lempert*, Zum Verhältnis von Ausbildung und Beruf. Ergebnisse einer Befragung ehemaliger Berliner Maschinenschlosserlehrlinge, in: Z. f. Pädagogik, 1971, S. 769. Es handelt sich um eine Erhebung des Max-Planck-Instituts für Bildungsforschung, Berlin.

205 Zu einer kritischen Zusammenfassung s. Deutscher Bildungsrat, Gutachten und Studien der Bildungskommission 11: Burkart *Lutz*, W. D. *Winterhager*, Zur Situation der Lehrlingsausbildung, Stuttgart 1970, S. 51ff.; *Heinen*, *Welbers*, *Windszus*, Lehrlingsausbildung, Erwartung und Wirklichkeit. Eine empirische Studie zur Situation der beruflichen Bildung in Schule und Betrieb, Mainz 1972, Zusammenfassung S. 210–217; *Karlwilhelm Stratmann*, Berufsausbildung auf dem Prüfstand: Zur These vom »bedauerlichen Einzelfall«. Ergebnisse empirischer Untersuchungen zur Situation der Berufsbildung in der Bundesrepublik, in: Zeitschrift für Pädagogik H. 5, 1973, S. 731–758.

einer Unfriedensstruktur bedeutsame Merkmale dieser Berufsausbildung können sein: Mangelnde pädagogische Ausbildung der praktischen Ausbilder, wenig individuelle Förderungsmöglichkeiten und Alternativen, theoriefeindliche Ausbildung und berufsfeindliche Bildungspraxis; Ausnützung einer billigen Arbeitskraft, heute aber auch schon umgekehrt der Disziplinierungsdruck, eine Stelle überhaupt zu bekommen; Verdächtigungen gegen unwirtschaftliche Überproduktion von Bildung; mangelnde kritische Kompetenz der Lehrlinge; überfüllte Berufsschulklassen; Frustration durch Berufs-Fehlentscheidungen; besonders in mittleren Betrieben weniger planmäßige Ausbildung und ebenso ausbildungsfremde Arbeit, die eine Unzufriedenheit der Lehrlinge erzeugt.

Die Berufsschullehrer sind äußerst kritisch gegen die betriebliche Ausbildungswirklichkeit eingestellt[206], ebenso wie umgekehrt die Ausbilder gegen die Theorien der Berufsschulen. So sind die sachlichen und inhaltlichen Lern-Voraussetzungen ungenügend[207].

Im Kontext mit der Berufsschule ist die allgemeine Lernsituation in den Betrieben zu sehen. De iure ist im Grundgesetz die Freiheit der Berufswahl gesichert (Art. 12, Abs. 1 GG), de facto aber durch Schichtenproblematik, Familien- und Individualgeschichte, Ideologie und wirtschaftliche Situation eingeschränkt. Die Beurteilung der Betriebssituation und insbesondere der Arbeiten der Jugendlichen in Betrieben ist z. T. eine Frage des Anspruchsniveaus: der Bestimmung, wo Menschenwürde gewahrt ist und wo sie eingeschränkt wird: Sie ist auch von der Einschätzung psychologischer Verkraftung der Arbeit, natürlich auch von den sehr unterschiedlichen Bedingungen abhängig.

Auf keinen Fall darf aber eine Kritik der betrieblichen Arbeit an dem subjektiven Unvermögen der Arbeiter allein gemessen werden, ihre Situation als Entfremdung zu durchschauen. Maßstäbe für eine konkrete Unfriedenssituation sind vielmehr aus den objektiven *und* subjektiven Bedingungen im Verhältnis zur ökonomischen Gesamtsituation und im Vergleich mit anderen Ansprüchen in der Gesamtgesellschaft, also in Abwägung von Notwendigkeiten und Möglichkeiten, zu gewinnen.

Die Schlußfolgerung wird auf diese Weise dialektisch-konkret – ohne dogmatische Ideologie – überzeugend. Dies trifft auch für konkrete Umstandsbeschreibungen zu, die zwar ideologisch interpretiert und verbrämt sind (wie Arbeiten von Wallraff oder im »Kursbuch« wiedergegebene Erfahrungen in Betrieben), aus denen aber durch die genaue Logik der Situation die unmittelbare Wahrheit »evident« (»mentem rapiens«) sichtbar wird. Wenn etwa die Frauenarbeit bei Bosch und AEG/Telefunken beschrieben wird, oder wenn man Industriereportagen heranzieht, so dürfen diese nicht ohne weiteres ideologieunkritisch generalisiert werden; aber gegen die anschauliche Schil-

---

[206] *Heinen u. a.*, Lehrlingsausbildung, a.a.O., S. 213.

[207] Stellungnahme des Bundesverbandes der Lehrer an beruflichen Schulen zum Berufsbildungsgesetz, in: Die berufsbildende Schule, 1971, S. 217–221.

derung der unmittelbaren Lebenssituation »Betrieb« ist dennoch ein Gegenargument schwer anzubringen[208].
Inzwischen gibt es Modelle zur Humanisierung und Demokratisierung von Betrieben. Sie sind im Sinne der Friedensethik praktisch auszubauen.
Ein Hilfsmittel zur Wahrung seiner Selbstbestimmung wird vom Arbeiter in der Weiterbildung gesehen. Aber z. B. der zweite Bildungsweg für den sozialen Aufstieg beinhaltet wiederum die Probleme der Entfremdung von der Herkunftsgruppe, er fördert eine Anpassungsfunktion an die neuen Lernnormen und zugleich damit eine Verdrängung der Berufserfahrungen sowie regressiven Rollenwechsel (Erwachsene werden als abhängige Jugendliche behandelt)[209]. Von Vorteil ist hingegen, daß die oftmalige frühere Fremdbestimmung in der Berufswahl[210] korrigiert werden kann. Die Zielbestimmung »Selbstverwirklichung im Arbeitsvollzug – Entfaltung der persönlichen Fähigkeiten, Selbständigkeit –, Vermeidung von beruflicher und betrieblicher Entfremdung«[211] darf aber letzten Endes nicht durch das Alibi der Weiterbildung verdrängt werden.

### *Die Schulen des Wirtschaftsmanagements*

Entsprechend der Bedeutung unserer Wirtschaft ist auch die praktische Wirtschaftsführung, ihre Wertorientierung und die Vermittlung im gesellschaftlichen Prozeß für die Tiefendimension eines pragmatischen Friedensprozesses von großer Tragweite. Peter F. Drucker zählt »das planvolle Bemühen um eine Managerschulung und Entwicklung . . . zu den bedeutungsvollsten Innovationen im letzten Jahrhundertviertel« auf dem gesamten Gebiet des Schulungs- und Erziehungswesens[212].
Welche Fähigkeiten und Fertigkeiten werden in der Managerausbildung gesucht und gefördert? Vor allen Dingen »Führungsqualitäten«: ein hohes Maß an Durchschlags-

---

208 Vgl. Peter *Schneider*, Die Frauen bei Bosch, und: Marianne *Herzog*, Akkordarbeiterinnen bei AEG/Telefunken, in: Kursbuch 21, Berlin 1970; Günter *Wallraff*, Industriereportagen. Als Arbeiter in deutschen Großbetrieben, a.a.O.; *ders.*, Neue Reportagen, Untersuchungen und Lehrbeispiele, Köln 1972; s. auch Fritz Vilmar (Hrsg.), Menschenwürde im Betrieb. Modelle der Humanisierung und Demokratisierung der industriellen Arbeitswelt, Reinbek 1973.

209 Astrid *Albrecht-Heide*, Entfremdung statt Emanzipation. Sozialisationsbedingungen des zweiten Bildungsweges, Frankfurt 1974; vgl. auch die von *Lempert* a.a.O., S. 784 angegebene Literatur zur industriesoziologischen Operationalisierung des Entfremdungsbegriffs: R. *Blauner*, Alienation and Freedom. The Factory Worker and His Industry, Chicago/London 1964.

210 *Lempert*, a.a.O., S. 776.

211 Ebd. S. 784.

212 Kreative Unternehmerschulung, in: Herbert Gross (Hrsg.) Zukunft aus Kreativität, Düsseldorf 1971, S. 63; eine Übersicht gibt Friedhelm *Schwenk*, Außerbetriebliche Fortbildungseinrichtungen für die Wirtschaft in der Bundesrepublik Deutschland, Köln 1973, zu weiterer Lit. s. *Baethge*, Ausbildung, a.a.O., S. 261/62.

kraft, die Fähigkeit, subjektive und objektive Hindernisse der wirtschaftlichen Expansion so auszuräumen, daß das Vertrauen in das Unternehmen daraus gestärkt hervorgeht[213]. Obwohl zunehmend die gesellschaftspolitische und ethische Ebene erkannt wird[214], geht es bei dem allenthalben propagierten Management-Training[215] naturgemäß in erster Linie um die Vermehrung des Profits der Wirtschaft: Gruppendynamik, Diskussionstraining, Fall-Methode (case-studies), Brainstorming, Rollenspiel (Role Playing), Planspiel (Business Game) u. a. haben ja ihren Ursprung und ihr hauptsächliches Anwendungsgebiet in der Wirtschaft und im Militär, sie sind erst in zweiter Linie wegen ihrer ambivalenten Anwendungsmöglichkeit auf die Ausbildung zu Selbstbestimmung und Emanzipation übertragen worden.

Das Gesetz der Wirtschaft und die Bewährung des Managers angesichts der sozialen Mobilität und der Tatsache, daß etwa 1980 rund 100 Großunternehmen 60% der Weltwirtschaft bestimmen werden, ist die »rücksichtslose« Durchsetzung der Interessen der Unternehmung, die insofern nicht rücksichtslos ist, als Ethik und Gesellschaftspolitik realistisch als mögliche Hemmnisse berechnet und durch geschicktes Umgehen mitgemanagt werden müssen. Sämtliche Beschönigungen, die die Schriften über Managementausbildung so akzeptabel erscheinen lassen (wie nützlich doch für einen Staat Großkonzerne seien,[216] wieviel Gewinn außerindustrielle Organisationen wie Erziehungssituationen, etwa Schulmanagement, von der Managementausbildung hätten, wie sehr die Hochschulen durch diese Ausbildung und neue Kommunikationsformen gewännen und sogar jeder einzelne gefördert wäre, der Beitrag internationaler Konzerne zur Völkergemeinschaft und Völkerverständigung u. a. mehr) verschleiern die Ambivalenz und die handfeste Ideologie dieses Trainings. D. h. die durchaus notwendigen technischen, organisatorischen und kooperativen Hilfsmittel pervertieren zum Unfrieden, wenn die Ausbildung von Führungskräften der Wirtschaft systematisch-wissenschaftlich zur raffinierten Machtausübung über »Menschenmaterial« im Dienste des Profits angewendet wird[217].

Deswegen betont das qualifizierte Buch von Peter Drucker über die Praxis des Managements die allzu oft noch nicht realisierte Forderung, aus der vielfältig bestehenden Verantwortung zur Gesellschaft und zum einzelnen jedes unrechtmäßige Gewaltverhältnis über Menschen (wie unbedingte, totale Treue (S. 460), mystische Verhältnisse

---

213 Vgl. z. B. Wolfgang Schürer, Ursula Schneider (Hrsg.), Entwicklungstendenzen des Management in Europa, Bern 1971, Aufsatz von Wolfgang von *Seiffert*, Internationale Unternehmung – europäischer Kleinstaat, S. 46.

214 Hans *Urlich*, Entwicklungstendenzen der Managementlehre, ebd. S. 102ff.

215 Vgl. z. B. Helga *Neid*, Management-Training. Berufsbildungsmaßnahmen für Führungskräfte der Wirtschaft und Verwaltung in Großbritannien, Freiburg 1964.

216 Schürer-Schneider (Hrsg.), Entwicklungstendenzen, S. 47; *Drucker*, Management, a.a.O., S. 454 u. a.

217 »The manager's responsibility covers pennies and not people« Donald A. *Zaird* – Eleanor C. *Zaird*, Practical Business Psychology, New York 1951, S. 448.

(S. 461)), aber auch jede direkte politische Gewaltbefugnis (in Bildung, Kultur, Pressefreiheit, Außenpolitik usw. (S. 462)) streng herauszuhalten. Der Kapitalismus, der dieses forderte, wird von Drucker als zynisch bezeichnet (S. 466). Demgegenüber will dieser Autor innerhalb des Managements und seiner Ausbildung die für das Unternehmen direkte, für die Gesellschaft indirekte Verantwortung durch Gewinnmaximierung erreichen. Unerklärt bleibt, wie das Management, das als Führungsschicht politische Dimensionen hat und zu seinem Vorteil einzusetzen trachtet, aus der ihm nicht zustehenden, aber günstigen Verantwortung herausgehalten werden soll; wie dem Manager pädagogisch ein »Gefühl der Mission« (S. 455) gegeben werden soll, er aber dem Unternehmen sehr vorteilhaften Mystizismen nicht verfällt usw. Der systematisch in Unsicherheit gehaltene Manager (S. 191) widerlegt durch seine Ausbildung und Praxis die so ideell gedachte direkte Vereinbarkeit von Profitmaximierung dieser Ausmaße (natürlich nicht nur zugunsten des Unternehmens, sondern vor allem auch der gesamten Gesellschaft!) und demokratisch-gesellschaftlicher Basiserfordernisse, aus denen kein Profit zu schlagen ist[218]. Es bleibt in der zweckrationalen Materialisierung des Menschen stets ein Moment des Unfriedens virulent[219].

*Die Institutionen der »Beziehungen«*

In der Leistungsgesellschaft zählt »Leistung«. Es gibt unzweifelhaft die Beförderung nach Leistung. Daneben ist für den aufmerksamen Beobachter unstrittig, daß erst mannigfache Wege der Beeinflussung einen Teil der Beförderten in den Stand versetzen, diese Leistung zu zeigen. Andere Qualifizierte ohne »Beziehungen« werden dagegen unterbewertet. Hier ist eine Unfriedensstruktur aufweisbar. Ob sie abzubauen ist, dürfte fraglich sein. Denn sie hängt mit der Notwendigkeit zusammen, sich in Organisationen zu einigen, um gegen andere Interessen stark zu sein. So gibt es Geheimbünde, Korporationen, ethnische Gruppierungen, Vereine, Parteien, Nepotismus usw., die durch diesen Tatbestand das (abstrakte) Leistungsprinzip durchbrechen und ihre Favoriten in Schlüsselstellungen setzen.

Offensichtlich ist das Anspruchsniveau, das die Leistung des Besseren, die demokratische Verteilung der Positionen und die Gleichheit der Ausgangslage für jeden gesichert haben möchte, zu hoch angesetzt. Wer ein entsprechendes Gesellschaftsbild (etwa in Schule und Hochschule) vermittelt, begünstigt Frustration und Aggression.

Heute haben sich schon maßgebliche Bünde einer breiteren Bevölkerung geöffnet, wie etwa die Rotarier, die Freimaurer[220], selbstverständlich auch Studentenkorporationen ebenso Clubs von Homosexuellen usw. Die Aufnahmerituale werden zuneh-

---

218 zu Armutsinseln s. oben.

219 Vgl. auch die Ausführungen im I. Teil, 1. Kap.

220 Töhötöm *Nagy*, Jesuiten und Freimaurer, Wien 1969, S. 515.

mend als unzeitgemäß empfunden. Dennoch ist jedes Mitglied einem Lernprozeß im Sinne seiner Vereinigung unterworfen. Zumindest verpflichtet es sich, dem »Bundesbruder« Vorteile zukommen zu lassen.
Unfriedlich waren früher auf der einen Seite die lügenhaften Verketzerungen einzelner Bünde; durch ihre Öffnung zur Information können diese heute weitgehend abgebaut werden. Aber als unfriedlich sind auf der anderen Seite dennoch die Fälle zu bezeichnen, in denen ein Lobbyismus von Hintergrundvereinigungen undurchsichtig Entscheidungen auf allen Ebenen lenkt, die als demokratisch dargestellt werden. Aus guten Gründen werden Drahtzieher hinter dem gesamten Wirtschafts- und Finanzsystem (vgl. die sogenannte Öl-Krise), hinter spekulativen Milliardenaufträgen, auch hinter langfristigen politischen Entscheidungen vermutet.

### *2.3.4. Ausgewählte politische Lerninstitutionen*

Es ist für eine Demokratie und besonders für Frieden wesentlich, in möglichst großem Umfang die Öffentlichkeit am politischen Handeln zu beteiligen. Aber gerade was diese bedeutenden Lerninstitutionen politischen Handelns betrifft, sind sie in der breiten Bevölkerung kaum aktiviert. Hervorzuheben ist die Tatsache, daß Politik gelernt wird. Bei Diplomatenschulen ist dies offensichtlich. Wenn hier nun die Werkzeuge mancher Weltpolitik wie Spionageschulen und in letzter Zeit bekannte Folterschulen in die Lerninstitutionen von Politik einbezogen werden, dann werden hier gewiß außergewöhnliche Lerninstitutionen von Politik genannt. Gerade sie sind freilich Bestandteile der Unfriedensstrukturen.
In den Folter anwendenden Staaten, zu denen die BRD nicht gerechnet werden kann, sind Folterschulen für politisches (Nicht-) Lernen entscheidend; und Spionageschulen kann man als Hintergrundschulen von Politik nicht mehr wegdenken. Es wird also die Unfriedens-These gesetzt, daß einige wichtige Lerninstitutionen, welche Politik unmittelbar unterstützen, zu einem Großteil in Abgeschiedenheit arbeiten.
Ausdrücklich sollte die Fragestellung der »Tiefendimension« gesellschaftlicher Lern-Institutionen ins Gedächtnis gerufen werden. Es geht hier nicht um eine möglichst vielseitige, immer »ausgewogene« Darstellung der Bedingungen von Politik, sondern um die Frage: Wo sind maßgebliche politische und erzieherische Unfriedensstrukturen, die in einer pragmatischen Friedensstrategie einberechnet und gewichtet werden müssen? Damit ist gleichzeitig ausgesagt, daß in diesem Abschnitt nur einzelne, sehr unterschiedlich wirksame und wichtige Schwerpunkte politischen Lernens herausgegriffen werden können.

Gemäß der beschriebenen bedeutsamen Rolle in der gesellschaftlichen Kommunikation, besonders durch ihre Funktion der Exekutive der Staatsmacht, erscheint die Ausbildung der Polizei als gesamtgesellschaftliches Erziehungsmoment ersten Ranges. Wie jedes Mittel zur Durchsetzung von Zielen und zur Begrenzung ist die Polizei grundsätzlich ambivalent aufzufassen: in ihrer lebens- und gesellschaftserhaltenden Schutzfunktion, aber auch in der Möglichkeit der Unterdrückungsfunktion. Daß die unterschwellige Furcht vor Polizei nicht ungerechtfertigt ist, zeigen etwa beredte Beispiele aus der Geschichte unseres Volkes.

Ebenso wie der Bevölkerung die Vielfalt der Aufgaben von Polizisten nicht bewußt ist, wie sie z. B. über die verschiedenen Abteilungen von Polizei zu wenig unterrichtet ist, genauso herrscht große Unkenntnis über die Ausbildungsqualität dieser Staatsexekutive. Diese Tatsache wird auch keineswegs durch eine reichhaltige Literatur über die Polizeiausbildung gemildert, im Gegenteil. Die Literatur zu den pädagogischen Bemühungen der Polizei, über Polizeischulen und insbesondere über die praktische pädagogische und psychologische Orientierung nach den heftigen Zusammenstößen eines Teils der Bevölkerung mit der Polizei ist äußerst karg[221]. Fest steht, daß die Polizei mit ihrer vormals idealistischen praktischen Pädagogik à la Stiebitz weder der seltsamen Diskrepanz zwischen humanen, mitbürgerlichem Anspruch und teilweise unbeherrschter Aggressivität im Dienstvollzug gewachsen war, noch dem besonderen Streß der studentischen Demonstrationen der vergangenen Jahre. Aber gerade nach diesem Bild wird auch heute noch die Polizei von weiten Teilen der Bevölkerung eingeschätzt, weil der Bürger in einer Demokratie hier äußerst empfindlich sein muß.

Aus Sendungen im Rundfunk (wo Polizisten nicht wagen, mit ihrem Namen genannt zu werden) geht hervor, daß besonders junge Polizisten eine zu schlechte Ausbildung und damit eine Überforderung im Dienst (im Verkehr mit Menschen aller Schattierungen, niedrigem oder hohem Bildungsniveau usw.) beklagten, daß aber darüberhinaus in der genannten Demonstrationsphase nicht einmal die (schlechte) Ausbildung vollständig gegeben werden konnte. Der Polizist braucht aber ein umfassendes Wissen und Können, Kenntnis der Gesetze, gute Allgemeinbildung, psychologisch

[221] Fritz *Stiebitz*, Inhalte und Methoden der Fortbildung von Schutzpolizeibeamten in den Einzeldienstbehörden, Lübeck 1966 (zusammen mit W. Drüke); Kleine Polizeibücherei Bd. 34; *ders.*, Das Prinzip der Anschaulichkeit im polizeilichen Unterricht, ebd. Bd. 4, 4. Aufl. 1966; *ders.*, Bildungslehre und Unterrichtspraxis der Polizei, ebd. Bd. 21, 3. Aufl. 1965; *ders.*, Pädagogischer Rat für Ausbilder und Hilfslehrer in Bereitschaftspolizeiabteilungen und Landes-Polizeischulen sowie bei den Polizeibehörden, ebd. Bd. 30, 2. Aufl. 1967; *ders.*, Artikel »Polizeischulwesen«, in: Lex. d. Päd. Neue Ausgabe Freiburg 1971, Bd. 3, S. 328ff. Das Verzeichnis lieferbarer Bücher, Register 1974/75 weist zur Polizei-Pädagogik und -Psychologie nur die Schriften von Stiebitz aus.

und pädagogisch geschulte Fähigkeiten. Aber geringe Selbstbestimmung der Polizei, zusammen mit dem allgemeinen Niveau und der täglich sich ausbildenden Ideologie der Mehrzahl der Polizisten – dies alles sind Bedingungen, denen sich der Bürger ohne Ahnung der komplexen Ursachenverbindungen hautnah gegenübersieht. Die mangelnde Ausbildung und Weiterbildung hat gerade im Strafbereich für das Demokratiebewußtsein weitreichende Folgen.
Noch gar nicht wurde in diesem Zusammenhang von Spezialausbildungen gesprochen[222]. Innerhalb der Friedenserziehung, die Gewalt ablehnt, kann keinesfalls davon die Rede sein, daß Terror irgendwelcher Art geduldet und ohne vehemente Gegenmaßnahmen hingenommen werden dürfte. Dennoch muß es als Wagnis für die innergesellschaftliche Befriedung bezeichnet werden, wenn Polizei zur Gegenwehr von Terror an spezifisch militärischem Gerät ausgebildet wird, oder wenn der in der Ausbildung angeeignete Aggressionspegel ein sofortiges hartes Zuschlagen der Polizei bei verbalen Anfeindungen auslöst.
Aufschlußreich für eine Friedenserziehungstheorie wären außerdem Fragen wie: Welche Psychologie liegt beim Polizisten vor? Welche Motivation, zur Polizei zu gehen, und wie wird diese im Lebensprozeß umgeformt? Welche Soziologie liegt vor? Welche Vorurteile, den Bürger zu behandeln? Eine Humanisierung der Polizei ist ein großer Schritt auf die Humanisierung des allgemeinen Zusammenlebens hin.

### *Schulen des Hintergrunds: Spionageschulen, Folterschulen*

Für den Bürger der BRD, der im allgemeinen wenig Einblick in Staatsgeheimnisse gehabt hat, eröffnete sich in den letzten Jahren ein ganzer Sumpf halblegaler und illegaler Spionagemachenschaften. Ende 1974 weiteten sich diese Informationen für die Weltöffentlichkeit auf die CIA aus. Die Informationsmittel brachten von diesem gehüteten Thema mit einem Schlag eine ganze Überschwemmung unfriedlicher Akte von Geheimdiensten des In- und Auslandes, des KGB, der CIA: Zusammenhänge mit dem Rücktritt Willy Brandts als Bundeskanzler, Gründe für den Sturz Präsident Allende's in Chile, Verbindungen mit Faschisten in Griechenland, Recherchen des französischen Geheimdienstes für die früheren faschistischen Regime in Portugal über in Frankreich lebende portugiesische Oppositionelle, u. s. f.[223]
Im ganzen gesehen scheint eine für das demokratische Bewußtsein notwendige Lücke durch die Massenmedien geschlossen zu werden.

---

222 Über Politische Polizei s. Thomas *Walde*, ND-Report, a.a.O., S. 128ff.
223 Zum letzten Punkt s. auch schon *Walde*, ND-Report, a.a.O., S. 93.

Spionage steht in der Dialektik aller Entschuldigungen mit pragmatischem Hintergrund. Thomas Walde kommt in seinem umfassend informierenden Bericht über den Bundesnachrichtendienst der BRD zu sorgfältig abgewogenen Urteilen. Darnach bildet dieser Nachrichtendienst im innergesellschaftlichen Bereich eine umstrittene Struktur aus, nicht weil der Staat auf Geheimnisse angewiesen ist, sondern weil der demokratische Fortschritt nach Opportunitätskriterien dieser Nachrichtendienste gemessen werde[224]. Aber gerade die demokratisch legitimierte Kontrolle ist die einzige Gewähr für das Funktionieren glaubwürdiger Demokratie.
Spionage braucht eine Ausbildung, sie ist nicht nur ein Ergebnis von Erfahrung. Schon die technischen, psychologischen, institutionellen und politischen Hilfsmittel erfordern genaue Kenntnis. Nach Marchetti/Marks findet die Ausbildung der Spione der CIA differenziert nach ihrem Auftrag, ihrer Persönlichkeit, ihrem Rang und ihrer langfristigen Nutzung statt[225]. Es kann sein, daß der Agent nur auf seinen Instinkt und seine allgemeine Berufserfahrung angewiesen bleibt. Soll er aber eine langfristigere Arbeit ausführen, so wird er meist in folgenden Grundkenntnissen instruiert: technisch bezüglich Ausrüstungsmaterial, Methoden geheimer Kommunikationen (Geheimschrift, Kodifizierung, Chiffrierung usw.), Benutzung geheimer Kontakte, Sicherheitsvorkehrungen; ideologisch bezüglich etwaiger Gewissenskonflikte, Festigkeit der Einstellung, Kennenlernen der Leistungen und Macht (auch Einschüchterungsgewalt) der Geheimdienstorganisation. Thomas Walde zählt für die BRD 13 vermutete Bundesnachrichtenschulen auf[226], deren Spezialisierungen aber geheim gehalten werden[227]. Konspirative Wohnungen und Hotels dienten oft dem Einzelunterricht. In Grundkursen und Aufbaulehrgängen werden Basis- und Spezialwissen vermittelt, deren Solidität über den Einsatz des Spions entscheidet[228].
Bedenklich bis gefährlich und für einen ethischen Zusammenhang entlarvend (das schlechte, ambivalente Gewissen) sind auch die Methoden, mit denen z. T. Geheimdienste arbeiten bzw. der pädagogische Prozeß, dem der Agent oder der ausführende Spion ausgesetzt wird. Kriterium ist allein der Erfolg, auch dann, wenn Spione das Opfer sind. Drohungen, Schmeicheleien, Bestechungen, Zynismus oder rücksichtslose Ausbeutung bestätigen diese Gewalttätigkeit. Hinzu kommt das Spionage-Objekt: Je mehr von den Geheimdiensten Verbrechen gegen die Menschlichkeit eingefädelt werden, umso weniger gilt das Argument, für eine Demokratie gute Dienste zu

---

224 *Walde*, ND-Report, a.a.O., S. 282.
225 Victor *Marchetti*/John D. *Marks*, CIA, Stuttgart 1974; s. auch parallel John *Barron*, KGB. Arbeit und Organisation des sowjetischen Geheimdienstes in Ost und West, Bern 1974. Eine Besprechung dieser Bücher liefert »Die Zeit« vom 15. 11. 1974.
226 ND-Report, a.a.O., S. 314.
227 ebd. S. 95.
228 Zu den Ausbildungsschulen des Bundesverfassungsschutzes s. ebd. S. 117ff.

leisten. Den sich verbreitenden Informationen ist es zu verdanken, daß langsam in das Bewußtsein der Weltöffentlichkeit gelangt, welche perfiden Gewalttätigkeiten Geheimdienste in Pervertierung wichtiger Funktionen und des Auftrags ihrer Regierungen ausführen. Ihre verselbständigte Politik kann nicht hingenommen werden. Spionagedienste sind erst dann ein Element zur Erhaltung des Friedens, wenn sie sich ganz von ihrer historischen restaurativen gewaltsamen Systemstabilisierung abheben würden und sich ihrer neuen Funktion widmeten, »die Offenheit des Systems zum Zwecke der Zukunftsantizipation zu sichern«[229]. Bisher dienen sie weit mehr pathologischen Lernprozessen.

*Folterschulen*

In den Jahren 1973/74 hielt die breiter informierte Bevölkerung angesichts unglaublicher Nachrichten den Atem an: Nicht nur in der UdSSR sind tausende von Konzentrationslagern mit ungezählten Menschenschindern, nicht nur der Nationalsozialismus in Deutschland, nicht nur die gesamte bisherige Geschichte ist voll unsagbarer Grausamkeit, sondern auch in den demokratischen Ländern des »Westens« wird gefoltert, ja: es existieren regelrechte Folterschulen (Kurse)[230]. Aber schon aus der Tatsache, daß keine Phantasie benötigt wird, Nähnadeln, Feuer, Elektrizität, Stöcke, Wasser, Jauche, Licht usw. zur Folter zu benützen, läßt sich ersehen, daß die Instruktion in Folterung oft dieses großen Aufwandes gar nicht bedarf.
In der Literatur wird auch immer wieder berichtet, daß die Polizei in manchen Ländern selbst praktische Kurse über Folterungen abhält.[231] Inhalte des Folterlehrgangs sind: Techniken der verschiedensten Art und Anweisungen über deren Gebrauch anhand lebendiger Objekte (Verhörtechniken, neueste medizinische und psychologische Techniken): Brachialgewalt, Sexualgewalt, Elektroschocks, Injektionen, Medikamente zur Ausschaltung des Willens, Lärmgewalt, Erstickungen, Hitze, Kälte, Ultraschallwellen u. dgl.
So geographisch, politisch, ideologisch grenzenlos und unbestimmbar die Folterseuche heute ist, so undefinierbar und »gewöhnlich« erscheinen die Ausgebildeten. Wissenschaftliche Experimente (von Stanley Milgram, in der BRD von David Mantell wiederholt), aber auch die Psychologie der Durchschnittsfolterer geben Anlaß zu größten Befürchtungen.[232] Denn es können noch keinerlei spezifische Aussagen ge-

[229] Ebd. S. 283.
[230] Zur Geschichte s. *Dollinger*, Schwarzbuch, a.a.O.; ich übergehe die Literatur zum Problem Vietnam; *Amnesty International*, Report on Torture, Cloucester, Crescent, London 1973 bes. auch die Bibliographie p. 221 ff.; Österreichischer Rundfunk, Folter-Thema mit Variationen, 28. 12. 73.
[231] So Clemens *Schrage*, Folter in Brasilien, in: Italiaander (Hrsg.), Diktaturen, a.a.O., S. 293.
[232] Stanley *Milgram*, Some conditions of obedience and disobedience to authority, in: Human

macht werden. Folterknechte haben keine äußeren Merkmale, keine Standesmerkmale, wohl vielleicht innere Dispositionen, die aber augenscheinlich in jedem Menschen wenigstens in Ansätzen zu finden sind (Angst, Wahrheitssuche, Entwürdigung).
In den Folterberichten ist von bestimmten Berufsgruppen die Rede: von Soldaten, Geheimpolizisten, Ärzten.
Politisch ist die größte Gefahr darin zu sehen, daß nach übereinstimmenden Angaben von Folterschriften kein großes Interesse an der Abschaffung der Folter bestehe. Diese generalisierende Aussage bedarf wohl der Korrektur bzw. der Differenzierung. Es ist ein Unterschied, ob institutionalisierte Massensklaverei getrieben wird oder ob einzelne – aber effektive – Schinderschulen errichtet worden sind. Schon das Selbstverständnis von demokratischer Kontrolle zwingt zu genauer Beschreibung.
Folterschulen stehen so in Zusammenhang mit der allgemeinen Informationspolitik, mit allgemeinem falschen Bewußtsein und mit der Gültigkeit hochheilig geschworener Eide und internationaler Abmachungen angesichts nackter Machtinteressen. Solange das Bewußtsein von Menschenwürde diese über sprachliches Ausdrucksvermögen hinausgehenden und wissenschaftlich unfaßbaren Vorgänge noch gesellschaftlich anklagen kann, rührt es noch an einen empfindlichen Nerv archaischer Angst vor leiblicher Vernichtung.
Die Verbreitung von Folterschulen, Folterern und Folterungen ist für das Lernen von Politik ein eminent erzieherisch wirkender Vorgang. Durch die Knebelung wichtiger Schlüsselstellungen geraten die Bevölkerungen ganzer Nationen in Angst. Die Angst der Machthaber wird auf das Volk übertragen, dessen Ohnmacht terroristisch aufrecht erhalten wird.

### *Diplomatenschulen*

Ein völlig anderes Milieu politischen Lernens herrscht in den Schulungen des Kompromisses, der souveränen Vertretung von Staatsinteressen nach außen. Geschickte Vermittler zwischen Staaten und Nationen müssen bestimmte Charaktereigenschaften, Fähigkeiten und Denkweisen mitbringen, die heute zudem in steigendem Maße von wissenschaftlichen Methoden und Erkenntnissen unterstützt werden[233].
Hermann Röhrs weist auf die dringende Notwendigkeit hin, Diplomaten in unserer Zeit die Industrieländer als Bildungsgesellschaften (etwa für Entwicklungsländer) mit

---

Relations, 1965, 18, Nr. 1; David M. *Mantell*, Das Potential zur Gewalt in Deutschland, in: Schmidt-Mummendey (Hrsg.), Aggressives Verhalten, a.a.O., S. 161–177; s. auch *Matussek*, Konzentrationslager, a.a.O.

233 Heinz L. *Krekeler*, Die Diplomatie, München 1965, Kap. 2 u. 9; Zur Abhängigkeit von Diplomatie und Krieg s. R. *Aron*, Frieden und Krieg, a.a.O., bes. IV. Teil 7.

der Auslandspädagogik vertraut zu machen[234]. Die Bedeutung internationaler Öffentlichkeitsarbeit über Werbung und Diplomatie hinaus werde wegen der Vernachlässigung gerade der pädagogischen Ausbildung (Erwachsenenbildung, Didaktik) stark unterschätzt und nicht wirksam betrieben.
Liest man die Beschreibungen der Tätigkeit von Diplomaten (etwa von Krekeler), so gewinnt man den Eindruck, als wenn Gesandte aufgrund ihrer Aufrichtigkeit, Bescheidenheit, Gastfreundschaft, ihres Mutes und ihrer Wahrheitsliebe[235] nichts mit hintergründigem politischen Gerangel, mit Intrigen, Übervorteilung, Bluff und Zungenfertigkeit zu tun hätten. Die Geschichte der Diplomatie spricht eine ganz andere Sprache. Es sei nicht in Abrede gestellt, daß der auswärtige Dienst nur leistungsfähig ist, wenn er sich dem Niveau politischen Handelns im Gastland anpaßt. Diplomaten sind ständig dem Prozeß der Veränderung ausgesetzt, zu dem sie in einem dialektischen Verhältnis stehen. Sie sind Ausführende vieler unfriedlicher Akte, oft aber auch weitreichender Schlichtungsbemühungen. Der Pathologie der Politik und politischen Lernens sind sie ebenso deutlich ausgeliefert wie sie selbst zu dieser Pathologie beitragen oder sie abbauen helfen können.

---

[234] Hermann *Röhrs*, Die Pädagogische Diplomatie – ein unterentwickeltes Aufgabenfeld, in: Bildung und Erziehung 1972, H. 4, S. 26–33.
[235] Ebd. S. 150.

Teil III

# Die praktische Dimension politischer Pädagogik

Die Akkumulation der Aufzählung von Unfriedensstrukturen macht deutlich, wie komplex gerade latente strukturelle Gewalt ist, die erzieherisch auf die politischen Verhältnisse einwirkt. Oftmals notwendige haarfeine Differenzierungen – »der Teufel steckt im Detail« – verhindern in vielen Fällen eindeutige Aussagen des konkreten Unfriedensherdes, müssen aber andererseits die Grundlage für eine Generalisierung von Ergebnissen bieten. Die These, daß »überall« Unfrieden herrsche, bedarf gerade im pädagogischen Bereich der Präzisierung und Zusammenfassung durch Hinweise, welche praktischen pädagogisch wirksamen Schritte vordringlich sind.

## *1. Die Pragmatik*

Der aufmerksame Leser wird aus den teilweise vorsichtigen Beschreibungen der gesellschaftlichen Tiefendimension (des institutionalisierten politischen Lernens) das große »Wenn – Dann« herausgelesen haben. Wissenschaftstheoretisch und gesellschaftlich-praktisch sind generalisierende Urteile verantwortlich nicht vertretbar (Popper). Sie müssen trotzdem vorgenommen werden, wenn der pragmatische Charakter von Wissenschaft nicht vollends erledigt werden soll. Denn auch dies ist unverantwortlich (Habermas). Es wird folglich die in den Sozialwissenschaften übliche – von Ideologie abgesetzte – Konsequenz gezogen, Entscheidungskriterien oder regulative Postulate zu entwickeln, die bei einer entsprechenden Situation sowohl Auskunft geben können, als auch sagen, wie Unfriedensstrukturen zu beseitigen sind.

### 1.1. Die Zusammenfassung der Dialektik des Lernprozesses

Es ist hier zweckmäßig, in einer Rückschau den Standort der jetzt folgenden Überlegungen auszumachen.
Ausgehend von der Analyse der Basis des Lernprozesses (Teil II, 1. Kap.) ließ sich der zweite Schritt des Lernprozesses mit Hilfe der Kommunikation tun, deren Dialektik nun aufgewiesen ist (Teil II, 2. Kap.). In die Analyse (und weiterhin die Dialektik) gingen politisch-pädagogische Kategorien ein, die auch in der operationalen Friedens-Definition zugleich mit den Phasen des Lernprozesses begriffen wurden[1].

---

[1] Oben S. 87, 89

Die dargelegte Rückkoppelung des kommunikativen Lernprozesses muß jetzt zusammengefaßt werden, und zwar so, daß einerseits die herausgearbeiteten Kategorien auch *in der Dialektik* herausgestellt werden, und daß andererseits im Sinne der zu entwickelnden pragmatischen *Neuordnung* genauere Hinweise auf eine Praxeologie der Friedenserziehung zu ersehen sind. Allein so ergibt sich die Gewähr, daß der politisch-pädagogische Lernprozeß durchgängig konzipiert wurde und eine pragmatische Abwägung von Ist-Zustand und Soll-Zustand stattfinden kann.

a) Das Ergebnis der Dialektik des Lernprozesses, nämlich der Rückkoppelung von Initiative und Steuerung mit der Tiefendimension gesellschaftlichen Lern-Unfriedens, kann auf der individuellen Ebene mit den Kategorien der politischen Pädagogik (Teil I) folgendermaßen bezeichnet werden: Das pädagogische Spannungsfeld von Selbstbestimmung und Fremdbestimmung kristallisiert sich in den Lerninstitutionen heraus, die »permanentes Lernen« einüben und fortführen. In der Familien- und Schulerziehung probt der Heranwachsende die Dialektik von Mündigkeit und Angst, emanzipierter Beteiligung und Abhängigkeit, Kreativität und Egoismus, welche im Erwachsenenalter aufgrund fortlaufender Informationen (und Fehlinformationen) weitergeführt wird. Freiheit, Glück und Selbstbestimmung sind im individuellen Bereich zunächst durch die Offenheit des permanenten Lernens und der Informationsaufnahmefähigkeit bedingt. Die Analyse ergab, daß Angst und Abhängigkeit, Egoismus und Übervorteilung, Aggressivität und Vorurteile, in einem Wort also: Fremdbestimmung die überwiegenden Erziehungskategorien darstellen, welche auch bei der Tiefendimension permanenten Lernens aufgewiesen wurden. Familie und Schule sowie peer groups belobigen weitgehend Egoismus und Übervorteilung – unter Eltern ist das Problem der »Durchsetzung« und »Leistung« ihrer Kinder vorrangig –, autoritäres Verhalten wird als sozial-integrativ gewertet[2], und Kritik in zweiwertiges Denken umgewandelt.
Eindimensionales Lernen bringt aber unpolitisches Denken. Eine Beschränkung der Pädagogik auf die Personalität des Menschen allein führt nicht zur Freiheit und Selbstbestimmung, sondern zur Fremdbestimmung, wenn die Personalität nicht als intrasubjektive Sozialität gesehen wird und ihre Autonomie die Dialektik zur intersubjektiven Sozialität vernachlässigt. Grundlage von Freiheit und Friede ist in diesem Sinne vieldimensionales Lernen, das durch Information und praktische Kritik auch zum Handeln befähigen muß. Zumindest ist das politisch-praktische Erkenntnisinteresse zu wecken, das Subjekt muß sich politisch verstehen lernen, und es muß sichergestellt werden, daß begrenzte Lernerfahrungen (wie in der Kleinfamilie oder in einer autoritäten Schule) vielfältig angereichert werden. Gerade diese Anreicherung geschieht aber durch beschränkte Information eines Großteils der Bevölkerung nicht und wird auch ebensowenig durchschlagend in den sozialen Lernorganisationen ver-

---

[2] Vgl. die Untersuchungen von *Tausch-Tausch*, Erziehungspsychologie, a.a.O., bezüglich Lehrerselbsteinschätzung.

mittelt. Statt kontrastierender Lebensvorstellungen überwiegt gleichförmige Anpassung, statt Kreativität Konditionierung, statt emanzipierter Beteiligung Abhängigkeit.

Die ganze Analyse war weiterhin von dem Phänomen lähmender politischer Apathie gekennzeichnet, das die Energie des Individuums zur Selbstbestimmung, zur Selbstrealisation und zur Identität kanalisiert und reduziert. Innovationen, Veränderungswille, mühsame Kleinarbeit, persönlicher Einsatz, Kritik sowie permanente Reformen verschleißen schnell im Getriebe politisch-gesellschaftlicher-ökonomischer Opportunität und Normativität.

Schlußfolgernd kann dementsprechend eine Pragmatik der Friedenserziehung ihre Aufgaben im individuellen Bereich so umreißen:

1. Friedenserziehung ist ein Problem der Subjektivität.

Es kommt alles darauf an, daß durch die Erziehung die Dialektik vom Objekt und Subjekt immer wieder neu zugunsten der Identitätsfindung des Subjekts entschieden wird. Es geht um den »Aufrechten Gang« (Ernst Bloch), denn »die vielen Schwächlinge, die wir haben, sind noch nicht friedlich.«[3] Die Präzision des Selbst kann nur dialektisch sein, nicht opportunistisch und eindimensional mit Eigenschaften wie Apathie, Faulheit, Egoismus und Abhängigkeit. Es kennt keinen undenkbaren Gedanken, kämpft gegen die Tabuisierung des Denkens und gleichfalls gegen die Verketzerung Denkender und Kritisierender. Kreativität und Mündigkeit kommen aus der Intensität großer Anstrengungen der Selbst- und Fremdbewältigung. Die vielfältigen pädagogischen Ansätze sind hier politisch auf das Prinzip Befriedung hin zu reflektieren.

2. Friedenserziehung ist ein didaktisches Problem.

Im individuellen Bereich handelt es sich zunächst um die pragmatische Frage, wie das Lernen vom Frieden gelernt und gelehrt werden kann. Der Lernprozeß weist dabei das Spannungsfeld der Information zwischen sprachlicher Bewußtseinsvermittlung und institutioneller Lernbehinderung auf. Friedenserziehung muß sich also dem didaktischen Problem stellen, wie sie die negativen Einflüsse von Lerninstitutionen und Informationsquellen umgehen, übersteigen, oder zumindest relativieren kann.

Mehrdimensionales Denken erfordert von jedem Individuum, sich am Informationsprozeß zu beteiligen. Nicht nur sollte es Informationen möglichst gut aufzunehmen und zu verarbeiten suchen – dies muß gelernt werden –, sondern es muß auch die Verpflichtung fühlen, wichtige Informationen weiterzugeben und zu diskutieren. Das Prinzip »jeder sagt's jedem«, »jeder macht jeden aufmerksam« entspricht der Basisdemokratie; es zwingt auch zur Konkretion des Wissens.

Spezieller ist der Ansatz, Krieg, Frieden, Aggression und Konflikt didaktisch aufzuarbeiten und darin einen Lernprozeß voranzutreiben. Es kommt dabei vor allem darauf an, grundlegende Orientierungen zu vermitteln. Das Lernproblem besteht nicht so sehr in der Schwierigkeit, Wissen aufzunehmen, als vielmehr in der Beziehungs-

---

[3] Ernst *Bloch*, Widerstand und Friede, Frankfurt 1968, S. 84.

krise, nämlich motiviert zu werden, durch die Aufnahme von Wissen sich die Welt verfügbar zu machen und Handlungsorientierungen zu bekommen.
Einerseits ist also das Wissen um Unfrieden und um die Ermöglichung von Frieden informativ-didaktisch (nicht nur in der Schule!) aufzubereiten und zur Verfügung zu stellen, andererseits ist es noch wichtiger, gegen den allgemeinen Gewaltkonsum des Großteils der Bevölkerung durch einschlägige, minderwertige Massenblätter didaktisch grundlegende Orientierungen zur kritischen Verantwortung zu geben. Dies geschieht mit Hilfe der Sprache durch Präzisierung (Kategorisierung, Formalisierung), Individualisierung (emotionale und ethische Betroffenheit) und durch verantwortliche Überzeugungsargumentation (Wagnis kritischer Positionen).

3. Friedenserziehung befähigt zum polylogischen Handeln auf der Grundlage des informierten Friedensbewußtseins.

Entwürfe praktischer Vernunft gibt es genug. Die Effektivität ihrer Erziehung scheiterte u. a. am mangelhaften allgemeinen Friedensbewußtsein. Erziehung hat es bisher nicht verstanden, die Spielräume von Verhaltensweisen vieldimensional, d. h. zum Beispiel durch Befähigung zur Kommunikation, zu nutzen. Statt dessen hielt sie sich autoritätssüchtig an vermeintliche Inhalte (Erziehung zum Charakter, zur Freiheit, zur Mündigkeit). Es ist ihre Aufgabe, Regulative für Haltungen aufzustellen, tagtäglich zu schulen und zu erproben (zum Beispiel: »Delegiere Verantwortung nie«[4]).
Die Pädagogik hat kollektives Verhalten zu sehr unter dem Gesichtspunkt der Einförmigkeit, kaum aber der Ökonomie des Handelns reflektiert. Versteht man unter »Kollektiv« ein differenziertes, unter Zielvorstellungen geeinigtes soziales System, so wird klar, daß individuelles, politisch effektives Handeln oft nur auf diese Weise sich vollziehen kann. In einer Friedenserziehung muß dabei besonders auf die Befähigung zur inneren Dialektik dieser Gruppe geachtet werden.

4. Friedenserziehung ist auch ein Problem der individuellen Energie und Balance.

Freiheit oder Glück sind die Bilanz (auch Balance) aus einer aufgebrachten Realisationsenergie entsprechend einem Anspruchsniveau. Es kommt alles darauf an, diese Bilanz positiv ausfallen zu lassen. Sowohl das Anspruchsniveau als auch die eingesetzte Energie müssen folglich pragmatisch zueinander passen. Extreme Haltungen sowie die ständig auf genaue Ausgewogenheit (Ruhe und Ordnung) bedachte Aktionsweise sind unfriedlich[5].
Während im kommunistischen Block das »Sendungsbewußtsein« jedes einzelnen im Kollektiv zu unbestreitbaren Anstrengungen führt (die durch Diktatur zugleich beeinträchtigt werden), liegen in der liberalen demokratischen Erziehung unerschlossene Reserven projektiver Energie, denen die Perspektive fehlt. Friedenserziehung sollte für sich pragmatisch die energetischen Möglichkeiten von Ideologie reflektieren und deren legitime Einsichten sich zu Nutze zu machen suchen, ohne in ihre Perfidie

[4] Hinweis von Eugen Kogon, in einer Diskussion vom 13. 12. 1974 im 3. Programm, Westdeutsches Fernsehen.
[5] Vgl. die oben Teil I zitierte Gegensatzlehre Guardinis.

abzusinken. Friede muß vom Individuum als schwere Leistung erkannt werden, der gesellschaftlich Anerkennung gezollt wird.

b) Initiative und Motivation allein des Individuums gegen die allgemeine Konditionierung zu fordern, hieße es ständig überlasten. Institutionen sind ausdauernder. Zwänge im gesellschaftlichen Bereich (sozialer, wirtschaftlicher und politischer Art) werden aber aus dem Grunde über ein bestimmtes Maß hinaus unerträglich und bedenklich, weil sie institutionalisiert sind und systematisch wirken. Gegen die Anonymität willkommener Denkfaulheit und die Entlastung von beunruhigender Initiative ist also eine größere und organisierte Antriebsenergie notwendig. Eine allzu radikale und abrupte pädagogische Konzeption dazu würde freilich nur halbherzig von dieser Gesellschaft unterstützt, weil sie die angeblich festgefügte Ordnung der geschichtlichen Wandlung unterwirft.
Deswegen kann der Dialog bei der vorliegenden konditionierten Kommunikation nur am Systemzwang orientiert begonnen werden: wie er konkret eingeschätzt wird, wo er Spielräume hat, wo gesellschaftliche Anerkennung erfolgt und wo Initiativen in legitimierten Bahnen verlaufen und abgesichert sind. Wichtig ist also die wissenschaftliche Feststellung, welchen hohen Entwicklungsstand und welche Bedürfnislage (Motivation) eine Gesellschaft hat, welche Nützlichkeit im Dialog und in Kreativität gesehen wird, welche Zwischenräume der Manipulation, des Konsumzwangs und der Ideologisierung (s. Kategorientafel) zur befreiten Kommunikation ausgenutzt werden können.
Das scheinbare Funktionieren einer konditionierten Gesellschaft weist im geschichtlichen Prozeß unweigerlich deren Pathologie auf. Jedes System bedarf neuer Impulse. An kritischen Punkten wird gerade ein offenes System seine Dialektik erkennen: Friedenserziehung sollte auf diese Krise hin die Nützlichkeit kommunikativer Demokratie gegenüber Systemzwang erarbeiten, ohne freilich die Augen vor notwendiger autoritativer Führung (Machtpolitik) zu verschließen. Das ganze System leidet unter Kommunikationsschwäche: in den Massenmedien, in den ausgebildeten Sprachmöglichkeiten des einzelnen Individuums (Verbalisierung), im Dialog mit Partnern, Nachbarn, Freunden, in Autoritätsbeziehungen, im Demokratieverständnis.
Dieser Analyse entspricht die Kompensation freier Kommunikation durch Zwangsmittel: Was »von innen« nicht freiwillig erarbeitet wird, muß zwangsweise »von außen« her sichergestellt werden. Solche Mauern können erst in dem Maße abgetragen werden, als die organisierte Selbstbestimmung (Demokratisierung) eine Sicherung ihrer Interessen selbst übernehmen kann. Freilich kommt es wesentlich darauf an, die der Selbstbestimmung widersprechenden Interessen und Zwänge ständig zu überprüfen.
Pragmatisch sind folgende Schlüsse zu ziehen:
1. Friedenserziehung ist ein Problem wissenschaftlichen Forschungsstandes.
Solange die Aggressionshypothesen, Konflikttheorien und Kommunikationsent-

würfe so stark divergieren, ist eine pragmatisch stringente Folgerung daraus schwer ableitbar. Die pädagogisch relevanten Wissenschaften müßten einerseits auf das Problem der Friedenserziehung hin präzisiert werden – die Forschungsarbeit größeren Stils läuft jetzt erst an –, andererseits ist aufgrund auch nur tendenziell richtiger Ergebnisse und Einsichten eine pragmatische Erziehungspraxis zu entwerfen und wissenschaftlich begleitend durchzuführen (Versuch und Irrtum). Selbst falsche Theorien können in Verbindung mit der richtigen praktischen Zielvorstellung zu sachgerechter Praxis führen[6].

Gemessen an dem Forschungsstand der Erziehungswissenschaft vor 1967 (Beginn der breiteren, systematischen Friedensforschung in der BRD) und nach der Proklamierung der verschiedenen Ansätze bis zur heutigen pragmatisch-kritischen Revision sollte die Wissenschaft von der Friedenserziehung ihre Verantwortung erkennen, die gefundenen wesentlichen Gemeinsamkeiten politisch wirksam zu vertreten[7].

2. Friedenserziehung ist ein institutionelles Problem.

Auf individueller, sozialer, politischer Ebene sind Institutionen gegen die bestehenden Institutionen der Konditionierung, Gewissensentlastung und Apathie zu errichten. Realistisch müssen vorhandene Institutionen zunächst einmal benutzt werden, um ihre Nützlichkeit oder Schädlichkeit für Frieden aufzuweisen. Sie müssen an ihrem eigenen Anspruch gemessen werden. Erfüllen sie eine humanisierende Funktion, sind sie dialektisch und geschichtlich sinnvoll, so kann die Arbeit der Friedenserziehung sich auf die Präzisierung des dialogischen Bewußtseins konzentrieren und die Institution verbessern.

Keinesfalls hat es Sinn, neben anderen Institutionen ohne weiteres neue, gleichartige zu schaffen; wohl aber müssen funktionell-konkrete Zusammenschlüsse gegen Unfriedensstrukturen stattfinden. Es kommt darauf an, Kommunikation zu organisieren, um auf dieser Grundlage vielfältig den freien Dialog zu ermöglichen. Die Erziehung sollte in den Lerninstitutionen gerade diese Organisation von Kommunikation leisten. Bei brennenden Problemen (Beispiel: »Unser Kind im Krankenhaus«) läßt sich die Motivation leicht schaffen und die Barriere institutionalisierter Verhaltensweisen überspringen.

3. Friedenserziehung ist ein Problem des Zwanges.

Ohne Zwang gibt es weder Gesellschaft noch Kultur noch irgendwelche Leistung (Freud). Zwang ist von anthropologischer Bedeutung (Gehlen). Seine Grenzen müssen kommunikativ bestimmt werden. Grenzen, die sich dieser Kommunikation nicht unterwerfen, sind Unfriedensstrukturen. Erziehung ist an sich der Zwang zur Identität und Sozialität. (Der Lernbegriff – statt des Erziehungsbegriffs genommen – kaschiert dies.) Friedenserziehung ist darüberhinaus präziser der freiwillig übernom-

[6] Beispiel: das bernsteinsche sprachliche Schichtenkonstrukt stimmt mit der Wirklichkeit nicht überein. Trotzdem ist es Anlaß zu richtigen kompensatorischen Überlegungen.

[7] Die Deutsche Gesellschaft für Friedens- und Konfliktforschung in Bonn-Bad Godesberg leistet dies bisher nicht.

mene Zwang der Individuen und Gesellschaften zur humanen Regelung ihrer Konflikte.
Welcher Zwang ist pragmatisch-konkret durch die Friedenserziehung zu fordern? Der Zwang zur Vernunft (mentem et actionem rapiens), zum solidarischen Handeln, zum Ausbalancieren legitimer Bedürfnisse aller. Zu diesen Definitionen von Gesellschaft kommt noch die Gebundenheit (die sich im Zwang auch ausdrückt) an die notwendige Leistung »Friede«, die erzieherisch einerseits durch nicht wegzudenkenden Zwang, andererseits aber nur durch Mitbestimmung erbracht wird. Pädagogische Begrenzung wird zur Bestimmung strukturierter Freiheitsbewältigung.
4. Friedenserziehung ist ein Beziehungsproblem.
Besonders die Dialektik des Lernprozesses legte die Pathologie der Kommunikation offen. Als eine der vordringlichsten Aufgaben der Erziehung auf Frieden hin ist die Ermöglichung und Effektivierung von Kommunikation zu bezeichnen. Viele Ideologien, Vorurteile, Aggressionen und Angstzustände sind das Ergebnis mangelhaft rückgekoppelter Information und ungenügender Erfahrungen. Obwohl Wissensinhalte nicht unterbewertet werden dürfen und den »Stoff« von Kommunikation ausmachen, ist dennoch der Beziehungsaspekt grundlegender und langfristig wichtiger. Pragmatische Friedenserziehung zielt auf die Ermöglichung dieser Beziehung, auf tolerante Prinzipien sowie auf flexible und dialektische Haltungen. Der Mut, »über den eigenen Schatten zu springen«, und einen Neubeginn von Verbindungen zu setzen, ist ethisch, vernunftmäßig, sogar »strategisch« höher zu bewerten als der status quo der Beziehungslosigkeit und der Ressentiments.

c) Die bestehende Leistungsgesellschaft – so würde man der Bezeichnung nach vermuten – müßte den pragmatischen Aspekt immer und überall in den Vordergrund stellen. Aber gerade in diesem Punkte erscheint sie ambivalent. Denn ausgerechnet im Lernbereich des wissenschaftlich-technischen Zeitalters: in der Information, im Wissen, bei den aufwendigen Schulen (ganz abgesehen von der Kommunikation), läßt diese Gesellschaft einen Rückstand zu, der ihrer Sinnfrage, der Fortschrittsideologie, auch der Steigerung des Lebensstandards und der Lebensqualität zuwiderläuft. Die sich darin aussprechende Pragmatik einseitigen Interesses tendiert auf die Steuerung einseitiger Praxisbeherrschung bei einem großen Leerlauf theoretischer Grundsatzfragen.
Der Lernprozeß in dieser technisierten, ökonomisierten Gesellschaft produziert eindimensionale Individuen und Systeme, deren Programmierung nicht nur auf Leistung und Nützlichkeit, sondern auch auf Raffsucht und allgemeines (ohnmächtiges) Gewaltbedürfnis hinausläuft. Nicht das Interesse an Profit und Macht ist unfriedlich – denn dies ist in gewissen Grenzen die unbedingte Voraussetzung der Lebenserhaltung; vielmehr das ausschließliche, daher extremistische Lernen von Durchsetzung, Strategie und gezielter Planung.
Wenn die Steuerung und Kontrolle dieses Lernprozesses in Übersteigerung ihrer regulativen Funktion auf Konditionierung, Ausbeutung oder Einschüchterung abzielt,

werden sie absolutistisch, undialektisch und extremistisch mit allen Folgeerscheinungen des Unfriedens. Ein gültiger Maßstab für Leistung und für ihre Überziehung ist vom Nutzen her schwer anzulegen. Die krankhafte Pflege des Eigentums und materieller Güter, der Geiz, der Überfluß beim Konsum, der »Generalneid«, Egoismus und Übervorteilung – alles dies sind erzogene Verhaltensweisen, die durch eine Sogwirkung so weite Kreise der Bevölkerung erfaßt hat, daß eine Gegenerziehung unmöglich erscheint.

Vor allen Dingen richtet Erziehung wenig gegen die pädagogische Wirkung ökonomischer Verhältnisse aus[8], besonders dann, wenn Gesellschaft so stark von Wirtschaftsinteressen getragen wird. Erst wenn der Mensch im Fortschritt technischer Prozesse seine Emanzipation von materiellen Zwängen vorantreiben und Arbeit als Kreativität auffassen könnte, wäre Friedenserziehung am Ziel.

Als Folgerungen sind zu nennen:

1. Friedenserziehung ist ein Problem wachsam kontrollierter Regelsystematik.

Sie erfordert ein seismographisch nach auszuarbeitenden Grenzwerten alarmierendes »Gehirn«, das in den Individuen als auch in Organisationen tätig werden kann. Nicht an eine absolut technologisch orientierte Friedenserziehung ist hier gedacht[9], sondern an die durch regulative Erziehung geprägte Sensibilität gegenüber Unfriede, Gewalt und Ideologie und an Institutionen dieser Sensibilität. Friedenserziehung muß für den Anfang zur Aufhebung pathologischer Verhältnisse besonders das Augenmerk auf den pädagogischen Prozeß einer Elite mit Regelfunktionen lenken und begleitend dazu die Kontrollmöglichkeiten der Basis ständig verfeinern.

2. Friedenserziehung korreliert mit dem Training der tagtäglichen Arbeitsplatzsituation.

Die einschlägigen Ergebnisse der Sozialisationsforschung zur Abhängigkeit von Erziehung und Arbeitsplatz des Vaters, Sprachverhalten, Schulerfolg usw. sind allmählich so beweiskräftig, daß sie hier nicht angeführt werden müssen. Es wäre nützlich, wenn der Gesellschaft – insbesondere der Wirtschaft – pragmatisch klargemacht werden könnte, welcher Schaden ihr durch eine unhumane Arbeitsplatzsituation zugefügt wird. Im pädagogischen Bereich ist dabei z. B. an die »Schichtenproblematik« zu denken, zu deren Behebung relativ erfolgsarm viel Geld ausgegeben wird, obwohl sie politisch bedenklich ist.

Friedenserziehung muß sich bemühen, gerade diese Bedingungen wirksam zu beeinflussen. Mitbestimmendes Handeln, möglichst viel Eigenverantwortung und Selbstverwirklichung, sind pädagogisch zu fördern; in einer Art Gegenerziehung muß ein Gespür für Ausbeutung und Einschüchterung entwickelt und Solidarität eingeübt werden.

---

[8] Vgl. Teil I.

[9] Zu deren Auswirkungen vgl. etwa die Philosophie Skinners: W. *Kuckartz*, Kritik der pädagogischen Technologie. Die Erziehung angesichts der Gefährdung des Menschen, Bad Heilbrunn 1974, S. 27ff.

3. Friedenserziehung ist nur durchführbar, wenn sie wirtschaftliche Vernunft einsetzt.
Friede basiert nicht zuletzt auf ökonomischer Sicherung, erschöpft sich freilich nicht darin. Gesicherte Verhältnisse und Wohlergehen verhindern zwar keine gravierende Lernpathologie, sie bieten dennoch günstigere Voraussetzungen für eine innere und äußere Befriedung. Die Akkumulation des Elends bewirkt in der komplexen Industriegesellschaft kaum die revolutionäre Befreiung. Elendsbewußtsein leistet keine Friedenserziehung.
Wirtschaftliche Vernunft geht von der ökonomisch nicht weniger effektiven, pädagogisch aber höchst notwendigen Umstrukturierung derjenigen Verhältnisse aus, die in einer demokratischen Gesellschaft als unfriedlich bezeichnet werden müssen. Es ist – wie aktuell erfahrbar – nur eine Frage der Zeit, daß irrsinnige Vergeudung, Schädigung des Menschen und der Natur, Ausbeutung von Entwicklungsländern und der damit verbundene, aufgezeigte Unfriede in seiner erzieherischen Komponente auf die unvernünftigen Industrieländer zurückschlägt. Wir merken dann unsere Unterdrükkungsfunktion hautnah, die auf diese Weise nicht den friedlichen Lernprozeß einleiten kann.
4. Friedenserziehung braucht den Zusammenschluß aller Friedenswilligen.
Gegen eine organisierte Lobby, die z. B. im Informationswesen, in der Machtpolitik, in der Wirtschaft sowie in der Werbung ständig Aggression stiftet, kann nur ein organisiertes Bewußtsein effektiv auftreten. Denkbar wäre als erster Schritt ein Zusammenschluß »unabhängiger« Personen der wichtigsten Bereiche des öffentlichen Lebens, die bei gegebenen Anlässen wirksam Unfrieden zu bekämpfen versuchen, wobei sie sich sofort der Solidarität und emanzipierten Beteiligung wenigstens ihrer ganzen renommierten Gruppe sicher wären.
Auf mehr Breitenwirkung hin und langfristiger ließe sich eine Praxis von Friedenserziehung entwickeln, die durch ihre höhere Qualität das Interesse für unfriedliches Lernen verdrängt (so im Schulbereich, Informationsbereich und Produktionsbereich).
Hier liegt die Aufgabe extensiver produktiver Arbeit an Unterlagen für Friedenserziehung in den Schulen, an Friedensforschung, an Aufklärung und Diskussion in den Massenmedien, an politischer Anklage, an Alternativen verschiedenster Art. Organisationslogisch muß eine beruflich dafür fähige Elite diese Arbeit initiieren und auf sich nehmen, mit dem Ziel, allen Mitbürgern verständlich und didaktisch überzeugend Operationen gegen Unfrieden vorzuschlagen.

d) Von den bisher beschriebenen Faktoren hängen auch die politischen Verhältnisse ab. Es kommen freilich weitere Aspekte hinzu. Die politischen Kräfte unterliegen in einer Demokratie immer auch ihrem Gegenteil, ihrer Opposition, sogar ihrer Verwässerung, dem Anti-Interesse. Friede als pädagogische Kategorie – im Sinne der pädagogischen Dimension des Politischen – ist folglich unmöglich ein kampfloses Phänomen. Dieser Kampf muß der ethische Aspekt des politischen Lernens sein.

Ein großer Teil der elitär Ausgebildeten neutralisiert dadurch den Frieden, daß sein idealistisches Weltbild weder diese agonale Perspektive noch geeignete Handlungsinstrumente zur Verfügung stellt. Die in weniger »hohen« Schulinstitutionen Ausgebildeten kennen den ständigen Kampf durchaus, können darin aber nicht die politische Tragweite erkennen. Ihre oft vereinfachten Denk- und Kommunikationsprozesse, ihr Sinn für das Praktische, Handhabbare und die tägliche Bewältigung sowie ihre Hochachtung vor Normen verdrängt allzu leicht komplexe Konflikte statt sie auszuhalten. Auf der politischen Bühne kämpft kaum das »Proletariat« für sich »und damit für die ganze Gesellschaft«, sondern zumeist »Bürgerliche« stoßen sich an der gesellschaftlichen Benachteiligung der Arbeiterschaft. Die »hohe Politik« verlangt so viel Dialektik, Sprachvermögen, Kenntnisse und Wille zur Herrschaft, daß nur eine Elite (z. T. auch was sich dafür hält) zur politischen Macht gelangt. In dieser Logik liegt immer eine Gefahr, wenn diese Eliten nicht ausgetauscht und ständig demokratischen Konflikten ausgesetzt werden.

Markante Unfriedensstrukturen ergeben sich vor allem in der Machtanwendung, wenn sie zu Gewalt wird. Staaten legitimieren sich zur Gewaltanwendung durch ihre Organe; in allen Fällen, wo die Legitimation gegenüber der Gesellschaft und ihren proklamierten Werten mißachtet wird, überträgt sich dieses Beispiel und Vorbild negativ auf den Demokratisierungsprozeß. Gewalt hat immer eine pädagogische (negative) Komponente.

Gleichwohl zeigte die Analyse die unumgängliche Anwendung von Machtpolitik, von nichtöffentlichen Aktivitäten, von einseitigen Staatsinteressen zur Selbsterhaltung gegenüber dem Einzelinteresse. Wer politisch handelt – auch mit bester Intention –, unterliegt dem Gesetz jeden Handelns: er macht sich die Hände schmutzig (Sartre)[10], macht sich schuldig (obwohl vielleicht unschuldig) und fordert Kritik heraus. Friedenserziehung muß dieses Dilemma in ihrem Ansatz grundlegend begreifen.

Unfriedensstrukturen haben eine politische Logik mit pädagogischer Konsequenz, die durch eine ethisch höhere, ebenso pragmatische, politische Logik abgelöst werden müssen.

Daraus ergeben sich folgende Thesen:

1. Friedenserziehung ist Kampf für den Frieden.

Dieser Kampf ist zunächst einmal die Anpassung an die Verhältnisse »der Gesellschaft«, die von Eindimensionalität, zweiwertiger Logik, von dem täglich zusammengelesenen Gift der Brutalität durchsetzt ist. Wer dagegen ankämpfen will, muß sich nämlich auf diese Verhältnisse einstellen, andererseits aber prononciert unangepaßte Verhaltensweisen entwickeln.

Friedlicher Kampf wird schon in Teilen der Gesellschaft praktiziert: bei Demonstrationen, Bürgerinitiativen, im Kampf um mehr Freiheit, mehr Lohn usw. Daß dieser Kampf einen langwierigen Erziehungsprozeß nach sich zieht und auch voraussetzt,

[10] Vgl. auch Carl J. *Friedrich*, Pathologie der Politik, op. cit.

hat z. B. Gandhi überzeugend nachgewiesen, kann man bei Paulo Freire nachlesen, weiß ebenso auch die Geschichte der Gewerkschaft zu berichten. Dieser Kampf ist friedlich, weil er die Diskussion und das Argument sucht und personale sowie materielle Gewalt ablehnt. Kampflos sind die Verhältnisse leider nicht zu verbessern, wie aus der Analyse der interessebedingten und institutionalisierten Unfriedensstruktur hervorgeht.

2. Friedenserziehung hat ein dialektisch-pragmatisches Verhältnis zur Gewalt.

Keine realistische Erziehung geht davon aus, daß Gewalt jemals ausgerottet sein wird. Sie ist aber reduzierbar, wenn ihr grundlegender Konflikt (ihr »schlechtes Gewissen«) ständig offengehalten bleibt. Die Friedenserziehung unterscheidet mehrere konsequente Auffassungen. Die weitestgehende ist die Erziehung zur Gewaltlosigkeit[11]. Da Gewalt immer Gewalt reproduziert, führt nur strategische Gewaltlosigkeit zur Humanität. Ihre beeindruckende Macht und Leistungsfähigkeit[12] entspricht am ehesten den Vorstellungen einer Erziehung für eine friedliche Zukunft. Gewaltlosigkeit und Gewaltfreiheit (die hier nicht unterschieden werden sollen) sind schwierig einzuhalten, aber pädagogisch recht wirksam, weil sie der exakte Widerspruch zur Wirkung von Gewalt sind.

Demgegenüber wird auch noch für vertretbar gehalten, begrenzt bzw. für den Revolutionsakt selbst Gewalt anzuwenden. Die (nach 50 Jahren Vorarbeit erstellte) Definition der UNO-Vollversammlung von »bewaffneter Aggression« stellt fest, daß der Guerilla-Krieg keine verurteilungswürdige Gewalt ist[13]. Welches Konzept Friedenserziehung verfolgt, kann nicht apriori bestimmt werden. Sie weiß um die Notwendigkeit von Machtpolitik, propagiert ihrerseits aber Gewaltlosigkeit, die sie langfristig erzieherisch einzuüben sucht.

3. Friedenserziehung ist ein Problem des »Glaubens an das Volk« (Freire).

Nicht eine Gruppe politischer Sektierer kann die Erziehung zu friedlichem Verhalten durchsetzen. Auch wenn der politische Lernprozeß entscheidend von den geplanten Verhältnissen abhängt, so kann Friedenserziehung dennoch nicht manipulativ vorgehen. Es kommt vielmehr darauf an, den Leistungswillen auf das recht verstandene Gemeinwohl zu lenken und klarzumachen, daß die Angst vor dem Frieden schädlich ist.

Ohne einer Ideologie huldigen zu wollen, verwendet Freire den Begriff des Volkes im Gegensatz zu jeder Organisation von oben herab. Dieser basis-politische Ansatz verweist die Erziehung auf die emanzipierte Beteiligung einer Gesamtheit, deren träger Lernprozeß letzten Endes über die langfristige Befriedung entscheidet. Friedenserziehung bleibt abstrakt, wenn sie strategisch und »ohne das Schwimmen im Volk wie ein Fisch im Wasser« (Mao Tse Tung) auskommen will.

---

[11] Pax Christi, Info, a.a.O., H. 9–12/1969, H. 9–12/1970, H. 7–10/1973.

[12] Theodor *Ebert*, Gewaltfreier Widerstand, a.a.O.

[13] dpa v. 16. 12. 1974; s. auch Sven *Papcke*, Progressive Gewalt, Frankfurt 1973; Hans-Christian *Kirsch*, Gewalt oder Gewaltlosigkeit? Würzburg 1972.

1. Problemkreis der Friedenserziehung
2. Zu entwickelnde Fertigkeiten

| | politisch | wirtschaftlich | gesellschaftlich | individuell |
|---|---|---|---|---|
| politisch | 1. Pragmatische Ethik<br>2. Ethisches politisches Verhalten | 1. Zusammenschluß der Friedenswilligen<br>2. *produktive Arbeit* | 1. Kommunikative Beziehung<br>2. Kommunizieren | 1. Realisations-energie<br>2. *Liebesfähigkeit* |
| wirtschaftlich | 1. Volksnähe<br>2. Kontakfähigkeit zum Volk | 1. Wirtschaftliche Vernunft<br>2. realistische Geduld | 1. Zwang<br>2. »Durchsetzung« | 1. Polylogisches Handeln<br>2. Solidarische Kooperation |
| gesellschaftlich | 1. Machtpolitik<br>2. *Gewaltlosigkeit* | 1. Arbeitsplatzsituation<br>2. Distanzierte Verhaltensmuster | 1. Institution<br>2. Organisation von *Kommunikation* | 1. Didaktik<br>2. Permanentes Lernen |
| individuell | 1. Kampf<br>2. Kämpferische | 1. Kontrollierte Regelsystematik<br>2. Regulative Sensibilität | 1. Forschungsstand<br>2. Conscientização | 1. Subjektivität<br>2. Selbstbestimmung |

4. Friedenserziehung handelt nach einer pragmatischen Ethik.
Das »Fernziel im Nahziel«, der »entscheidende Punkt« und die Absetzung von anderen Erziehungskonzepten ist bei der Friedenserziehung das geschärfte Bewußtsein um eine verantwortliche, präzise Zukunftsperspektive. Pragmatisch sein heißt bei dieser Utopie, objektiv die erzieherischen Möglichkeiten und politischen Konflikte einzuschätzen, und in diesem objektiven Sinne wird der Friedensbegriff eine ethische Aufforderung. Ohne Charisma für die allgemeine Befriedung, für Humanität und gegen Ausbeutung ist politisches Bewußtsein zweckentfremdet. Ein Ethiker, der sich durch politische Arbeit (gemeint ist nicht unbedingt Machtpolitik) nicht »schmutzig« und der sich durch Handeln nicht schuldig machen will, braucht mit Friedenserziehung gar nicht zu beginnen. Denn dieses Engagement verlangt, Positionen durchzustehen, welche nicht immer die Zufriedenheit der Herrschenden und aller Interessen hervorrufen.

## 1.2. Ansätze zu einer Neuordnung

Aus der pragmatischen Zusammenfassung der Friedensaufgaben in den einzelnen Bereichen ergeben sich die Ansätze für eine Neuordnung[14] und die Aufgaben für eine Friedenserziehung. Um den Lernprozeß in die Richtung des Friedens zu steuern, müssen aus der politisch-pädagogischen Pragmatik Handlungsgrundsätze hervorgehoben werden, die wiederum pädagogisch aufzuarbeiten sind. Auf diese Weise entsteht ein möglichst stringent deduziertes Bild von den hauptsächlichen Fähigkeiten, die eine Friedenspädagogik vermitteln muß. Schließlich stellt sich dann noch die Aufgabe, Thesen zur Verwirklichung einer solchen Friedenserziehung zu unterbreiten.
Die folgende Argumentation vollzieht sich daher im Dreischritt:
1. Pragmatische Kategorie
2. Pädagogische Handlungsmaxime
3. Praxeologie pädagogischen Handelns.

a) 1) Friedenserziehung erfordert die Realisierungsenergie und die didaktische Wirkung von mehrwertig orientierten Subjekten.
Eine »Neuordnung« als Ergebnis des politisch-pädagogischen Lernprozesses ist nur über die Umerziehung der handelnden Subjekte möglich – welche freilich institutionell abzusichern ist. Die Dialektik der gegenseitigen Bedingung von Sein und Bewußtsein (etwa bei Karl Marx) darf nicht als bloße Abbildung aufgefaßt werden, sondern sie ist über platten Materialismus hinaus genauso vom Subjekt als auch vom Objekt her bestimmt. In der Praxis sollte also das Subjekt bemüht sein, möglichst unmittelbar auf seine verändernde Aktivität und Initiative die Verbesserung der objektiven Verhältnisse folgen zu lassen.

---

[14] Zielbegriff des Lernprozesses, vgl. oben Kap. 2.2.

Es wird mithin die Erziehung von Subjekten gefordert, welche Motivation, Energie und Selbstkontrolle aufbringen, um auf diese Weise sozial zu wirken.
Nicht zu vergessen ist gerade bei der Friedenserziehung die mitmenschliche Komponente dieses Engagements. Sie ist in der mehrwertigen Orientierung des Subjekts enthalten. Es kann nicht zur Befriedung der Menschheit hinführen, wenn den Menschen die »Wärme«, ja die Liebe (Paulus) fehlt; wenn Prinzipien statt Toleranz bestimmen; wenn das Ziel »Friede« nur technologisch angegangen wird. Diese Komponenten sind pragmatisch wesentlich. Lernausfälle orientieren zweiwertig, führen zur Frontenstellung. Demgegenüber ruft Mehrwertigkeit gemeinsame Kommunikation hervor.
Auch diese Haltung hat eine didaktische Wirkung. Die Befreiung des Menschen geschieht nicht durch ethische Prinzipien, nicht durch Einsperrung in Rehabilitationsgefängnisse (Autorität, Polizeigewalt), sondern durch die Didaktik der Güte, der möglichst wahrheitsgemäßen Information, der gerechten Beurteilung und des solidarischen Kampfes gegen einseitige Interessendurchsetzung.
Diese mehrwertige Didaktik pädagogisch allgemein zu verwirklichen ist das große pragmatische Problem. Von der Notwendigkeit, die Realisationsenergie des Subjekts zu fördern, zeugt die Analyse des pathologischen Lernprozesses.
2) Erzieherisches Handeln kann nicht direkt auf die Verwirklichung pragmatischer Gesichtspunkte hin erfolgen: Weil Erziehung ein vielfältiger Prozeß ist, muß sie indirekt ein Ziel zu erreichen suchen. Diese Hoffnungskomponente zwingt eine Friedenserziehungstheorie zu einer Grundlegung vielfältiger Verhaltensmöglichkeiten auf den Lernprozeß »Frieden« hin. Die pädagogische Handlungsmaxime könnte so lauten: Befähige die Kinder zu gesellschaftlichen Verhaltensweisen, die du gerne an dir selbst erfahren würdest; oder auf die pädagogische Wirkung des allgemeinen gesellschaftlich-politischen Prozesses angewandt: Handle so, daß die Didaktik deines Verhaltens unbedenklich auf dich zurückschlagen kann.
Nun sind auch diese gewünschten Fähigkeiten und Verhaltensweisen nicht intentional präzise machbar. Sie orientieren sich an einer Grundrichtung der Persönlichkeit (Identität) zusammen mit der Einwirkung allgemeiner und konkret-situativer Erfahrungen; und diese Identität ist im Handlungsvollzug frei und muß frei bleiben. Es geht wegen dieses notwendig zu fordernden Dilemmas darum, durch Strukturierung und Aufarbeitung von Erfahrungen eine dialektische Identität des Individuums zu fördern.
Für eine Erneuerung der Erziehung auf Frieden hin sind pragmatisch folgende Fähigkeiten anzustreben:
1. Die Fähigkeit der Selbstbestimmung.
Die Identitätsfindung durch soziale Erfahrungen ist der Ausgangspunkt für jegliches politische Verhalten. Das Problem ist, wie ein Mensch in einer leidenden Gesellschaft seine »Normalität« finden, bzw. wie diese rekonstruiert und durch Erfahrungen vermittelt werden kann. Erziehung hat Spielräume, die mit Bewußtsein zu füllen sind.
2. Die Fähigkeit permanenten Lernens.
Offenheit, Flexibilität, Dynamik; soziales Lernen, Kreativität und Motivation als

Schlagworte pädagogischen »innovativen Handelns« müssen genauer in bezug auf das Projekt Frieden aufgearbeitet werden. Denn diese Fähigkeiten können durchaus auch für das Gegenteil eingesetzt werden. Die Kategorien permanenten Lernens sind also unmißverständlich genau zu bezeichnen: Soziales Lernen wird etwa zu Konfliktfähigkeit und Dialogfähigkeit; Kreativität als divergierendes oder produktives Denken zu mehrwertigem Denken; Motivation zu kommunikativer Verantwortungsbereitschaft.

3. Die Fähigkeit zur solidarischen Kooperation.

Im Gegensatz zur individualistischen Erziehungsweise fördert die Fähigkeit einer freien, aber intensiven Gruppenverbundenheit einerseits die Ökonomie individuellen, effektiven Handelns, andererseits aber auch die Differenzierung verschiedener Gruppenideologien. Pädagogisch wichtig ist dabei die Fähigkeit zu freier Entscheidung, zur bindenden Verantwortung, zu kollektivem Zusammenhalten und zu konsequentem, klar reflektierten Verhalten.

4. Die Fähigkeit zu lieben.

Friedenserziehung ist ohne Affektivität undenkbar. Glück, Schmerz, Betroffenheit, Freundschaft/Feindschaft, Vertrauen/Mißtrauen, aber auch innere Ausgeglichenheit oder Zorn liegen über der toten Balance von Gleichförmigkeit; sie geben lebendige Wärme und Spannung, welche erzieherisch gesichert werden muß. Betroffenheit und Zorn gegen Unfrieden und die Sehnsucht nach Frieden sind starke Antriebsmomente existentieller Art, die anzustacheln sind. Liebesfähigkeit ist eine grundlegende pädagogisch-politische Kategorie, welche unten noch präziser zu erörtern ist.

3) Aus der Analyse und Dialektik des politisch-pädagogischen Lernprozesses geht auch hervor, in welche Richtung das Konzept einer Praxeologie pädagogischen Handelns zur Ausbildung der genannten Fähigkeiten zielen muß. Wichtigstes Hilfsmittel sind kommunikative Erfahrungen, die – soweit es sich um Nicht-Erwachsene handelt – funktional strukturiert und intentional unterstützt werden können und beim Erwachsenen zudem weiter organisiert vermittelt werden müssen.

Das Augenmerk ist aber in einer Friedenserziehung noch präziser auf eine Problematik gerichtet, die bisher von vielen Wissenschaftlern wohl auch verwertet, aber doch nicht immer in ihrer (politischen) Tragweite begriffen wurde: Wie erreiche ich die Identität des politischen Menschen, das didaktische Engagement zur Kommunikation möglichst vieler, die Sensibilität und das betroffene Einfühlungsvermögen bei Ungerechtigkeiten jeglicher Art? Wie vermindere ich die pädagogische Erfahrung des Ohnmachtgefühls eines kleinen Subjekts in der großen Welt?

Selbsterfahrung und die pädagogisch willentlich herbeigeführte positive (und in Grenzen negative) Erfahrung intersubjektiver Sozietät in der frühen Kindheit, wo die Schematisierung der Beziehungen erworben wird; Selbstreflexion, Distanzierung und Aktivierung des subjektiven Interesses als permanenter Lernprozeß sind die Vorschläge der Pädagogik. Von hier aus soll mit dem Fernziel »Friede« im Nahziel soziale Aktivität ausgehen; hierher kann das erdrückte Subjekt zurückkehren, um mit erneuter Kraft in Korrektur des konkreten Vorgehens die soziale Solidarität zu suchen. Das individuell gebildete Schema von Identität ist dabei nur mit erheblicher Anstrengung zu korrigieren: deshalb empfiehlt sich gerade in der Kindheit eine Erziehung, die die Plastizität durch Lernen aufrecht erhält. Lernen bedeutet hier besonders die Ausbildung von Affektivität und Offenheit sowie Widerstand gegen Pathologien, d. h. auch soziales Lernen.

»Friede« als Liebesfähigkeit der Subjekte enthält darüberhinaus präziser alle notwendigen Bedingungen von Pragmatik: erstens die sachgerechte Komplexität (Fähigkeit zur Intensität des Handelns, des Dialogs, der Betroffenheit und der befriedenden Auseinandersetzung), zweitens die einfache, jedem grundsätzlich mögliche Erfüllbarkeit, und drittens den hohen wissenschaftlichen Forschungsstand über die Voraussetzungen und die Tragweite dieser Fähigkeit.

b) 1) Erziehung zum Frieden setzt sich nur in organisierter Kommunikation gesellschaftlich durch.

Erziehung ist immer schon institutionalisiert und von »ursprünglicher« Reflexion entlastet. Nur wird sie als solche wenig durchschaut. Durch Institutionalisierung kommunikativer Reflexion über Erziehung, unterstützt vom wissenschaftlichen Forschungsstand, wäre der machtpolitische Faktor unterlaufen, der angeblich in einem freien gesellschaftlichen Raum verantwortet wird, in Wirklichkeit aber unter Interessen subsumiert werden kann. Friedenserziehung trägt der Tatsache Rechnung, daß sie auch ein machtpolitischer Faktor ist, indem sie überlegt, wie sie gesellschaftlich »heilsamen Zwang« ausüben kann, ohne die Konditionierung alten Stils nachzumachen. Weder liberalistische noch diktatorische, aber auch nicht einlinig humanistische noch einlinig macchiavellistische Erziehungskonzeptionen dienen der Friedenspädagogik.

In der Dialektik der Kommunikation, d. h. in dem Zwang zur Rückkoppelung von Information und zur organisierten Beziehung, liegt sowohl ein Maßstab für das richtige »Funktionieren« von Gesellschaft und Demokratie als auch ein handhabbares und gut einzusetzendes, einzuübendes Mittel zur Behebung des vehementen Beziehungsproblems. Kommunikation stellt eine Relation, Verhältnisse, her; sie kann dementsprechend auch korrigierend verwendet und neustiftend eingesetzt werden: Mißverständnisse, Vorurteile, Manipulation sind abzubauen; permanentes Lernen ist stets nur durch Kommunikation möglich. Überhaupt eignet sich keine Kategorie besser als diese für eine Pragmatik der Friedenserziehung. Die Wissenschaft hat hier noch ein weites Feld vor sich.

2) Maxime pädagogischen Handelns muß das auf das gemeinsame Interesse eingeübte Handeln sein. Die Erziehung des einzelnen Individuums steht in immerwährender Auseinandersetzung mit Anpassung und Systemzwang anderer Individuen, deren Qualität sich selten nach den vernünftigen, wissenschaftlich erarbeiteten Erfordernissen richtet.

Eine Friedenspädagogik will nun sowohl selbstbestimmende Initiative des Subjekts als auch die Organisierung gemeinschaftlichen friedensstiftenden Handelns sicherstellen. Institutionen übernehmen diese Aufgabe erst, wenn sie dazu befähigt werden, und das heißt vor allem: wenn die Menschen sich ihrer bedienen können. Der schönste Friedenerziehungsgedanke in einer Verfassung und in Bildungsplänen richtet wenig aus, wenn diese Legitimationsbasis nicht ergriffen und als Verpflichtung zum Kampf gegen Unfrieden mit Hilfe der Erziehung wahrgenommen wird. Besonders spezifisch pädagogische Institutionen müssen zur Verantwortung im Sinne des Friedens befähigt werden. Sie haben die Aufgabe, kommunikatives Verhalten als Merkmal ihrer Institution zu proklamieren und ständig einzuüben, unkommunikatives Verhalten zu ächten, durch Information, Forschung und friedensfördernde Praxis sich selbst kritisch zu durchleuchten und gesellschaftliche Zustände in Frage zu stellen.

Der friedenspädagogische Prozeß im gesellschaftlichen Bereich erfordert demnach folgende Fähigkeiten:

1. Die Fähigkeit bewußtseinsmäßiger Bewältigung gesellschaftlicher Zustände.

Über »permanentes Lernen« hinaus geht es um die Bewußtseinswerdung im Sinne Freires. Emanzipation und Pazifikation sind trotz einer Unmenge von Wissen ohne präzises Bewußtsein um gerade dieses politische Interesse nicht möglich. Die Befähigung zu dieser Bewußtseinswerdung orientiert sich vornehmlich an der Information von »Bewußtseinsgewordenen«, die als Multiplikatoren gesellschaftlichen Wissens und Gewissens ihre Befriedungs-Kategorien auf den ständigen Lernprozeß anwenden.

2. Die Fähigkeit der Organisation und Institutionalisierung von Kommunikation.

Die These, daß Kommunikation organisiert werden muß (wobei der Prozeß frei bleibt), ist operational zur Befähigung zu transformieren und auf die Möglichkeiten der Kommunikation zur Befriedung zu reflektieren. Die Erziehungswissenschaften bieten dafür schon Modelle an: Gruppen-Gespräche/-Therapie/-Selbsterfahrung/-Selbstorganisation/-Unterricht u. dgl. Diese Organisation ist erst dann gesellschaftlich effektiv, wenn sie (z. B. an konkreten Punkten von Unfrieden) institutionalisiert wird.

3. Die Fähigkeit zur Durchsetzung.

Freie Kommunikation wird es in einer Gesellschaft nie geben, sie ist anthropologisch zu unwahrscheinlich. Dennoch liegt im Zwang zur Kommunikation die Notwendigkeit, möglichst allgemeine Kommunikation zu organisieren. Die Fähigkeit zur Durchsetzung hebt sich dabei in einer Friedenserziehung ganz von der üblichen krankhaften Ellbogentaktik ab: Eine Überwindung systematischer Unfriedensstrukturen setzt ihre Beherrschung voraus, und zwar nun in einem kommunikativen Stil, der die frühere Unterdrückungsfunktion ausschließt.

4. Die Fähigkeit zu kommunizieren.

Die Bedingungen von Kommunikation zu schaffen, sich der Nicht-Kommunikation zu widersetzen, auch sich mitzuteilen, sind wichtige Bestandteile des friedlichen Lernprozesses, bedürfen aber zudem der Fähigkeit, eine dialogische Beziehung aufzunehmen und als gesellschaftliche Therapie zu erkennen. Zwar werden diese Beziehungen verschiedene Intensitätsgrade haben, aber die allgemeine Beziehungslosigkeit ist nur durch aktive Beziehungen über das Private hinaus zu überwinden. Das bedeu-

tet weiterhin, daß die Wichtigkeit intensiver Beziehungen für die allgemeine Gesellschaft bewußt und mit dem politischen Ziel gepflegt wird, mitmenschliche Befriedung zu leben.
3) Im Rahmen der Gesellschaft und ihren Unfriedensstrukturen Friedenserziehung wirksam zu betreiben erscheint für den einzelnen aussichtslos, und so muß die Erziehung zu den genannten emanzipatorischen Fähigkeiten von organisierten Einzelnen geleistet werden. Die Lerninstitutionen können trotz mancher Widerstände dabei behilflich sein, wenn es gelingt, das gemeinsame Interesse an Frieden durchzusetzen. Hier besteht insofern eine Hoffnung, als diese Institutionen auf Kommunikation angewiesen sind bzw. kommunikativ infrage gestellt werden können.
Eine Praxeologie zur Erreichung »gesellschaftlicher Fähigkeiten« auf Frieden hin wird die pädagogische Praxis in den Vordergrund stellen. Die Problematik der Konfliktlösungen, Aggressivität, Bewußtseinsbildung an Unfrieden gibt dabei den besonderen Akzent der Friedenspädagogik. Es sind ja schon viele Ansätze gesellschaftlicher Kommunikation vorhanden: in der Institutionalisierung des Ombudsman, oder der Ombuds-Frau, Bürgerinitiativen verschiedenster Art, Demonstrationen u. dgl.[15], die erheblich am Selbstbesinnungsprozeß der Bürger beteiligt sind. Friede als Lernprozeß erfordert dabei die Perspektive der Befriedung, die nicht ohne weiteres bei diesen Initiativen eingeschlossen ist. Dies heißt wiederum pädagogisch, das Bewußtsein um dieses Ziel herauszuarbeiten und daran die Aktionen zu messen. Gruppendynamik wird z. B. auch zum Training von aggressiver Kommunikation verwendet, die in einer Friedenserziehung unzulässig sein muß; Bürgerinitiativen können größere Ungerechtigkeit fordern, Konfliktvermeidungskonzepte zur Kaschierung erziehen.

c) 1) In komplexen Industriegesellschaften mit den Ohnmachtserfahrungen des einzelnen und der Auslieferung an totale Systeme (Wirtschaft, Arbeitsplatzsituation, technologische Vorprogrammierung, Normen und Werte) muß in den Spielräumen wirtschaftlicher Vernunft und Interessengegensätze eine Basis der Friedenserziehung geschaffen und durch den geeinigten Willen von Friedensbewußtsein ausgebaut werden.
Daß die täglichen Erfahrungen der Konditionierung im Berufsleben und die damit internalisierten Normen (bis hin zur Informationsaufnahme, zum Sprachverhalten, zu Handlungsgrenzen) auch durch ergänzende Lernprozesse kaum wirksam kompensiert werden – außer durch Umwandlungen am Arbeitsplatz –, dürfte als gesichert gelten. Jedenfalls ist nur eine Elite in der Lage, Innovationen zu organisieren. Obwohl dies immer so bleiben wird, ist die Ambivalenz der technisch-wissenschaftlichen Entwicklung ein Anlaß zur Hoffnung (wie auch zur Befürchtung): nämlich daß einher mit der größeren technischen Verfügungsgewalt auch die Entscheidung vieler einzelner Individuen »am Schalthebel« wichtiger wird. Mit höherem technischen Niveau,

[15] Jürgen *Hansen*, Die Institution des Ombudsman, Frankfurt 1972; vgl. u. a. Bürgerinitiativen – Ausweg oder Irrweg, in: betrifft: erziehung 12, 1972; *Ebert*, Gewaltfreier Widerstand, a.a.O.

komplizierteren Sachzusammenhängen, größeren Ansprüchen, mehr Demokratie und qualitativer Information wird das Produktionssystem kritischer, die Arbeit für viele selbstbestimmter sowie die Freizeit notwendig sinnvoller auszugestalten.
Im ganzen ist also durchaus zukünftig eine Chance zu sehen und zu nutzen, die Mobilität permanenten Lernens vom Spezialistentum weg auf die Sinnfrage von Produktion, Profit und Leistung zu lenken. Hilfreich für eine Pädagogik des Friedens kommt der Sachzwang der anstehenden weltwirtschaftlichen Probleme hinzu, die nicht »mit dem Kopf durch die Wand« zu lösen sind, sondern durch wirtschaftliche und mitmenschliche Vernunft.
2) Nicht die existentialistische Erziehung auf das Durchstehen singulärer Situationen, sondern vielmehr die Erziehung zur solidarischen Interessenvereinigung und zum kollektiven Bewußtsein unter Wahrnehmung der je verschiedenen »Regelungsfunktion« des einzelnen soll das pädagogische Handeln bestimmen. Nicht jeder kann Macht haben, dennoch muß er wissen, daß ohne ihn Unfriede nicht ohne weiteres durchzusetzen ist.
Aufgabe der Erziehung und der kritischen Kommunikation ist es, bei sich durch Selbstreflexion (Habermas), sowie beim Kollegen, Nachbarn, im Club, in Gremien, Organisationen und Parteien zu prüfen, in welcher Weise vielleicht eine Unfriedensstruktur durch sich selbst und andere aufrechterhalten wird und wie sie zu verändern ist. Insofern hat jeder eine Regelungsfunktion und eine didaktische Verantwortung. Solange freilich die Analyse des Unfriedens jenen hohen Grad an Konditionierung und die ökologisch forcierte Anonymität zu verzeichnen hat, muß in einer pragmatischen Erziehungstheorie gegenüber der Selbstregulierung die Kontrolle von Organisationen und Eliten als realistischer angesehen werden.
Wie ist deren pädagogische Funktion auf Frieden hin zu gewährleisten; welche Befähigung ist anzustreben?
1. Die Fähigkeit regulativer Sensibilität.
Pädagogisch müßte auf einer möglichst breiten Basis die anthropologisch vorhandene kontrollierende Aggression umgelenkt und in die gesellschaftliche Dynamik gegen Unfrieden eingesetzt werden können; bestärkende Erfahrungen (reinforcements) gebühren der Wachsamkeit gegen die Überschreitung von Grenzen zur Inhumanität, ebenso der Möglichkeit effektiver Rückmeldung und dem Wissen um die Instrumente der praktischen Vernunft. Wichtig ist, daß es sich bei dieser Sensibilität nicht um handlungsunfähige Zurückhaltung, sondern um bewußtseinsmäßig geschärftes Eingreifen handelt.
2. Die Fähigkeit zur distanzierten Einschätzung eingefahrener Verhaltensweisen.
Das Verhalten von Menschen spiegelt die Logik ihrer Umstände wider. Sie erliegen ihren Stereotypen. Eine wesentliche Fähigkeit für die Kontrolle der täglichen Arbeitssituation am Befriedungsprinzip ist die Aufrechterhaltung pluralistischer Perspektiven. Die Befreiung aus der Enge des Denkens und Handelns konditionierter Menschen geschieht pädagogisch am wirksamsten durch einen humanen Arbeitsplatz, zudem durch Weiterbildung, Veränderung der ökonomisch bedingten Ideologien,

aber auch nicht zuletzt durch die Einwirkung des weltgeschichtlichen Prozesses auf jeden einzelnen.
3. Die Fähigkeit zu realistischer Geduld.
Übereilte Verbesserungen mißachten die langsam mahlenden Mühlen des geschichtlich-gesellschaftlichen Prozesses. Gerade die Erziehungsgeschichte hat lange Erfahrungen mit diesen Mühlen. Der Ungeduld zur raschen Aufhebung von Unfrieden steht eine strategische Geduld gegenüber. Die Fähigkeit der langfristigen Übersicht streitet mit dem Vorwurf des Inaktivismus. Friedenserziehung muß darauf achten, daß das Fernziel klar herausgearbeitet wird, daß aber die ständige Aktivität an Nahzielen überlegt mit dem Durchstehvermögen und der Ökonomie der Kräfte geführt wird. Erziehung auf Frieden hin ist langfristig anzulegen.
4. Die Fähigkeit zu produktiver Mitarbeit am Frieden.
Jedes Subjekt und jede Organisation hat – unterschiedlich wirksam – einen Anteil am Unfrieden/Frieden. Zur Leistung der Friedens-Arbeit sind mannigfache Fähigkeiten erforderlich, die Erziehung und Ausbildung bereitstellen müssen. Friedenserziehung bemüht sich, die gesellschaftlich notwendigen Fähigkeiten mit dem bewußten Akzent dieser Friedensarbeit herauszustellen und unqualifizierte Denk- und Praxismodelle durch Erarbeitung besserer abzulösen.
3) Friedenserziehung steht und fällt mit dem mühevollen und kreativen Einsatz ihrer Verfechter. Zur Verwirklichung dieser Erziehung ist eine Ökonomie nötig, die organisatorisch umso mehr unterstützt werden sollte, als eine Erziehung gegen die übliche Konditionierung mit dieser Zielsetzung erst präzise Vorstellungen erarbeiten muß.
Wie können diese Fähigkeiten gelernt werden? Es ist festzustellen, daß Arbeitsamkeit, Leistungswille, Nützlichkeitsdenken, wie auch Kreativität durchaus rege verbreitet sind, also praktisch nur (!) auf Frieden hin umerzogen zu werden brauchten. Diese (eigentlich doch bedenkliche) Austauschbarkeit des Lernens und der Arbeit ist durch andere Inhalte und neu auszubildende Kontrollfähigkeiten zu unterstützen. So vollzieht sich der Vorgang der Erneuerung, wobei am Ende doch eine höhere Qualitätsstufe des Lebens erarbeitet wurde.

d) 1) Die Pragmatik politischer Friedenserziehung besteht im beherrschten Kampf gegen Gewalt mit ethischen Mitteln der Gewaltlosigkeit.
Wie kann aber angesichts der vielfachen Vernichtungs-Bedrohungen ein solches Konzept pragmatisch genannt und durch Erziehung effektiv gemacht werden? Erziehung vermag nie kurzfristig Kriege und Konflikte zu verhindern, und sogar bei langfristiger Anlage von Erziehungskonzepten unterliegt sie dem Prinzip Hoffnung. Handlungen freier Subjekte sind nur in ihren Voraussetzungen bestimmbar. Viele Bedingungen des Handelns können aber erzieherisch maßgebend beeinflußt werden.
Friedenserziehung muß sich pragmatisch ebenso auf diese Verhältnisse einlassen wie sie zu überwinden suchen. Den aggressiven Kampf hat sie in emanzipatorischen Kampf umzuwandeln, die Gewaltsamkeit in die Macht der Gewaltlosigkeit zu transformieren, die Mißachtung des Volkes durch Führungseliten zur stärksten Waffe ge-

gen sie zu verwenden und den nackten machtpolitischen Gesichtspunkt als unethisch zu entlarven. Ansatzpunkte für veränderndes Verhalten, zum Einsatz qualifizierter Fähigkeiten und zur Aktivierung eines neuen politischen Lernprozesses sind in Fülle vorhanden und praktikabel.

2) Gewaltlosigkeit ist die pädagogische Handlungsmaxime zum Frieden. Sie muß in ihrer politischen Dialektik verstanden werden, weil sie kein Zweck an sich ist. Erzieherisch sind Machtdemonstration, kämpferischer Zorn und scharfe Debatten durchaus wünschenswerte Verhaltensweisen, wenn sie ohne Brutalität und Erniedrigung ungerechte Zustände anklagen, den aggressiven Gegner in seine Schranken weisen und für die Beseitigung von Diskriminierungen kämpfen. Gewaltfreiheit bedarf einer besonderen Einübung, wenn man bedenkt, daß praktische Erziehung heute noch oft von Gewaltanwendung geprägt ist. Friedenserziehung schließt Gewalt aus, weil sie sonst als Unterdrückung ein Unterdrückten-Bewußtsein erzeugen würde. Es gibt keine befriedigende Lösung des Gewaltproblems.

Schwierig zu handhaben ist insbesondere auch der Grenzbereich von Gewalt und Macht, nämlich auch die Eskalation von Gewalt und ihre pädagogische Bewältigung. Eine politische Friedenspädagogik arbeitet folgende Fähigkeiten heraus:

1. Die Fähigkeit zum argumentativen Kampf.

Außer Sprech-Fähigkeiten, Durchstehvermögen usw. gehören dazu: der Mut, Konflikte umfassend aufzubrechen; die Widerstandskraft gegen Bestechung in jeder Form; die Hartnäckigkeit des humanen Standpunktes; die Verweigerung fauler Kompromisse. Bei diesem Kampf kommt es auf Toleranz, Pragmatik, Perspektiven und Alternativen an.

2. Die Fähigkeit zur gewaltfreien Aktion.

Die Erfahrungen und die Forschungen über dieses Gebiet legen dazu im einzelnen nahe: Selbstdisziplin (auch der Gruppe); Einübung der Gewaltfreiheit (durch Schulung, Soziodrama, Gruppendynamik; Lernen beim täglichen gewaltfreien Widerstand gegen Gewalt); Überwindung von Rachegefühlen, Ressentiments, Vorurteilen und Kenntnis der Schwächen von Gewaltsamkeit; Vorbereitung auf Niederlagen und Erniedrigungen.

3. Die Fähigkeit des Kontaktes zum Volk.

Intellektuelle Eliten können zwar Modelle von Frieden entwerfen; sie haben aber oft große Schwierigkeiten, die Praxis des Alltags mit Risiko und Abhängigkeit verantwortungsvoll einzubeziehen. Der Begriff des Volkes ist unpräzise; gleichwohl kann mit seiner Hilfe die Fähigkeit propagiert werden, die Entfremdung des Fachjargons zu überwinden und kulturelle Aktionen durchzuführen, die das allgemeine Friedens-Bewußtsein zu fördern in der Lage sind.

4. Die Fähigkeit der Umsetzung von Ethik in politisches Verhalten.

Ethik und Politik sind nicht immer deckungsgleich. Die Zwänge erfordern für das politische Verhalten eines jeden flexible Phantasie wie auch Standfestigkeit, eine eindeutige Auffassung von Friede wie auch eine pragmatische Abwägung seiner Verwirklichung.

Anders ausgedrückt: die politische Ethik geht auch auf Umwegen geradeaus. Nur müssen Ziel und Mittel an der Humanität festhalten. Die Schwierigkeit dieser politischen Fähigkeit besteht für jedermann in der bewußten Festsetzung der Kompromißbereitschaft bzw. im engagierten Kampf für unverrückbare Positionen. Kommunikative Modelle politischer Ethik sind ein erster Schritt auf diese wachsame Verhaltensdialektik hin.

3) In welche Richtung muß also eine Praxeologie pädagogisch-politischen Handelns tendieren? Es geht um das Verständnis jeden Handelns als potentiell weittragend politischen Handelns[16]. Kampf und Herausstreichen ethischen Verhaltens gehören zum politischen Tagesgeschäft: aber das Prinzip der weitestgehenden Gewaltlosigkeit und das Bemühen um Anti-Egoismus werden für den Bürger kaum deutlich noch pädagogisch eingeübt. Dazu bedarf es ohnehin über den politisch angepaßten Lebensvollzug hinaus eines didaktisch vermittelten, präzisen Bewußtseins von der Notwendigkeit gewaltlosen Handelns und von Vorschlägen seiner Verwirklichung sowie eines ständigen erzieherischen Trainings in einem überschaubaren Lebensverband (v. Hentig). Die Pädagogik muß die Wirkung auf die mächtigen politischen Institutionen bedenken: vor allen Dingen auf ihre Bagger-Politik und ihre Drachentöter-Politik[17].

Es sieht so aus, daß sich mittlerweile auch die Mächtigen nicht mehr gegen ihre Institution schützen können. Kampf, Gewaltlosigkeit, Kontakt zum Volk und die Umsetzung von Ethik in politisches Verhalten sind für den Pädagogen heute kein Konzept der Gesamtveränderung, sondern der dezentralisierten Aktion[18].

## 2. *Zur Praxeologie der Friedenserziehung*

Wenn nun einige Gesichtspunkte praktischen friedenserzieherischen Handelns skizzenhaft aufgezeigt werden, so soll es sich dabei weder um die Reduzierung auf individuelle, pädagogisch zu fördernde Fähigkeiten noch um Rezepte zur Verbesserung sozialer Systeme handeln[1].

---

[16] S. dazu eingehende Erörterungen von Hartmut *v. Hentig*, Wiederherstellung der Politik, Stuttgart/München 1973.

[17] *v. Hentig*, ebd. S. 201, 202: Bagger-Politik: Widerstände werden mit großen Maschinen weggeschafft; Drachentöter-Politik: man sucht sich Drachen, um sie zu töten; v. Hentig nennt noch die Düngemittel-Politik: man nimmt sich Pädagogen und Psychologen, die Politisches mit vorpolitischen Maßnahmen zu kurieren suchen und die als Lückenbüßer herhalten müssen. Schließlich liegt doch alles an Erziehung! An der frühen Kindheit!

[18] Vgl. auch Herbert *Marcuse*, Dezentralisierung und kommunale Aktivität, in: Hans-Eckehard Bahr (Hg.), Politisierung des Alltags. Gesellschaftliche Bedingungen des Friedens, a.a.O., S. 149ff.

[1] Wie verschiedenartig solche Vorschläge sein können, ist aus der Übersicht zu ersehen bei: Robert *Chin* und Kenneth D. *Benne*, Strategien zur Veränderung sozialer Systeme, in: Gruppendynamik, 1971, S. 343ff.

Praxeologie als Logik der Praxis und Logik über zu verändernde Praxis kann, wenn sie das Problem der Friedensforschung grundsätzlich angeht, nur erzieherisches Aktionswissen vermitteln. Es ist Sache einzelner wirksamer Handlungsstrategien, auf dieser Grundlage Ansatzpunkte realistisch festzusetzen, Konsequenzen zu durchdenken, Verhaltensweisen einzuplanen und zu erproben[2].
Der pädagogische Prozeß ist im allgemeinen langfristig und unbestimmbar, ja sogar unsicher und vielschichtig, wie schon aus der vorstehenden politisch-pädagogischen Analyse und Dialektik gefolgert werden kann.

## 2.1. Praktische Fähigkeiten

Die Ableitung der folgenden Praxeologie aus der Analyse des Lernprozesses verbürgt dafür, daß in der Friedenserziehung nicht ein »Wertehimmel«, sondern bittere Notwendigkeit verwirklicht werden muß. Es sollen grundlegende, pädagogisch zu vermittelnde Fähigkeiten daraufhin befragt werden, wie sie den Lernprozeß auf Frieden hin ermöglichen. Patente werden nicht geboten.
Die primäre Voraussetzung für eine praktische Durchführung der Friedenserziehung ist das präzise Bewußtsein und der Wille, auf den Frieden hin zu arbeiten. Selbst die Erziehungsziele wie Emanzipation, Mündigkeit, Kommunikationsfähigkeit und Kreativität können richtungslos und an einem ungenauen Kriterienkatalog erstrebt werden, obwohl bei ihrer Verwirklichung oft nur ein kleiner Schritt auf den Friedensgedanken hin zu vollziehen ist. Sämtliche neue Überlegungen zur Schulreform, Strafrechtsreform, Mitbestimmung, zu einer neuen Pädagogik sind solange keine Konzepte zur pädagogischen Bewältigung der Unfriedensproblematik, solange der Friede als weitreichende Idee oder Utopie in ihnen nicht konkret mitgedacht wird. Denn die Friedensidee ordnet die Bewertung und Akzentuierung erzieherischer Einflüsse anders als etwa die Idee der Kommunikation. Sprachfähigkeit kann nämlich durchaus unpolitisch geübt, eine intensive Beziehung zwischen Kommunikationspartnern ohne gesellschaftlich weitreichende Reflexion vermittelt werden: Erst wenn Kommunikation mit ihrem weiten, operationalen Spektrum in den Dienst der Friedenserziehungs-Idee genommen wird, erst wenn Gruppendynamik, Glücksforschung (Felizitologie nach Otto Neurath), Liebesfähigkeit mit der gesellschaftlich-politischen Dimension der Befriedung verbunden werden, kann von ihrer Friedensfunktion gesprochen werden. In allen Bereichen ist die Herstellung dieses Bewußtseins die Hauptaufgabe. Ist dieser Gedanke einmal – wenn auch noch so anfänglich – durchgedrungen, so erweist diese Utopie ihre richtungweisende Macht.
Vier Begriffe stehen im Vordergrund der Überlegungen: die *Liebesfähigkeit*, die *Kommunikationsfähigkeit*, die *Fähigkeit zu produktiver Arbeit* und die *Fähigkeit zur*

[2] Vgl. auch Tadeusz *Kotarbinski*, Praxeology. An Introduction to the Science of Efficient Action, Oxford/Warschau 1965.

*Gewaltlosigkeit.* Da sie in alle Bereiche der Friedenserziehung eingreifen, sollen sie hier systematisch mit den oben herausgestellten Fähigkeiten verbunden werden, so daß sich die Auswirkungen ihrer praktischen Umsetzung wie ein Strukturgitter ergeben.

a) Die Fähigkeiten des Individuums erwachsen aus seinen Erfahrungen: aus seiner Erziehung und seiner kritischen Auseinandersetzung mit der Welt. So entsprechen den Fähigkeiten der Selbstbestimmung, des permanenten Lernens, der solidarischen Kooperation und des Liebens zunächst einmal grundlegende Erfahrungen, die einem Individuum zuteil werden und bereitgestellt werden müssen. Es ist übereinstimmendes Ergebnis der Forschung, daß alle vier genannten Fähigkeiten sich nur in einem Klima der Offenheit, Verbundenheit, emotionalen Wärme und Vertrauensstabilität entwickeln können, bis sie der Härte des Lebens erfolgreich gewachsen sind. Auch der Erwachsene braucht dieses Klima.

Anhand der Forschungen von Erikson lassen sich für eine neue Friedenserziehung weiterführende Gesichtspunkte aufzeigen. Wenn durch ein ganzes Leben lang die »psychosozialen Krisen« positiv ausbalanciert werden können, erfüllt die Subjektivität mit vollem Recht alle Bedingungen der Selbstbestimmung, Vielfältigkeit, Solidarität und Liebesfähigkeit. Erikson entwickelt Vertrauen kontra Mißtrauen, Autonomie kontra Scham und Zweifel, Initiative kontra Schuldgefühl, Werksinn kontra Minderwertigkeitsgefühl, Identität und Zurückweisung kontra Identitätsdiffusion, Intimität und Solidarität kontra Isolierung, Aktivität kontra Selbst-Absorption und Integrität kontra Verzweiflung durch den ganzen Lebenslauf des Menschen hindurch und zwar alle aus dem Grundschema Vertrauen/Mißtrauen bzw. aus der Liebesfähigkeit.

Die Fähigkeit zu lieben ist sehr wenig verbreitet – auch wenn über Liebe so viel geschrieben wird und bekannt ist. Das konditionierte Individuum hat sich so viele Fassaden aufgebaut, daß es sie gar nicht mehr einreißen kann und selbst zu Stein wird. Wie im Theater werden Masken getragen und Rollen gespielt, mit viel Geschwätz und Imponiergehabe. (Nur wird dies ernst genommen.)

Eine Erziehung, die die Liebesfähigkeit gewährleisten will, muß über theoretische Konzepte hinaus verdeutlichen, wie angesichts der allgemeinen Fassade die Schwierigkeit zu lieben aufgebrochen werden kann. Dabei ist erst der Begriff des »Liebens« und sein Zusammenhang zur Friedenserziehung genauer zu beleuchten. Um Illusionen einer Verbrüderung aus dem Weg zu gehen, sollen einige Kriterien aufgezählt werden: Intensive Liebe ist unabdingbare Voraussetzung für Vertrauensstabilisierung und die grundlegende Erfahrung von Befriedung und Gnade; nur durch Liebe entsteht Liebesfähigkeit; privatisierte Liebe tendiert dazu, Liebesfähigkeit gesellschaftlich zu verdrängen und propagierte Werte wie Leistung, Nützlichkeit usw. über Freundlichkeit, Respekt, Zuneigung und Entgegenkommen zu setzen; ohne Affekti-

---

[3] Übersichtlich dargestellt bei Bruno *Bettelheim*, Die Kinder der Zukunft, Wien 1969, S. 300/301.

vität, Emotionalität und Wärme sind Humanität, Friede und Kommunikation undenkbar.

aa) Liebesfähigkeit ist die Voraussetzung für Identität, regulative Sensibilität und gesellschaftlichen Kampf.

Zur Identitätsentwicklung besteht also die Notwendigkeit psycho-sozialer Krisen mit positiver Bilanz[4]. Diese Vertrauensstabilität ist über die Entwicklungszeit hinaus der ständigen Bewährung ausgesetzt. Beschädigte Identitäten führen oft zu Komplexen, Pathologien oder Devianzen[5].

Abgesehen von schweren Fällen der Stigmatisierung und Neurotisierung kann die Erziehung durch das Urvertrauen eine lebenslange Integrationskraft aufbauen, aus der Konflikte gewagt werden können. Wenn zudem die Identität sich durch Verarbeitung neuer Erfahrungen wandeln kann[6], ist hier die Wichtigkeit einer Erziehungsweise unterstrichen, die ohne Starrheit durch die Befriedigung der Triebstruktur und deren Kontrolle eine flexible Befriedung (!) in Form eines Aktivitätszentrums des Ich schafft.

Nur wenn man sich mit gesellschaftlichen Zuständen einläßt, kann man sie bewältigen. Die Liebeseinstellung der Eltern zum Kind muß also diese Zustände verarbeiten, sonst entstehen Pathologien[7]. Überbehütete, überbescheidene, überfürsorgliche, übersparsame, überfordernde und unterwürfige Eltern setzen die Kinder zu wenig dem sozialen Umfeld aus, wirken beim Erwachsenen (z. T. in Überkompensation) nach und führen zur neurotischen Einstellung zur Gesellschaft. Die Friedenserziehung fordert also die Dialektik von intensiver Liebeszuwendung und Einbezug des gesellschaftlichen Umfeldes.

Mit der Liebesfähigkeit hängt auch die Sensibilität eng zusammen. Wieweit die Flexibilität der Identität erhalten, also eine Vielfältigkeit der Persönlichkeit zentriert und die Regulierungen nicht zwanghaft werden, wirkt sowohl auf die Selbstwahrnehmung als auch die Fremdwahrnehmung zurück. Sensibilität reguliert die Aufnahme und Verarbeitung von Erfahrungen[8]. Sie verhindert die Abschließung des Selbst vor unliebsamen Eindrücken. Ist also die Vertrauensbasis stark genug (in der Dialektik zum Mißtrauen), so begünstigt sie auch die Offenheit gegenüber neuen Vorstellungen und deren produktiver Verarbeitung.

Das Urvertrauen als Basis der Identität (auch des Erwachsenen) ist auch die Grundlage für das Aushalten von Konflikten, für Engagement und Kampf. Dorothee Sölle versucht in Anlehnung an Erikson und Fromm herauszustellen, daß Mißtrauen, ja so-

---

[4] Erik *Erikson*, Identität und Lebenszyklus. Drei Aufsätze, Frankfurt 1966, S. 120, 166.

[5] Erving *Goffman*, Stigma. Über Techniken der Bewältigung beschädigter Identität, Frankfurt 1967.

[6] *Mitscherlich*, Vaterlose Gesellschaft, a.a.O., S. 95.

[7] Vgl. Werner *Schwidder* u. a., Die Bedeutung der frühen Kindheit für die Persönlichkeitsentwicklung, Göttingen 1962, S. 15ff.

[8] Rolf *Oerter*, Psychologie des Denkens, Donauwörth 1971, S. 310–312, 383, u. ö.

gar »kreativer Haß« unbedingte Voraussetzung für die Fähigkeit zu vertrauen und zu lieben seien und daß *umgeleitete* destruktive Identifizierungen zu gezielten, gerechten Kampf benötigt werden[9]. Friedenserziehung ist also eine Erziehung, die die destruktiven Tendenzen nicht verharmlost, sondern sie herausfordert (weil sie Realität sind) und ihre Kraft zur Identifizierung auf konstruktive Ziele umlenkt, wohlgemerkt mit friedlichen Mitteln.

ab) Nur wenn die Identität des Menschen nicht vergewaltigt wird, ermöglicht Kommunikation permanentes kritisches Lernen.

Auch die Wandlung der Identität, die Integration des Zuwachses an Erfahrungen und Wissen, die Verhaltensänderung sind von der Aktionsenergie des Individuums abhängig. Lernen entsteht in der Dialektik von Bedürfnis und Notwendigkeit. Es ist am intensivsten, wenn es Selbsterfüllung und Selbstbewährung ist[10]. Je intensiver also im Individuum die Motivation, die Bedürfnisse sowie der dynamische Wille zur Integration geweckt werden, umso eher wird auch Lernen ermöglicht. Hier wird die Tragweite der Liebesfähigkeit offensichtlich.

Unmittelbar einher damit geht auch die Kommunikationsfähigkeit, die – wie herausgearbeitet – für Frieden/Unfrieden einen wichtigen Platz einnimmt. Es kommt entscheidend darauf an, ob das Individuum »für abriegelnde Selbstgefälligkeit, aggressive Weltverbesserung, technische Anpassung oder praxisvermittelte Vernunft«[11] erzogen wurde und ob die frühkindliche Sozialisation und die später veränderten sozialen Schemata durch kommunikative Beziehungen (insbesondere Liebesfähigkeit) gekennzeichnet sind[12].

Eingefahrene Verhaltensweisen werden am besten geändert, wenn ihre Fixierung durch eine Veränderung des Bedürfnissystems gelöst wird. Oerter[13] empfiehlt für die Flexibilität produktiven Denkens die schrittweise Vermehrung von Objekten (kognitiv) und Objektbeziehungen, damit die in früher Kindheit entstandenen Werthaltungen und Begriffsbildungen überwunden werden können. Dieses Neugierverhalten ist das Motiv der Selbstaktualisierung, das von Verschüttungen frei zu halten ist[14].

Liebesfähigkeit kann nur gewaltlos eingeübt werden, Autoritätserziehung hat sich disqualifiziert[15]. Die allgemeine Ohnmachtserfahrung der einzelnen wird beim Autoritätsverhältnis »liebevoll« eingeübt und reproduziert sich in Form von Regressio-

---

[9] Dorothee *Sölle*, Gibt es einen kreativen Haß?, in: Bahr (Hg.), Politisierung des Alltags, a.a.O., S. 253ff. Die Autorin lehnt sich in diesem Sprachgebrauch an die Radikalität Jesu Christi an, (ebd. S. 264), fordert aber eine Uminterpretation des Wortes »Haß«.

[10] Heinrich *Roth*, Pädagogische Psychologie des Lehrens und Lernens, Hannover 1970, 12. Aufl. S. 230 u. ö.

[11] *Baacke*, Kommunikation, a.a.O., S. 286f.

[12] Dazu auch ebd. S. 108.

[13] Psychologie des Denkens, a.a.O., S. 30.

[14] Ebd. S. 374.

[15] *Heitkämper*, Das Autoritätsproblem in der Autoritätskrise, a.a.O., S. 163–171.

nen in allen gesellschaftlichen Institutionen. Gegen diese Ohnmacht hilft also (wenn auch in einsehbaren Grenzen) eine Erziehung, die Kindern auch negative Gefühle zu äußern und zu diskutieren gestattet, ohne die Liebe der Eltern zu verlieren[16]. Diese pädagogische Dimension ist entsprechend schrittweise auf gesellschaftliche Institutionen übertragbar. Auf diese Weise wird konflikthafte Gewaltlosigkeit durch die Vertrauensbasis (Urvertrauen, Liebe) begünstigt, und statt Gehorsam reproduzieren sich die Liebesfähigkeit der Eltern, die positive Bilanz von Vertrauen/Mißtrauen in der Gesellschaft, überhaupt die Fähigkeit, Konflikte gewaltlos zu lösen. Dialektische Vertrauenssicherheit hängt freilich so eng mit gesellschaftlichen Normen zusammen[17], daß das fehlende Wissen um die Grundbedürfnisse des Menschen eindeutig wirksame erzieherische Maßnahmen ausschließt.
ac) Nur wenn Friede auf allgemein durchzusetzendes Engagement stößt, kann Erziehung ihn verwirklichen helfen.
Kooperation entsteht unmittelbar aus Identität, Vertrauensbasis, Loyalität, Liebesfähigkeit. Gruppentherapie arbeitet systematisch die Einsamkeit und Egozentrik auf, um solidarisches Handeln zu ermöglichen[18]. Diese Selbsterfahrungsarbeit und Umerziehung sowie Versuche der Solidarisierung sind integrierter Bestandteil einer Friedenserziehung, wenn sie das politische Fernziel im Nahziel, nämlich Friede, bewußt machen will.
In diesen Gruppen wird auch intensiv gekämpft, aber eine solche Durchsetzung ist das Gegenteil lernpathologischer Durchsetzung. Es geht um den Selbstklärungsprozeß des einzelnen und der Gruppe, um die Anpassung an ein gemeinschaftliches Niveau und um die Herstellung eines solidarischen Gruppenbewußtseins. Pathologische Durchsetzung erliegt dem Leistungsterror: nicht dabei zu sein und also verstoßen zu werden[19]. Der aggressive Anteil eines jeden, eine »negative Identität« als Sündenbock zu suchen und sich dadurch zu entlasten, hängt offensichtlich stark mit Vertrauen und Liebesfähigkeit zusammen. Erziehung muß für eine Balance der Bedürfnisse sorgen: Sowohl die Überhöhung als auch die Unterbewertung der Identitätsbedürfnisse führen zu Kompensationen aggressiver Art (Projektionen, Vorurteile, In-group-Verhalten). Affektive Zufuhr garantiert diese positive Bilanz im psychischen Haushalt des Menschen; nach außen hin muß Erziehung von dem Bemühen geprägt sein, die Aggressionen durch ein gutes Verhältnis von Ideal und realer Erfolgsmöglichkeit niedrig zu halten.
Diese angesprochene Verbindung zur Realität ist die beste Voraussetzung für eine kontrollierte Frustrationstoleranz und für einen langfristigen Erfolg von Selbstverwirklichung. Nochmals: Die positive Identität darf nicht durch die negative Identität aus der Gleichgewichts-Spannung gebracht werden. Friedenspolitik hat also die

---

[16] Vgl. auch *Mitscherlich*, Unfähigkeit zu trauern, a.a.O., S. 155f.
[17] Ebd. S. 357ff.
[18] *Richter*, Solidarität, a.a.O., passim, bes. S. 194; *ders.*, Die Gruppe, a.a.O.
[19] *Richter*, Solidarität, a.a.O., S. 222.

Randgruppenproblematik, ebenso Morde, Kriege, Folter, so in unsere eigene Verantwortung zu bringen, daß wir sie nicht als Entlastung gebrauchen können. Es müssen andere Entlastungen gesucht werden, unter denen nicht reale Menschen zu leiden haben. Friedenserziehung muß diese schwierige Frage nicht nur individuell, sondern auch gesamtgesellschaftlich angehen. Mitscherlich kommt nach seiner Analyse der nationalsozialistischen Vergangenheit im Anschluß an Freud zu dem Ergebnis, daß die Schwächung der affektiven Kontakte aufzuheben, die Unempfindlichkeit für Schuldgefühle zu beseitigen ist und mitmenschliche Beziehungen mannigfaltig zu fördern sind, damit Aggression durch Mischung mit Objektlibido (Objektbeziehung) gezähmt werden kann[20]. Dies zu verwirklichen bedeutet geduldige Trauerarbeit.

ad) Friedenserziehung ist die Erziehung zur Liebesfähigkeit als produktive Kommunikation.

Der große Mangel an Liebesfähigkeit in einem qualifizierten Sinn, wie sie besonders die Psychoanalyse herausstreicht, macht die Krankheit unserer Gesellschaft aus; verhindert Lernerfahrungen wie Glück, Schmerz, Befriedigung humaner Sexualität; führt zu Komplexen, Neurosen und Aggressivitäten, kurz: erweist sich als ein zentrales Anliegen der Friedenserziehung. Es wird weiterhin deutlich, daß hier nicht nur die Therapie individueller Aggressivität propagiert wird[21], weil gerade die gesellschaftlich bedingte Identitätsentwicklung Pathologien hervorruft.

Die Gesellschaft braucht zur Befriedung die Praxis vielfältiger Kommunikation, die ein therapeutisches Hilfsmittel ersten Ranges darstellt.

Produktives Engagement und produktive Arbeit an sich selbst, in Gruppen, Initiativen und Institutionen haben die Identifizierungs- und Kommunikationsmöglichkeiten zur Voraussetzung. Sind diese nicht vorhanden, bewirkt die »Präformierung der sozialen Wahrnehmung«[22] eine Entfremdung, Unlust und aufgestaute Aggression[23]. Friedenserziehung versucht, diese Wahrnehmung zu schärfen und Angstbesetzungen abzubauen. Marianne Gronemeyer schlägt z. B. vor, Angstsituationen in Bürgeraktionen herzustellen und zu erarbeiten. Eine Reihe von Erfolgserlebnissen muß organisiert werden, um eine Angsthierarchie allmählich abzubauen. Die Organisation geht vom Nahbereich aus, der dann erweitert werden kann.

Auf diese Weise geschieht auch die direkte Umsetzung von objektiver Ethik in politisches Verhalten. Mit der allmählichen Vertrauensstärkung werden Ohnmacht und Mißtrauen ins Lot gebracht sowie Liebe und Haß konstruktiv verarbeitet. Schon die Tatsache, Liebesfähigkeit und Haßfähigkeit aufzubrechen – freilich sie auch zu beherrschen –, wäre ein großer Erfolg der Friedenserziehung. Denn damit wären die

---

[20] Unfähigkeit, a.a.O., S. 345.

[21] Dagegen wehren sich mit Recht *Nutz/Stumpf/Weinzierl*, Friedensfähigkeit und politisches Lernen, a.a.O., S. 8.

[22] *Mitscherlich*, Unfähigkeit, a.a.O., S. 213.

[23] Vgl. auch Marianne *Gronemeyer*, Individuelle und institutionelle Bedingungen der Beteiligung, in: Bahr (Hg.) Politisierung des Alltags, a.a.O., S. 164ff.

Lebensabläufe erst einmal wieder in die Bemächtigung des Menschen, seine (ethische) Entscheidungsfähigkeit und Identifizierung gegeben.

b) In der gleichen Dialektik wie das Individuum zur »Gesellschaft« steht, muß Friedenserziehung die Systematik des sozialen Bereichs berücksichtigen. Der Aufgabe des Abbaus von Unfriedensstrukturen entspricht eine Erziehung, die das abstrakte Institutionalisierte durch Selbstreflexion in die Kommunikation wieder hineinzuholen versucht, ohne die Vorteile der entlastenden Effektivität von Organisation zu reduzieren.

Das Leitthema sozialer Erziehung kann am treffendsten mit dem Stichwort der organisierten Kommunikation bezeichnet werden. Es hat die Bestandteile des Systematischen und des freien dialogischen Prozesses. Kommunikation muß, um effektiv zu sein, organisiert sein (schon die Sprache ist organisiert); Organisation muß, um human zu bleiben, kommunikativ sein (jede Organisation wird von sprechenden Menschen getragen). Zur Fähigkeit der Organisation und Durchsetzung kommt also auch die Fähigkeit der aktiven Kommunikation.

Die Fragen lauten dementsprechend: Wie organisiere ich Kommunikation, die dem Frieden dient, und wie bekomme ich erzieherisch die Fähigkeit zu dieser organisierten Kommunikation?

Friedenserziehung ist in den bestehenden Organisationen und Institutionen durchzuführen, indem das strukturell bedingte Unfriedens-Lernen aufzuheben versucht wird. Das Problem dabei ist, Kommunikation in Institutionen so zu organisieren, daß systemlogische Inhumanität vermieden wird.

Eine der gesellschaftlich weithin prägenden Institutionen ist die Schule. Innovative Konzeptionen von Gesamtschulen und anderen Versuchsschulen sind vornehmlich durch organisierte Entschulung, freiere Erfahrungsräume und eine wissenschaftlich begründete neue Lernökonomie und Handlungsdynamik gekennzeichnet[24]. In diesen Ansätzen wird pragmatisch gesehen, daß eine Erneuerung des Menschen schon durch mehr kommunikatives Lernen ermöglicht wird; solange freilich die Befriedung als Lernziel nicht ausdrücklich genannt wird, fehlt eine bestimmte Prägnanz des Bewußtseins.

Über die Schulen hinaus können die aufgezählten Möglichkeiten zur organisierten Kommunikation in Institutionen auf das gesellschaftlich-politische Lernen verallgemeinert werden. Die positiven Erfahrungen mit dem liberalisierten Strafvollzug, mit direkter Kommunikation in Massenmedien (Fernsehen, Zeitungen), mit Team-Work im Wissenschaftsbetrieb, mit Gruppendynamik im Management u. a. sind einsichtig zu machen und wirken sich auf das gesellschaftliche Bewußtsein aus; andererseits können leicht hergebrachte Lernmethoden in ihrer Ineffizienz erkannt werden. Schon

---

[24] Hartmut v. *Hentig*, Die Bielefelder Laborschule, Stuttgart 1971; Hermann *Röhrs*, Die internationale Gesamtschule, in: Erziehung zum Frieden, a.a.O.; Udo *Butschkau*, Klaus J. *Tillmann*, Politische Sozialisation in der Gesamtschule, München 1972, u. a.

dieser allgemeine Prozeß demokratisierter Lerninstitutionen baut objektiv Unfriedensstrukturen ab, die aber durch das Wissen um die dadurch erfolgende Befriedung der Gesellschaft eine gezielte engagierte Basis der Durchsetzung und des Willens zur Gegenwehr gegen alle unkommunikativen Tendenzen bekommt.

ba) Selbstbestimmung und die Regelung gesellschaftlicher Verhältnisse werden durch kommunikative Erziehung ermöglicht. Wenn man den Identifizierungsvorgang als kommunikativen Prozeß auffaßt, hat man zugleich Instrumente in der Hand, erzieherisches Handeln zu optimieren. Kommunikation schließt durch die Rückkoppelung von Informationen der Partner die Identität auf. Es müssen also pädagogisch solche »Schlüsselinformationen«[25] gesucht werden, deren Aussagekraft, Vermittlungsweise, situative Einpassung und Symbolwert die Identität anrührt.

Nur durch Kommunikation und Information gelingt die bewußtseinsmäßige Bewältigung gesellschaftlicher Zustände. Friedenserziehung braucht dabei vor allem grundlegende Orientierungen. Diese betreffen Informationen über fundamentale Zusammenhänge, speziell aber auch über Unfrieden/Frieden. Dabei ist darauf zu achten, daß die Informationsmasse kategorial gegliedert wird und didaktisch ansprechend geboten wird. Es müssen analytische Instrumente mitgeliefert werden (z. B. Hintergründe, Tragweite, Historie, Begründungen, Alternativen), die jedem Partizipienten den Schlüssel für die Handhabung der Information in die Hand geben.

Kommunikation ist auch der Schlüssel zu regulativer Sensibilität. Erzieherisch bedeutungsvoll ist die Steuerung und Kontrolle des Ich und der gesellschaftlichen Handlungsabläufe über Information hinaus. Es geht um das »kybernetische Bewußtsein«, welche Kommunikation welche Auswirkungen hat. Der »Reizzustand« des Kommunikationssystems ist zu beobachten, Rituale sind einzuüben, überhaupt kommunikative Regeln bewußt zu machen: daß die Kapazität der Partner nicht über- oder unterschätzt werden darf, daß das Bedürfnis nach Identifikation angesprochen werden muß u. dgl.

Diese kybernetische Kommunikation kennt alle Schattierungen sprachlicher Beziehungen, versucht sie aber konfliktvermeidend, konfliktlösend und auf Befriedung hin regulierend einzusetzen. Gewalthandlungen sind in das kommunikative Vorfeld vor zu verlegen. Der Kampf mit Worten darf den Gegner nicht völlig zerstören und ihm seine Identität rauben. Kommunikation verlangt immer die gleichwertige Beantwortung der Kommunizierenden, die die Auseinandersetzung umso heftiger führen können als sie sich über das Ziel der Befriedung einig sind.

bb) Organisierte Kommunikation bricht die strukturelle Konditionierung auf.

Der kommunikativ Erzogene bringt die besten Voraussetzungen für permanentes Lernen mit, wenn die kumulative Qualität der Lernerfahrungen[26] dialektisch ist, d. h.

---

[25] H. *Reimann*, Kommunikationssysteme. Umrisse einer Soziologie der Vermittlungs- und Mitteilungsprozesse, Tübingen 1968, S. 88.

[26] Heinrich *Roth*, Einleitung und Überblick, in: ders. (Hg.), Begabung und Lernen, a.a.O., S. 31.

als Bilanz immer nur vorläufig gelöster Alternativen aufgefaßt wird. Genauso hat der gesellschaftliche Lernprozeß seine Basis in immer ungelösten Kommunikationskonflikten. Kommunikatives Lernen ist also offen für die Integration neuer Erfahrungen und schließt Erfahrungsmöglichkeiten nicht apriori aus.
Die Organisation von Kommunikation muß gelernt sein, damit sie im Sinne der Friedenserziehung nutzbar gemacht werden kann. Kommunikationsfähigkeit ist also die Fähigkeit, auf einem Niveau des consensus die unterschiedlichen Standpunkte zu vereinen, so daß in der Kommunikation allseitig ein Lernprozeß stattfinden kann. Hier wird eine grundsätzliche Motivation zur Kommunikation (und deren Organisation) angesprochen, die erzieherisch wenigstens teilweise vermittelt werden kann. In Anwendung der Motivationsformel von Heckhausen[27] muß die Erziehung dabei folgende Bedingungen erfüllen: Die Bedürfnisse nach Identifikation, Zustimmung, Geltung und Strafvermeidung sind bewußt zu machen; Kommunikation ist so lernbar, daß der Neuigkeitsgrad, der sachbezogene Anreiz ebenso wie der Erreichbarkeitsgrad und der Anreiz des Ziels beachtet werden. Die Kommunikationskunde kann dieses Instrumentarium der Organisation relativ leicht erstellen.
Kommunikation und Interaktion sind also vorzügliche Mittel, die dialektische Struktur der Identität, der Bedürfnisse, der Motivation und des Handelns aufrecht zu erhalten bzw. aufzubrechen. Eingefahrene und destruktive Verhaltensweisen können kommunikativ geändert werden, indem etwa an *einer* Stelle die Initiative zu ihrer Aufhebung versucht wird[28], z. B. durch kognitive Dissonanz (Festinger), durch institutionalisierte Gegenkommunikation, insgesamt durch eine Erziehung zur kreativen Initiative und Motivationsleichtigkeit[29].
Kommunikative Friedenserziehung stößt aber auch sehr leicht an ihre Grenzen, nämlich an strukturelle Gewalt verschiedenster Art. Kommunikation setzt gegen diese Gewalt die Macht der Gewaltlosigkeit. Diese sucht ständig das Gespräch mit den Unterdrückern bzw. seinen Verwaltern, scheut sich aber auch nicht, diese Gewalt offen darzulegen. Im schulischen Bereich gibt es die Möglichkeit des Planspiels[30], im familiären die Familienkonferenz (Gordon), im Arbeitsbereich die Betriebsräte usw. Solange diese kommunikativen Hilfsmittel greifen, kann man nicht von Unterdrückung sprechen. Kommunikation ist die Einübung von Gewaltlosigkeit auf allen gesellschaftlichen Ebenen.
bc) Die Durchsetzung von Frieden ist langfristig nur kooperativ mit der »Gesamtheit des Volkes« möglich.
Erziehung zur Solidarität erfordert die Abgabe eines Teils der Identifikationsenergie an eine (wie auch immer geartete) Gemeinschaft. Hier findet sich die Dialektik der

[27] Förderung der Lernmotivierung und der intellektuellen Tüchtigkeiten, a.a.O., S. 196.
[28] Anita *Mandel* und Karl Herbert *Mandel*, Einübung in Partnerschaft durch Kommunikationstherapie und Verhaltenstherapie, München 1971, S. 247.
[29] Vgl. auch *Baacke*, Kommunikation, a.a.O., S. 120ff., bes. S. 134.
[30] Vgl. u. a. Jürgen *Ruhloff*, Ein Schulkonflikt wird durchgespielt, Heidelberg 1974.

Kommunikation in anderer Form wieder, indem nämlich die Bemühungen der Partizipienten einander unterstützen, um Teilprozesse innerhalb der Gruppe und ein kraftvolles Auftreten nach außerhalb zu ermöglichen. Die sonst in der Identität vorfindliche Sicherheit wird in die Gruppe verlagert. Erziehung muß also die Dialektik des Verhaltens bis zu diesem Risikoverhalten öffnen: seine Verhaltens-Sicherheit in der Strukturierung der Gruppe zu suchen[31]. Hat die Gruppe sich in ihren inneren Auseinandersetzungen durch die Entscheidung des Ziels strukturiert, so ist ihre Solidarität gefestigt.

Zur Durchsetzung des Ziels »Frieden« muß kommunikativ klar werden, daß es ein Risiko bedeutet, in der Rigidität der Konditionierung zu verbleiben. Auf diese Weise wird aufgrund des objektiven Risikos die subjektive Risikobereitschaft aus verfestigten Verhaltensweisen herauszukommen, erhöht. Da es sich um einen kommunikativen Vorgang handelt, wird nicht riskantes, gefährliches Verhalten ermuntert, sondern nur die Risikobereitschaft und Flexibilität[32], welche motivational die Veränderungsbereitschaft steigert. Darüberhinaus muß die Erziehung zur Durchsetzung alle die Gesichtspunkte der Kommunikation beachten, die oben zur Initiative und Steuerung des Friedens-Lernprozesses genannt wurden[33].

Kommunikation hat auch die Ökonomie der Kräfte zu berücksichtigen. Die Zahl der Kommunikatoren von Friedenserziehung ist zu vermehren, ihr Zusammenschluß effektiver zu gestalten, ihr Interesse strategisch auf das brennend-Vordringliche zu konzentrieren.

Massenkommunikation ist, wie gezeigt, unwahrscheinlich. Das bedeutet nicht, daß die Basis der Friedenswilligen und das Bewußtsein von den Auswirkungen auf alle gesellschaftlichen Verhältnisse nicht kommunikativ vehement zu wecken ist. Durch Kommunikation können die Tabus der Unfriedensstrukturen aller Bereiche ans Tageslicht gefördert und das Bedürfnis nach konkreter Änderung bewußt gemacht werden.

bd) Friedenserziehung ist das Ergebnis mühevoller, engagierter Kommunikation.

Nur im ständigen Gespräch mit den Betroffenen (etwa Polizisten, Strafgefangenen usw.) und nur durch Kommunikation in Institutionen struktureller Gewalt läßt sich individuelle Betroffenheit herstellen. Friedenserziehung hätte einen großen Teil ihrer Arbeit erreicht, wenn Bürger mit Polizisten sprächen statt sie von sich abzuwehren; wenn sie Einblick in Hochschulen bekämen, statt Studenten zu verketzern; wenn sie Obdachlosen-Siedlungen besichtigen und mit den Bewohnern sprechen würden, statt sie zu disqualifizieren usw. Die Abwehrmechanismen und die Befreiung von negativer Identität als Bedürfnisbefriedigung ist weitgehend ein kommunikatives Problem.

---

[31] Dieter *von Klebelsberg*, Risikoverhalten als Persönlichkeitsmerkmal, Bern 1969, S. 68ff., 178ff.

[32] Ebd. S. 167ff.

[33] Teil II, 2. Kap., 2. Abschnitt.

Kommunikation zu verwirklichen ist eine Angelegenheit der Öffentlichkeit. Baacke spricht von dem Lernen in einer Kommunikations-Kultur[34]. Gemäß der komplexen Differenziertheit der Gesellschaft muß Kommunikation vielfältig gelernt werden; dabei ist die Unterscheidung von privater und öffentlicher Kommunikation brüchig. Weil Massenmedien nur eine fiktive Öffentlichkeit »herstellen«, gibt es folglich Öffentlichkeit nur in dem kommunikativen Bereich, wo auf eine Aktion eine direkte Reaktion vieler möglich ist. Und gerade dort (in Kirchen, bei Versammlungen usw.) wird oft sorgfältig zu rege Kommunikation vermieden. So bleibt die Einübung der öffentlichen Kommunikationsfähigkeit nur in relativ kleinen Gruppen mit klarem Bewußtsein der Zielsetzung und Hoffnung auf Folgewirkung als Mittel zu kommunizieren weitgehend übrig. Hier hat die Pädagogik auch ihre größten Chancen[35].
Kommunikation ist produktiv, wenn sie mit Emanzipationsbewußtsein hergestellt wird, d. h. »herrschaftsfrei« und kreativ vielfältiges Kommunikationsverhalten ermöglicht[36].
Kommunikative Ethik ist in diesem Sinne Gesellschaftskritik und Umänderung der Unfriedensstrukturen mit kommunikativen Mitteln[37]. Ihr wesentliches Element ist das Beziehungsproblem: die Kritik an den gesellschaftlichen Beziehungen. Sie ist sich bewußt, daß herrschaftsfreier Dialog und Konfliktfreiheit unsinnige Forderungen darstellen, auf die aber ständig tendenziell hingearbeitet werden muß. Unfriede bleibt immer bestehen, er ist aber, in der Diskussion gehalten, von seiner erzieherischen Wirkung weitgehend befreit. Kommunikative Friedenserziehung läßt Verfestigungen von Entlastungsmechanismen, Ritualen, Institutionen und Rollen nicht zu. »Reflexive Koorientierung; Festigkeit in der Formulierung eigener Interessen und Sensibilisierung für die Ansprüche fremder; die Möglichkeiten kommunikativer, strategischer und diskursiver Kommunikation und die Beherrschung variabler Kommunikationspatterns . . .: sie können nur durch kommunikative Partizipation erlernt werden.«[38]

c) Die geduldige und wachsame Arbeit am Projekt Frieden durch ständige erzieherische Impulse ist im aktuellen Weltzusammenhang noch mit Sisyphos in Verbindung zu bringen. Friedensforschung gewinnt aber durchaus an Chancen, wenn sie ihren Gesichtspunkt präzisiert und Kategorien der Sensibilität erarbeitet, die Fähigkeit zur distanzierten Einschätzung eingefahrener Verhaltensweisen ausbildet und dabei zugleich die Fähigkeit zu realistischer Geduld und produktiver Arbeit auf Frieden hin einübt.
Zur praktischen Verwirklichung von Friedenserziehung ergibt sich gerade in den Er-

---

[34] Kommunikation, a.a.O., S. 293.
[35] v. *Hentig*, Wiederherstellung der Politik, a.a.O., 2. Kap.
[36] *Baacke*, Kommunikation, a.a.O., S. 102.
[37] Vgl. auch *Bülow*, Kommunikative Ethik, a.a.O., 1. Kap.
[38] *Baacke*, Kommunikation, a.a.O., S. 331.

ziehungswissenschaften der bedenkliche »Vorteil«, daß die Erziehungslehren allgemein ein Defizit haben. Eltern sind in ihrer Erziehung verunsichert, lassen sich von Psychologen beraten, finden nicht den Ansatz einer praktikablen Erziehungslehre vor; Lehrer erfüllt ein großes Unbehagen bezüglich der pädagogischen Komponente; die pädagogisch einflußreiche Polizei kann in ihrer Ausbildung keine gültigen Erziehungsreflexionen liefern; der Strafvollzug ist grundsätzlich von dieser Misere gekennzeichnet usw. Daraus ist einsichtig, daß es auch auf die Arbeit der Pädagogik selbst ankommt, Friedenserziehung wirksam durchzusetzen. Es fehlt an pädagogischen Konzeptionen für die verschiedenen Bereiche der Familie, Schulen, Kommunikationsmedien u. dgl. sowie an Arbeitsmitteln, an Instrumentarien zum Beurteilen und Handeln und an organisatorischer Unterstützung. Friedenserziehung überzeugt dann, wenn sie qualitative Verbesserung erarbeitet.

ca) Friedenserziehung ist Kreativitätserziehung im Sinne des bewußten Kampfes für eine anpassungsdistanzierte Selbstregulierung.

Kreativitätsförderung ist Arbeit an der Identität, also jene Energie zur Selbstbestimmung, die spontan Unfriedensstrukturen aufbrechen könnte[39].

Die gesellschaftlichen Zustände aufzuarbeiten bedeutet eine ständige Aufgabe der Friedenserziehung, die am besten durch Perspektiven geleistet werden kann. Es erweist sich als grundlegend, daß die modernen Emanzipationsbemühungen erst durch die Bewußtseinsbildung der Friedensproblematik erfolgreich sein können. Die analytische Arbeit der Theoretiker und die didaktische Analyse der Friedenspädagogen in allen Bereichen sollte also nicht ohne weiteres von denen verteufelt werden, die Praktizismus fordern. Andererseits werden die Unfriedensstrukturen nur durch harte Kleinarbeit mit Weitblick aufgebrochen, für die immer wieder eine Neuorganisation der Probleme verlangt wird.

Kreative Arbeit fördert auch die allgemeine Sensibilität, die für den Kampf gegen Gewalt Voraussetzung ist. Die Neugier, Probleme ständig von verschiedenen Seiten zu sehen, der Spürsinn für Kritik und die Freude des Veränderns verhindern die plumpe Eindimensionalität der groben Gewalt, fördern aber auch die regulative Distanz zu deren versteckten Formen. Die bekannten Methoden der Kreativitätsförderung (z. B. brainstorming) bedeuten auch für die Aufarbeitung von Friedensverhältnissen geeignete Hilfsmittel.

Kämpfen ist ebenso produktive Arbeit, dessen Mühe pädagogisch viel zu einseitig auf egoistische Durchsetzung nach dem Schema der Hackordnung abgestellt wurde. Wenn Friedenserziehung diese Art des Kämpfens mitmachen würde, wäre ihr Mißerfolg sicher: sie würde im System der Hackordnung vereinnahmt. Vertraute Taktiken des Kämpfens haben keinerlei erzieherischen Sinn[40]. Friedenserziehung kann aber

[39] Zum Komplex Kreativitätserziehung–Friedenserziehung s. kurz Johannes *Esser*, Überlegungen zu Leitzielen der Friedenspädagogik, in: Pax Christi, Info, 8. Jg., H. 3–6/1973, S. 30ff.

[40] Vgl. auch George L. *Peabody*, Umgang mit Macht in der Gemeinwesenarbeit, in: Gruppendynamik, 1973, S. 433.

ohne strategische Erziehung und die Erarbeitung von Erfahrungen beim Kämpfen nicht auskommen. Alinsky nennt u. a. folgende Gesichtspunkte, die in einer Friedenserziehung transformiert werden müssen: »beginne da, wo Du stehst, und bediene Dich der Dir gegebenen Möglichkeiten. Jede Situation hat eine positive und eine negative Seite. Die Menschen rühren sich nur unter Druck (Diese Wahrheit müßte für Friedenserziehung strikt das Gebot der Gewaltlosigkeit einhalten). Sprecht innerhalb des Erfahrungshorizonts Eurer Verbündeten und außerhalb des Erfahrungshorizonts Eurer Gegner. Erfinde Taktiken, um die Stärke Deines Gegners zu Deinem Vorteil einzusetzen. Wenn Du handelst, handle hundertprozentig. (Denn Zweifel dürfen nicht gezeigt werden.)«[41]

cb) Friedenserziehung ist bewußte, organisierte Arbeit an konditionierten Verhaltensweisen.

Im Bereich der didaktischen Konzepte von Unterrichtsmodellen in der Schule und bei den Informationen im Rundfunk ist schon weitgehende, praktische Arbeit geleistet worden. Diese Mühe müßte auf andere Lerninstitutionen übertragen werden. Lernarbeit und Vermittlungsarbeit vollzieht sich auf der Basis der oben beschriebenen Verhaltensweisen: sie ist die ständige Reproduktion dieses Verhaltens, die neue Fähigkeiten und pädagogische Bemühungen verlangt. Didaktik der Friedenserziehung ist die Arbeit des Bildungs-, Orientierungs- und Aktionswissens (Giesecke) über Frieden.

Auch Kommunikation ist Arbeit. Das ständige Bemühen um Kommunikation geht weit über die Herstellung von Kommunikation hinaus. Erzieherisch wichtig ist die Wahrung der Kommunikationsfähigkeit bei den Partnern. Institutionen vermögen einen Großteil der Unterstützung zu leisten. Aber die schwierige Schule dieses Trainings zwingt dazu, immer alle gesellschaftlichen Situationen als Übungsfeld für Kommunikationsbereitschaft bewußt zu machen. Dabei zeigt sich, daß Kommunikations-Arbeit von tiefer liegenden Motivationen abhängt, verhaltenswissenschaftlich ausgedrückt: von der »sozialen Geschicklichkeit« (social skill) der Kommunikationspartner, positive Verstärkungen in der richtigen Situation anzubringen und aversives Verhalten zu meiden[42].

Der Forschungsstand erlaubt heute eine Aussage über die Arbeit an Einstellungen und Verhaltensänderungen[43]. Danach kann Friedenserziehung wirksam erarbeitet werden, wenn die Zahl der Unfrieden stützenden Einstellungen abgebaut wird; wenn die Intensität jener Affekte verringert und die Inkonsistenz erhöht wird; und wenn Unfrieden zu stützen gesellschaftlich isoliert wird. Erziehungsarbeit muß insbesondere darauf sehen, daß die Grundbedürfnisse, die früher durch unfriedliche Einstellungen

---

41 ebd.

42 *Mandel*, Einübung in Partnerschaft, a.a.O., S. 287.

43 Vgl. Ch. *Boecken*, Abbau einstellungsbedingter Hindernisse in der Friedenspolitik, a.a.O., bes. S. 6ff.

des Ego oder der Gesellschaft befriedigt wurden, durch friedliche erfüllt werden, bis sie selbst sich verändern.
In diesem Zusammenhang wird eine wesentliche Aufgabe der Erziehung in der Aufarbeitung der Aggressivität gesehen: wie kann eine Erziehung zur Gewaltlosigkeit das Bedürfnis nach »Ego-defense« (David Katz), nach Konsistenz (Ch. Osgood, G. Beier, M. Rosenberg), nach positiver Bestärkung (C. Hovland, G. L. Hull), nach Aggressionsbetätigung (S. Freud) kompensieren? Trotz der verschiedenartigen psychologischen Ansätze läßt sich die Aggressionsverarbeitung doch auf die Formel bringen: Auftretende Aggressionen sind kontrollierbar, wenn sie nicht verstärkt, aber auch nicht unterdrückt werden, sondern durch Rückführung auf ihre Ursachen zu einer Veränderung der Vorbedingungen führen. Erziehung hat bei destruktiver Aktivität also die Voraussetzungen anzugehen und nicht nur am Individuum herumzulaborieren[44].
cc) Erziehung zum Durchstehen einer langen Phase von Befriedungsbemühungen entspricht den Gesetzen des geschichtlichen Prozesses.
Friedenserziehung kann das Konzept existentialistischer solitude nicht unterstützen. Ihre Arbeit ist nutzbringend, wenn sie kooperativ geschieht und Solidarität fordert. Kooperative Arbeit bringt die Interessen vieler ein, korrigiert eher unrealistische Vorstellungen und sorgt auch für eine größere Verbreitung praktischer Befriedung.
Auch für die Friedenserziehung gilt das Lernen am Erfolg. Wenn diese Erziehung sich nicht durchsetzen kann, wird auch die Geduld erlahmen. Innovative Systeme haben eine kritische Phase bis zur Konsolidierung, besonders wenn sie sich selbst kritisch halten wollen. Die Auseinandersetzung mit »dem Apparat«[45] ist entnervend, wie man bei Richter nachlesen kann. Vorteilhaft für den Versuch einer Verhaltensinnovation ist eine organisatorische Unterstützung[46], auch um durch Arbeit in Organisationen eine ständige Einschätzung der Durchsetzungsmöglichkeiten von Friedenserziehung zu gewinnen. Ist die Innovation des Verhaltens erfolgreich durchgeführt, so empfiehlt sich eine Verhaltensstabilisierung durch den Einsatz stoßweiser Verstärkung und auch besonders wiederholtes intensives Lernen[47].
Hochgestochene erzieherische Ambitionen sind in der Friedensarbeit fehl am Platze. Ein viel wirksamerer, pragmatischer Weg ist das Aufarbeiten allgemein einsichtiger Unfriedenserziehung. Dabei kommt der oft erschreckende Abstand von Information,

---

[44] Zur Problematik Friedenserziehung – Aggression s. Dagmar *Ullmann*, Sabine *Rauch*, Unterrichtsmodelle zur Friedenserziehung. Thema: Zum Problem der Aggression, Arbeitshefte der Studiengesellschaft für Friedensforschung, München, H. 5/1971. Weil dieses Thema schon sehr stark ausdiskutiert ist, wird auf weitere Erörterungen verzichtet.
[45] *Richter*, Solidarität, a.a.O., S. 290ff.
[46] Vgl. dazu auch Chris *Argyris*, Integrating the Individual and the Organisation, New York 1964; *ders.*, Organisation and Innovation, Homewood, Illinois 1965; J. J. *O'Connell*, Managing Organisational Innovation, ibid. 1968.
[47] John M. *Atthowe*, Verhaltensinnovation und Verhaltensstabilisierung, in: Gruppendynamik, 1973, S. 86.

Aktionswissen und Erziehungspraxis großer Volksschichten zum Vorschein, der beseitigt werden muß. Nicht zu vernachlässigen ist die Aufarbeitung der geschichtlichen Vergeßlichkeit und die Verharmlosung als Verhinderungen geschichtlichen Denkens.

cd) Die Arbeit für das Prinzip Befriedung ohne ethisches mitmenschliches Engagement ist pädagogisch wertlos.

Kommunikative Aktivität kann für alles Erdenkliche erreicht werden: Wenn man aber gegen Gewaltanwendung, Unrecht und Leid kämpft und diesen Kampf erzieherisch durchsetzen will, muß zu spüren sein, daß es um den Menschen geht. Leiden, Engagement und Anklage sind produktive Arbeit, denn »aus unbearbeitet bleibendem Leid läßt sich nichts lernen.«[48] Friedenserziehung sieht Glück und Schmerz, Liebe und Haß nicht als Naturgegebenheiten, sondern als Gegenstände von Lernarbeit an.

Hier liegt auch eine Gefahr, Institutionen die Arbeit zur Kommunikation anzuvertrauen, obwohl gerade sie für die produktive Lernarbeit unerläßlich sind und die rituellen und organisatorischen Voraussetzungen zum Kommunizieren schaffen. Die Arbeit selbst ist ein kommunikativer Vorgang, der nach dem Grad eben dieser Kommunikation human ist. Karl Marx hat bekanntlich in seiner Philosophie der Humanisierung des Menschen durch Arbeit diesen Prozeß gesehen. Demnach ist die pädagogische Komponente der Arbeit für den Frieden am besten in der befriedigenden Arbeit zu sehen. Anders ausgedrückt: die Arbeit der Friedenserziehung darf nicht agitatorisch, ideologisch und aggressiv vor sich gehen, sondern muß selbst dem Anspruch der Befriedung genügen. Auch das ethische »Charisma« wird also mühevoll erarbeitet, ist mit vielen Anfeindungen und Mißerfolgen verbunden. Ja, es ist zweifelhaft, ob die Arbeitskraft des Menschen und seine Umsetzung von Ethik in politisches Verhalten überhaupt noch ausreicht, den Anforderungen der Gegenwart gerecht zu werden[49].

d) Es dürfte deutlich sein, daß die Notwendigkeit einer Friedenserziehung weit über »Politische Bildung« und enge Gesichtspunkte politischer Sozialisation hinausgeht (diese freilich einschließt). In einer politischen Pädagogik geht es um die Gesamtheit der Fähigkeiten politischen Handelns. Zu den ausgeführten erzieherischen Voraussetzungen und Möglichkeiten kommen spezifisch politisch-praktische Fähigkeiten, also die Notwendigkeit einer Erziehung mit genauer politischer Effektivität. Die kämpferischen Fähigkeiten, zugleich die Fähigkeit zur Gewaltlosigkeit, die Fähigkeit zur Verbreitung des Friedensbewußtseins und zur Umsetzung von Ethik in politisches Verhalten sind sowohl das Ergebnis allgemeiner Erziehung als auch der Schulung besonderen dialektischen Verhaltens.

---

[48] *Sölle*, Leiden, a.a.O., S. 156.

[49] S. auch Günther *Grass*, Die Zukunft hat uns schon eingeholt, in: Die Zeit, Nr. 9, 21. 2. 1975, S. 3.

Friedenserziehung setzt hier den Schwerpunkt auf die Einübung von kämpferischer, ethischer Gewaltlosigkeit in den verschiedenen, immer neuen Formen des täglichen Lebens wie auch in Entscheidungssituationen. Angesichts der allgemeinen Gewaltsamkeiten des Alltags[50] kann Gewaltlosigkeit in jeder Erziehungshandlung erprobt werden: bei Eltern im Verhältnis zu ihren Kindern, Lehrern zu Schülern, im Militär, bei der Polizei, im Strafvollzug, im Berufsleben. Die pädagogische Theorie sollte also die Einengung von Gewaltlosigkeit auf Entscheidungssituationen[51] aufbrechen und auch qualitativ durch Führungsfähigkeiten und konstruktive Aktivität anreichern. Erziehung zur Gewaltlosigkeit orientiert sich in der Literatur noch viel zu sehr an bekannt gewordenen Vorbildern. Friedenspädagogik hat diesen Gedanken bisher wenig handhabbar gemacht[52].

Kämpferische Gewaltfreiheit vollzieht sich vornehmlich in täglichen Konflikten, sie wird nur in Ausnahmefällen zur gewaltlosen Aktion, die eine eigene Schulung verlangt. Die Bemühungen gelten der Analyse von Gewalt und ihrer Rückwirkungen auf die Gewaltanwendenden, und der Einsicht, daß Gewaltfreiheit den höheren ethischen Wert einnimmt, ja die einzige Möglichkeit der Befriedung darstellt. Die Chance besteht für die Überzeugenden darin, daß die Gewalt Ausübenden ständig durch die Rückwirkungen irritiert sind; die Schwierigkeit ist in der Verfestigung der Abwehrmechanismen zu sehen, die auch gewaltlose Konzepte nicht anerkennen.

Es sei nicht verleugnet, daß unsere Kultur ohne die durch Gewalt initiierten pädagogischen Prozesse undenkbar wäre[53]. Die latente Gewalt des aktuellen weltgeschichtlichen Prozesses könnte einen solchen Erziehungsprozeß aufbrechen. Trotzdem ist mit aller Anstrengung Gewalt so lange wie möglich gewaltlos zu bekämpfen, und es ist daraufhin zu erziehen. Freilich gibt es folgende Grenze: »Es muß eine Lage eingetreten sein, daß durch Maßnahmen oder Unterlassungen der Unterdrücker Menschen im größeren Maße geschädigt werden, als dies ein gewaltsamer Umsturz erwarten läßt.«[54] In dieser Hinsicht muß eine Friedenserziehung für die jeweilige Situation eines Landes konzipiert werden. Bei uns hat die gewaltlose Erziehung eine Chance. Der Nachweis der besseren Wirksamkeit dieser neuartigen Konzepte ist zwar nicht immer unmittelbar zu liefern, besonders wenn ein ganzer Berg institutionalisierter Mißverständnisse abzutragen ist.

Eine Erziehung zur Gewaltfreiheit führt den praktischen Kampf für ihre Durchsetzung nach folgenden Gesichtspunkten:

---

50 *Hacker*, Aggression, a.a.O.

51 Theodor *Ebert*, Gewaltfreier Widerstand, a.a.O.

52 An Literatur über dieses erzieherische Problem sei genannt: Charles *Walker*, Handbuch für Planung und Durchführung von direkten gewaltlosen Aktionen, 1961; Aldo *Capitini*, Die Technik des gewaltlosen Widerstandes, Wuppertal 1969, bes. S. 22ff., 50ff., zu den Aufgaben eines Ausbildungszentrums, S. 72ff.

53 Hans-Christian *Kirsch*, Gewalt oder Gewaltlosigkeit?, Würzburg 1972.

54 Ebd. S. 364. Siehe dort auch weitere Bestimmungen von konstruktiver Gewalt.

da) Durch Selbstbestimmung und Bewußtseinsbildung auf das Problem Frieden hin wird eine regulative Sensibilität der Gewaltlosigkeit erreicht.
Viel kommt auf die gewaltlose Identitätsbildung des Menschen an. Die kindliche Auseinandersetzung mit den Eltern und Spielkameraden erzeugt ein Schema des Verhaltens zu Autorität, Macht und Gewalt, das im gesellschaftlichen Verhalten als Regression immer wiederkehren kann. Kämpferische Gewaltlosigkeit ist erzieherisch dadurch zum Selbstverständnis zu machen, daß Kinder durch Modell-Lernen und Anleitung der Eltern ein geschärftes Bewußtsein und Verhaltens-Hilfsmittel bekommen. Es kann gelernt werden, gesellschaftliche Gewalt als Schwäche zu verachten und die Phantasie aufzubringen, gewaltlos zu erziehen bzw. alle Umstände bewußt gewaltlos zu meistern. Ohne dieses Bewußtsein kann freilich die Identität nicht darauf gebracht werden, ihre Negativität (Gewaltsamkeit) durch libidinöse Triebmischung positiv abzuleiten (Macht der Gewaltlosigkeit).
Gewaltsamkeit ist leichter als Gewaltenthaltung. Wer einmal Gewalt miterlebt hat (oder sich in derartige Situationen versetzen kann), wird hoffentlich betroffen eine regulative Sensibilität darin erworben haben. Dieser pädagogische Prozeß wird von vielen abgeschoben, deswegen bedarf er der Aufarbeitung: Er ist eine Anleitung zur Gewalt (Imitationslernen) und kann erst durch die genaue Analyse der Auswirkungen von Gegengewalt zur Abscheu vor Gewalt umreguliert werden (Anstrengung der Vernunft).
Gewaltlose Kämpfer berichten von der grundlegenden Erfahrung, daß der Angreifer sein Selbstvertrauen und seinen moralischen Rückhalt verliert, während der Widerständler ihn behält[55]. Dieser Kampf unterwirft die rohe, unmittelbare Gewalt tiefgreifend und langfristig. Darin liegt die Erziehungskomponente: sie bestätigt nicht nur die Wirkung von Gegenverhalten, sondern auch die Brüchigkeit und Verkleisterung legitimierter und organisierter falscher Moral. Das falsche Bewußtsein wird genau an der Stelle verwundet, wo es sich am stärksten gegen Gewissensbisse gewappnet hatte.
db) Durch organisierte Kommunikation zur Anpassungsdistanz läßt sich die Fähigkeit zur Gewaltlosigkeit lehren.
Nicht nur didaktisch an gesellschaftlichen Beispielen, sondern noch eher an Begebenheiten des täglichen Lebens (etwa dem Verhältnis Bürger–Polizei) kann projektiv und auch real Gewaltlosigkeit eingeübt und in immer neuen Formen erdacht werden. Wichtig ist die Feststellung, daß Kommunikation immer schon als gewaltlos angesehen wird – wo gesprochen wird, wird nicht geschossen –, daß es aber noch mehr darauf ankommt, intentional und prinzipiell in der Kommunikation Gewalt zu vermeiden und diese bewußte Gewaltlosigkeit anzuerziehen.
Es müssen dazu Sprachformen und Sprachtechniken gelehrt werden. Dabei sollte die Kommunikation selbst deutlich machen, daß nicht feiges Zurückziehen, sondern das ethische Interesse am Gesprächsgegenstand das widerstandslose Ertragen der Ge-

[55] *Capitini*, Gewaltloser Widerstand, a.a.O., S. 30.

waltsamkeit der Gegenseite bedingt. Erziehung in Sprachverhalten hätte – ähnlich der Widerstandslosigkeit bei Gewaltakten – wirksame Techniken strategischer gewaltloser Kommunikation zu entwerfen, die geeignet sind, den gewaltsamen Gegner zu beschämen. Sie sind vielfältig denkbar: im Bewußtmachen seiner Gewaltsamkeit, in der Organisation kommunikativer Gruppen, wo seine Gewaltsamkeit fehl am Platze ist, durch die Aufkündigung der Diskussion, durch Vorschläge gewaltlosen Sprechens und Verhaltens usw.
Eingefahrene Rituale der Kommunikation sind auf ihre Gewaltsamkeit zu überprüfen und kommunikativ zu verändern. Einige Instrumentarien sind dazu bekannt: gruppendynamische Protokolle, Gesprächsregulierungen, Änderung der Gruppenbedingungen, Abbau von Hierarchien, Kommunikation der Konfliktvermeidung u. dgl.
Es muß betont werden, daß gewaltlose Erziehung selbst auch als Erziehung zur Beherrschung empfunden werden kann, weil sie die Kommunikation in die eigene Bemächtigung bringt. Typisch für gewaltlose Kommunikation sind erst zugespitzt komische Situationen, die im Gegensatz zu früherer Gewaltlösung nun zur Entscheidung für Gewaltlosigkeit herausfordern. (Beispiel: der »Sündenbock« wird vom »Star« der Klasse unterstützt, was zur Umorientierung des Klassengeistes führt.) Gewaltlose Kommunikation verlangt die Erziehung zur Unerschrockenheit, zum Anderssein, zur Unkonventionalität.
dc) Gewaltlosigkeit ist geduldige Durchsetzung einer für die Allgemeinheit gerechten Forderung durch solidarische Kooperation.
Um diese Kooperation zustande zu bringen, bedarf es einer permanenten Einübung, eines Trainings in Toleranz, Geduld, Risiko. Wenn auch das Ziel klar ist, sind doch die unabhängigen Persönlichkeiten und die Einschätzung der verschiedenartigen Situationen so unterschiedlich, daß ein langwieriger pädagogischer Prozeß die Gewaltlosen davon überzeugen muß, nur in Einigkeit stark zu sein. Etwas gewaltsam durchzusetzen, indem man die angestaute Gewaltsamkeit in sich und im Gegner provoziert zügelt, bedarf der Askese und der Ökonomie des Willens. Gegen die allgemeine Angst, anders zu sein, gegen die Abschiebung negativer Identität zugunsten von Konformität dies zu fordern erscheint unrealistisch. Die oben beschriebene weltgeschichtliche Lage (des Hungers, der Rohstoffverknappung usw.) wird aber diesen pädagogischen Prozeß in naher Zukunft denkbar werden lassen. Diese geballte Gewalt ermöglicht Ungewöhnliches. Die Friedenserziehung muß sie dann nutzen und für sich umlenken.
Gewaltlose Erziehung bisheriger Modelle läßt in der Beschreibung den Schluß zu, sie hänge maßgeblich von charismatischen Führern wie Gandhi, Luther King u. a. ab. Beide Arten gemeinschaftlichen Handelns bedingen einander: die Anlehnung großer Gruppen an eine gewaltlose Autorität und der gewaltfreie Dialog in kleinen Gruppen. Wichtig ist, das Volk auf die Tragweite gewaltsamer und gewaltloser Erziehung aufmerksam zu machen.
dd) Die ethische Kraft im produktiven Kommunizieren bringt selbst die größte erzieherische Wirkung der Befriedung hervor.

Gewaltlosigkeit irritiert, verunsichert Gewalt, läßt die Grundsatzfrage von Unfrieden aufblitzen, wenn jede Interpretation von Eigeninteresse, also das allgemein gültige Denken sinnlos wird. Die Individualisierung ist nach wie vor ein geeignetes pädagogisches Mittel, das Leiden unter Gewalt spürbar zu machen. Sie trifft nämlich den Zwiespalt der Konditionierung, sich nicht ganz mit dem gesellschaftlichen Wertmuster von Gewalt identifizieren zu können.
Kommunikation schließt Gewalt aus; Gewaltlosigkeit erzwingt Kommunikation: Sie überlegt sich, wie sie Situationen herstellen kann, in denen Gewaltsamkeit bewußt gemacht und durch Gewaltlosigkeit gebessert wird. Kommunikation erzeugt Spannungen, die nötig sind, um die Kaschierung von Gewalt und deren Legitimierung offen zu decken. Erziehung hat die Aufgabe, den Menschen zu befähigen, solche Spannungen nach ihrer Effektivität einzuschätzen und notfalls auszuhalten. Davon ist Erziehung heute allgemein weit entfernt; es bedürfte der Anstrengung aller oben genannten pädagogischen Handlungen. Erst dann leistet Gewaltlosigkeit produktive Arbeit. Schon das Bewußtsein und die grundsätzliche Befähigung zu der Tendenz von Gewaltlosigkeit, Askese, Selbstbestimmung wäre ein großer erzieherischer Erfolg. Gewaltlosigkeit (in den genannten Grenzen) zu praktizieren ist die Aufgabe der neuen Ethik (C. F. v. Weizsäcker)[56]. Der Hippokratische Eid, keinem Menschen Gewalt anzutun, gehört in das Inventar jedes Erziehers. Die Pädagogik hat dazu kaum Hilfsmittel angeboten.

## 2.2. Die Reduzierung des Anspruchs

Welche Aussicht hat die vorstehende Skizze einer Praxeologie der Friedenserziehung, die Unfriedensstrukturen abzuschaffen bzw. Frieden herbeizuführen? Diese bange Frage des Skeptikers wird unterstützt durch das Wissen um die menschliche Destruktivität[57] und die Geschichte des Versagens wissenschaftlicher Vorschläge. Aber das Prinzip Befriedung ist auch Prinzip Hoffnung. Um dem Pessimismus entgegenzukommen, soll eine Reduzierung des Anspruchs vorgeschlagen werden. Kriterium dieser pragmatischen Reduktion ist die Belastbarkeit der politisch-pädagogischen Verhältnisse.
Damit ist folgendes gemeint: Bei den verschiedenen Qualitäten von Frieden bis hinab zur unmittelbaren Lebensbedrohung vieler gilt es, das Äußerste, nämlich Kriege, zu verhindern und abzuschaffen, weiterhin aber die inneren gesellschaftlichen Verhältnisse so abzusichern, daß schwere Gefahren vermieden werden, und zugleich geht es um die Ausgestaltung einer befriedeten Gesellschaft. Die Pädagogik ist gezwungen, weitgehend den langfristigen Weg einzuschlagen, nämlich die innergesellschaftlichen Verhältnisse in kleinen, überschaubaren Bereichen zu verbessern und schrittweise die

[56] Bedingungen des Friedens, a.a.O., S. 18ff.
[57] Erich *Fromm*, Anatomie der menschlichen Destruktivität, Frankfurt 1974.

Perspektive auf die Weltsituation allgemein bewußt zu machen. Dabei gilt die große Sorge der Frage: Ist unsere Gesellschaft schon so befriedet, daß sie die Belastung wirtschaftlicher Rezession und Arbeitslosigkeit, die Konfrontation mit extremistischen Ideologien, sogar die Drohgebärde eines neuen Kalten Krieges oder den Aufstand der Dritten bzw. Vierten Welt im Sinne der friedlichen Regelung aushalten könnte?
Das von Hartmut von Hentig als wissenschaftlich-unethisch bezeichnete, viele schockierende Ergebnis des Milgram-Experiments[58] in den USA und in der Bundesrepublik demonstriert beispielhaft, wie groß die Befürchtungen zur Entladung von Gewalt aufgrund der beschriebenen Unfriedensstrukturen sein müßten, wenn diese Gewalt einmal nicht mehr demokratisch kontrollierbar wäre.
Das Prinzip Befriedung und seine Praxeologie hat noch nicht Eingang in die akzeptierten wissenschaftlichen Perspektiven gewonnen. Angesichts dieser massiven Rückstände ist für die Erziehung von Vorteil, durch Setzung von Prioritäten und Reduktion der Idealismen zunächst klare Kompromisse anzustreben[59]. Langwierige, aber konsequente Reformen lassen in der Folge dann größere Ideale der Befriedung verwirklichen. Die Reduktion des Anspruchsniveaus schafft eine Ausweitung konkreter Handlungsmöglichkeit, und die Erreichbarkeit der Friedenserziehung wird auf eine breitere Basis gestellt[60].
Aus den Vorschlägen der Praxeologie geht hervor, daß Kompromisse durchaus eingeplant werden können. Durch die kategoriale Hervorhebung der Liebesfähigkeit, der Kommunikations-Organisation, der produktiven Arbeit für Frieden und der Forderung nach Gewaltlosigkeit sind Perspektiven gesetzt, die in der Praxis immer mit Kompromissen ausgefüllt werden. Was freilich keinem Kompromiß unterliegt, ist die Herstellung des Bewußtseins von der Notwendigkeit der Befriedung. Dieses Bewußtsein ist, wie ausgeführt, nicht selbstverständlich; es zu wecken ist spezifische Aufgabe der Pädagogik. Eine Reduktion des Friedensanspruchs könnte dabei in mehreren Etappen vor sich gehen.
*Kurzfristig* müssen Eliten ihre Aufgabe verstärkt wahrnehmen, die die Belastbarkeit bzw. Friedensfähigkeit der Gesellschaft auffangen. Dies ist, soweit dies generell einschätzbar ist, im Erziehungs- und Bildungswesen noch nicht der status quo. Weder ist der Friedensgedanke operational in das Problembewußtsein der meisten »profes-

---

58 S. oben die Angaben zu Milgram und Mantell; vgl. aber auch Walter *Rest*, Erziehung zur Gewalt?, in: Pax Christi, Info, 6. Jg., H. 1–4/1971, S. 45, ebenso Hartmut von *Hentig*, Wiederherstellung der Politik, a.a.O., S. 66f. Die Relevanz dieser Experimente ist eigentlich noch verharmlost, weil die Laboratoriums-Situation nicht den Befehlsdruck und die Überzeugung von der Sinnhaftigkeit herstellte.

59 Theodor *Wilhelm*, Der Kompromiß. Zur Weiterbildung des politischen Bewußtseins, Stuttgart 1973, S. 197ff.

60 Es wäre eine falsche Vorstellung zu glauben, Erziehung könne keine Kompromisse eingehen. Das Gegenteil ist richtig: Erziehung lebt vom Aushandeln von Standpunkten, von der Abweichung vom Prinzip, von der sich zurücknehmenden Autorität.

sionellen« Erzieher eingegangen, die als Multiplikatoren wirken, noch verschaffen sich die institutionellen Regelsysteme der Friedenserziehung genug Gehör bzw. Effektivität zur Einflußnahme[61].

Auf dem Gebiet der *Arbeit* der Friedenswilligen läßt sich vielleicht zuerst am meisten tun. Soweit es sich um die Erarbeitung von Erziehungskonzepten handelt, ist die Lücke relativ schnell zu schließen, weil die Erziehungswissenschaften in den mit Friedenserziehung zu kombinierenden Hilfsmitteln ziemlich weit fortgeschritten ist (Gruppenarbeit, Kommunikationswissen usw.). Dies ist nach dem speziellen Gesichtspunkt des Friedens weiterzuentwickeln.

Was aber die Umsetzung von Befriedung in die allgemeine Erziehungspraxis anbetrifft, steht sie der Schwierigkeit gegenüber, die höhere humanisierende Qualität unmittelbar nachzuweisen. Gerade in einer Welt der Unfriedensbedingungen kann dies nicht sofort überzeugend gelingen.

Nicht daß der größere Erfolg und die größere Belastbarkeit dieser neuen Erziehungsweise nicht vor Augen zu führen wäre, sondern die Konditionierung der Menschen ist nur mit konkret dezidierter Anstrengung bei jedem Erziehungsakt und jeder gesellschaftlichen Handlungsweise mit viel kreativer Phantasie zu überwinden. Die Wahrscheinlichkeit, durch Erziehungsvorschläge Unfriedenserziehung aufzuarbeiten, darf also nicht allzu optimistisch beurteilt werden. Sie wird erst durch ihre Multiplikation erhöht.

Deswegen ist umso mehr Energie darauf zu verwenden, die politischen Systeme flexibel zu machen und deren pädagogisch wirkenden Prozeß für Reformen langfristig offen zu halten. Aktionen, die ein größeres Ausmaß an Gegengewalt provozieren und zu starren Fronten führen, sind schädlich. Sie führen zu einer Erprobung der Grenzen politischer Belastbarkeit; die Institutionen werden sich aber nicht lange ihrer Zerreißprobe aussetzen.

Im Informationsbereich kann die Wirksamkeit der Massenmedien gut ausgenützt werden. Wissenschaftliche Beiträge, Kommentare in Fernsehen und Rundfunk, aber auch Reportagen und Leserbriefe in Zeitungen, Vorträge und Diskussionen tragen maßgeblich zum Friedensbewußtsein der Allgemeinheit bei, wenn sie didaktisch ansprechend und inhaltlich qualitativ sind. Wo das überzeugende Argument nicht eindeutig genannt werden kann – etwa bei der Gewaltproblematik, der Abschreckung, der Ideologie – ist wenigstens die Konsequenz von Alternativen offenzulegen. Unfriedensverhältnisse überwachende bzw. einschränkende Eliten können in dem Maße sich legitimieren, in welchem sie öffentlich informieren. Sie werden zunehmend dem geschichtlichen und systematischen Prozeß ausgesetzt, den sie nur z. T. mitbestimmen können.

Das kommunikative Instrumentarium muß verbessert werden. Dazu ist oben einiges

---

[61] Zu weiteren Vorschlägen s. Marianne *Gronemeyer*, Lernmodelle für die kommunale Öffentlichkeit, in: Christoph Wulf (Hg.), Kritische Friedenserziehung, Frankfurt 1973, S. 124–151.

gesagt worden. Unter dem Gesichtspunkt der Reduzierung des Anspruchs auf das kurzfristig Machbare erscheinen folgende Ansätze realistisch:

Im hochschulischen Bereich, speziell in der Lehrerbildung, können neue Lerninhalte verhältnismäßig schnell aufgefaßt und verbreitet werden. In einzelnen Fächern der Gesellschaftslehre, sowie in der Ausbildung von Sprachfähigkeit, aber auch von didaktischer und erzieherischer Kompetenz sind von daher durchaus Chancen der Wirksamkeit gegeben. Zusammen mit einer oben erörterten Institutionenkunde und mit eingeübter Kommunikation wirken diese Ansätze in die Schulen hinein. Dafür müssen sie aber durch eine breitere Front von Veröffentlichungen im Bewußtsein der Bildungsplaner abgesichert werden.

Wünschenswert wäre eine schnelle Humanisierung des Produktionssektors durch gehobenes Anspruchsniveau und ausgereiftere Hilfsmittel. Die Konsumgesellschaft kann durch ihre Bedürfnisse die Arbeitssituation und damit ihr gesamtes Bewußtsein verändern. Dieser Prozeß ist im Gange, wird aber durch grundlegende Teilungen (höhere und niedrigere Arbeit) noch gespalten, scheint aber positiv beeinflußbar zu sein.

Es kann also zusammenfassend gesagt werden: Die breite Aufarbeitung von Friedensbewußtsein kann in allen Bereichen nur in kleinen Schritten, in überschaubaren Situationen und mühsamer Reflexion über detaillierte Ursachen erfolgen. Dafür wird viel Zeit nötig sein. In der Zwischenzeit muß also dafür gesorgt werden, daß die bestehenden Systeme und Eliten ständig mehr Unfriedensstrukturen abbauen, also für die Problematik offen bleiben.

*Mittelfristig und längerfristig* wird die Belastbarkeit in bezug auf Friedensdenken auf eine schwerwiegende Probe gestellt, wenn man den Zeichen der Zeit und Aussagen von Futurologen Glauben schenken kann. Der vielfältige geschichtliche (objektiv-subjektive) Prozeß wird die Welt grundsätzlich verändern. Wenn die Systeme nicht flexibel genug sind, wird Gewalt unvermeidlich sein. Sind sie zu starr, so kommt es auf die Durchsetzung verschiedener grober oder subtiler Gewalt an, ob sie sich überhaupt halten können; sind sie beweglich, so wird der pädagogische Prozeß des Gewaltausgleichs einsetzen, der allein die Lebensfähigkeit gewährleistet.

Friedenserziehung bereitet diese Belastbarkeit vor. Längerfristig müßte sie eine Vorstellung vom geschichtlichen Prozeß (der Zukunft) entwickeln und dementsprechend Schlüsse auf den notwendigen Lernprozeß ziehen.

Eine Theorie des geschichtlichen Prozesses – so unerläßlich sie für die Zukunftsperspektive auch sein mag – kann hier nicht ausgebreitet werden. Was sich aber heute bezüglich des pädagogischen Prozesses zum Frieden/Unfrieden vermutlich abzeichnen wird, kann in folgende Thesen gefaßt werden:

1. Der Druck der vom »Zauberlehrling« initiierten Systemabläufe (Bevölkerungsexplosion, Waffentechnik, grundlegende Teilungen, technische Entwicklung) nimmt unaufhaltsam so schnell zu, daß hergebrachte Bewältigungstechniken nicht mehr ausreichen werden. Am Kulminationspunkt ist ein Systemablauf nicht ausgeschlossen, der als Revolution erlebt wird. Die Plastizität des Menschen kann an sich diese Belast-

barkeit aushalten, wenn sie nicht ganz die Kontrolle über die Systeme verloren haben wird.

2. Dem Fortschritt der Industrie und der Verbreitung ihres hohen Standes auf die ganze Welt sind Grenzen gesetzt; die industrielle Episode kann ihrem Ende zugehen. Möglicherweise regredieren die Systeme auf einen Zustand, der ökonomisch vernünftig wird[62]. Dieser Prozeß muß heutige Bewußtseins-Wirklichkeit sein. Das bedeutet eine Radikalität pädagogischer Bemühungen, die gerade das Gegenteil von eindimensionalem Radikalismus ist. Liebgewordene Vorstellungen, Ethiken und Systeme werden über Bord gehen. Die Pädagogik muß Sorge tragen, daß bei diesem Klärungsprozeß wenigstens grundlegende Orientierungen überdauern.

3. Der Belastbarkeitsgrad heutiger Erzogener ist angesichts der kommenden Not, Verzweiflung und Ausweglosigkeit vieler Menschen (die auf andere Erdteile abgeschoben werden) unverantwortlich niedrig. Nur eine antizyklische, asketische, bewußte, affektive und solidarische Erziehung ist dem geschichtlichen Prozeß angemessen.

---

[62] Vgl. auch Kurt A. Körber (Hg.), Der bevollmächtigte Mensch. Kann sich die freie industrielle Gesellschaft zur Stabilität und Reife entwickeln? Bergedorfer Gesprächskreis zu Fragen der freien industriellen Gesellschaft, Nr. 40, Hamburg 1971.

# Skepsis und Ohnmacht – Initiative und Utopie

Die Idee grenzt an Illusion, durch die Erziehung des kleinen Kindes die große Welt verbessern, durch das Bewußtsein des Erwachsenen die ungeheuren Weltprobleme bemächtigen, durch solidarisch kooperierende Gruppen gegen institutionalisierte und ritualisierte Gewalt auftreten zu wollen[1].

»Aber es geht ums Überleben und nicht nur ums Überleben im physiologischen Sinn, sondern um das Überleben und das Fortführen des Geschäftes, um deswillen wir Menschen angetreten sind, das unsere Aufgabe ist, die wir an der Front des Weltprozesses stehn und etwas zu erfüllen haben: also dieses Überleben, damit es nicht in Nihilismus, Langeweile, Plattheit, Konsumgesellschaft und einer ebenfalls nicht besonders produktiveren Hungergesellschaft, die entnervt, untergeht. Ein Ziel vor Augen haben, einen Halt setzen, an dem man sich halten kann und den Rost und Motten nicht fressen . . .

Die Frage des Wohin und des Wozu, die über den nächsten Tag hinausgeht und tief ergreift als ein Problem, das uns aufgegeben ist, als ein Realproblem, das in der Welt selbst steckt, dem Laboratorium Welt, die ja selbst nicht weiß, wo ihr der Kopf steht, und die unser Stichwort braucht. Mit Hoffnung und Arbeit . . . Arbeit, Hoffnung, Vernunft, an der Front des Weltprozesses und Ratschlagung des Ungewordenen, damit es nicht zu Unheil, sondern zu Heil gedeiht. Aber Nahziel! . . .: das eschaton ist ebenso das Allernächste, nur die Verhältnisse sind nicht so. Und wenn die Verhältnisse die Menschen bilden, so müssen . . . die Verhältnisse selbst erst menschlich gebildet werden. So lassen Sie mich schließen mit dem kämpferisch-friedlichen Ruf: Es lebe die praktische Vernunft!«[2]

---

[1] Walter *Dirks*, Das kleine Kind und die weite Welt, in: H. O. F. Rest (Hg.), Waffenlos, a.a.O., S. 90ff.

[2] Ernst *Bloch*, Widerstand und Friede, gesprochene Rede 1967, a.a.O., S. 111.

# Sachverzeichnis